大学生心理健康教育

Mental Health Education for College Students

高亚兵　主编

ZHEJIANG UNIVERSITY PRESS
浙江大学出版社

图书在版编目(CIP)数据

大学生心理健康教育 / 高亚兵主编. —杭州:浙江
大学出版社,2018.12(2024.1 重印)
ISBN 978-7-308-18842-5

Ⅰ.①大… Ⅱ.①高… Ⅲ.①大学生—心理健康—健康
教育 Ⅳ.①G444

中国版本图书馆 CIP 数据核字(2018)第 290252 号

大学生心理健康教育

高亚兵 主编

责任编辑	石国华	
责任校对	周 群	
封面设计	周 灵	
出版发行	浙江大学出版社	
	(杭州市天目山路 148 号 邮政编码 310007)	
	(网址:http://www.zjupress.com)	
排 版	杭州星云光电图文制作有限公司	
印 刷	杭州杭新印务有限公司	
开 本	710mm×1000mm 1/16	
印 张	17.25	
字 数	350 千	
版 印 次	2018 年 12 月第 1 版 2024 年 1 月第 8 次印刷	
书 号	ISBN 978-7-308-18842-5	
定 价	45.00 元	

前　言

　　大学生的心理健康教育受到教育部门和高校的普遍重视。高校面向全体大学生开设心理健康教育课程的目的是帮助大学生更好地认识自我、接纳自我、调节自我、规划自我，增强人际沟通与交往能力，促进心理健康成长。

　　面对新时期大学生出现的新特点、新问题，教育部党组日前印发了《高等学校学生心理健康教育指导纲要》（教党〔2018〕41号，以下简称《指导纲要》），对新时期高校如何提升心理育人质量提出了更明确、更具体的要求。《指导纲要》指出，要健全和完善心理健康教育课程体系，科学规范教学内容，创新心理健康教育教学手段，激发大学生学习兴趣，增强课堂教学效果，不断提升教学质量。针对近年来一些大学生心理健康教材存在没有论述新时期大学生心理发展特点、引用的研究材料陈旧、重知识传授轻辅导体验等问题，浙江外国语学院心理学系教师在大学生心理健康教育课程内容和形式上进行了创新探索，开展了90后大学生心理发展特点的系列研究，并把团体心理辅导、体验活动、行为训练等多种心理辅导形式大胆地引入课堂教学中，通过设置丰富多彩的体验活动，不仅调动了大学生的学习积极性，更重要的是通过同伴间交流、互动，从他助、互助达到了自助，提升了大学生的心理健康水平。实践证明，我们在大学生心理健康教育课程建设方面的有益探索符合《指导纲要》精神。

　　为此，我们在编写本书的过程中，在内容框架上遵循《普通高等学校学生心理健康教育课程教学基本要求》的同时，力求突出以下特点：

　　一是前沿性。本书大量参考吸收国内外最新研究成果，所阐述的内容以研究报告、学术论文作为支撑，增强前沿性和科学性。

　　二是时代性。本书阐述的是当代大学生的心理发展特点和心理偏差，除引用我们针对90后大学生所做的研究成果外，还较多地参考了其他专家学者的最新研究成果，以增强内容的时代性、针对性。

　　三是辅导性。我们认为大学生心理健康教育课程不仅要让学生在知识层面了解心理健康的有关理论和基本概念，在技能层面掌握心理调适技能，更重要的是在目标层面通过心理体验与行为训练实现自我成长。所以，我们在每一章中都安排了一节心理辅导活动内容，提供了大量操作性强的心理辅导活动课方案，以增强课堂教学的活动性、辅导性,这也是本书的一大亮点。

四是可读性。我们在每一章或节的开头部分都以案例导入,结合案例引出正文;文中也提供了一些阅读材料、课外拓展等,以增强内容的可读性、趣味性。

本书由浙江外国语学院高亚兵教授组织心理系教师集体讨论、分头执笔编写。参加编写的有:高亚兵教授(第一、三章),陈伟伟副教授(第二、七章),林于萍副教授(第四章),周丽华博士(第五、九章),潘禄博士(第六、十章),杨炯博士(第八章)。全书由高亚兵教授统稿。

本书参考引用了国内外心理健康领域专家学者的理论观点和研究成果,在此深表感谢。限于编者的水平,本书可能还有不够成熟之处,恳请同行专家和读者批评指正。

高亚兵
2018 年 8 月

目　录

第一章 大学生心理健康教育导论

【案例 1-1】

马加爵(1981 年 5 月 4 日—2004 年 6 月 17 日),广西人,身体健康,云南大学生化学院生物技术专业 2000 级学生。1996—1997 年在宾州初中读初三,以优异成绩考取省重点中学宾阳中学;1997—2000 年就读于宾阳中学;2000 年读高三时成绩优异,被预评为"省三好学生";2000—2004 年在云南大学生化学院从事生物技术专业学习。2004 年 2 月 13 日晚杀一人,2 月 14 日晚杀一人,2 月 15 日再杀两人后从昆明火车站出逃。2004 年 3 月 15 日被公安部列为 A 级通缉犯,2004 年 6 月 17 日被执行死刑。

震惊全国的马加爵案发生之后,一些媒体和马加爵本人,都把犯罪动机归结到他的贫困背景上。中国人民公安大学犯罪心理学教授李玫瑾奔赴云南,对此案进行了全面调查,访问了办案人员,还专门为马加爵设计了心理问卷,进行了心理测试,发现了很多真实的东西,之后撰写了上万字的《马加爵的犯罪心理分析报告》。李玫瑾教授认为,导致马加爵犯罪的真正原因是他的心理问题:马加爵具有强烈、压抑的情绪特点,自我中心的性格缺陷,扭曲的人生观。具体来说,马加爵是个多愁善感的人,内心情感细腻,情绪反应相当强烈,但外在又是一个相当压抑、不擅长通过言语表达情感的人,这种心理活动内外的不协调,是造成他行为问题的重要原因;马加爵的自我中心最突出的表现就是谈论任何事情时都以"我"为主题词,"我"的出现频率极高,从不会换位思考;马加爵的人生观表现为他对生命的漠视:"我这个人最大的问题就出在我不知道人生的意义到底是什么。"

随着社会的发展,高等教育大众化的到来,中国大学生心理健康问题越来越值得我们关注,我们越来越强烈地感受到,心理健康已成为大学生成长、成才的重要影响因素,健全的人格发展和健康心理素质的培养已成为高校不容忽视的教育内容。

第一节 心理健康概述

一、健康的含义

健康并不是某种固定的状态,它会因社会、心理、生理等因素的影响而发生变化。人活着，就得活动，就得适应。适应的程度决定着人的健康水平。但对健康的这种认识，并不是一开始就有的。从祭天求神、讨长生不老药，到积极地预防各类疾病，人类经历了漫长而又痛苦的岁月。这个过程，具体可分为两个阶段。

（一）健康的生理学模式

开始，尽管人们追求健康，但对健康的理解往往是片面的，即把健康理解为躯体健康——仅仅从生理学意义上去理解、追求健康。如《辞海》（1989年版）对健康的解释是"人体各器官系统发育良好，功能正常，体质健壮，精力充沛，并具有良好的劳动效能的状态。通常用人体测量、体格检查和各种生理指标来衡量"。如一个人的体温在36～37℃，低压60～90毫米汞柱、高压90～130毫米汞柱，心率60～80次/分，内外科检查也没有发现什么疾病，那么医生就会给出身体健康的结论。正是在这种理解的基础上，我们的先辈通过不懈的努力，发明了保证人类健康的三大法宝：免疫接种，杀虫消菌，抗菌药物。借助这三大法宝，在相当长的时间里，我们确实维护了人类的"良好的劳动效能的状态"，预防了人类常见的疾病，消灭了不少已困惑人类几千年的疾病。但是随着科学技术的发展，人类的进步，特别是随着三大法宝一次次地失效（如免疫法尽管可以预防各种传染病，但无法防止像心血管系统疾病、消化系统疾病这类身心疾病），人们逐渐意识到，仅仅从生理学角度去认识健康是无法达到预期目的的。健康不仅仅是躯体无疾病。一个身体强壮的心理疾病患者也如同一个身体病患者一样，是无法从事健康人能正常进行的工作、学习与生活的。同样的，一些身心疾病患者光用药物是无法治愈的。因此，健康的"生理—心理—社会"模式应运而生了。

（二）健康的"生理—心理—社会"模式

健康的"生理—心理—社会"模式认为，我们不能简单地从生理学角度，而应该从生理、心理和社会适应角度去解释健康。如：1948年，世界卫生组织（WHO）提出，"健康是一种身体上、精神上和社会适应上的完满状态而不是没有疾病和虚弱现象"。1978年9月，国际初级卫生保健大会发表的《阿拉木图宣言》重申：健康不仅是无疾病和体弱，而且是身心健康、社会幸福的完美状态。1989年，世界卫生组织又一次深化健康概念，把健康定义为：一个人只有在躯体、心理、社会适应和道德四个方面都健康，才是完全健康。个体只有在这四个方面都健康时，才能算真正完全的健康，才能进行高效的工作和学习。

这说明，健康不但是没有身体缺陷和疾病，还要有完整的生理、心理状态，良好的社会适应能力和道德健康。为了保障健康，我们不仅要讲究个人卫生、环境卫生、饮食卫生、生理卫生，以预防各种疾病和发育不良，还要注意心理卫生，以预防精神病、神经症、变态人格及各类心理障碍、身心疾病和行为适应不良等。道德健康是指人在自然界及社会生活中应当遵循一定的规律、规则和规范，有健康、积极向上的信仰，有高尚的品德与情操。现在，越来越多的人认识到：没有疾病并非一定就是健康，没有疾病，仅仅是健康最起码、最低的要求。健康的目标是追求一种更积极的状态,更高层次的适应和发展。

二、心理健康的含义

(一)心理健康的由来

心理健康的概念是从心理卫生的概念延伸过来的。心理健康是指心理的各个方面及活动过程处于一种良好或正常的状态。心理卫生则是指维护与增强人的心理健康的活动与方法。

最早从事心理卫生工作的是精神科医生,其研究内容和目的也较狭窄,主要是治疗精神病患者。2000 多年以前,塞尔萨斯就主张用音乐、静默、读书、水浴、在花园中散步等方法治疗精神病患者,但没有人响应。精神病患者在很长时期中都受到惨无人道的对待。他们在社会上遭人嘲笑、戏弄,甚至被说成"神鬼附身",被捆绑吊打,人们认为打得越凶他们就越有治愈的希望。有些精神病患者进入精神病院就像进了监狱一样,院墙高筑、锁链桎梏。20 世纪初,美国人比尔斯(Clifford W. Beers,1876—1943)18 岁,就读耶鲁大学商科,他目睹其兄癫痫病发作时昏倒在地、四肢抽搐、口吐白沫的可怕情景,担心自己也会有这种病,于是终日惶恐不安。24 岁时,终因精神失常跳楼,经人救起后被送往精神病医院进行了为期三年的治疗。他经历了当时精神病院中种种非人的待遇,目睹了病友们遭受的不可言状的痛苦,立志要将自己的余生贡献给精神病人,并终生从事预防精神病工作。病愈后,1908 年,比尔斯将自己在病中的所见所闻写成了一本自传《一颗找回自我的心》,书中呼吁要改善精神病人的待遇。此书的发行在美国引起了极大轰动,掀起了心理卫生运动,心理健康开始受到很多国家的关注并迅速发展。1909 年,美国全国心理卫生委员会在纽约成立。随后在世界各地,如加拿大、法国、英国、比利时、巴西、匈牙利、意大利等许多国家也相继掀起了心理卫生运动,并建立了全国性心理卫生组织。1930 年在美国华盛顿城召开了第一届国际心理卫生大会,有 53 个国家的 3042 名代表参加,当时的中国也派去了 5 名代表。大会产生了国际心理卫生委员会,并确立了其宗旨:完全从事于慈善的、科学的、文艺的、教育的活动,尤其关心世界各国人民的心理健康的保持和增进对心理疾病、心理缺陷的研究、治疗和预防,以及全人类幸福的增进。由此可见,最初心理卫生只是改进精神病院,促使对精神病人做早期诊断、治疗的一种社会运动,随着它的发展,它要解决的问题越来越多,其包含的内容也越来越广。今天,心理卫生泛指对一般人的心理健康的维护,防止及治疗各种心理疾病,提高人类的健康水平。

(二)心理健康的定义

心理健康是健康的重要内涵。1946 年的第三届国际心理卫生大会将心理健康定义为:"所谓心理健康,是指在身体、智能以及情感上,在与他人的心理健康不相矛盾的范围内,将个人心境发展成最佳状态。"世界卫生组织联合会将心理健康定义为:"身体、智力、情绪十分调和;适应环境,人际关系彼此能谦让;有幸福感;在工作和职业中能充分发挥自己的能力,过着有效率的生活。"美国心理学家英格里士认为:"心理健康是一种持续的心理状况,当事者在这种情况下能良好地适应,具有生命的活力,且能充分发展其身心潜能。"美国精神病学家麦灵格尔认为:"心理健康是指人们对于环境及相互间具有最高效率及快乐的适应情况。不仅是要有效率,也不仅是要能有满足之感,或是能愉快地接受生活的规范,而是需要三者具备。心理健康的人应能保持平静的情绪,敏锐的智能,适于社会环境的行为和愉快的气质。"我国心理学者陈家麟认为:"心理健康是指旨在充分发挥个体潜能的内部心理协调与外部行为适应相统一的良好状态。"

综上可见,心理健康可以从广义与狭义两个角度去定义。从广义上讲,心理健康是指一种高效而满意的、持续的心理状态,在这种状态下,人能做出良好的反应,具有生命的活力,而且能充分发挥生命的潜能。从狭义上讲,心理健康是指人的心理活动的基本过程内容完整,协调一致,即认识、情感、意志、个性、行为完整和协调,能适应社会。心理健康是心理活动的各个方面都健康,包含了知、情、意、行、个性,以及自我意识和人际关系等方面。具体来说,心理健康的人,在认识上,能够正确认识世界、自我和他人;在情绪情感上,拥有积极乐观的情绪,能够有效管理自己的情绪;在意志上,有坚强的意志品质;在与人际环境关系上,能与他人建立良好的人际关系,保持独立健全的人格。

人的心理活动,又称心理现象,复杂而又丰富多彩,每个人无时无刻不在进行着心理活动,感受着自己的心理活动。心理活动包括心理过程和个性心理两个方面。心理过程是不断变化着的、暂时性的心理活动。个性心理是每个个体所具有的稳定的心理活动。

心理过程包括认识过程、情感过程和意志过程三个方面。其中认识过程是基本的心理过程,情感和意志是在认识的基础上产生的。认识过程是指人在认识客观事物的过程中,为了弄清客观事物的性质和规律而产生的心理现象。比如,我们听到声音,看到光亮,尝到味道,闻到气味,摸到物体的软硬等,这就是感觉。在这些感觉的基础上,人能辨认出是雨声还是汽车的喇叭声,是苹果或是鲜花,等等,这就是知觉。在离开了刺激物的作用之后,原来听过的话语,看过的图形,做过的事情仍然能想起来,这就是记忆。人不仅能通过记忆把经历过的事物回想起来,而且还能想出自己从未经历过的事物,如形成小说里所描写的人物形象和场景,这就是想象。凭借人所特有的语言,通过分析、综合、判断事物的本质及其发生、发展的规律,这个过程就是思维。感觉、知觉、记忆、想象和思维等心理活动统称为认识过程。情感过程是指人在认识事物的过程中所引起的人对客观事物的某种态度的体验或感受。人在认识客观事物时,并非无动于衷,常常会产生满意或不满意,愉快或不愉快,热爱或厌恶等态度体验。意志过程是指由认识的支持与情感的推动,使人有意识地克服内心障碍与外部困难而坚持实现目标的过程。人的心理健康与否,往往首先反映在认识、情感、意志上。

个性心理包括个性倾向性和个性心理特征。个性倾向性是决定个体对事物的态度和行为的内部动力系统,是具有一定的动力性和稳定性的心理成分,比如需要、动机、兴趣、理想、信念和世界观等个性倾向性使每个人的心理活动有目的、有选择地对客观现实做出反应。个性心理特征是个体身上经常表现出来的本质的、稳定的心理特征,它包括能力、气质和性格。能力是表现在完成某种活动的潜在可能性方面的特征。气质是表现在心理活动的动力方面的特征。性格是表现在完成活动的态度和行为方式方面的特征。个性心理特征影响着个体的行为举止,集中体现了人的心理活动的独特性。个体在观察的深刻性、全面性方面,在记忆的敏捷性、巩固性方面,以及在思维的灵活性、迅速性方面的差异,属于能力上的差异。个体在脾气、内外向方面的差异,属于气质上的差异。个体在待人处事及克服困难的决心和毅力上的差异属于性格上的差异。

心理过程和个性心理这两个方面是密切联系着的。个性心理以心理过程(认识、情感、意志)为基础,没有心理过程,个性心理就无从形成。人的个性心理的形成和发展,是在一定的社会影响和教育下,通过心理过程反映客观现实而逐渐定型化的结果,是个体社会化的过程。同时已经形成的个性心理又反过来制约每个人的心理过程,并在心理过程中表现出来。

三、衡量心理健康的标准

古今中外不同历史时期、不同文化背景、不同学派的众多学者都对心理健康标准进行了界定和阐释,提出了许许多多富有启发性的观点,但由于研究者所持的心理学理论、考察的角度不同,导致采用的划分依据也有所不同,目前来说比较公认的衡量心理健康的标准有以下几种。

(一)统计学标准

根据统计学的常态分布曲线,认为处于总体平均标准范围内者为心理正常,偏离者就是异常。其依据是众数原则。众数原则是基于两个假设而建立的:首先,在任何时候,组成社会的大多数成员是健康的,不健康的永远是少数;其次,社会是健康的,不健康的永远是个体,也就是说,社会成员中绝大多数人的心理行为是正常的,偏离这一正常范围的心理行为可视为异常。

(二)社会学标准

以生活适应为标准,以个体是否表现与社会生活环境及需要相一致的情感、言语、思维、行为等为依据,判断人们的心理正常与否。

(三)医学标准

根据临床诊断,即以本人或他人是否观察或检测到某些心理疾病的症状和致病因素,判断人的心理健康状况。

(四)心理学标准

以发展心理学研究成果为依据,将个体与相同年龄阶段心理发展的特征相比较,发展和达到的水平相当者为正常,比同龄人明显低者为异常。

叶一舵(2001)对上述标准进行了评价:"如果要从这些标准中'提取'若干人们都比较认同的合理要素的话,那应该是医学标准的客观性,统计学标准的方法论,社会学标准的社会性和宏观性,心理学标准的个体性和主体性(能动性)。在这些合理要素中,医学标准的客观性虽然合理,但其适用范围较窄,无临床症状或病因者并不能被认定为心理健康者,因而这一'临界'标准实际上也不具有普遍适用的价值。如此说来,有价值的'依据'便是其他三种'标准'(统计学标准、社会学标准和心理学标准)的合理因素。"

虽然各研究者从不同角度探讨心理健康标准时存在分歧,但在以下几方面形成了基本的共识:

第一,心理健康标准是动态的,不是静态的;是相对的,不是绝对的。心理健康是一种状态,更是一个过程。人的心理健康状态处于不断变化之中。一个心理健康的人并非各方面都合乎标准,进行心理健康评价时,要考察较长一段时间内持续的心理状态,偶尔出现的不健康状态,并不意味着被考察者心理就一定不健康。人的心理健康水平可分为不同的等级,是一个从健康到不健康的连续体,并且心理健康与否很难找到确切的区分界限,更可能只是程度上的差异。

第二,心理健康标准既要注重个体层面,又要注重社会层面。人的个体性与社会性并非截然对立,无法融合。若摒弃个体性谈社会适应,可能会让个体为提高"社会适应"水平而学着去钻营取巧、阿谀奉承,导致人性异化;若摒弃社会性谈个体发展,天马行空、我行我素的人也绝不是教育所要达到的培养目标。因此,单纯地注重社会性或个体性都是不可取的,必须二者兼顾。既要从行为是否有利于个体发展和满足个体需要来评价,又要从行为与社会环境的一致性来考察。

第三,心理健康标准既要注重适应标准,更要注重发展标准。生存与适应是发展的前提与基础,发展则是人类追求的理想与目标。适应是个人不断调整身心,在现实环境中维持一种良好的有效的生存状态;发展则指向更高水平的适应,指向更成熟、更丰富、更健全的心理品质。适应水平通常侧重个体与环境关系现状的维持,发展水平则指向个体与环境在未来可能达到的关系状况。一个完整的心理健康标准的制定,应该既考察适应状况,又考察发展状况。从教育的社会价值及个人价值来看,更应给发展标准以更多的关注。

四、大学生心理健康的标准

我国专家根据心理健康的一般标准,针对我国大学生群体的年龄、文化水平、心理特征、社会角色特征,提出了大学生心理健康的标准。

(一)智力正常

智力正常是大学生学习、生活、工作的最基本的心理条件,是大学生胜任学习任务、适应周围环境变化所需要的心理保证,因而也是衡量大学生心理健康的首要标准。一般来说,通过了高考的选拔,足以表明大学生的智商是正常的。衡量大学生的智力,关键是看大学生的智力是否正常地、充分地发挥了效能。大学生智力正常且充分发挥的表现是:强烈的求知欲望和浓厚的学习兴趣,乐于学习,智力结构中各要素在其认识活动和实践活动中都能积极协调地参与,并能正常地发挥作用。

（二）情绪稳定

情绪稳定即有稳定、积极的情绪状态,具体包括以下内容:(1)积极的情绪多于消极情绪,一般表现为乐观开朗、充满热情、富有朝气、满怀信心,善于自得其乐,对生活充满了希望;(2)情绪稳定性好,善于控制和调节自己的情绪,表现为既能克制约束,又能适度宣泄,不过分压抑,使情绪的表达既符合社会的要求,也符合自身的需要,在不同的时间和场合能恰如其分地表达;(3)情绪反应是由适当的情景引起的,反应的强度与引起这种情绪的情景相符合,能保持良好的心境。

（三）意志健全

意志品质包括自觉性、果断性、自制性和坚韧性等方面。自觉性指对行动目的是否有明确的认识,尤其指能否认识到行动的社会意义,主动以目的调节和支配行动。果断性是指一个人是否能够明辨是非,迅速而合理地做出决定和执行决定。自制性是指是否善于控制和支配自己的行动。坚韧性是指意志行动中能否坚持决定,百折不挠地克服困难和障碍,完成既定目标。意志健全者在挫折和困难面前,能采取合理的应对方式,能在行动中控制情绪和言行,既不顽固执拗、轻率鲁莽、三心二意、言行冲动,也不优柔寡断、畏缩不前、胆小怯懦、惊慌失措。

（四）人格完整

人格是个人内在的动力组织及其相应的行为模式的统一体。人格完整是指有健全统一的人格,即个人的所想、所说、所做都是协调一致的。大学生人格完整的主要标准是:(1)人格的各要素完整统一;(2)具有正确的自我意识,不产生自我同一性混乱;(3)以积极进取的人生观作为人格的核心,并以此为中心把自己的需要、愿望、目标和行为统一起来。

（五）正确认识与悦纳自我

大学生要能够正确而全面地认识自我,正确地评价自我,既能认识和欣赏自己的优点,也能承认和接纳自己的缺点;既不放松对自我的要求,也不苛求自己;既不盲目自满,也不妄自菲薄放弃可能的发展,积极定位自我,确定自己发展的方向,自信乐观,使理想的我和现实的我达到统一。

（六）人际关系和谐

人是具有社会性的,可以说过群体生活、与人交往是人类的天性,只要有人类存在的地方,就一定有人与人之间的交往活动。人与人的交往包括认识、情感和行动三个方面:认识方面表现为互相认识和理解的程度,它是人与人之间关系的基础;情感方面表现为彼此之间融洽性的各种不同状态,如喜爱或不喜爱、好感或恶感、妒忌或同情、共同感受和不同情调等,这也是人与人之间相互联系的纽带;行动方面表现为在各种共同活动中是否协调一致,这是人与人之间相互交往的结果。大学生健康的人际关系应具有以下特点:(1)别人能了解他,他也能了解别人,通过相互交往,彼此之间有什么长处和短处、优点和缺点,应该是知道的。如果大学生生活在集体中,总把自己的思想感情封闭起来,独来独往,别人不了解他对事物的观点和态度,就不正常了。如果大学生只关心自己的利益,对别人的痛苦和欢乐,兴趣和爱好漠不关心,也不可能与别人相处得好。(2)受到他人的悦纳,在集体中是受欢迎的,起码不被看成多余的或有害的。当然,任何一个人都不可能被所有人喜欢,获得所有人的信任,但对多数人来说,他应该是一个有益的人,他的存在应该能给集体、别人带来某种好处,如果大家都不愿意和他亲近,而希望同他疏远,他的心理就可能有某种缺陷。(3)在集体中有自己的朋友。人们在时间、空间上的结合,并不能说明他们在心理上有联系。因为有些结合可能是被动的,没有共同的思想基础,彼此交往只是由于某些偶然的因素。如果人们相互交往时具有共同的理想和目标,并采取协调一致的行动,并渗透喜爱、好感等情绪因素,就可能发展成为亲密的朋友。

（七）社会适应良好

能够正确地认识环境并正确处理个人和环境的关系。心理健康的大学生应能与社会保持良好的接触,对社会现状和未来有较清晰正确的认识,思想和行动都能跟上时代的发展步伐,与社会的要求相符合,在环境发生变化时,能够对环境进行客观的认识和评价,并积极主动地调整自己的需求与愿望,既符合新环境的要求,同时也能使自己得到充分发展。这里所讲的适应,不是被动、一味地迎合,甚至与不良风气、落后习俗同流合污,而是在认清社会发展趋势的基础上,主动适应社会发展的要求,不逃避现实,更不妄自尊大、一意孤行,与社会需要背道而驰。

（八）心理行为符合大学生的年龄特征

大学生是处于特定年龄阶段的特殊群体,大学生应具有与年龄和角色相应的心理行为特征。一个大学生的心理行为经常严重地偏离自己的年龄特征,是心理不健康的表现。作为大学生,言行举止既不要有与自己的年龄不相符合的幼稚,逃避责任,逃避生活,甚至逃避爱情和家庭,沉溺于自己的幻想中,拒绝长大,也不必刻意追求老成。

第二节　大学生的心理健康与保健

一、大学生心理健康的状况

大学阶段是一个人身心发展趋于成熟的重要时期,大学生的各种心理活动非常活跃,但大学生自我调节能力还不够完善,加上社会经济的转型、学习生活环境的变迁、人际关系的复杂化、学业与就业的竞争,又面临学业、情感、经济等诸多问题,许多大学生表现出不适应,严重者会引发心理疾病,影响健康成长。

当前大学生心理健康状况与特点表现在以下几个方面:

(一)大学生的心理健康状况不容乐观

近年来的调查表明,全国大学生中有10.0%～30.0%的人存在不同程度的心理问题,常见的心理问题包括人际关系问题、恋爱问题、学习问题、情绪问题、就业问题、神经症等。如顾晓雯(2013)对1100名大学生的心理健康状况调查表明,有严重心理问题者占28.4%,有某种心理问题者占37.7%;李琳(2013)对2953名大学生的调查表明,有某种心理问题者占22.8%,有严重心理问题者占6.5%;王丹妮(2014)对1009名大学生的心理健康状况调查表明,大学生SCL-90各因子均分除人际关系因子外,均显著高于国内青年常模,说明大学生心理健康状况比同年龄的其他青年差;鲁玮等人(2017)对6100名大学生的调查表明,心理健康状况不佳者达5.4%。

(二)大学生心理问题有着明显的阶段性

一年级集中表现为对新生活的适应问题,兼有学习问题、专业问题、人际交往问题;二年级出现的问题主要为人际交往、学习与事业、情感与恋爱;三年级集中在自我表现发展与能力培养、人际交往、恋爱与情感问题;四年级则以择业问题为多数,兼有恋爱问题、未来发展和能力培养问题等。

(三)各种心理问题对大学生健康的危害越来越大

有的学生孤僻自闭、情绪失常、焦虑抑郁,有的甚至以结束自己生命或他人生命的方式来寻求解脱。据北京市16所高校统计,因心理问题和心理疾病休学、退学的人数分别占总的因病休学、退学人数的37.9%和64.4%,因病死亡的17例中有9例为患重性心理疾病而自杀,占52.9%。王玲也曾对广州某师大一年级新生进行调查,发现有19人有自杀倾向,占大学生总数的1.4%。

(四)大学生主动寻求心理咨询帮助的意愿较弱

出现心理问题时,大学生可以有三种解决途径:一是自己解决;二是寻求朋友帮助;三是求助于专业心理咨询机构。姚斌等人(2011)调查发现,大学生在出现心理困惑时,57.7%的学生选择独自面对,较少寻求帮助,特别是很少寻求专业帮助。在寻求帮助时更倾向于寻求非正式的帮助,如向朋友和家人求助,而不愿寻求正式的帮助,如教师、咨询师和心理医生的帮助等。且求助行为存在性别差异和城乡差异:男生独自面对的比例明显高于女生,而女生求助教师、家长和同学的比例高于男生,尤其是求助教师、家长的比例是男生的2倍多,而且女生更多的感受到来自同学的帮助。来自农村的学生更倾向于独自面对问题。城市和农村在教育资源、生活环境等方面存在较大差异,而且来自城市的学生中独生子女较多,来自农村的学生经济条件较差,较少有音乐体育等方面的特长,在与城市学生的比较下容易产生自卑心理,因为自卑而怯于求助。还有研究发现,不同年级大学生求助的对象不同,大一学生的求助对象主要是家人,大二为朋友,大三是朋友及恋人,大四学生对心理问题倾向于自己解决。对于大学生心理困惑较多而不愿寻求帮助的情况,一方面,高校要开展有针对性的心理健康教育,增强大学生对求助行为的主观认可。另一方面,大学生也要认识到,有了心理困惑积极寻求帮助是快速解决自身问题的有效办法,要培养自己有问题寻求帮助的习惯。

二、影响大学生心理健康的主要因素

大学生心理问题的发生是多因素综合作用的结果。如刘蓓(2013)对某高校大学生的调查研究表明:父母的教育态度差,性格内向、焦虑程度高、不易与人相处的人格特征以及负性生活事件是造成当今大学生心理问题的三大主要因素。张远等人(2010)对2034例大学生的研究表明,是否独生、母亲职业、父亲职业、父母婚姻状况等家庭因素及黏液质、内外向等人格特征是影响大学生心理健康状况的主要因素。由此可见,影响大学生心理健康的因素是多方面的,一般可以分为内在因素和外在因素。从内在因素来看,大学生的心理问题往往与他们性格内向及情绪不稳定的人格特征有很大关系;从外在因素来看,主要是家庭和生活事件等。

(一)影响大学生心理健康的内在因素

1. 遗传因素

人类受精卵继承来自双亲的23对染色体,这些染色体传递由脱氧核糖核酸(DNA)组成的遗传信息。这些DNA片段构成了基因,目前已知是由10万个基因控制着人体的生长发育和功能。基因位于染色体上的不同位置。心理卫生学的大量研究资料表明,大学生的某些心理健康问题的产生,与其有心理健康问题的父母的某些遗传基因有着不可否定的联系。德国精神病学者卡尔曼研究表明:父母均为精神分裂症患者,子女发病率为68.1%,其中一方有精神分裂症,子女发病率为16.4%,家庭无精神病患者,子女发病率为0.9%。若双亲都是抑郁症患者,子女发病率提高到50.0%~75.0%。行为遗传学发现,乐观快乐等积极的人格特征也同样具有遗传性。我国心理学工作者对22对同卵双生子和18对异卵双生子进行了20多年的追踪研究,结果发现神经衰弱、抑郁症、疑病症、性格内向、性变态的遗传率较高。

2. 人格特征

刘蓓(2013)对某高校大学生心理健康影响因素的研究表明:大学生心理问题的发生多有一定的人格基础,如性格孤僻、内向,容易出现焦虑、愤怒、抑郁、敏感、冲动、脆弱等情绪反应,与人不友好、不近人情、对他人漠不关心、难以适应环境的大学生心理问题发生率高。大学生的学习生活是紧张的,遇到的来自学习、情感、生活、就业等方面的压力也很多,性格内向和孤僻的大学生遇事比较容易出现消极情绪,自身的调节和控制情绪的能力又比较弱,同时由于不喜欢和不擅长与他人交往,排解消极情绪的途径不多,获得的社会支持不多,长此以往,就容易产生心理失衡,从而诱发心理问题。

(二)影响大学生心理健康的外在因素

1.家庭因素

影响大学生心理健康的因素很多,其中家庭环境对大学生心理健康状况起重要作用。

(1)父母教养方式是影响大学生心理健康的重要因素,不同的教养方式会产生不同的影响。父母教养方式分为四种类型:权威型(父母坚定、热情,并考虑孩子的意见)、专制型(不考虑子女的要求)、溺爱型(父母允许孩子为所欲为)和忽视型(既不对子女提出要求也不考虑子女的需要)。研究表明,权威型教养方式的大学生心理健康水平高于专制型教养方式的大学生(凌四宝等,2003)。在成长过程中,父母过多控制的教养方式会加重子女人际关系困扰,对子女经常采取控制态度的父母,会伤害子女自尊心、自信心,使子女产生不信任感和自卑感并导致在成长中泛化影响其心理健康水平。如果父母对孩子充分理解,给予温暖,就会对孩子的心理健康产生积极的影响。如果父母对孩子过多干涉,就会对孩子的心理健康产生消极的影响。

(2)家庭结构也会影响大学生心理健康。单亲家庭的学生更易于形成极端人格。离异家庭学生的心理健康状况总体上差于普通学生。入学前在家庭有亲生父母照顾的大学生心理健康状况优于由祖父母、外祖父母或其他人员照顾的大学生,由父母亲自照顾的子女能得到更加健康的成长。

(3)父母文化程度对大学生心理健康的影响。近年来有关父母文化程度与大学生心理健康的研究成果显示,父母的文化程度高,大学生呈现出不稳定的情绪特征的概率也高。其中母亲文化程度很高和较低的大学生子女都表现出一定的心理健康问题,而且以高学历母亲为甚。

(4)父母婚姻状况对大学生的心理健康有明显的影响。父母离异比正常家庭的大学生心理健康的总体水平差,并且父母离异比父母去世的大学生更具敌对情绪(曾美英等,2008)。除此之外,家庭经济情况、父母职业、家庭关系、家庭气氛、父母对子女的期望等也都会影响大学生的心理健康。

2.学习生活环境的变化和形成的压力

影响大学生心理健康的外在因素有的是在学生考入大学以后出现的,可以分成环境的变化和压力的形成。新生入学后,学习生活环境的变化对他们是一个挑战。这些变化包括居住环境、语言环境、人际关系、学习方法、角色地位、学习目标等。心理学研究表明,个体遭遇的应激性事件影响越大,心理健康水平越低(张晨艳等,2015),这是因为应激性事件会消耗个体的心理资源,从而降低其对心理健康的保护,引发个体的负面情绪及适应问题。大学生的心理应激主要表现为新生的新鲜兴奋感和不适应性。根据以往的经验,环境的变迁虽然较少导致严重的心理问题或过激行为,但可以成为各种压力形成的因素之一。主要表现在以下几个方面。

(1)学习压力。从小学到中学,学习的主要目的是考大学,教师时刻关注着学生,学生虽然辛苦,但有明确的目的和方向。而进入大学后,学习主要靠自己,学习内容、学习方法、学习环境、师生关系甚至学习目的都发生了很大变化,这往往使得刚进入大学的学生无所适从,学业期望难以达到,不再时刻受到教师关注,不再有父母的精心呵护,学习压力增加,接下来部分学生容易产生焦虑、自卑、嫉妒、自闭甚至攻击转移等情绪,进而可能产生心理问题。

(2)情感压力。进入大学以后,学生的人际交往逐渐广泛深刻,不再像原来那么单一。地域不同的同学、背景不同的老师和相识不久的异性开始进入学生的交际圈。这一时期的学生渴望获得友情、师生情和爱情等情感体验,但因缺乏经验,再加上独生子女以自我为中心的生长环境,这些情感体验不容易在短期内获得满足,容易产生孤独等心理问题。其中特别需要引起重视的是学生间的异性交往。由于多数大学生已经进入成人阶段,学习也不像中学时那么辛苦,竞争也不像高考时那么激烈,且多数父母不再反对子女接触异性,大学生的爱情开始在校园中成长,但当他(她)们遇到失恋的挫折时,因缺乏家长的指导,容易产生心理障碍,如不及时化解疏导,可能发生极端事件。

(3)生活压力。进入大学后,部分学生特别是家庭贫困的学生不再希望依靠父母,渴望在经济上自立。尽管国家有奖、勤、助、贷等资助政策,但并不能完全满足其需要。大学生不再像中学时穿校服、吃食堂或回家吃饭,年轻人的好胜攀比心理和虚荣心使得部分学生希望像家庭条件优越的学生一样穿得体面,吃得像样,特别是在异性和恋人面前花钱大手大脚,使得这部分学生生活压力很大,容易产生心理负担,影响心理健康。

(4)就业压力。影响大学生心理健康的外部因素以就业困难为最多(王佰庆等,2014)。随着全球金融危机的蔓延和高校毕业生人数的增加,大学生就业困难已经成为不争的事实。很多大学生从一进入大学就开始接受规划自己的职业教育,考虑前途和就业问题。这样做一方面对大学生优化知识结构有利,另一方面也加重了学生的心理压力,使得他们大学四年有可能均处于焦虑烦躁中,从而对前途失去希望,对生活缺乏信心,甚至自暴自弃,影响学业的完成。

3.社会因素

大学生对社会的了解很少,在当今的社会竞争压力下,理想主义在严峻的社会现实面前只能破灭。紧张的学习生活使大学生身心疲惫,严重影响他们的心理健康。

（1）社会支持对大学生心理健康有一定的影响。研究表明，社会支持良好的大学生，其心理健康状况也较好，而社会支持较差的大学生，其心理健康状况也较差。更好地利用社会支持有益于自身的心理健康。人的心理发展及生活的各方面都时时刻刻与这个社会发生着紧密的联系，人的成长离不来社会的支持（程素萍等，2009）。

（2）校园文化环境也会影响大学生的心理健康。校园文化能够陶冶大学生的情操，良好的校园环境有利于大学生树立正确的人生观和世界观。校园文化建设还有利于规范大学生的行为，培养他们的人文素质，创造和谐的人际关系。在校园建设中，宿舍管理和宿舍人际关系也同样会对大学生的心理健康产生重要的影响。和谐共处、互相关心、互相帮助的宿舍人际关系有利于塑造出利他、自信的人格，有利于学习社会经验，有利于思想品德的修养。而不良的人际关系则会使人孤独忧郁，甚至与人交往时产生恐惧，长期持续下去可能会引发严重后果，引发心理障碍。

（3）网络对大学生的心理健康既有积极的影响，也有消极的影响。一方面，网络丰富了大学生的信息来源，扩展了人际圈，并且使得大学生的创造性得到很好的发挥，增强了大学生的自信。另一方面，网络上的信息良莠不齐，过度沉迷于网络也会危害大学生的心理健康。当今社会，"低头族"越来越多，大学生的交流方式大多是通过互联网进行的，久而久之，他们也就不善于与他人打交道，严重者会失去社交能力。有些大学生沉迷于网络游戏，往往线上情绪饱满、异常亢奋，线下情绪低落、意志消沉，个人易产生焦虑、孤傲和压抑等心理障碍。有些大学生会渐渐地将网络上那个虚拟的"自己"带进现实，导致心理扭曲，严重者还会发展为更严重的心理疾病。

三、大学生心理健康的自我维护

大学生的心理健康状况不容乐观，各种心理问题对大学生健康的危害越来越大，因此，每个大学生都应增强关注自身心理健康的意识，学习心理健康的知识，提高维护自身心理健康的能力，在必要时可以进行自我调节和自我适应。

（一）增强关注自身心理健康的意识

目前，有些大学生误以为心理健康教育和心理咨询只是针对有心理障碍和心理疾病的学生，自己没有心理障碍和心理疾病，所以不需要关注心理健康。实际上，虽然只有少部分大学生会出现心理问题和心理疾病，但许多大学生会出现成长过程中的心理困扰，出现发展性的心理问题，而当前高校开展的心理健康教育也有两个目标：一是教育者运用心理咨询理论与技术帮助全体大学生化解心理矛盾、减少心理冲突、缓解心理压力、优化心理素质，保持良好的心理状态，形成良好的人格品质，促进人格成熟和全面发展的发展性目标；二是针对出现心理问题的学生开展心理咨询的补救性目标。发展性目标要达到的是促进学生心理发展和预防学生出现心理问题的目的，这就要求每个大学生都要增强关注自身心理健康的意识。一是通过各种途径学习心理健康知识,了解心理健康的标准,及时发现心理不健康的症状,如重视在高校开设的大学生心理健康教育课程的学习,通过该课程系统学习心理健康知识,课外阅读提升自身心理健康水平的书籍,积极参加学校组织的各类心理健康的讲座;二是积极参加学校组织的为提升大学生心理健康水平而开设的各类体验活动,如拓展训练、人际关系团体心理辅导等,通过体验活动,客观而正确地认识自我、接纳自我、调节自我,从而达到自我成长的目的。

(二)提高维护自身心理健康的能力

大学生可以通过多种途径、多种方法来维护自身心理健康。维护自身心理健康既可以自助,也可以向周边同学、家人、老师和专业心理咨询机构求助。

1.学会自我心理调节

情绪对于心理健康来说是至关重要的,几乎每一种心理疾病都有一定的异常情绪表现。稳定而良好的情绪状态,能使人心情开朗,轻松安定,精力充沛,对生活充满乐趣与信心。相反,如果一个人情绪波动大,患得患失,喜怒无常,处于不良的情绪状态中时自己又不善于调节和控制,则会导致心理失衡,甚至导致心理疾病。

学会管理和控制自己的情绪,可以尝试以下自我心理调节的方法:

(1)主动宣泄不良情绪

过分压抑只会使情绪困扰加重,而适度宣泄则可以把不良情绪释放出来,从而使紧张情绪得以缓解、轻松。因此,遇有不良情绪时,最简单的办法就是"宣泄"。合理宣泄情绪是指在适当的场合,采用适当的方式、方法来宣泄心中的不良情绪。宣泄,应该是合理的,要表现得有理、有度,既不损害自己,也不给他人带去伤害。在宣泄过程中,必须增强自制力,不要随便发泄不满或者不愉快的情绪,要采取正确的方式,选择适当的场合和对象,以免引起意想不到的不良后果。既不能不顾他人利益,也不能不顾自己形象,不分时间、地点、场合随意发泄。比如,如果大学生喝完酒后大哭大喊,摔砸公物来发泄自己的不快,那么这既不能调控好自己的不良情绪,还会造成严重的结果。

现实生活中,合理宣泄的方式、方法很多。可采取的形式之一是写。可以通过写日记、搞创作的形式开展。我国古典文学中最长的一首政治抒情诗《离骚》,就是屈原通过升华的宣泄写出来的。第二是述。向家人、老师、朋友倾诉,甚至可以用过激的言辞抨击、谩骂、抱怨恼怒的对象,或是尽情地向至亲好友倾诉自己的不平和委屈。也可以到空旷的山林原野,拟定一个假目标大声叫骂,发泄胸中怨气。一旦发泄完毕,心情也就随之平静下来。第三是动。通过体育运动、劳动等方式来尽情发泄。参加剧烈运动可以使体内啡肽分泌增多,不良的情绪容易由运动带来的快感代替。在大学校园里,有很多适合大学生运动的场所,可以充分利用,释放情绪。

(2)积极的自我暗示

暗示是运用含蓄的、模棱两可的语言、形象、想象等,通过多次重复来达成一定的心理效果。这个概念最初由法国医师库埃于1920年提出,他的名言是"我每天在各方面都变得越来越好"。心理学上所讲的"皮格马利翁效应"也称期望效应,也是一种暗示。心理学的实验表明,当个人静坐时,默默地说"勃然大怒""暴跳如雷""气死我了"等语句时心跳会加剧,呼吸也会加快,仿佛真的发起怒来。相反,如果默念"喜笑颜开""兴高采烈""把人乐坏了"之类的语句,那么他的心里面也会产生一种乐滋滋的体验。由此可见,言语活动既能唤起人们愉快的体验,也能唤起不愉快的体验;既能引起某种情绪反应,也能抑制某种情绪反应。

暗示有自我暗示与他人暗示之分,又有积极的暗示与消极的暗示之分。消极的自我暗示会强化我们个性中的弱点,唤醒我们潜藏在心灵深处的自卑、怯懦、嫉妒等,从而影响情绪。积极的自我暗示,可以松弛过分紧张的情绪,也可以激励自己。例如,情绪激动时,可以通过自我默诵"冷静""不发火""制怒""镇定"来抑制自己的情绪。不少大学生的墙头、床上贴着"镇定""三思而后行""静""我能行"等条幅,就是针对自己的弱点用书面语言提醒自己。如在遭遇困难时,用"天将降大任于斯人也,必先苦其心志,劳其筋骨,饿其体肤""胜败乃兵家常事""塞翁失马,焉知非福""坏事变好事"等词语来宽慰自己,以便从懊恼、焦虑中解脱出来,使消极的情绪合理化。

（3）转移注意力

转移注意力法就是把注意力从引起不良情绪反应的刺激情境转移到其他事物上去或从事其他活动的自我调节方法。当不良情绪出现时,头脑中只有一个兴奋点,这时候如果另建一个新的兴奋点,就可以抵消原来的兴奋中心,情绪就可以逐渐平静,使不良情绪得以解脱。这种方法,一方面中止了不良刺激源的作用,防止不良情绪的泛化、蔓延;另一方面,通过参与新的活动,特别是自己感兴趣的活动而达到增进积极的情绪体验的目的。当出现情绪不佳的情况时,要把注意力转移到自己喜欢做的或感兴趣的事情上去。例如外出散步、看电影或电视、读书、打球、下棋等,换换环境等,有助于使情绪平静下来。

（4）食物调节法

学会利用饮食来改变情绪,因为不同的食物对情绪有不同的作用。比如菠菜富含维生素C,是一种降压物质;鸡蛋富含能提高注意力和记忆力的胆碱;香蕉含有一种能帮助人脑产生羟色氨的物质,可以减少人不良激素的分泌,使人安宁,快活;燕麦、蔬菜、牛奶和瘦肉等含维生素B1的食物和洋葱、大蒜、海鲜等含硒较多的食物可以提高抗压能力。我们可以据此调整饮食习惯,选择一些健康食品,帮助自己调节情绪。

（5）利用感觉反馈机制寻找快乐

美国心理学家詹姆斯1884年提出了对情绪的解释。他认为个体受到刺激产生情绪时会引起植物性神经系统的活动,并由此产生机体生理上的变化,情绪就是由对自己这个生理变化的认识而引起的。他说,"我们因为哭,所以愁;因为动手打,所以生气;因为发抖,所以怕"。情绪主观体验的产生和机体生理和行为表现的变化密切相关,相互影响。我们可以通过改变情绪的生理和行为表现来调节情绪的主观体验。

研究表明,假装的微笑组比皱眉组报告更多的愉悦。假装的表情可以使人感到恐惧、愤怒、悲伤和厌恶。在不同高度的桌子上写字,形成不同的坐姿,影响被试的情绪体验。大声谈论焦虑事件,被试会更焦虑;用缓慢的、微弱的声调谈论与悲伤相关的事件,被试会更觉悲伤。

2.寻求社会支持

人总是处于一定的社会关系中,有效的社会关系和网络构成了社会支持系统。所谓社会支持是指一个人通过社会关系所能获得的能减轻心理应激反应、缓解精神紧张状态、提高社会适应能力的影响。社会支持包括信息支持(帮助个体认识到引发困境的事件,并找到解决困境的资源和策略)、工具支持(提供实质的服务、财力支持以及特殊援助)、情感支持(用关心、安慰等让个体感觉到自己的价值)三个方面。心理学研究表明,社会支持良好的大学生,其心理健康状况也较好,而社会支持较差的大学生,其心理健康状况也较差,尤其是在遇到挫折时,寻找有效的社会支持,是维护和促进心理健康的重要途径。

目前大学生的社会支持主要来自三个方面:

第一,家庭是最重要的社会支持系统。张磊(2008)通过对北京五所高校的在校大学生进行问卷调查发现,当今大学生的社会支持来源有家庭、朋友、亲戚、同学、老师、其他人等,其中来自家庭方面的社会支持最高。婴幼儿期的亲子关系决定了个体对世界和他人的态度,也决定了人是否有安全感,无论是物质方面还是精神方面,父母通常是孩子最大的支持者。所以,当面临压力和挫折时,大学生可以向家人求助,可以获得来自家庭成员的理解和支持,可以从家庭成员中汲取战胜困难的勇气和力量,减轻压力,缓解焦虑,帮助大学生重塑信心。

第二,同学、朋友是社会支持系统的重要组成部分。家庭固然是重要的支持系统,但毕竟离得有点远,而同学就在身边,一起学习和生活,朝夕相处,寻求同学朋友的帮助比较方便。如果有了开心的事情,就可以与朋友一起分享;有了烦恼和痛苦,也可以与朋友一起分担。有些问题及时得到了解决,不会积郁在心。另外,大学生大多有交友的愿望,在与同学交往中能学会怎样与别人相处,因此,保持良好的同学关系,获得更多的朋友支持和帮助,是维护自身心理健康的重要途径。

第三,辅导员、班主任和任课老师也是社会支持系统的重要部分。大学生在遇到学习、生活中的一些问题时,及时地向辅导员或班主任甚至任课老师求助,尤其是业业或就业方面的问题,老师见多识广,知识经验丰富,人脉资源丰富,解决问题的思路更多、方法更多,因此其给出的建议往往会很有价值。

3.寻求专业帮助

大学生要主动学习心理健康和心理问题方面的知识,正确认识心理健康和心理问题,树立科学的健康观,掌握一些心理问题的鉴别方法和常用的心理调适方法,以科学、理智的态度对待心理问题,发现有心理困扰时,主动、积极、及时地到学校心理咨询机构进行心理咨询。如果发现有心理疾病,还应该到相关医院进行心理治疗。所谓心理咨询是由受过心理咨询训练的专业人员,运用心理咨询的理论和技术,针对来访者的各种适应与发展问题,采用会谈技术,与来访者建立相互信任的咨询关系,帮助来访者觉察自己,帮助来访者找到自身的问题,并加以引导和改变,帮助来访者消除心理问题,增进心理健康,发挥自身潜能,有效地适应社会生活环境的过程。目前高校都设有大学生心理健康教育中心或心理咨询中心,为学生提供个别心理咨询、团体心理咨询、电话咨询和网络咨询等。和家庭、同学、朋友或任课老师相比,心理咨询机构的咨询老师在心理问题上提供的帮助更专业、更有效,所以,大学生如果出现心理困扰,可以积极地向心理咨询老师寻求帮助,而不是一直困扰着甚至使其变得越来越严重。同时,高校也要建立及时发现学生心理问题的机制,如班级里设立心理委员,学校定期对心理委员和寝室长开展心理健康专业知识的培训,经过培训的心理委员和寝室长能及时发现身边同学的问题,可以及时帮助同学求助心理咨询老师。

除了心理问题,当大学生出现心理疾病时,更要及时转介到相关医院进行心理治疗。近年来,大学生中出现抑郁症、焦虑症的比例有上升的趋势,尤其是患抑郁症的学生自身非常痛苦,大多有轻生的念头,如不加干预是很危险的,如能及时求助专业机构,通过药物和心理咨询相结合的治疗方法,抑郁症是完全可以治愈的。

第三节　大学生异常心理与心理辅导

一、大学生常见的心理问题

(一)对大学生活的不适应

初入大学,没有尽快适应大学生活环境。进入大学以后,许多大学生由于环境的改变出现矛盾和困惑的心理。中学教师有时候为了激励学生刻苦学习,高考取得好成绩,把大学生活和学习描绘得非常美好,学生也将这种大学美好当成奋斗的目标。但真正进入大学后,发现事实并非如此,在人才济济的象牙塔中,自己缺少独立自主的生活能力,在内心中产生恋家、失落的不良情绪。

被动学习,没有尽快适应新的学习方式。进入大学之前,学习上有家长和老师的关注,如有放松或成绩下降,家长和老师会加紧看管。在大学里,没有了家长和老师的时刻关注,学习以自律为主,这使大学生在大学期间学习成绩波动很大。另外,有些学生所读专业不是自己喜欢的专业,对教授的课程也不感兴趣,导致学习动力不足,对学习提不起兴趣,明知不对,但是难以改正,这样容易产生学习焦虑。

以自我为中心,难以适应大学生群体生活。有一些大学生是独生子女,在家长的呵护中成长,缺乏独立的人际交往技巧和经验,在与人交往中以个人为中心。进入大学后,由于生活习惯和个性的差异,在人际交往中往往会出现矛盾。大学生一旦在人际交往过程中受到挫折,容易引起对大学生活的不适应,并且陷入苦闷、焦虑之中,或者逃避现实,沉迷于虚拟的网络之中。

(二)学习心理问题

学习是大学生的重要任务,大学学习阶段是人生的重要时期,影响着大学生的未来发展。与中学相比,大学阶段的学习内容具有更强的专业性和职业性,大学开设各个专业的最终目的是满足社会各行各业对专业或专门的人才的需求,自学是大学生学习的最主要的方法。同时,大学阶段的学习不再是简单的记忆,而具有较强的探索性和不确定性,注重培养大学生的独立思考能力。学习内容、学习方法和学习侧重点的转变使得一些大学生无所适从,尤其对大一新生而言,容易在学习中产生不同程度的困扰和心理障碍。学习动机过强和对所学专业没有兴趣是大学生产生学习心理问题的主要原因。学习动机过强的大学生通常无视自身的条件和现实状况,为自己设定过高的目标,成就欲望过于强烈,对自我的期望过高。这类大学生一般因学习过于勤奋,且争强好胜,情绪时常处于紧张状态,容易导致学习注意力不集中、学习疲劳、学习焦虑和考试焦虑,甚至导致严重的焦虑症。

(三)失恋导致的情感问题

大学生一般处在18～22岁的年龄段,这是一个人身心不断趋于成熟的阶段,也是一个人身心发展的重要时期。在这个年龄段,大学生的生理发育已基本成熟,随着年龄的增长,对人际交往尤其是与异性交往的心理需求不断增强,因此,这个时期的大学生男女双方都从内心被异性吸引,渴望用各种方式接近异性,追求纯洁的爱情是大学生正常的情感心理需求。但由于阅历浅,社会经验不足,在经济上不独立,大学生的人格还不够完善,心理也还不够成熟,通常对自己缺乏正确和全面的认识,对是非的认识较为模糊,情感丰富但不稳定是这一时期大学生心理特征的主要表现之一。因此,这一时期的大学生谈恋爱大多带有盲目性,如果处理不当很有可能给恋爱双方带来烦恼和痛苦,严重者还将导致心理疾病,甚至轻生。

因失恋导致心理问题在大学生恋爱心理问题中最为常见。失恋是指恋爱一方突然中止恋爱关系或由于各种因素双方不得不中止恋爱关系。大多数失恋者能正确对待失恋,随着时间的推移,逐步淡化心理上的挫折感和心理创伤,也有一些失恋者不能理性对待感情受挫现象,不能及时排解失恋带来的伤痛和失落,导致心理失衡,产生心理问题。这主要是因为恋爱一方中止恋爱关系后通常会给另一方造成严重的心理挫折。高校心理咨询统计情况表明,失恋是大学生在校期间最严重的挫折之一,会使心灵受到惨痛的打击。失恋通常会引起一系列心理反应,主要表现为痛苦、烦恼、自卑、失落、悲伤、孤独,严重者还可使人感到绝望,甚至产生报复心理乃至轻生。因此,高校学生工作者不应把大学生情感问题简单化,大学生出现情感问题时应及时采取干预措施,及时排除和转移失恋带来的不良情绪,使其尽快恢复到正常的生活。

(四)遭遇求职挫折产生的心理问题

20 世纪末,根据市场经济的需求和高等教育发展的客观规律,我国高等教育思路进行了大的调整,教育体制由精英教育模式转向大众教育模式。这一教育模式的转变使得更多年轻人有机会接受高等教育,体现了社会主义教育为大多数人服务的宗旨,体现了教育的公平,是提高整体国民素质的有效途径。但大众教育为青年人带来机遇的同时,也带来了新的社会矛盾,即随着大学毕业生人数逐年明显的增长,社会提供的就业岗位并没有明显增加,就业形势日趋严峻,加之高校的课程设置、教育内容与市场需求有一定差距,导致大学生就业问题成为新的社会问题,引起了各界广泛的关注。传统的精英教育理念一直把大学比作象牙塔,把大学生们比作天之骄子,大学毕业便意味着能够找到一份体面的工作,过上安稳富足的生活,实现麻雀变凤凰的华丽转身,这一思想根深蒂固。面对社会大环境的转变,大学生们一时难以适应,在求职过程中遭遇挫折后很容易产生心理问题。尤其在金融危机的冲击下,全球经济出现较大滑坡,大学生就业遭遇了前所未有的寒冬季节,部分毕业生在求职受挫后,面对理想和现实的巨大反差,悲观消极,对未来感到迷茫和困惑,对社会、学校、他人产生不满情绪,甚至对人生产生了怀疑,出现心理危机。

求职受挫导致的心理问题一般表现为焦虑、自卑、嫉妒、冷漠等心理,严重者表现为抑郁和焦虑症状,如求职失败后心境持续低落,对日常生活丧失兴趣,自卑,自责,自我评价过低,容易疲劳,失眠或睡眠过多等,即是抑郁的主要表现特征;焦虑症状主要表现为遭遇求职挫折后持续的紧张不安,对求职过分担心和烦恼,满面愁容,眉头紧锁,坐立不安等。大学生在求职过程中一旦出现心理问题会直接影响到求职的成功率,需要及时进行疏导和调节。

二、大学生常见的心理疾病

(一)心境障碍

心境障碍是以显著而持久的情感或心境改变为主要特征的一组疾病,主要表现为情感高涨或者低落,并伴有相应的认知和行为改变。所有的心境障碍都包含基本的抑郁或者躁狂的体验,有时可以只有其中一种,有时二者皆有。依据美国精神疾病诊断与统计手册(DSM-Ⅳ)的分类,心境障碍主要包括抑郁症、躁狂症、双相情感障碍等。

1.抑郁发作和抑郁症

抑郁发作以显著而持久的情绪低落为主要特征,持续至少两周,包括认知方面的症状(如价值空虚和优柔寡断的感觉)和躯体功能失调(如睡眠模式的改变、食欲和体重的显著变化、身体能量的明显丧失），以至于即使是最简单的活动和最轻微的运动都要调动身体的全部力量。这个阶段的典型表现还有对生活毫无兴趣以及从生活中获得任何快乐（包括与家人及朋友的人际交往、在工作中和学习上的成就感）的能力的丧失（失去体验快乐的能力被称为快感缺乏或者缺乐症）。虽然所有的症状都是重要的，但躯体的改变（有时称为躯体的或者植物性的症状）伴随行为或情感的"关闭"（显示为在行为激活量表上得分较低），是这一类型心理障碍的核心特征。抑郁发作可分为重度、中度和轻度。抑郁症指的是经历了一次或多次抑郁发作，其间没有躁狂发作。

2. 躁狂发作和躁狂症

躁狂发作的典型症状是在情感方面个体表现为主观体验异常愉快或欢欣喜悦，感觉自己一切都是美好的，自己也感觉特别快乐。这种高涨的情绪通常具有一定的感染力，能引起周围人的共鸣。但是，这种情绪不是很稳定，有时候表现为欢乐愉快，有时候容易激动暴怒，甚至出现破坏及攻击行为。躁狂发作的另一个症状是思维奔逸，即他们的语速很快，而且很可能语无伦次，这是因为他们急于把太多兴奋的想法一下子全表达出来。活动增多也是躁狂的一个表现，表现为异常活跃好动，但都虎头蛇尾，常常对行为缺乏正确判断，随心所欲，给人以浮夸鲁莽的感觉。每天只需要很少的睡眠，制定一些不切实际的计划，而且他们认为可以实现想达到的任何目标。躁狂症是指躁狂发作时间持续一周以上，一般呈发作性病程，每次发作后进入精神状态正常的间歇缓解期，大多数病人有反复发作倾向。

3. 双相情感障碍

双相情感障碍是躁狂发作和抑郁发作交替进行的趋势，就像乘坐永不停止的过山车，可以从兴奋的巅峰跌入绝望的谷底。在情绪高涨的时候，个体表现为心情特别愉快，急躁，睡眠需要减少，健谈，能从一个想法跳跃到另一个想法。情绪低落时表现为无精打采，睡眠增多，活动减少。情绪高涨和低落持续的时间并没有规律，短的可能几天，长的可能几个月，甚至一年。除了这些，双相情感障碍在很多方面和抑郁症类似。

心境障碍是一组由遗传、神经生化及心理社会因素等多方面因素导致的心理异常。一级亲属中患有心境障碍的个体的发病率要高于普通人群，但并不具有决定性意义。神经生物方面的因素主要是神经递质代谢异常及相应的受体功能改变。较多研究表明，5-羟色胺、去甲肾上腺素、多巴胺等神经递质功能活动降低与抑郁发作有关，其功能活动的增多与躁狂发作有关。应激性的生活事件与抑郁的发作有关，大学生中常见的负性事件有丧亲、失恋、学习压力、严重的躯体疾病等。心境障碍需要采用药物治疗与心理治疗相结合的治疗方法，因为大约有15%的抑郁症个体会选择自杀，所以患有心境障碍的大学生要及时向身边的家人、同学、老师求助，并尽早就医。

（二）焦虑障碍

焦虑是以生理性紧张的躯体症状和对未来的忧虑为主要特征的负面情绪状态，可以表现为一种不轻松的主观感觉，也可以表现为一系列行为（如看起来紧张、忧虑、坐立不安），或者是由脑引发的一系列生理反应（如心跳加快、肌肉紧张等）。焦虑障碍包括惊恐障碍、特定恐惧症、社交恐惧症、广泛性焦虑、强迫症、创伤后应激障碍。所有这些焦虑障碍都会伴随许多强烈、紧张、令人不适的情绪，如焦虑、抑郁、恐慌以及害怕，甚至会迫使患者做一些自己并不想做的事情，或者为了不再体验到这些不安的感觉，患者会开始做一些事情或逃避一些情境。而所有这些情绪都会妨碍正常的生活，使日常生活变得很困难，比如没有办法正常学习、工作、与朋友或同学相处、娱乐及休闲等。

1. 惊恐障碍和广场恐惧症

惊恐障碍是一种强烈的、间断发作的恐惧或不适感，并伴随各种躯体及认知的症状，包括心悸、胸痛、出汗、发抖、呼吸局促和皮肤感觉异常（如麻木、刺痛等），同时也有对死亡、失控或者发疯的恐惧。虽然所有的焦虑障碍都可能有惊恐发作，但不同的是，惊恐障碍会出现意外的、毫无表面征兆的、突发性的惊恐发作，经常性惊恐发作（最少有两次意外发作），且这种发作的激烈程度在10分钟内达到最高峰，随后一个月或更长时间里不断担忧这种情况再次发生，担心其后果（如死亡、心脏病突发、发疯、大便失禁）；或者因惊恐发作造成了行为上的改变（如工作减缓，频繁上医院做检查，晚上把电话放在枕边）。行为上的改变包含了无恐惧的惊恐发作。惊恐障碍可能伴有也可能不伴有广场恐惧症。广场恐惧症是指回避或者痛苦地忍受某些情境，在这些情境下，个体很难逃离，惊恐发作或类似惊恐症状发作时得不到救助，对类似惊恐感觉的焦虑促使广场恐惧症患者避免外出，或者出门时需要有人陪同。广场恐惧症对生活方式的限制有从轻微到严重的程度的差异，严重的可能导致个体完全困居家中，或者没有人陪同无法离家半步。回避行为可能包括避免开车、逛商场、避免进电影院、教堂或寺庙、人多的场合、饭馆、避免乘坐公共交通工具、去理发店理发或美容，避免待在封闭或空旷的场合。广场恐惧症患者在居所的周围划定一个安全领域，不敢超越这个范围，这种情况并不少见。

2. 特定恐惧症

特定恐惧症被描述为受到特定事物、情境存在的暗示或预期某种特定的物体、情境的存在时，出现显著的和持续过度的不合理的害怕。此外，该个体还必须：（1）在每次遇到恐惧刺激时都感到惧怕（表现形式有惊恐发作、大叫、发怒）。（2）辨认出害怕是不合理的或过度反应。（3）逃避/忍受刺激情境的出现，极度痛苦。（4）体验到明显的功能受损或对于患有恐惧症感到非常痛苦。（5）问题已持续至少6个月。

3. 社交恐惧症

社交恐惧症被描述为当个体在执行一项特殊任务并被他人监督时，他会变得非常焦虑。当众演讲是大多数人会发生此类关联反应的最常见的场合,还有如在午餐柜台或任何公共餐馆进食等,个体在知道会有别人旁观并且别人会对其行为进行评价的时候,他被要求做某些事情的时候,个体会非常焦虑。而当个体是一个人的时候,都不会出现困难,只有当其他人看着时行为才会变得困难。

4.广泛性焦虑

广泛性焦虑是一个基本的焦虑障碍,以过度的、超出预期的担忧为核心特征,这种焦虑不是特定的威胁所导致的,而是一种没有明确的害怕对象却感到心慌、胸闷、不安的强烈的焦虑感受,或者是害怕生活中可能发生的危险。这种情绪体验的严重程度与引起焦虑的事件并不对称,区别于其他焦虑障碍,广泛性焦虑的患者更多地表现为对一些小的事情的过度担忧。如打了个喷嚏就担心自己会不会患上肺炎,继而担心会不会患上癌症。

5.强迫症

强迫症以强迫观念和强迫行为为主要临床表现,给患者带来明显痛苦,耗费很多时间(每天超过一个小时),或对患者的日常生活、工作、学习、社交或人际产生明显影响。强迫观念是在病程的某些时间里不断和重复出现的闯入性的、不合适的、导致明显焦虑或痛苦的念头、冲动或画面。强迫行为是强迫观念引发的或依照需要严格遵守规则产生的重复行为(洗手、排序、检查)或精神活动(祈祷、数数、不出声的重复话语)。这些行为或精神活动是用来消除或降低不适,或减少乃至阻止可怕事件的发生的,但是这些强迫行为没有现实作用,或者明显是过度的。

6.创伤后应激障碍

创伤后应激障碍发生在各种极端的生活事件之后,如战争、强奸、酷刑、犯罪、车祸、事故、亲人的突然死亡等——所有这些都会使暴露于其中的一部分人发展成创伤后应激障碍,其症状以高度的焦虑、惊恐和经常性的抑郁为特征,除与事件相关的反复闯入性回忆和做梦以外,个体还可能体验到"闪回",就像经历的创伤事件(至少一部分)又一次发生一样。个体描述这种经历就如事情又完完整整地再一次发生,这些闪回可能常含有各种感觉输入——与创伤事件有关的视觉、听觉、嗅觉、味觉和触觉——并引起他们的过度惊恐。创伤后应激障碍还会出现情感麻木,患者将其描述成不能感觉到任何积极的情绪,如爱、满足、满意或幸福。还会出现入睡困难、注意力难以集中、震惊反应的增强和易怒,对危险的高度警觉。

焦虑障碍的患者在实际并没有危险存在的情况下,感到无法抑制的紧张、焦虑不安或恐惧,可能会采取极端行为以回避焦虑的来源。目前研究认为,焦虑障碍的产生与生物学因素、社会因素、行为因素、情感因素以及认知因素都有关系。目前对焦虑障碍采取药物治疗(抗抑郁药等)和认知行为疗法等来治疗。

(三)人格障碍

人格障碍是指人格的失调和夸张,在退缩或依赖性强的人身上,这些失常可能没有危害性,然而反社会人格的人无论在心理上还是在社交方面都有极大危害性。人格障碍的另一个特点是许多人处于临界性顺应障碍,大多数人格障碍的人能够应付日常生活,只不过以最起码的方式应付日常需要,就是说他们上学、工作、建立家庭,取得的成绩是有限的,不稳定的。他们过于被动地防卫,性情不稳定或自我中心,以致不能有效地应付生活中各种各样的挑战。当一个人格障碍的人失业、家庭不和或受其他紧张状态威胁时,处于临界性顺应特征者往往趋于失败。精神分裂样人格障碍会变成精神分裂症患者,易波动的人变得抑郁或出现明显的情感障碍。换句话说,人格障碍显示出精神失调的高度脆弱性。

人格障碍分为三组或称之为族。A 族,奇异、古怪的心理障碍,包括偏执型人格障碍、分裂样人格障碍、分裂型人格障碍;B 族,反应强烈、情绪化或者是不稳定的心理障碍,包括反社会型人格障碍、边缘型人格障碍、表演型人格障碍、自恋型人格障碍;C 族,焦虑或者是恐惧相关的人格障碍,包括回避型人格障碍、依赖型人格障碍、强迫型人格障碍。

偏执型人格障碍:对他人普遍怀疑和不信任,以至于其他人的行为都被视为有阴谋的。

分裂样人格障碍:患者有从所在的社会关系中脱离出来的倾向,在与人交往的过程中感情表达的程度受限。

分裂型人格障碍:对亲密关系的严重不适及此能力下降,伴以认知和知觉的扭曲、怪异的行为为特征的普遍的社会及人际关系上的缺陷。

反社会型人格障碍:普遍存在的无视和侵犯他人权益的模式。

边缘型人格障碍:普遍存在的人际关系、自我评价以及情感不稳定性,常被一时冲动所支配的模式。

表演型人格障碍:普遍存在的过分情绪化行为以及过分寻求他人注意的模式。

自恋型人格障碍:普遍存在的夸张(在幻想中或者行为上)、渴求赞美、缺乏同情心的模式。

回避型人格障碍:普遍存在的社会适应不良、无能感以及对负面评价的高度敏感性的模式。

依赖型人格障碍:普遍存在的极端被照顾的需要,会导致过分顺从、黏人的行为以及对分离的恐惧。

强迫型人格障碍:普遍存在的追求整洁、完美以及心理上和人际关系中的绝对控制,不惜牺牲做事的弹性、开放性和效率的模式。

一般认为,人格障碍在儿童时期起源,一直延续到成年时期。人格障碍所表现的显著倾向很像正常性格上的发展特征。人格障碍是一个持续发展的过程,很难精确指出某一次具体的发作。不适当的人格特点随着时间的推移逐渐发展成不适当的行为模式,从而给受影响的人带来痛苦,并且引起其他人的注意。对于人格障碍的一项很重要的特征,即它的病程,在很多时候我们相对缺乏了解。

(四)精神分裂症

精神分裂症属于精神病的范畴。精神分裂症是指一组未明的精神病,多起病于青壮年,常有感知、思维、情感、行为等多方面的障碍和精神活动的不协调。

精神健康工作人员习惯于将精神分裂症的症状分为阳性症状、阴性症状和紊乱症状。阳性症状一般是指异常行为的比较主动的表现、正常活动的过量或扭曲的表现,包括妄想和幻觉。妄想是对现实的歪曲的想法,如有被害妄想的患者总觉得有人跟踪他,要故意害他,受妄想支配会出现逃跑行为。幻觉是缺乏周围环境输入信号的知觉体验,如周围环境中并没有声音,但患者却说自己能听到(幻听),环境中并没有的人和物,但患者说可以看到(幻视)。阴性症状是指在语言和动机方面缺乏正常的行为表现,包括情感冷漠、社会角色的丧失及思维和语言的贫乏。如对行使最基本的日常功能,如个人卫生、饮食、社会交往等都没有兴趣。紊乱症状则主要包括漫无边际的言语、不稳定的行为表现和不适当的情感。和一个精神分裂症患者对话是一件非常困难的事情。首先,他们缺乏自知力,即缺乏对他们所存在问题的意识;另外,他们有时谈话又毫无逻辑,从一个主题跳到另一个主题,即语言紊乱。不适当的情感表现为会在不适当的时候大哭或大笑。有的时候他们表现出怪异的行为,如藏匿一些东西,或在公共场合行为举止异常,包括各种运动的异常:可以是非常激动兴奋,也可以是一动不动。这些变化的一个极端,是患者极为兴奋,手舞足蹈,或是其手脚以固定的方式运动,而在另一个极端,患者将自己固定在某种姿势,好像他们一动就会发生某件非常恐怖的事情。对精神分裂症进行诊断时,需要显现至少两个阳性、阴性和/或紊乱症,持续至少一个月才能确诊。在诊断中可能会出现这种情况,即一个人有幻觉和妄想,另一个人则表现为语言紊乱和一些阴性症状,但因为症状的组合结果符合诊断标准,因此这两个行为表现明显不同的人会同时被诊断为精神分裂症。

目前普遍认为精神分裂症是一种多因素引起的疾病。主要因素有遗传因素、神经发育异常、异常生化改变等。研究也发现社会心理因素与精神分裂症的发生存在相关,并且社会心理因素也对该疾病的病程和恢复有一定的影响。主要的社会因素是早期的心理创伤以及对个体产生重大影响的负性事件,但该类因素与影响精神分裂症发病的其他因素一样,都不能对该病的发生起决定作用。目前,精神分裂症的治疗以药物治疗为主,辅以心理治疗。

三、大学生心理辅导的理论与技术

心理辅导是专业人员运用心理咨询的理论与技术来帮助来访者达到自助的过程。现代心理咨询从 20 世纪初产生以来,已涌现出许多心理咨询的理论模式。一般认为精神分析疗法、行为疗法、焦点解决短期心理咨询技术和认知行为疗法等是心理咨询发展过程中几个主要的理论与技术模式。

（一）精神分析理论与技术

精神分析理论是由著名的奥地利精神病学家西格蒙德·弗洛伊德（Sigmund Freud，1856—1939）在 19 世纪末叶创立。弗洛伊德从治疗神经症（神经症，neurosis，旧称神经官能症，是一组主要表现为精神活动能力下降、烦恼、紧张、焦虑、抑郁、恐惧、强迫、疑病症状、分离症状、转换症状或神经衰弱症状的精神障碍）开始探讨神经症的心理学原因。在治疗神经症患者的过程中，他发现病人当时经历的性冲突或者童年期精神创伤是所有神经症的基本病因之一，因而他提出采用自由联想、梦的解析等心理治疗的方法和技术，促使患者回想起童年期受挫的经历，从而治愈其心理障碍。精神分析理论中与心理咨询有关的内容有分域论、人格结构理论等。精神分析疗法的突出贡献在于它第一个对人类的潜意识心理现象做了系统探讨，它也是第一个正规的心理治疗体系，它的出现使心理咨询和治疗跨入了一个新的历史时期，对后来出现的各种心理疗法有重大影响。

1.弗洛伊德的精神分析理论

（1）分域论

弗洛伊德将人类的心理活动分为三个层次：意识、前意识和潜意识。意识是当前注意到的心理活动，可以感知外界的各种刺激。意识活动是遵循"现实原则"来行事的，即合于社会规范和道德标准的各种观念才能进入意识。前意识是当前未曾注意到的，但一旦他人提醒或自己集中注意，努力回忆即可进入意识的心理活动。它介于意识与潜意识之间，潜意识的观念首先进入前意识才能达到意识界。前意识的作用是保持对欲望和需求的控制，使其尽可能按照外界现实要求和个人的道德来调节。潜意识又译为无意识，是不被人意识到的精神活动，人的日常行为都是受潜意识驱动的。潜意识里的心理活动包括大量与人的本能欲望、非道德的冲动相联系的观念或经验，因而受到压制，不被允许自由进入意识。潜意识虽然不能被人所觉察，但对人的行为有极重要的影响。弗洛伊德认为神经症症状行为的原因，大都要追究到潜意识之中。

弗洛伊德认为从人的失误中、准时醒来和做梦等可以证明潜意识的存在。如弗洛伊德的一位患者想从书桌抽屉里拿出银行储蓄本支付医疗费，可是无论如何也想不起钥匙放在哪里了。后来患者回忆说，当他要打开书桌抽屉的瞬间，舍不得取钱付费的想法在脑海中一闪而过，使他忘记了钥匙放在了哪里。如果我们入睡前暗示自己明天清晨 5 点参加会议，结果在 4 点左右就能醒来，不论是在睡梦中听到了他人的叫声或是做了被叫醒的梦，都是潜意识在起作用。这说明意识虽然入睡了，潜意识则处于非睡状态，故而在暗示指定的时间醒来。做梦能证明潜意识的存在。对梦的解析被认为是弗洛伊德最大的成就。他认为，梦是人类精神生活的延伸，通过解梦能够了解隐藏着的精神生活。他把梦分为显梦和隐梦。显梦是梦境本身，显梦含有隐藏的意味，这隐藏的内容叫作隐梦。隐梦是潜意识的愿望，它们在意识里很难被容纳，如果不改头换面就不能够进入到意识中来，愿望自然也就得不到满足。所以,梦的工作是使梦的隐意变成显梦的潜意识心理过程。梦工作的作用使潜意识中受压抑的本能欲望、情感和意念在梦中得到疏泄,使这种疏泄不致引起自我的过度焦虑和痛苦。

（2）人格结构理论

弗洛伊德认为人格由三部分组成:本我、自我、超我。

本我是人格结构中最重要、最基本的部分,由先天的本能和基本的欲望组成,因为这些本能和欲望不断盲目地、强烈地冲动着,以求满足机体的快乐,所以遵循着快乐原则。本我是人格中的生物成分,它存在于不被我们意识到的潜意识层里。

自我是在本我的基础上发展起来的。随着年龄的递增,儿童不断扩大和外界的交往,在本我需要和现实世界之间不断接通有效而适当的联络时,自我就从儿童的本我中逐渐发展起来。自我介于现实世界与本我之间,儿童随着年龄增大,逐步学会了不能凭冲动随心所欲,他们逐步考虑后果,考虑现实的作用,这就是自我。自我产生于儿童与外界现实的相互作用。它的一个基本作用是感知外部世界的存在,反映外部外界的事件、特点、要求。此外,它也感受产生于心灵内部的刺激,即反映本我和超我的要求。这样一来,自我便是集多重任务于一身的一个执行机构。弗洛伊德形象地把自我比喻为一个要侍奉三位主人的仆人。一方面自我要反映本我的欲望,并找到途径满足本我的欲望,另一方面自我要反映客观现实,分析现实的条件和自己的处境,寻找适合的满足本我欲望的对象、途径和方式。在它进行这些工作时,它又受到超我的严格监督,超我丝毫不体谅自我在本我和外部世界方面遇到的种种困难,为它的行为制定了若干明确的准则,如果自我不服从这些准则,超我就用强烈的自卑感和内疚感来处罚自我。自我周旋于三个主人之间,遵循现实原则行事,即客观真实地反映现实,斟酌利害关系,以最现实可行的方式行事,必要时,推迟本我欲望的满足,或者以其他经过变形、化装的方式即通过自我防御机制满足之。

超我是人格结构中代表理想的部分,是从4～5岁开始发展的。超我具有评价、批判自我,限制本我的作用,它是在个体成长过程中,通过内化道德规范、社会要求而形成的。具体地说,儿童在与父母的互动过程中,需要控制自己追求快乐的某些冲动,在父母的权威要求下,他不得不同化父母所代表的社会准则,最终就把父母的外在的权威内化为自己的内在权威。在开始的时候,父母通过命令、威胁、惩罚等方式把道德要求从外部强加给儿童。超我形成以后,它便代替父母的外在监督而对孩子的思想和行为进行内在的自我监督,即使父母不在,儿童也能从内部判断和指导自己的行为。超我包括两个部分,一个是良心,一个是自我理想。前者是超我的惩罚性的、消极性的、批评性的部分,它告诉个体不能违背良心。例如它指导人该怎样行动,当其做了违背良心的事,就会产生犯罪感。后者是由积极的雄心、理想所构成,是抽象的东西,它希望个体为之奋斗,例如一个人希望将来成为一个什么样的人,就由自我理想引起。超我的突出特点是追求完美,所以它与本我一样是非现实的。任何与自我理想和良心相背离相冲突的经验都不被超我所容忍，它是苛责的，吹毛求疵的，超我大部分也是无意识的。若父母的教育方式不合理，过分严格或残暴，孩子人格结构中的超我会变得具有施虐性。如果具有这种超我，孩子会因受到苛刻的超我的严厉非难而陷入负罪感、忧郁和自卑的泥淖，这就等于这个人将一生在心理侍奉着严厉的批判者父母过日子。他们会因经常听到非难自己的声音而变得胆怯，会陷入完美主义，一生过着刻板的强迫性生活。超我有帮助自我的技能，有帮助评价和调节本我的欲望的机能，如果超我敌视自我，就会形成抑郁的人格。

在人格发展过程中，本我和外界现实之间，本我和超我之间，会经常出现矛盾冲突。这时，人就会感到焦虑，这些矛盾力量的会聚点集中于自我，焦虑是自我的焦虑，自我必须不断地协调解决矛盾冲突才能降低焦虑。自我在协调解决矛盾的过程中，逐渐发展出一些手法、技巧，那就是一些习惯性的反应方式，它们能不知不觉地在自我活动中起作用，使超我、本我各自得到满足，同时至少在主观上做到与现实相适应。这些手法技巧因而具有某种心理保护的功能，所以称为自我的心理防御机制，如压抑、合理化、投射、转移、酸葡萄、甜柠檬、躯体化等。安娜·弗洛伊德认为无论健康人还是神经症、精神病病人都在无意识地运用心理防御机制，二者的区别仅在于是否运用恰当。如果运用得当，可以避免痛苦并与现实相适应；如果运用不当，虽然也可能在主观上减轻焦虑，表面上调和矛盾，但会以症状形式表现出来形成神经症。

2.精神分析原理与技术

精神分析把潜意识的心理冲突看作神经症的根本原因。心理冲突发生在本我、超我、自我和外界现实之间，在这里唯一有认识功能的是自我，但神经症患者的自我不够强健有力，它在协调解决冲突中不能正常有效地发挥作用，不得已而采用了一些心理防御机制，从而形成了各种心理症状。又由于参与冲突的各方处于不同的意识层面，这种冲突本身又是无意识的，不能被患者所觉察，所以精神分析的重点是向患者揭示内在冲突的原因和冲突的过程，把这一系列的无意识过程和材料经过分析、解释，让患者在意识层面得以了解和领悟。一旦患者知道自己得病的原因和过程，症状就有了一个合理的解释，自然会消失。因此，精神分析是促使无意识过程向意识转化。

依据以上精神分析的原理，弗洛伊德提出了一些心理咨询的技术，分为收集信息的策略和干预策略两大类，前者以自由联想为代表，后者以解释为代表。

（1）自由联想

自由联想就是让来访者舒适地靠在躺椅上，让他集中注意于头脑中"流出"的任何念头、意象或思想，不用意识指导思维，不对出现的东西进行任何评判，即时说出这些思想，不管出现的想法多么荒谬、没有意义、不道德或愚蠢、罪过，也不管说出来会不会难为情遭批评、耻笑，他的任务就是报告出来。联想有完全随机性的，即咨询师除要求来访者进行联想外,不附加任何别的指导语。咨询师也可以采用指定联想的方式来运用自由联想。如当来访者谈到某件事、某个人、某种情绪体验时,咨询师要求他保持在这件事、这种情绪上进行联想。通过自由联想,咨询师根据所报告的内容对其心理障碍或行为问题进行分析和解释,直至从中找出访者无意识中的矛盾冲突,即病因为止。

（2）解释

解释是指咨询师在掌握大量材料的基础上,对来访者心理进行深刻分析,帮助来访者了解自己,从而领悟到所患心理障碍的原因而获得治疗。解释的目的是让来访者正视他所回避的或尚未意识到的东西,使无意识中的内容变为意识。解释这一咨询技术包括澄清、联结、反映和解析。澄清就是对来访者所讲的而咨询师觉得不清楚不明确之处要求来访者做进一步的说明。联结就是帮助来访者领悟咨询师已经发现而来访者意识到的各种联系,实质是帮助来访者用因果律去解释自己的各种行为和体验的产生。反映是把来访者所说的内容或情感体验经过组织后再以明确的形式反馈给来访者。解析是整个解释技术的核心,包括对移情、心理防御机制、梦的解析。移情是指在长时间的咨询过程中,来访者与咨询师的关系似乎变得越来越亲密,对咨询师表现出好感、顺从、崇拜,变得极容易相信咨询师的话。如果来访者与咨询师在年龄和性别上符合恋爱条件,这种场合的移情具有典型的异性爱的特点;如果是同一性别或年龄差距相当大,来访者会表现出敌视和贬低等负向移情。弗洛伊德认为移情是来访者幼年时对父母或他人的情感经历的重演,只不过用咨询师替代了儿时的情感对象,对移情的解析就是向来访者指出这一点。对防御机制的解析首先要识别出病人采用了什么心理防御机制,然后针对该机制的特点和作用过程予以解析。防御机制主要是无意识的,总是不同程度地与歪曲现实、自我欺骗相联系,虽然可以暂时免除或减轻痛苦和不安,但现实问题并没有得到真正解决,只能起到一种回避现实的作用,有时反而会使现实问题复杂化,甚至使人陷入更大的挫折和冲突的情境之中。防御机制运用不当或运用过分,会影响个人对周围环境的适应。

（二）行为主义理论与技术

行为疗法是在行为主义心理学的理论基础上发展出来的一个心理咨询与治疗派别。它不是由一位研究者系统地创立的一个体系,而是由许多人依据行为主义心理学理论分别开发出的若干种疗法集合而成的。行为疗法的理论来源有:经典条件作用理论、操作条件作用理论和社会学习理论。这三个理论都是关于有机体的学习的发生机制和条件的理论。在行为主义看来,除遗传和成熟因素以外,学习是行为获得和改变的主要原因,无论是适应行为还是不适应行为都产生于学习。因此,行为疗法就是通过学习这一手段来消除和改变不适应的行为,获得适应的行为。

1.行为主义理论

（1）经典条件作用理论

巴甫洛夫通过对狗的实验发现，条件反射是有机体后天习得的反射，它的建立要有一定的条件，即要通过学习或训练，并以无条件反射为基础。例如食物进入口腔会引起唾液分泌，这是先天的无条件反射。如果狗在进食前或进食时听到铃声，并且铃声与食物对口腔的刺激多次结合，以后狗只要听到这种铃声就会流唾液，这就是条件反射。铃声刺激原来与狗的有关反应无关，但现在铃声具有食物即将出现的信号意义，变成了条件刺激，铃声与食物之间建立了暂时性联系。这种过程重复的次数越多，联系就越巩固。如果长时间不重复，或铃声之后不再出现食物，这种联系就会减弱或消失。因此，要使条件反射得以形成和巩固，必须具有以下条件：①条件刺激物（如铃声）与无条件刺激物（如食物）同时呈现；②它们的呈现在时间上要经过多次重复（强化）；③在条件反射形成和巩固过程中，条件刺激物与无条件刺激物的联系程度决定了学习行为的巩固或消退。

（2）操作条件作用理论

斯金纳用操作性条件作用来解释行为的获得，他认为，行为分为两类，一类是应答性行为，另一类是操作性行为。前一种行为是经典条件反射中由刺激引发的反应行为，后一种行为是个体自发出现的行为，这类行为对开始的刺激总是不了解的，有机体发出的反应被强化刺激所控制，在一个操作性行为出现之后，如果有一个作为强化物的事件紧随其后发生，那么该操作性行为发生的概率就会大大增加。箱内放进一只白鼠或鸽子，并设一杠杆或键，箱子的构造尽可能排除一切外部刺激。动物在箱内可自由活动，当它压杠杆或啄键时，就会有一团食物掉进箱子下方的盘中，动物就能吃到食物。实验发现，动物的学习行为是随着一个起强化作用的刺激而发生的。斯金纳通过实验，进而提出了操作性条件反射理论。斯金纳认为，人的行为大部分是操作性的，行为的习得与及时强化有关。

（3）社会学习理论

社会学习理论代表人物班杜拉认为，人类大量行为的获得不是通过条件作用的途径而是通过观察学习获得的。所谓观察学习是通过观察他人（榜样）所表现的行为及其结果进行的学习。观察学习的学习者不必直接地做出反应，也不需亲自体验强化，而只需通过观察他人在一定环境中的行为，并观察他人接受一定的强化就能完成学习。观察学习表现为一定的过程，班杜拉认为这个过程包括注意过程、保持过程、运动复现过程和动机过程等四个组成部分。班杜拉也承认强化的作用，但不把强化看作学习的充分必要条件，即有强化会促进模仿学习，没有强化，学习也能发生。强化也可以是替代强化，即学习者如果看到他人成功和被赞扬的行为，就会增强产生同样行为的倾向；如果看到失败或受罚的行为，就会削弱或抑制发生这种行为的倾向。强化还可以是自我强化，即行为"达到自己设定的标准时，以自己能支配的报酬来增强维持自己的行为的过程"。

2.行为疗法

（1）放松疗法

放松疗法又称松弛疗法或放松训练，是按一定的练习程序，学习有意识地控制或调节自身的心理生理活动，以达到降低机体唤醒水平，调整那些因紧张刺激而紊乱了的功能的目的。一个人的心情反应包含"情绪"与"躯体"两部分。假如能改变"躯体"的反应，"情绪"也会随着改变。至于躯体的反应，除受自主神经系统控制的"内脏内分泌"系统的反应不宜随意操纵和控制外，受随意神经系统控制的"随意肌肉"反应，则可由人们的意念来操纵。也就是说，经由人的意识可以把"随意肌肉"控制下来，再间接地把情绪松弛下来，建立轻松的心情状态。基于这一原理，放松疗法就是通过意识控制使肌肉放松，同时间接地松弛紧张情绪，从而达到心理轻松的状态，有利于身心健康。经过放松训练，通过神经、内分泌及自主神经系统功能的调节，可影响机体各方面的功能，从而达到增进心身健康和防病治病的目的。放松疗法常与系统脱敏法结合使用，也可单独使用，可用于治疗各种焦虑症、恐惧症，且对各系统的身心疾病都有较好的疗效。

放松疗法分为三种：腹式呼吸放松法、肌肉放松法、想象放松法。

①腹式呼吸放松法

让横膈膜上下移动，由于吸气时横膈膜会下降，把脏器挤到下方，因此肚子会膨胀，而非胸部膨胀。为此，吐气时横膈膜将会比平常上升，因而可以进行深度呼吸，吐出较多易停滞在肺底部的二氧化碳；这是一种能吸入最多氧气的呼吸方法，并能刺激副交感神经系统，有助于放松、安定神经、改善注意力及排泄身体的废弃物。

具体可以按照以下步骤：找一个舒适的位置减轻束缚，坐或躺皆可；将双手置于肚脐前，两中指轻轻接触；由鼻子吸气再由嘴巴吐气，吸气时肚脐尽量往上顶，直到中指尽量分开；想象胸部与腹部之间有层横膈膜，想办法把横膈膜往下拉，横膈膜下降，胸部便会自然扩张，气体便会流入胸腔之内。

注意事项：吸气时默念"一秒钟、两秒钟、三秒钟、四秒钟"并暂停一秒，仔细感觉放在腹部的手会跟着上升一寸，并想象温暖且放松的气体流进体内。慢慢地吐气，将嘴噘成小圆状，吐气速度越慢越好，越慢越能产生安全、平静且放松的感觉，仔细感觉放在腹部的手会跟着下降，并想象所有的紧张也跟着释出。

②肌肉放松法

以"头部—躯干部位—手臂部位—腿部"的顺序进行，通过"集中注意—肌肉紧张—保持紧张—解除紧张—肌肉松弛"的方法使头、躯干、手臂、腿放松。

具体步骤：找到一个放松的姿势，使自己处于放松、不紧张的状态，可以靠在沙发上，也可以躺在床上，环境要保持安静，光线不要太亮，尽量减少其他无关刺激。

按照以下顺序放松：

头部放松：皱起额部肌肉，像老人的额头那样皱起，皱起眉头，然后放松；皱起鼻子和脸颊(可咬紧牙关，使嘴角尽量向两边咧，鼓起两腮，仿佛在极痛苦状态下使劲一样），然后放松。

躯干部放松：耸起双肩，紧张肩部肌肉，然后放松；挺起胸部，紧张胸部肌肉，然后放松；拱起背部，紧张背部肌肉，然后放松；屏住呼吸，紧张腹部肌肉，然后放松。

手臂部放松：伸出右手，握紧拳，紧张右前臂，然后放松；伸出左手，握紧拳，紧张左前臂，然后放松；双臂伸直，两手同时握紧拳，紧张手和臂部，然后放松。

腿部放松：伸出右腿，右腿向前用力像在蹬一堵墙，紧张右腿，然后放松；伸出左腿，左腿向前用力像在蹬一堵墙，紧张左腿，然后放松。

③想象放松法

想象放松法主要通过唤起宁静、轻松、舒适情景的想象和体验，来减少紧张、焦虑，控制唤醒水平，引发注意集中的状态，增强内心的愉悦感和自信心。如想象自己躺在温暖阳光照射下的沙滩，迎面吹来阵阵微风，海浪有节奏地拍打着岸边；或者想象自己正在树林里散步，小溪流水，鸟语花香，空气清新。

这种技术首先要求采取某种舒适的姿势，如仰卧，两手平放在身体的两侧，两脚分开，眼睛微微闭起，尽可能地放松身体。慢而深地呼吸，想象某一种能够改变人的心理状态的情境。尽可能使自己有身临其境之感，好像真的听到了那儿的声音，闻到了那里的空气，感受到了那里的沙滩和海水。练习者身临其境之感越深，其放松效果越好。

（2）系统脱敏法

系统脱敏法主要用于矫治各种恐惧症和焦虑症。采用系统脱敏法的前提是一个人在愉快时身体是放松的，即不紧张的身体状态，而焦虑的时候身体是紧张的，一个人要克服焦虑和恐惧，首先要学会放松身体。根据这个原理，系统脱敏法分以下三个步骤：

第一步，学会放松，即教会来访者学会肌肉放松。最常用的放松训练是渐进式紧张——松弛放松法，它是通过循序渐进地放松一组一组肌肉最后达到全身放松的目的。在每一组肌肉放松过程中，要求先使这组肌肉紧张，这是为了使来访者知道什么是紧张，从而能更好地体会放松的感觉。

第二步，建立焦虑事件层级。把引起来访者厌恶、焦虑、恐惧的事件，按照轻重程度不同分层，一般按由轻到重的顺序进行分层。

第三步，实施脱敏。脱敏有两种方式，一种是想象脱敏，一种是现实脱敏。想象脱敏是在治疗室内想象焦虑情境，现实脱敏是实地接触焦虑情境。脱敏时先让来访者放松身体，然后咨询者用图片、幻灯片或言语指示向来访者呈现焦虑的对象，呈现的焦虑对象的程度由小到大，在要求来访者放松肌肉的时候，又要求来访者一边看所呈现的刺激，一边要求他想象焦虑的对象，当某一程度焦虑刺激呈现后来访者不再感到焦虑，就说明来访者对这一程度刺激的焦虑消除了，于是再逐渐上升焦虑刺激，直到过去最使来访者焦虑的刺激呈现也变为中性化为止。

（三）焦点解决短期心理咨询技术

焦点解决短期心理咨询（Solution-focused Brief Therapy，SFBT）是指以寻找解决问题的方法为核心的短程心理治疗技术，是 1987 年由 Steve de Shazer 和妻子 Insoo Berg Kim 以及他的同事在美国密尔瓦基的短期家庭治疗中心通过临床实务结合研究历程逐渐发展出来的。SFBT 的核心假设是：咨询目标是由当事人所决定的，而咨询师之任务是以尊重的、合作的、不评判的姿态，在当事人的参照架构运作内，针对当事人目标，协助其建构出具体、正向化、行动化、情境化的小步骤，并平稳地一步步前进。

1.SFBT 的基本理念

（1）不关注事情发生的原因，不追究责任，关注问题解决，指向未来而不是过去。通过解决导向的对话，使得当事人面对问题时，愿意去思考：对他来说，什么是有效的解决方法，以及这些方法是如何产生的。如此一来，当事人不会一直陷在问题里，从而能减少挫折感，增加自我效能感。

（2）秉持系统观的理念，谈话时不纠缠于对方的错误，而是通过探讨对方在什么时候问题不发生（寻找例外）作为突破口，与对方讨论寻找解决问题的方法。

（3）相信来访者是解决自身问题的专家。强调个案自身的资源，更强调尊重个案自身解决问题的能力，咨询师只是"引发"个案运用自己的能力及经验改变，而不是"制造"改变。

（4）非常重视当事人的成功经验、力量、资源。强调来访者的正向力量，而不是去看他们的缺陷；强调他们成功的经验，而不是失败；强调来访者的可能性，而不是他们的局限性。

（5）滚雪球效应。SFBT 看重小的改变，当小的改变发生，系统就和原来的不同了，只要维持小改变，就会累积成大改变。咨询师要引导个案看到小改变存在、看中小改变的价值，从而愿意促进小改变的发生和持续。

（6）SFBT 是以终为始的方法。通过与来访者讨论的方式使其明确自己想要达到什么目标，或达到未来满意的状态，以此为起点，引导来访者思考现在做些什么可以使他越来越接近目标。

2.SFBT 技术

（1）正常化或一般化（normalization）：指出来访者的情况具有普遍性，是一种发展阶段常见的暂时性的困境，而不是病态的、变态的、无法控制的灾难。把来访者的问题非问题化，试图用严重程度较低的词句，重述个案的语言，以减降个案的负面情绪。

（2）咨询前改变（presession change）：来访者第一次来访前已存在一些改变的事实，咨询前改变是来访者既存的力量与资源等待发现、提醒与开发。

（3）预设性提问（presuppositional questions）：对话中咨询师使用一些语言以

产生暗示性,试图影响、改变来访者的知觉,引导来访者往正向、积极、解决方法的方向思考。

（4）刻度化提问（scaling questions）:利用数值的评量（如:0—10）,协助来访者将抽象的概念具体化,使来访者可以清晰地看到自己的当下状态、未来状态以及改变状态。可以使短期目标、长期目标具体化。如在一个0～10的量表上,如果0表示非常不好,而10表示非常好,你对现状的评价量值是多少?

（5）振奋性的鼓舞（encouragement）:咨询师在来访者旁边为他喝彩、加油、支持与肯定,尤其是在来访者找到例外、解决方法时格外重要。只要是表达对来访者的支持都算是一种振奋性的鼓励。

（6）赞美（compliment）:对来访者表现正向力量、资源的地方,咨询师随时给予鼓励、赞美。赞美有三种:直接赞美是直接说出的赞美,如我真的很欣赏你的勇气;间接赞美是引用并说明别人对来访者的赞美,如听你老师说你作文写得很好;自我赞美是设法问问题,使来访者说出对自己的赞美,如你是怎么考得这么好的。

（7）改变最先出现的迹象（first sign）:小改变可以引发大改变,引导来访者从最先出现的改变迹象描绘,展开解决行动的步骤。

（8）奇迹提问（miracle questions）:经由介绍罕见的或奇特的奇迹问句,清楚地、戏剧性地表示开始建构解决方法的过程,通过奇迹提问来扩展来访者的思路,从而想象困扰自己的问题已经解决的时候自己的状态以及自己可以做的事情。

（9）关系提问（relationship questions）:来访者关于重要他人对他、对事件或对于改变的可能看法,扩展并改变来访者的知觉,协助来访者描述他期待的改变或理清咨询目标。

（10）例外提问（exceptional questions）:凡事都有例外,例外是来访者有资源和优势的地方。咨询师的责任是协助来访者找出例外,引导他去看抱怨的问题没有发生或没那么严重的时候,到底发生了什么事。

（11）任务/家庭作业（tasks/homework）:在每次咨询后,可以针对咨询情况,给来访者布置家庭作业,可以让他们寻找例外、进行自我探索、对已经找到的有效果的行为进行正强化,目的是强化咨询效果。

（12）EARS询问（Eliciting Amplifying Reinforcing Start again）:在第二次以及后续咨询时使用,在发现例外之后,再次澄清来访者的咨询目标。

E（Eliciting）:引出例外、引导来访者讲出例外。

A（Amplifying）:扩大、详述例外,说明例外发生时与问题发生时二者有何不同,再进一步探讨例外如何发生,尤其是来访者在例外发生中的角色。

R（Reinforcing）:增强,赞许来访者在例外发生时所呈现的成功和力量。

S（Start again）:再次询问,探索例外,看看还有什么是比较好的。

（13）应对提问（coping questions）:咨询师导引来访者去看自己做了什么使情况没有变得更糟,即隐含来访者解决问题的力量与资源,看出、找出来访者在逆境中的生命力、韧性。当来访者无法确认任何例外时，可以使用应对提问，以发现来访者在此困境之中做了什么得以走过来。

（四）认知行为疗法

20世纪60年代，时任宾夕法尼亚大学精神病学助理教授的医学博士阿伦·贝克在治疗抑郁症患者时，证明痛苦的、负性认知（主要是思维和信念）是抑郁症最主要的特点。贝克设计了一套结构化的、短程的、着眼于现在的针对抑郁症的心理治疗方法，用以解决当前的问题并矫正功能不良的（不正确的和/或没有帮助的）想法和行为，并将其命名为"认知疗法"。

认知行为疗法（CBT）的形式来源于贝克的治疗模型，治疗是基于这样的认知解释：人的情感、行为及生理反应受他们对事件的解释、评价所影响，情境本身并不决定人们的情绪，情绪更取决于人们如何解释这一情境，即自动思维和信念。治疗师寻找各种方法来引起患者认知改变，矫正其想法和信念系统，从而带来情绪和行为上的持久的改变。

1. 自动思维及其特征

自动思维是面对某一情境而产生的迅速、简短、不易觉察、不加判断、认为是真实的想法。自动思维有以下特征：一是自动的，一般情况意识不到，如考试没考好，就会出现"我又考砸了"这样的自动思维；二是自动思维常常是简洁的，以速记的形式出现，如"哎呀，我又把事情搞砸了"；三是想法、画面，或者两者都有的形式，尤其是焦虑障碍者常伴随有画面；四是自发产生的，没有经过深思和考虑，如"他生我的气"；五是自动思维不全是错误的或消极的，常常会以问句形式出现（潜在思维），如"我怎么这么笨"；六是自动思维常常是绝对化的，如总是、绝对是、一直……往往反映其核心信念："我是个没用的人"。

2. 信念及其类型

每个人从小到大都在学习如何衡量自己，如何衡量别人，如何衡量这个世界，如何对未来期望。在这个过程中，渐渐形成了一些标准、规则和态度，就是信念。自动思维的背后往往有信念在操纵，尽管人们平时意识不到，却无条件地认可和接受，相信是真的。如图1-1所示。

自动思维从哪里来？要从更加深层的认知去挖掘潜藏于自动思维下的信息处理的模式—规则—态度。个体从儿童时开始形成，受众多人生经验的影响，最主要的是父母的管教和教育方式等。

信念分为中间信念和核心信念，中间信念是指个体形成的态度、规则和假设，一般表述为"如果……就……"或者"应该……"等，如"如果我这次考试考砸了，那我就完蛋了"，或"人应该有素质""老师应该公平""子女应该孝顺"。核心信念是指关于自己、关于他人和世界、关于未来的看法，如"我是一个毫无价值的人"。

自动思维的改变，会使症状得到较大的改变，但如果核心信念没有撼动的话，症状的改变是暂时的,不彻底的。所以要尽量辅助来访者修正中间信念和核心信念,一旦来访者开始这样做,就更具建设性和合理的眼光分析未来的情境及问题。

核心信念

↓

中间信念(规则、态度、假设)

↓

情境→自动思维→反应(情绪、行为、生理)

图 1-1　个体的认知模式

3.识别自动思维

可以通过两条途径来识别自动思维:一是从情绪变化入手。情绪变化是引子,找到伴随情绪的想法,如有个大学生在课堂里听到老师讲到一个女孩自杀而老师说她太脆弱了就很愤怒,从愤怒入手寻找到其自动思维是"老师不懂那个女孩,凭什么这么说"。二是从情境入手,要区分想法与情绪,想法与事实。情境是在这个时间点才能抓到自动思维,找到那个时间点在做什么,唤起记忆,想象当时的情境,有画面出现,想一想当时的感觉是什么,有什么想法在脑子里闪过。

4.挑战自动思维

(1)找证据:正反两方面的证据是什么?

(2)换角度:还有其他的解释吗? 还有其他的可能性吗?

(3)最坏的概率:最坏的结果可能是什么? 出现的概率是多大? 为什么?

(4)好坏比较:换个想法会是什么? 继续想下去会是什么? 坚持原来的自动思维会怎么样?

(5)行动:做什么有利于平和我的情绪?

(6)借力:如果是我的一个聪明的好友在此情境下,他会怎么想,会怎么做?

用符合事实的、现实的合理想法替代自动思维,如大学生通过上述挑战自动思维的方法,找到了合理思维是"老师只是举个例子而已",她的愤怒情绪就降低了。

5.识别信念

(1)在自动思维中寻找信念,即有时候来访者直接将一个信念作为自动思维清晰地表达出来,尤其是在抑郁的时候。如考试没有考好,来访者会这么想:我什么都做不好,我好无能啊。这就是一个核心信念。

(2)通过提供假设的前半部分,也许可以引出一个完整的假设,如用"如果……会……"的语句来识别信念,如问来访者:如果你每天不拼命看书学习,会怎么样?来访者会说:如果我每天不拼命学习,就会被别人超过,那样我就会感到好失败。

(3)在不同情景中寻找自动思维的共同主题(找规律)。

(4)使用箭头向下技术(最常用)。首先找出一个关键的自动思维,怀疑它可能直接来源于一个功能不良的信念,然后问来访者:假设自动思维是真的,那么它意味着什么? 一直这么做,直到发现一个或更多重要的信念。问来访者一个想法对他意味着什么通常可以引出中间信念,而问来访者这个想法意味着他怎么样则通常可以揭示出核心信念。

6.矫正信念

(1)找出一个值得工作的信念。当信念已被识别,需要判断这个中间信念是主要的还是次要的。一般情况下,为了使治疗尽可能高效,要聚焦在最重要的中间信念上。对于那些偏离主题的功能不良信念或是来访者只是有一点儿相信的信念,是不值得花费时间和精力的。

(2)利弊分析。让来访者去检验继续持有这个信念的好处与坏处是什么。

(3)构想一个新信念。在尝试矫正来访者信念之前,要确定它是一个核心的被坚信的信念,并且要在脑中构想出一个更适用的、更灵活的信念,它与不适的那个信念在主题上相关,但是对来访者而言更加现实和适用。并不是把新信念强加到来访者身上,而是以协作的方式,使用苏格拉底式提问(即咨询师在与来访者讨论时,不是直接告诉来访者新信念是什么,而是通过引导性提问,引发来访者反思,发现自己思考中片面和不完备的地方)来指导来访者,从而建构出一个替代的信念。也可以对来访者进行信念本质的教育,如信念是想法而不一定是事实。

(4)改变的行动计划:行为实验。可以帮助来访者设计行为实验,即按照来访者的信念,实地去检验一下,验证信念是否正确。

要把信念的相信程度降到0%,通常不可能。一般情况下,当来访者对信念的相信程度低于30%时,或者虽然他们仍保留着一部分信念,但他们会继续矫正非适应性行为,在这些时候,信念就已经被充分削弱了。

四、大学生心理辅导的主要形式

目前在高校对大学生开展心理辅导主要有心理健康教育的课程、个别心理咨询或辅导和团体心理辅导等形式。

(一)个别心理咨询

个别心理咨询是指咨询者与来访者一对一的咨询活动,主要采用会谈的方式,当然也可以通过电话、信函等其他途径进行。个别心理咨询的优点是具有保密性、易深入交流、可触及问题的本质。对来访者来说,由于没有别人在场,心理上有安全感,内心的顾虑较少,可以毫无保留地表达自己的真实思想,倾吐内心的秘密,所以咨询效果较好。

在个别咨询中,我们一般按照以下几个步骤进行:

1.建立良好的心理咨询关系

咨询师初次与来访者见面,首先要与来访者建立信任关系。要做到尊重、温暖、真诚、共情和积极关注,尽快地与来访者建立良好的咨询关系。

尊重是指把来访者作为有思想感情、内心体验、生活追求和独特性与自主性的活生生的人去对待。咨询师通过创设安全、温暖的氛围,使来访者最大限度表达自己;使来访者感到被接纳;激发来访者的自信心,开发他的潜能;涉及来访者的事情,要充分征求来访者的意见,而不是帮他去做决定。

温暖是指来访者从咨询师的态度中感受到的情感体验,分为非言语性温暖和言语性温暖两种。非言语性温暖是指咨询师通过肢体语言来传达情感,如言语声调温和、目光接触、面带微笑、体态姿势放松等。言语性温暖是指咨询师的语言使来访者感到温暖,从来访者进门到结束后离去咨询师都应热情、周到,让来访者感到自己受到了友好的接待。

真诚是指咨询师真实地展现自我和诚恳地对待来访者,即咨询师是以真正的自我而非角色所要求的我出现在来访者面前,从而相当轻松、自由地投入到咨询过程中,而不是例行公事或刻意伪装自己。如不会因为维护面子不懂装懂,或强加于人,令来访者望而生畏,不敢讲真话。

共情,又称同感或同理,是指咨询师设身处地,像体验自己精神世界那样体验来访者精神世界的态度和能力,其核心是理解。

积极关注是指咨询师对来访学生的言语和行为的积极面予以关注,从而使来访学生拥有正向的价值观。

2.收集信息,判定来访者的问题

会谈是个别心理咨询的基本形式和手段,对咨询师来说,会谈所要达到的目的有两个:一是接收、理解来访者的言语和非言语信息;二是对来访者做出反应,通过发出言语信息和非言语信息来影响来访者的行为态度。因此,会谈的技术包括收集来访者信息的会谈技术和影响来访者的会谈技术。收集来访者信息技术又称参与性技术,包括倾听、询问、鼓励、重复、内容反应、情感反应、具体化等。同时咨询师还要善于采用非言语(包括面部表情、形体动作、声音特征、空间距离等)技术。采用收集信息的会谈技术收集来访者的信息,及早判断来访者的心理问题。

3.与来访者进行深入的讨论,帮助来访者认清自己的问题

当咨询师基本搞清楚来访者的问题以后,就要采用影响来访者的会谈技术如解释、指导、暗示、自我表露、逻辑推论、影响性概括,与来访者就其主诉的问题展开深入讨论,以启发来访者辩证地、积极地认识其面临的问题。

4.结束咨询,反馈效果并讨论下一步的安排

经过系统的咨询,在来访者问题基本解决的情况下,就可以考虑结束咨询。在结束咨询阶段,咨询师可以让来访者反馈接受咨询的效果,并向来访者指出还有哪些需要注意的问题。

(二)团体心理辅导

团体心理辅导又称小组辅导,是指在团体领导者的带领下,团体成员(8~12人)围绕一些共同的问题,通过团体活动,借助团体动力,促使组员自我觉察与组员

间的互相觉察,最终使团体成员达到自我认识、自我接纳、自我调节、自我发展的一种咨询活动。

1.团体的含义与组建团体

团体是指在一定的目标引导下,通过成员之间的互动,满足成员一定的心理需求的组织。开展团体心理辅导时,首先要把招募来的组员组成一个团体,这个过程叫组建团体,组建好的团体应该具有以下四方面特征。

(1)团体必须具有一个共同的目标

团体是为了一定的目的而存在的,组员聚在一起来实现他们独自一个人时没有办法完成的某种工作。在团体实现其目标的过程中,成员共同解决问题、分享观念、切磋技艺、寻求乐趣以及满足个人的群体归属感、心理安全感、自尊感和爱的需要。所以,开展团体辅导时所组建的常常是同质小组,即有着共同需要解决的问题,或者有着共同的愿景。

(2)团体是一个有序的组织

团体的有序性表现在三个方面:

一是团体角色,即团体内每个成员都要扮演一定的角色,如团体辅导中必须有一个带团的领导者,在他的带领下,同一时间内,团体辅导都会聚焦一个成员,即焦点人物,这个焦点人物就是此时此刻的主角,团体其他成员都要扮演配角,相当于"镜子"的角色,通过对焦点人物的回馈、接纳、支持等回应方式帮助主角更好地自我认识,自我接纳等。

二是团体规范,即为了保证团体目标的实现,团体成员都必须遵守一定的行为准则,也可以称为团体公约。

三是团体成员间的关系。团体成员间的关系呈现了人际关系建立的过程,即在团体从形成到团体工作以及团体结束的过程中,团体成员的关系是在不断递进的,从彼此陌生且有隔阂,即刚开始时互相还不信任、有阻抗到互相熟悉且接纳,直到亲密且信任,因此,组建团体阶段常常可以应用于团队建设。

(3)团体成员之间具有互动性

团体动力一词是勒温在1930年最早提出的,主要目的在于说明团体成员在团体内的一切互动历程与行为现象。团体动力意味着团体本身也就是一种动力和发展的过程。团体是具有社会互动的组织,具有目标性,遵循共同的规范,通过团体内成员的互动,消除团体的冲突,促进团体凝聚力的提升,从而使团队达成有效的目标。

(4)团体具有整体感

团体内的每个成员都认为自己是团体的一个重要分子,要与团体休戚相关、荣辱与共。他们对团体有归属感,团体不是个体的简单集合,而是成员之间互相依存的共同体。

2.团体心理辅导的独特优点

（1）发现普遍性

由于团体心理辅导是同质小组，所有组员都有着共同的问题，在交流中，每个成员都会发现他的问题不是独特的，其他人也有，这样在获得团体的支持的同时降低了个体的焦虑。

（2）发现个人资源

在团体心理辅导中，在领导者的带领下，每个成员既是来访者，也成为帮助其他成员的"咨询师"，在活动中不仅获得自助，也有能力帮助组员。

（3）增进组员之间的人际关系

团体心理辅导中成员之间必须是互动的，个体在与组员互动中，不仅觉察自己，而且也觉察其他组员，对别人反馈，成员之间呈现人际关系的模式，组员从陌生且有隔阂到熟悉且接纳、亲密且信任。在团体中，成员学会了倾听、共情、支持等人际交往技能，如果能应用于团体外的日常人际交往中，可以改善其人际关系。

（4）团体成员能获得团体动力

团体成员在不断的自我揭露、回馈中产生归属感，在帮助别人的时候也会有成就感和自尊感。

3.团体心理辅导的三个阶段

（1）团体开始阶段

我们要在团体开始阶段完成组建团体的任务，将一群有共同问题但彼此陌生且有隔阂的人员组成一个有共同目标且彼此信任和互助的团体，团体内成员的人际关系要经历以下三个阶段：

①自我保护阶段

团体组建刚开始，由于成员彼此之间缺乏信任，他们会倾向于自我保护，对外界采取阻抗和心理防御。团体领导者需要通过与大家讨论，澄清团体的目标，建立团体规范，为团体成员创设安全的心理氛围。

②关系建立阶段

当团体成员感受到团体是安全的，他们会开始关注团体内的其他成员，有兴趣去了解其他成员，并与组内成员建立关系。团体领导者需要引入一些团体活动，以促进组内成员信任关系的建立，同时通过团体领导者的示范和引领，使团体成员学习相互尊重、真诚、温暖、共情、积极关注等建立关系的咨询技术。

③信任接纳阶段

团体成员彼此之间已经建立了信任的关系，既开始对团体成员不设防地自我揭露，同时又能对其他成员进行倾听、反馈、共情、接纳和支持，团体成员都能服从团体的规范，并共同为达到团体目标而努力。

（2）团体工作阶段（互助合作阶段）

团体成员可以在领导者的带领下开展聚焦某一主题的心理辅导，每个成员都要扮演两个角色——来访者和咨询师,当团体聚焦某一成员时,该成员就是这一时刻的来访者,即焦点成员,其他成员在领导者的带领下要充当咨询师的角色,通过焦点成员的自我揭露和其他成员的反馈、共情、接纳与支持,帮助焦点成员更好地宣泄情绪、疏理思维、反思觉察,最终找到解决自己问题的方法。

(3)团体结束阶段(解散分离阶段)

当团体目标已经达成的时候,团体就需要解散,而此时团体成员彼此之间已经亲密无间,他们不仅对团体有归属感,而且会对团体产生依赖,希望可以一直这样保持亲密关系。因此,领导者需要设计一系列活动以达到以下目标:一是要处理成员的离别情绪,二是通过成员反馈总结团体辅导的收获与成长,三是引导成员将学习收获应用到团体之外的日常生活中。

第四节　大学生组建团体的辅导活动

将团体心理辅导引入大学生心理健康教育课程中,我们需要组建团体,即将彼此陌生或不是很熟悉的成员组建成一个有共同目标且彼此信任和互助的团体。我们可以采用暖身、相互认识、破冰、团体拥有共同目标等活动达到组建团体的目的。

一、暖身活动

暖身活动可以起到营造轻松愉快氛围和积极的基调,调动全体成员积极性,集中成员注意力等作用。

(一)爱在指尖

团体成员围成一个大圆圈,然后成员按某一方向(顺时针或逆时针)1、2报数,将所有成员平均分成两组,报到1的成员向前走出一小步,然后向后180度转身,这样就将所有成员分成了两个同心圆,每个成员都与另一个成员面对面站立。团体成员不能说话,只能用手指数表达对对方的态度。领导者发出以下手势的口令:"伸出1个手指是指我目前还没有与你做朋友的打算;伸出2个手指是指我愿意初步认识你,和你做个点头朋友;伸出3个手指是指我很高兴能与你相识,并且对你印象不错,希望能进一步了解你;伸出4个手指是指我很喜欢你,希望能与你成为好朋友,我愿意真心真意地为你着想,并与你一起共享快乐和分担痛苦。"成员在听到领导者发出"开始"的指令后立即做出相应的动作,即两个面对面站立的成员要同时伸出自己的手指。

领导者发出动作的口令,成员根据对面人的反应再做出以下动作:如果两人伸出手指数目不一样,那么就不需要做任何动作,只要站着不动就可以了;如果两个人伸出的都是1个手指,那么就各自把脸转向自己的右边,并重重地在地上跺一下右脚;如果两个人伸出的都是2个手指,那么就微笑着向对方点点头;如果两个人伸出的都是3个手指,那么热情地握住对方的双手,并开怀一笑;如果两个人伸出的都是4个手指,那么两个成员就热情地给对方一个温暖的拥抱,然后两个成员相互认识。一次活动结束后,可以按内圈不动外圈旋转或外圈不动内圈旋转的方法重复多次,这样可以让场上气氛活跃,成员们也在活动中相互认识。

与人初次交往时,体态语言可提供60%～70%的信息,人们在日常交往中对他人的第一印象主要来自动作、姿态、外表、目光和表情等体态语言,同时还会考虑年龄、经验以及自己的性格特点,选择看上去与自己相似的人做朋友。将心比心。通过活动,成员会懂得为了得到别人的认可,交到更多的朋友,应该主动敞开心扉,接纳、肯定、支持、喜欢别人,保持在人际关系中的主动态度,才能得到别人真心相待的道理。

(二)无家可归

团体成员围成一个圆圈,沿着顺时针或逆时针方向行走,成员不能说话,仔细聆听领导者发出的口令,领导者随机报出一个数字,成员要按照领导者报的数字去组团拥抱,如领导者喊"三人一组",成员要迅速地三人组成一组并抱在一起,落单的成员就成为无家可归者被淘汰,然后剩下的成员可以继续进行,直到场上人数只剩下3人为止。

该活动需要成员集中注意力并在听到数字后迅速反应,较好地起到调动成员积极性的作用。同时,通过拥抱等肢体接触,打破团体开始阶段由于陌生感而造成的成员彼此间的拘谨,在短时间迅速地拉近成员间的距离。

二、相互认识活动

(一)穿葫芦游戏认识你我

团体成员围成一圈,可以从任何一位成员开始介绍三个以上信息(我是谁,我出生在哪里,我生长在哪里,我求学在哪里,我喜欢的是什么,再加一个自由发挥),如介绍三个信息:"我叫什么名字,我来自某某地方,我最喜欢的是什么。"然后从坐在他旁边的第一位成员来做以下接龙:"我是坐在来自某某地方的最喜欢……的某某旁边的,我叫什么名字,我来自某某地方,我最喜欢……"然后是坐在他旁边的第二位成员继续接龙:"我是坐在来自某某地方的最喜欢……的某某旁边的来自某某地方的最喜欢……的某某旁边的,我叫什么名字,我来自某某地方,我最喜欢……"然后是坐在旁边的第三位成员继续接龙,依此类推,每轮到下一位成员,他都要从第一位成员开始讲一直讲到他自己,直到最后一位成员把前面所有成员的信息都重复一遍。

在该相互认识活动中,由于每位成员都在一遍一遍地重复前面成员的信息,而且在成员讲的时候其他成员可以提醒甚至可以一起说,所以,团体成员可以在较短时间内达到互相认识的目的。

(二)组对介绍

领导者事先准备好可以将团体成员分成两两一组的材料,如唱出相同的歌曲,在两张纸片上写上相同的歌名,随机抽取到相同歌名的两个组员,通过唱歌的形式找到彼此,然后分成两人一组,让两人相互自我介绍并交流3分钟,然后回到团体中,由组员互相向团体介绍自己刚刚认识的伙伴,这个环节可以叫"互相吹捧",即相互介绍时只介绍对方的优点,场上气氛热烈,可以达到较好的相互认识的效果。将团体成员分成两人一组的材料还有很多,如彩色的纸片、不同形状的树叶、写上数字的卡片等。

三、破冰活动

在团体成员相互认识之后,由于成员对团体还没有建立信任,彼此之间还存在着防御、隔阂、阻抗,所以为了打破这种成员彼此间的陌生感、隔阂和阻抗,需要组织破冰活动,即消除成员间彼此的陌生感和阻抗,使成员可以互相信任,可以打开心扉,真诚地交流,为形成团体凝聚力和进入团体工作阶段打下基础。

领导者让每位成员把自己比作某种动物,并将动物画在一张彩纸上,从任一位成员开始,向团体成员介绍:为什么把自己比作某种动物。其他成员需要认真倾听,听完后逐一四目相对,真诚地对该成员做如下反馈:刚才我听了你的介绍,我觉得你是一个……人。然后按逆时针或顺时针方向轮换下一位成员出来自我介绍,其他成员逐一反馈,直到所有成员都自我揭露和得到其他成员的反馈。

让成员把自己比作某种动物,这是一个投射。人们喜欢某种动物,一般有两种情况:一是该动物身上拥有的性格特征是我身上具有的,所以我喜欢它;二是该动物身上拥有的性格特征是我身上没有的,但是我希望拥有。通过这个活动,展示出来的是成员的自我概念,通过自我揭露和他人的反馈,促进了自我了解,不仅觉察和揭露了自我知道的部分,而且也了解自己未觉知到的别人眼中的我,同时也增进了成员之间的接纳和信任。随着成员的轮换,每位成员都逐渐地扩大了开放区,缩小了盲目区和隐私区,可以达到团体成员打开心扉,深入交流的破冰目的。

四、形成共同愿景活动

团体必须具有一个共同的目标,所以,在组建团体阶段,要使得团体成员明确自己来团体想要达到的目标,只有团体成员都认同这个目标,才能形成合力。

领导者事先准备一张海报纸和一盒水彩笔。团体成员把每个人的手形画在海报纸上,形成某种有象征意义的图形,手形的中间写上每位成员的名字,团体成员经讨论后给自己的团体取一个名字,并写在海报纸上,然后写上一句诠释该名字的口号,全体成员一齐摆一个姿势并齐呼一下口号。

【本章思考题】

1. 请对照大学生心理健康的标准对自身的心理健康状况进行分析。
2. 请结合当前大学生心理健康现状,谈谈如何维护自身的心理健康。
3. 大学生常见的心理问题和心理疾病有哪些?常用的心理辅导形式和技术有哪些?

第二章　变化与适应

【案例 2-1】

　　本报讯(记者 李琼)　新一批大学新生入校已经一个多月了,他们适应大学生活了吗?第三方教育咨询机构麦可思最新调查发现,从 2011 年 9 月 15 日至 24 日,被调查的 2899 名 2011 级大学新生中,仅有 40% 的学生对学校的入学教育表示满意。教育部有关司局负责人也指出,近年来高等学校普通本专科学生中,因各种原因退学人数占在校生数平均每学年为 0.75%,即每学年约 16 万人。

　　某外国语学院大一新生小凡说,一个多月来总觉得还是在上高中。研究发现,大学能否成功在很大程度上取决于新生第一年的经历。假如第一年适应不良,可能导致新生学业兴趣淡漠、学习参与度降低、学习成绩不佳、人际关系出现障碍、精神和健康状态不良,甚至中断学业。不少学生克服重重困难进入大学校门,却因为不适应高校生活而提前终结了自己的大学梦。

　　除了交往困难,学习方式方法不适应也是新生的普遍问题。调查发现,2011 级新生在适应大学生活的过程中,主要靠自己和同学的帮助。而最大帮助来源于做学生工作的老师或辅导员(本科为 12%,高职高专为 8%),任课老师(本科、高职高专均为 4%)的比例相对最少。

　　(资料来源:广州日报,http://news. 21cn. com/caiji/roll1/2011/11/02/9637127. shtml.)

　　人生的基本主题就是:变化与适应。在人生的每一个关口,都会出现自然环境和社会环境的巨大变化,由此对个体产生严峻的挑战;如果个体能够凭借自身的天赋和后天的教养,主动地应对挑战,完成积极的适应,那么个体的自我发展也会出现飞跃式的变化。进入大学,对于很多高中生而言是一次非常重要的变化与转折,如何在新的环境中适应,不仅仅是对大学生未来发展的一次挑战,而且也是对自己过去发展的一次审视。

第一节　大学新生适应的基本内容

　　大学,是人生的一次重要转折,是从原生家庭过渡到次生家庭的关键阶段。从中学校园走过来的大学新生所面临的是一个全新的世界,从学习内容到学习方法,从生活环境到人际交往,从满足社会期望到实现个人的目标,都有太多陌生而具有挑战性的任务摆在大学新生面前。

如何应对这些挑战,迅速适应大学生活,是所有大学新生必须面对的现实问题。只有在短期内尽快调整自己的身心,转变个人角色,才能给今后的大学生活奠定良好的基础,才能有效而成功地度过大学生活。杨钋和毛丹基于28所院校4200名新生的调查数据发现,大学能否成功在很大程度上取决于新生第一年的经历。假如第一年适应不良,可能导致其学业兴趣淡漠,学习参与度降低,学习成绩不佳,人际关系出现问题,精神和健康状态不良,乃至学业中断等。由此可见,大一新生的适应较其他年级更为重要和关键。

研究表明,不同群体新生在大学适应方面存在显著差异。低社会经济背景的学生适应情况相对较差。不同专业新生的适应情况不同。人文社会科学类新生在学习适应各个维度的表现都好于其他专业新生,工科类新生的人际交往能力弱于其他新生。工科和社科类新生感受更大的主观经济压力。在院校类型方面,选拔性高的"985工程"和"211工程"院校的学生在对外部学习环境的适应、学习动机、对外部人际交往环境的适应、经济适应方面要好于其他院校新生。

卢晓静(2017)采用教育部课题组修订的"中国大学生心理健康量表"对某高等师范专科学校2841名2016级新生进行心理普查,发现师专新生心理适应问题主要表现为预期的就业压力、学业压力、网络成瘾等一般压力与适应困难。

一、变化:大学与高中的不同

人生活在特定的环境中,人与环境的健康关系应该是互动的。如果人与环境的互动是协调、平衡的,则是适应良好的表现;反之,如果人与环境的互动不能取得协调一致,则是适应不良的表现。在生物学中,适应是指当环境改变时,机体的组织或器官通过自身的代谢、功能的相应改变,以避免环境改变所引起的损伤的过程。

一般来讲,当人面临新环境时都存在适应问题。从进入幼儿园、小学、中学、大学到入职,都存在适应问题。进入新环境时,有短暂的焦虑、迷茫、孤独、学习和工作状态不佳等表现都是正常的,如果这种消极感受持续时间比较长且影响到学习和工作则是适应不良的表现。当人出现适应不良时,其客观表现是不能很好地完成学习或工作任务与环境的要求,心理存在比较大的差距,往往伴随着负面的认识和体验,如自信心下降、怀疑自己的能力、情绪低落、焦虑等。所谓心理适应能力,指的是一个人在心理上进行自我调节、自我平衡,以适应社会生活和社会环境的能力。在生活、学习和工作中,个体常常要面对环境变迁、理想与现实不一致、目标受挫之类的事,这需要其主动调整自己,使自己的心理保持平衡。

因此,讨论适应的问题,并不是要拒绝或消除不适应,而是要学会与自己的不适应状态和平共处,并且能逐步走向适应。我们认为影响新生不适应的因素有两个方面,即主观因素和客观因素。

（一）客观因素：大学环境的变化

1.大学与高中生活环境的不同

大学里学生们往往来自天南地北,由于地域上的差异,气候、饮食习惯甚至语言都不相同,再加上进入大学后,由原来依赖父母的家庭环境过渡到相对自立的集体生活,生活环境和生活方式的巨大转变,会使他们遇到很多困难或感到不适应。同时,在高中阶段的人际关系往往围绕学习来展开,简单直接冲突也比较少;而大学阶段的人际关系则不同,学习成绩不再是人际交往的主要参考依据,相反,家庭出身、个体外貌、穿着打扮等社会化因素逐步上升为大学生人际交往的重要因素,因此,不少之前"两耳不闻窗外事,一心只读圣贤书"的学生不可避免地产生了极大的落差和对自我价值的怀疑。

2.大学与高中学习环境的不同

当同学们经过高中迈入大学就会发现大学生活与之前的高中学习存在很大差别,有些突发事件甚至会让人措手不及。

第一,高中学习是老师安排,学生被动学习,而大学生的学习主要靠自己自觉、靠自己主动。第二,整个高中阶段学生学习的课程最多也就十几门左右,而大学光是一学期的课程也有十几门,大学的学习内容更丰富而且涉及面也逐渐向广和深发展,而且每个学校视情况而定有些科是开卷考试,高中的试卷都是省里或者市里统一发放,大学的试卷几乎都是本校老师自主出题。第三,高中的时候都是老师给安排座位,座位都是固定的,而大学几乎都是"占座",早者先得是大学座位的普遍定律,尤其是到了大学的考试前夕,学生要提早去教室或图书馆占位子。高中的时候是一年换一个教室,而大学几乎是一科就一个教室。第四,大学与高中的学习目标不同,高中所有人一切学习的动力都是为了考上好的大学,而大学生的学习目标分散了,有些人是为了毕业后找个好工作,有些人是为了实现自己的学术价值……所以,大学生需要规划自己的学习目标。

3.社会支持来源及程度减少

社会支持是影响新生适应的重要因素。新生入校后,社会关系发生了很大变化。高中时,学生主要接受来自父母和教师的支持。进入大学后,学生远离父母,来自父母的支持降低,同学关系尚未建立,支持度也较低。这时,尤其需要来自教师的关心和支持,但是高校扩招后,学生的增加使学校和教师无力给学生更多的支持和关注,来自教师的支持急剧下降。陶沙(2000)以374名大学新生为被试,采用问卷法考察了在进入大学的第一个学期中,新生社会支持感受总体水平及来自父母、同伴与教师的社会支持特点与变化。调查发现,大学新生入学前后,来自父母的支持平均分由4.47下降到3.86,来自同伴的支持由2.81上升到2.87,来自教师的支持由3.73下降到3.43。这种状况使新生在最需要社会支持的时候得不到相应的支持和帮助,导致学生产生孤独、无助、恐惧、焦虑等消极情绪,难以适应学校生活。

邱鸿钟、吴志雄(2013)使用领悟社会支持量表及大学新生学校适应量表对274名大一新生进行调查,结果发现,学校适应方面不存在生源地和是否独生子女的差异,但性别差异显著;大学新生感受到的社会支持由高到低分别是朋友支持、其他支持、家庭支持;社会支持与学校适应存在着显著的正相关($r=0.577,P<0.01$);社会支持各因素对学校适应均有预测作用($b=1.121,P<0.01;b=1.378,P<0.01$)。调查表明,大学新生社会支持与学校适应存在一定的联系,社会支持各因子对学校适应均有预测作用。

包文婷(2016)采用社会支持评定量表和中国大学生适应量表对湖南省某高校256名大学新生进行调查的结果也显示,男生在人际适应和自我适应方面的得分高于女生,城市学生在满意度方面的得分高于农村学生,独生子女与非独生子女在社会支持、学校适应方面所有维度的得分比较,没有显著性差异。大学新生社会支持总分及各维度与学校适应总分及各维度均呈显著正相关。主观支持、支持利用度、客观支持可以显著地预测大学新生的学校适应水平,其中主观支持的预测力最强。

(二)主观因素:个体的心理素质

1.气质、性格差异

气质和性格作为心理结构的重要特征,是影响新生适应性的重要因素。一般来说,胆汁质的大学生热情奔放,多血质的大学生开朗活泼,这两种气质的人都能较快地适应新的环境。而黏液质和抑郁质的大学生相对含蓄、沉静,不善于与人交往,融入新环境的速度慢一些。另外,从性格上说,外向型的大学生一般比内向型大学生适应快一些,效果好一些。

2.认知方式不当

(1)理想自我与现实自我产生落差

家庭成员的祝福、同辈的羡慕以及社会对大学新生的高度关注,在客观上助长了大学新生对自身的估价,觉得自己是天之骄子,理应受各方面的关心、扶持,生活也应该是完全自由的,不应该存在丝毫的约束和限制。同时,在高考中胜出的学生往往有一种优越感,认为自己是同学中的尖子,家庭中的王子。到了大学以后,进入高水平的群体中,尖子们碰在一起,竞争激烈中自身的优势不再,一些学生往往难以承受这突如其来的变化而产生心理不适应。

(2)对大学的期望值与现实的满意度产生落差

中学时代,学生对大学生活的想象过于理想化,抱有不切实际的幻想。真正进入大学后,他们发现大学生活远不如想象中那样多姿多彩,每天要自己处理各种各样的生活琐事,要适应纷繁复杂的人际关系。理想与现实之间产生了较大差距,激化了一些新生的心理矛盾,他们在感到希望破灭的同时产生上当受骗的感觉,导致一些心理问题的出现。

李栋栋等(2014)通过调查对大学生期望落差与专业承诺间的关系进行了定量研究。他们采用期望落差问卷、生活满意度问卷、专业承诺问卷对 240 名大学一年级学生施测。结果入学期望落差与生活满意度($r=0.611,P<0.05$)及专业承诺的各个维度均有显著相关,且能显著预测生活满意度及专业承诺。入学前对于学校及专业缺乏了解是产生期望落差的主要原因。

3.家庭环境及教育导致的适应问题

目前,家庭条件优越的大学生,尤其是一部分独生子女,在家时养尊处优,形成了自我中心的倾向。进入大学后,他们只强调自己的感受,只顾自己的利益,在人际交往中清高、自负、目中无人,致使同学对他们敬而远之。而人际交往的不利也使他们容易产生孤独、焦虑、恐惧等心理问题。此外,由于他们在生活上长期接受包办制的服务,加上阅历、能力、知识经验等方面的原因,他们大多生活自理能力缺乏,自我服务意识淡薄,过于依赖他人。由于缺乏必要的生活磨炼,在由接受他人服务向自我服务、服务他人的角色转化过程中,他们大多无法完全依靠自己的力量来处理好一系列复杂的实际问题,陷入极端的苦恼与矛盾冲突之中,产生了种种不适应。另外,部分来自贫困家庭的大学生,常为交不起学费、生活拮据而苦恼,甚至产生自卑、嫉妒等心理问题。

赵林(2012)对 1487 名大学新生采用自评量表(SCL-90)进行调查分析,结果发现,和谐家庭氛围的学生得分明显低于其他各类家庭氛围的学生,不同家庭结构、家庭收入与生源地的学生在总分原始分上,差异无统计学意义,但在部分因子均分上,离异家庭、贫困家庭与农村家庭的学生得分偏高。这说明家庭环境因素对大学新生的心理健康水平有不同程度的影响,其中家庭氛围的影响比家庭结构、家庭收入和生源地的影响更大,和谐的家庭氛围对大学新生的心理健康有着尤为重要的作用。

4.心理准备不足

部分学生事先没有充分估计进入新学校的各种变化和可能并为此做好恰当的应对措施,用旧眼光来衡量和评判新环境中的人和事。比如,过去的同学亲切,现在的同学形同路人,过去的老师喜欢自己,现在的老师不在乎自己,等等。为此,大学新生会想家、想以前的朋友,感到异常孤独、难受等。

虽然影响大学新生产生不适应问题的主客观因素很多,彼此之间也存在着错综复杂的交互作用,但从行为层面来看,新生们要想尽快适应,其实很简单,只要做好两件事即可。第一件事就是转变角色,适应新的生活方式——培养生活自理能力和良好的生活习惯;第二件事就是提高心理适应能力,促进自我发展——提高战胜挫折的能力,建立协调的人际关系,塑造健全的人格品质和保持积极的心态。唯有如此,才能适应好大学生活。

二、适应：角色转变和自我发展

如何看待我们在生活中遭遇的不适应？从心理学的研究角度而言，一般存在着两种不同的理论解释。

（一）角色理论

角色理论是关于人的态度与行为怎样为其在社会中的角色地位及社会角色期望所影响的社会心理学理论，它试图按照人们所处的地位或身份去解释人的行为并揭示其中的规律。属于从符号相互作用论发展出来的一个分支，参与这方面研究并有影响的人有布鲁默（G. H. Blumer）、莫雷诺（J. L. Moreno）、林顿（R. Linton）、纽科姆（T. Newcomb）、萨宾（T. R. Sarbin）和戈夫曼等。

布鲁默(G. H. Blumer)

1.社会角色

角色理论的中心概念是角色。角色一词来源于戏剧，原指规定演员行为的脚本。社会心理学家看到这个概念有助于理解人的社会行为和个性，便引入社会心理学中。他们认为，人在社会关系中的地位规定了人的社会行为，类似于脚本规定了演员的行为。人的社会角色是人在一定社会背景中所处的地位或所起的作用。

2.理论发展

首先把角色概念引进社会心理学的是米德（G. H. Mead），但他并没有给角色下一个明确的定义，只是用作一种比喻以说明不同的人在类似情境中表现出类似行为这种现象。林顿（R. Linton,1936）认为，当个体根据他在社会中所处的地位实现自己的权利和义务时，他就扮演着相应的角色。凯利和蒂博（H. H. Kelley & J. W. Tibor,1959）认为，角色是他人对相互作用中处于一定地位的个体的行为的期望系统，也是占有一定地位的个体对自身行为的期望系统。弗里德曼

米德(G. H. Mead)

（J. L. Freedman,1985）等人指出，社会角色是关于人们在特定类型的关系中应当如何行动的一套规则。苏联社会心理学家布耶娃（1968）认为，对角色进行社会心理学分析固然要求首先研究角色行为的主观因素，但是要真正认清这些主观因素的实质，就不应当把它们抽象化，而应当把角色行为的主观方面与客观社会关系密切联系起来，因为角色期望无非是社会实践中存在的客观社会关系的思想形式、主观反映。她认为社会角色是社会职能，是在特定社会中形成的一定类型活动和相应行为方式不可分割的统一体，归根到底取决于个体在社会关系系统中所处的地位。社会给某一社会角色的执行者提出一般的行为方式或标准，每个人具体扮演这个角色时带有一定的个人色彩。这些说法虽然有所不同，但是综合起来可以看出角色在社会心理学中的基本含义。

由于角色理论概念体系本身接近真实生活,因而具有良好的解释能力,它不仅受到社会心理学的重视,也受到社会学、人类学、管理学、教育学等多领域研究者的高度重视。从其发展渊源上看,它的概念演化、发展和完善是由多种来源共同形成的,在20世纪20至60年代逐步发展和建立起来,并且主要受到了来自社会学中的符合作用论、来自心理学的角色扮演技术和来自人类学的结构功能论的影响。

3.关键概念

(1)角色采择

角色采择是指关于自己和他人角色的设想。米德是在形成其自我理论和符号相互作用论时提出角色理论的。他认为人的社会自我的发展是通过角色采择的。人们由于有了来自外界的经验,才学会把自己设想为一个客体,产生了对自己的情感和态度,从而产生了自我意识。人的自我发展程度取决于人能在多大程度上采纳别人的意见,像他人对待自己那样对待自己。他认为,设想处于他人角色,从他人角色的观点观察自己,是顺利实现人际相互作用的必要条件。这就是米德的角色采择的含义。小孩子就是通过角色采择这种心理活动学习适宜行为的,成人则依据角色采择去提高其交往效率。

(2)角色扮演

角色扮演是指按常规的期望显示出来的行为,也就是个人按照他人期望采取的实际行动。W.库图不仅区分角色采择和角色扮演,而且还区分两种不同类型的角色扮演:角色扮演(role playing)和扮演角色(playing the role)。前者指个人在生活中实际扮演的角色,后者指暂时扮演某个特定的角色,如演戏。一个演员既扮演着一个演员的专业角色,又在某时扮演某个戏剧角色。

莫雷诺(J. L. Morene)

角色扮演在社会心理学中还有另外的用法(莫雷诺,心理剧),即用作模拟研究方法。在采用这种方法时,事先把实验的目的告诉被试者,取得其同意,而后要求被试者在模拟情境中扮演某个角色,像在真实情景中那样在模拟情境中行动,从而取得类似真实情景中的心理效果。

人们是在社会化过程中受到角色规则的训练和教育的,偏离了社会角色规则会受到社会的排斥和制裁。人在一生中学着扮演各种角色,如孩子的角色,学生的角色,性别的角色,职工和领导的角色,等等。这些角色使人们在不同的情境中以适当的行为方式与他人进行交往。儿童的角色游戏是个人社会化的重要手段之一。

一个人在扮演符合他人期望的角色时会不会丧失自我呢?每个人都在一定的文化中通过训练、模仿和认同学会扮演各种角色。只要人们真正相信他们的角色,认为应当完美地扮演,他们的行为就是真实的,他们的自我和角色就是统一的。只有当人们不相信和不认为应当扮演某个角色,只是为了满足他人期望而扮演某个角色时,才会产生不真实的角色扮演,自我和角色分裂。社会心理学家 S. 朱拉德认为,这种人虽然是出于获得他人承认的需要,但实际上往往既得不到他人的承认,也得不到自己的承认。

(3)角色冲突

一个人可以同时扮演多个角色,并能保持各角色间和谐一致。但有时也会发生角色冲突。例如,一个职业妇女的职业角色和她作为妈妈的角色有时会发生冲突;一个刚进大学的学生,当父母来访时,他作为一个独立大学生的角色和作为父母的孩子的角色也会发生冲突。

在角色理论中通常把角色冲突区分为两类:角色间冲突和角色内冲突。前边讲的例子是角色间冲突。角色间冲突往往与对不同角色提出不同的甚至矛盾的要求有关,个人不能同时满足所有这些角色要求。角色内冲突通常与不同群体对同一角色的体现者提出不同的要求有关。

角色期望不是一成不变的,是随着时代而变化的。如对男女角色的期望相比之前已发生了很大的变化。朱拉德认为,顺从于刻板的角色是身心失调的重要原因之一。经常考虑个人扮演不同社会角色的方式,有助于保持身心健康。

【阅读材料 2-1】

莫雷诺与心理剧[①]

莫雷诺是心理剧疗法的创造者,并因此而著名。1921 年 4 月 1 日,莫雷诺首先在维也纳的精神治疗中心采用心理剧疗法,这是心理剧正式诞生的重要标志。心理剧(Psychodrama)属集体心理治疗,是精神分析学派的心理治疗方法,是一种可以使患者的感情得以发泄从而达到治疗效果的戏剧。通过扮演某一角色,患者可以体会角色的情感与思想,从而改变自己以前的行为习惯。心理剧的目标是诱发

---

① Jacob L. Moreno[EB/OL]. 维基百科,http://psychology.wikia.com/wiki/Jacob_L._Moreno.

患者的自发行为,以便直接观察他的病情。莫雷诺反对 S. 弗洛伊德研究非自然的梦境,以及在诊所里用语言复述梦境的做法。与此相反,他十分强调自然环境中的活动或行为,包括角色训练。他认为,在群体环境中具备一种"共鸣"的真实的双向内聚力是十分重要的,它比简单的移情和宣泄复杂得多,涉及认知、愿望、欲望、选择和行为等方面。心理剧是为完成心理治疗、个体发展等目标而设计的咨询技术,也是格式塔疗法、团体咨询等著名疗法的前身。例如格式塔的空椅技术/扮演技术等都来源于心理剧。

• 一般程序

一个完整的心理剧阶段包括热身阶段、演出阶段、分享阶段。

热身阶段(warming up):热身的目的包括刺激参与者进入状态,触动各人的情感,迅速建立集体凝聚力以及选择和确定演出题材和主角。是参与者为体验做好准备的必要阶段。

演出阶段(the action):在治疗者的指导下,通过一系列戏剧化的手段,完成心理剧的演出。包括表演有效地应对过去的情景、当前情景或预期事件。

分享阶段(sharing):演出结束后,治疗者立刻组织大家与主角一起讨论,分享此时此刻的情感体验,从而不仅达到情感宣泄,而且完成修通的目的。观众向主角以建设性、支持性的方式,非判断性地表达自己的观察和反应,团体讨论感受。

演出阶段和分享阶段有时候会有交错。因为在演出问题时,可以有讨论。

• 基本要素

一个完整的心理剧的参加人员包括五个基本要素,分别是导演、主角、配角、观众及舞台。

导演(director):导演是心理剧的协同制作人,从寻求协助的人身上找寻线索。大部分是指治疗者、协助者、团体领导者。

主角(protagonist):即当事人,第一个进入演出的人或最挣扎的人。

配角(auxiliary egos):配角是缺席者、个人妄想、象征、想法、动物或物体的代表,他们让主角世界变得真实、具体、可接触。他们是导演的延伸、探索跟引导,同时,他们也是主角的延伸,雕塑出主角真实或想象的角色。配角功能有三:身为一个演员来雕塑出主角世界中所需要的角色;身为一个咨询员来引导主角;身为一个特别的调查员。

观众(audience):观众由不参加演出的集体成员组成。观众通常在心理剧进行时仅默默地注视眼前的演出。但是在心理剧完成后,这些人可以与主角分享他们的感想,或与主角对话,观众对主角的支持与同感,是支持主角重生的一股力量,也是让主角反省和思考整个情境的动力。

舞台(stage):舞台代表了主角的生活空间,应足够宽敞,便于主角、配角和导演走动。

• 主要技术

一个常规心理剧的主要技术，可以是以下的某一种到两种：

角色互换（role reversal）：角色互换是心理剧角色扮演理论的核心，是指主角和舞台上的其他人互换角色。当主角在和与他有冲突的个体达成协议上有所收获时，导演一般会采用角色互换技术。莫雷诺强调这一技术鼓励最大限度地表达冲突情境。尽管在这些主角扮演与他们有冲突的其他人的角色过程中，这些人际关系的歪曲信念可以被解释、探究和进行行为矫正。通过角色互换，主角可以重新整合、重新消化和超越束缚他们的情景。角色互换可以充分表达他们对现实的理解，从团体中的其他人那里获得关于他们的专管态度的反馈，一定程度上，修正他们发现的歪曲信念。

独白（soliloquy）：独白是指主角直接面对观众说话，表达一些未觉察的感受和思想。在心理剧表演中，主角会被导演要求表达当时的感受。独白给主角机会获得他自己或他人正在思考和体验而未直接表达的感受的机会。主角也可能被要求在扮演自己之后，自言自语。这种做法可以是他总结概括自己的思想，表达自己的情感，更密切地检验情感。

替身（double/body double）：一个配角站在主角的身后与主角同台表演，或替主角说话，这个配角即是替身。替身可以模仿主角的内心思想和感受，并时常表达出潜意识内容。替身帮助主角觉察到内部心理过程，引导他表达出非语言思想和感受。替身辅助主角，并充当导演与主角之间的联络人。替身可以发挥整合作用，加强主角与配角的相互影响。

多重角色的自我（Multiple parts of self）：也称多重替身。当主角有多重矛盾的感受时，多重替身技术可以被有效地运用。多重替身可以参与到心理剧中，展现主角的多面性，表现主角内部状态、渴望、优点和缺点。

空椅子技术（empty chair）：空椅子技巧是将一张空椅子放在舞台中间，让每位成员将其想象为一位他想诉说的对象而展开对话，从这个角度说，空椅子也是一个配角。空椅子技术也可以在预热阶段使用，通过每位参与者与空椅子的对话，可以选择一位有强烈情绪困扰而其问题又具有普遍性的人做主角。治疗者可与其共同商定演出题材。

角色扮演（role playing）：让当事人扮演自己或去世的人，让彼此相互对话，直到某种冲突获得解决为止。

镜观（mirror）：镜观技术是指让配角通过模仿主角的手势、姿势、表演中的语言，来反映主角的状态。在配角的模仿过程中，主角观察由他人反映出来的自己的行为，像别人一样来看待自己。这个过程有助于主角形成更加准确、客观的自我形象。

雕塑技巧（sculpting）：雕塑技巧是从社会计量技巧中发展出来的，通常是让主角将他与家庭成员的关系以雕塑的方法表现出来。例如，某成员可能将他放在父母之间,然后将其他成员排在他的后面或背向父母等,而这些成员彼此之间的距离皆不同,或许他大哥与家人之间的距离最远,每个成员的姿势亦由主角摆布。一切完成后,即可让主角陈述整个雕塑的意义,以及对每位成员的感受,或与成员对话。

未来投射:未来投射技术用于帮助集体成员表达、解释他对将来的看法,包括希望和愿望、对未来的恐惧,或是生活的方向。

其他心理剧的技术还有中断行动(cutting the action),重演(replay),角色训练(role training),超现实场景(surplus reality scenes),魔术商店技术等。

【阅读材料 2-2】

角色理论视角下大学新生的学习适应性研究①

大学生是我国现代化建设的主力军,是祖国的中流砥柱,因此,大学生的成长与发展受到全社会的广泛关注。而大学一年级是由"高中生"向"大学生"转变的关键时期,在这个阶段,大学新生需要面对由于个体的角色变化而导致的一系列不适应问题,在众多的不适应现象中,对于学习的不适应最为突出,并且对大学新生的影响最大。因此,能否正确认识并恰当地处理这个问题,对于大学新生未来的大学学习至关重要,甚至影响其成才与发展。本文以"角色理论视角下大学新生的学习适应性研究"为题,通过访谈法、问卷调查法、文献法,并利用角色理论的相关理论对目前大学新生的学习适应性问题及原因进行深入的分析,试图给出解决问题的对策。

本文分为五个部分:第一部分介绍了本文的理论基础——角色理论,笔者从角色理论的相关概念出发,对个体的角色扮演的过程进行了阐述,并且试图解释角色转换过程中出现问题的原因。第二部分是大学教育的特点对大学新生学习适应性的诉求。笔者分别从知识专业化、学习自主性、研究性学习、教育的学术性四个维度出发,对大学新生的学习提出了更高的要求,不仅要求学生要学有所专、学有所精,还要求学生要富有钻研精神,努力转变刻板的学习方式,提高学习能力。第三部分则是在实证调查的基础上对大学新生的学习适应性问题的具体表现进行了描述,从调查中得知大学新生在学习能力、学习态度、教学模式、学习环境、学习动机等五个方面不适应。第四部分则分析了大学新生学习适应性出现问题的原因,笔者认为导致大学新生学习适应性出现问题的原因是复杂的、多方面的,不仅有个体自身的原因,同时学校的课程设置不合理、角色期望的冲突等因素都会对大学新生的学习适应性产生负面影响。第五部分则提出了解决问题的对策,笔者从角色情境、角色扮演、角色形象塑造、环境创设四个方面出发提出了具体的解决措施。

---

① 李浩.角色理论视角下大学新生的学习适应性研究[D].合肥:安徽师范大学,2014.

(二)埃里克森的自我发展阶段论

埃里克森(E. H. Erikson)是美国著名精神病医师,新精神分析派的代表人物。他认为,人的自我意识发展持续一生,他把自我意识的形成和发展过程划分为八个阶段,这八个阶段的顺序是由遗传决定的,但是每一阶段能否顺利度过却是由环境决定的,所以这个理论可称为"心理社会"阶段理论。每一个阶段都是不可忽视的。他的人格终生发展论,为不同年龄段的教育提供了理论依据和教育内容,任何年龄段的教育失误,都会给一个人的终生发展造成障碍。它也告诉每个人你为什么会成为现在这个样子,你的心理品质哪

埃里克森(E. H. Erikson)

些是积极的,哪些是消极的,多在哪个年龄段形成的,给你以反思的依据。

心理社会发展理论,是生理欲望和作用在个体身上的文化力量的一种结合(E. H. Erikson,1970)。它具有渐成说(Epigenesis)的特征:各阶段逐渐产生"一个阶段在时间和空间上紧接着另一阶段"(Evens,1967:294)。每个阶段都建立在前一阶段之上,其最基本的概念就是与这八个阶段密切相连。埃里克森的人格渐成论(epigenetic principle)把个体自我意识的形成与发展划分为八个相互联系的阶段(见表2-1)。

表 2-1 埃里克森的八个人格发展阶段

年龄	特定心理危机	积极结果	消极结果
0~1 岁	基本信任对基本不信任	内在好的感觉,信任自己和他人,乐观	坏的感觉,不信任自己和他人,悲观
1~3 岁	自主对羞怯和疑虑	意志训练,自我培训。能做决定	积极严厉,自负怀疑。关注自我,空虚
3~6 岁	主动对内疚	成功的欢乐,主动性,方向性,目的性	对深思的目标和取得的成就感到内疚
6~12 岁	勤奋对自卑	能够被生产性的工作吸引,因完成工作而自豪	不适合感和自卑感,不能完成任务
12~20 岁	同一性对角色混乱	对内在一致性和连续性有信心,对生活充满憧憬	角色混乱,没有固定的标准,感到虚伪
20~24 岁	亲密对孤独	感情的共鸣,分享想法、工作和感情	避免亲密,关系淡漠
24~65 岁	繁殖对停滞	能投入工作,有建立亲密人际关系的能力	失去对工作的兴趣,人际关系贫乏
65 岁以后	自我整合对失望	有秩序感和意义感	怕死,对生活及生活中已得到的或没发生的事情感到痛苦、失望

资料来源:Erikson(1950,1963)。

第一阶段　获得基本信任感而克服基本不信任感

从出生到十八个月左右是婴儿期。这是获得基本信任感而克服基本不信任感阶段。所谓基本信任,就是婴儿的需要与外界对他需要的满足保持一致。这阶段婴儿对母亲或其他代理人表示信任,婴儿感到所处的环境是个安全的地方,周围人是可以信任的,由此就会扩展为对一般人的信任。婴儿如果得不到周围人的关心与照顾,他就会对外界特别是对周围的人产生害怕与怀疑的心理,以致影响到下一阶段的顺利发展。

第二阶段　获得自主感而避免怀疑感与羞耻感

从十八个月到三四岁是童年期。这是获得自主感而避免怀疑感与羞耻感阶段。个体在第一阶段处于依赖性较强的状态下,什么都由成人照顾。到了第二阶段,儿童开始有了独立自主的要求,如想要自己穿衣、吃饭、走路、拿玩具等,他们开始去探索周围的世界。这时候,如果父母及其他照顾他们的成人,允许他们独立地去干一些力所能及的事情,并且表扬他们完成的工作,就能培养他们的意志力,使他们获得一种自主感,能够自己控制自己。相反,如果成人过分爱护他们,处处包办代替,什么也不需要他们动手;或过分严厉,这也不准那也不许,稍有差错就粗暴地斥责,甚至采用体罚,例如,孩子由于不小心打碎了杯子,尿湿了裤子,成人就对其打骂,使孩子一直遭到许多失败的体验,就会产生自我怀疑与羞耻之感。

第三阶段　获得主动感而克服内疚感

四到五岁是学前期。这是获得主动感而克服内疚感阶段。个体在这一阶段的肌肉运动与言语能力发展很快,能参加跑、跳、骑小车等运动,能说一些连贯的话,还能把自己的活动扩展到超出家庭的范围。除模仿行为外,个体对周围的环境(也包括他自己的机体)充满了好奇心,知道自己的性别,也知道动物是公是母,常常问问这,动动那。这时候,如果成人对孩子的好奇心以及探索行为不横加阻挠,让他们有更多机会去自由参加各种活动,耐心地解答他们提出的各种问题,而不是嘲笑、禁止,更不是指责,那么,孩子的主动性就会得到进一步发展;表现出很大的积极性与进取心。反之,如果父母对儿童采取否定与压制的态度,就会使他们认为自己的游戏是不好的,自己提出的问题是笨拙的,自己在父母面前是讨厌的,致使孩子产生内疚感与失败感(所谓内疚感,就是认为自己做错了事情,做坏了事情),这种内疚感与失败感还会影响下一阶段的发展。

第四阶段　获得勤奋感而避免自卑感

从六岁到十一二岁是学龄初期。这是获得勤奋感避免自卑感阶段。学龄初期儿童的智力不断地得到发展,特别是逻辑思维能力发展迅速,他们提出的问题很广泛,而且有一定的深度。他们的能力也日益发展,参加的活动已经扩展到学校以外的社会。这时候,对他们影响最大的已经不是父母,而是同伴或邻居,尤其是学校中的教师。他们很关心物品的构造、用途与性质,对于工具技术也很感兴趣。这些方面如果能得到成人的支持、帮助与赞扬,则能进一步加强他们的勤奋感,使之进一步对这些方面发生兴趣。

埃里克森劝告做父母的人,不要把孩子的勤奋行为看作捣乱,否则孩子会形成自卑感,认为自己不如别人,应该鼓励孩子努力获得成功,努力完成任务,激发他们的勤奋感与竞争心,使之有信心获得好成绩;还要鼓励他们尽自己最大努力与周围人发生联系,进行社会交往,使他们相信自己是有能力的、聪明的,任何事情都能做得很好,即使是参加赛跑,也会认为自己是跑得很快的。总之,使他们怀有一种成就感。

第五阶段　获得同一感而克服同一性混乱

从十一二岁到十七八岁是青春期。这一阶段的核心问题是自我意识的确定和自我角色的形成。

"同一性"这一概念是埃里克森自我发展理论中的一个重要组成部分,它具有非常广泛的含义。它可以理解为社会与个人的统一,个体的主我与客我的统一,个体的历史性任务的认识与其主观愿望的统一;也可理解为对自己的过去、现在和将来,即在任何情况下都能够全面认识到意识与行动的主体是自己,或者说能抓住自己,亦即是"真正的自我",也可称为"核心的自我"。

青少年对周围世界有了新的观察与新的思考方法,他们经常考虑自己到底是怎样一个人,他们从别人对他的态度中,从自己扮演的各种社会角色中,逐渐认清了自己。此时,他们逐渐疏远了自己的父母,从对父母的依赖关系中解脱出来,而与同伴们建立了亲密的友谊,从而进一步认识自己,对自己的过去、现在、将来产生一种内在的连续之感,也认识到自己与他人在外表上与性格上的相同与差别,认识到自己的现在与未来在社会生活中的关系,这就是同一性,即心理社会同一感。

埃里克森认为,这种同一感可以帮助青少年了解自己以及了解自己与各种人、事、物的关系,以便能顺利地进入成年期,否则就会产生同一性的混乱。如:怀疑自我认识与他人对自己认识之间的一致性;做事情马虎,看不到努力工作与获得成就之间的关系。同一性混乱,还表现在对领导与被领导之间的共同点与差异看不清,要么持对立情绪,要么盲目顺从等。在两性问题上也会发生同一性的混乱,认识不到两性之间的同一与差异等。

第六阶段　获得亲密感而避免孤独感

从十七八岁至三十岁是成年早期。这是建立家庭生活的阶段,这是获得亲密感,避免孤独感阶段。亲密感,是人与人之间的亲密关系,包括友谊与爱情。亲密的社会意义,是个人能与他人同甘共苦、相互关怀。亲密感在危急情况下往往会发展为一种互相承担义务的感情,它是在共同完成任务的过程中建立起来的。如果一个人不能与他人分享快乐与痛苦,不能与他人进行思想情感的交流,不相互关心与帮助,就会陷入孤独寂寞的苦恼情境之中。

第七阶段　获得创造力感,避免"自我专注"

这是中年期与壮年期,是成家立业的阶段。这是获得创造力感,避免"自我专注"阶段。这一阶段有两种发展的可能性:一种可能是向积极方面发展,个人除关怀家庭成员外,还会扩展到关心社会上其他人,关心下一代以至子孙后代的幸福。他们在工作上勇于创造,追求事业的成功,而不仅是满足个人需要;另一种可能性是向消极方面发展,即所谓"自我专注",就是只顾自己以及自己家庭的幸福,而不顾他人的困难和痛苦,即使有创造,也完全是为了自己的利益。

第八阶段　获得完美感而避免失望感

这是老年期,亦即成熟期。这是获得完美感,避免失望感阶段。如果前面七个阶段积极的成分多于消极的成分,就会在老年期汇集成完美感,回顾一生觉得这一辈子过得很有价值,生活得很有意义。相反,如果消极成分多于积极成分,就会产生失望感,感到自己的一生失去了许多机会,走错了方向,想要重新开始又感到为时已晚,痛不胜痛,于是产生了一种绝望的感觉,精神萎靡不振,马马虎虎混日子。

埃里克森在分析每个阶段时,都提出一些积极的建议。例如,他认为,一个人不应该对任何人都信任,不信任感也有一点用处,有了不信任感后,对于外界的危险会有一种准备,对于外界不愉快的事情可有一种预期,否则一遇社会挫折就感到不可思议或束手无策,不利于自我的成长。但埃里克森认为,在人际关系中信任与不信任感要有一定的比例,信任感应该多于不信任感,以利于心理发展。

他还认为,自主感也不能无限制地发展,也必须有一定的怀疑感与羞耻感,如果过分相信自己,以后就不容易适应社会准则,变得独断孤行。埃里克森认为,自主感应强于怀疑感与羞耻感。儿童的勤奋感中也应该有一点失败的经验,以便今后能经受住挫折,但又不能过分地经常地遭受失败,经常失败就会产生自卑感。

以上是埃里克森自我发展的八个阶段,从中可以看到自我的形成与社会文化因素的关系,也可以看到自我与社会生活在个体人格发展中的作用。他的八个阶段是他临床经验的总结,尚缺乏严格的科学事实作依据,但比起弗洛伊德强调本能的生物学观点,其侧重了社会文化因素在自我意识形成与发展中的作用,他的理论有相对的合理性,在西方心理学界有相当大的影响。

有研究表明,埃里克森自我发展的八个阶段在具体的年龄段上的划分有些偏前,因此,其年龄的区分只具备大致的界限意义,而不能作为绝对的分界点来判断。如果我们看到自己所属的心理发展阶段小于自己的生理年龄时也不必沮丧。

第二节　大学生适应的心理偏差

【案例 2-2】

他们离我很远

小张去年以较高成绩被某高校录取。初入大学的小张,开始还很兴奋,结果一周后,就和室友因作息时间不同、很难谈得来等问题闹了几次不愉快。次数多了,小张和室友的关系渐渐紧张。只要没课,小张就回到黄石家中,往返于两市之间,有时，一周甚至能达到 3 次。小张的母亲称，开始只是认为孩子是初入大学不适应，时间长了就会好起来。可这个学期开学已近两周了，小张仍不愿去学校。

【案例 2-3】

歇口气是输了？

"熬过高三，感觉一身轻松，大学的环境也相对宽松。我是一个没有自制力的人，一下子就忘记了自己是学生。听高年级老乡说，大学课程不难，平时上课听听，最后一个月努把力就过去了。带着这样的心理，我平时上课经常不去，结果大一上学期就挂了两门，连高中最得意的数学也没及格。"

——某大学生自述

【案例 2-4】

不屑与同学为伍

某大学读大二的小张，高考时以优异的成绩考入大学，是以欢快的心情走入大学校园的。但是不久，他便发现自己已不是高中时期的"佼佼者"，在学校里他只是平凡的一员。慢慢地，他的优越感消失了，做什么事都不再充满自信，开始不合群，觉得什么都不可信、什么都没意思，甚至感到生活中缺乏安全感……中文系一同学说："我从小学就当班长，已经是 9 年的班长了，但是进了大学后，连个寝室长都没当上，我难道真比他们差吗？我是考试失误才进了这所不知名的大学，我本来是能考上复旦大学的。这里的学校比我想象的要差得多……"

【案例 2-5】

这不是我要的大学！

"我想象中的大学安静而美丽，鲜花盛开，绿树成荫，教室窗明几净，宿舍整洁宽敞；长发飘飘的漂亮女生穿着白色的裙子，抱着书，散步在绿荫小路上；帅气的男生骑着自行车潇洒地从我身边穿过，格子衬衣扬在他的身后；和蔼睿智的老先生在课堂上贯通中外、声情并茂地为我们讲课，我们听得如痴如醉……可是我还没有走进大学校门，就蔫了。我来报到的时候，学校正在整修，大门周围围着高高的架子和护栏，根本看不到校园是什么样子；我的宿舍破旧窄小，又没有空调。来到了这个很一般的学校已经很倒霉了，而且系是全校最差的一个系，宿舍楼是全校最破的一栋楼，班里没一个合得来的同学……""高中的时候，我们老师每天陪着我们学习、啃书本，一页课本我们用一周来嚼碎吃透，那过程我们学得多扎实。现在老师一节课讲几十页，下课就走人，没人叫我们去上课，更没人陪我们自习；马上要考试了，一周要考十几门，我都不知道怎么复习这么一大堆知识，我跟不上，我担心考不过。围绕着我的是陌生的人、陌生的事和陌生的感觉。我苦恼极了……"

大学新生在进入大学之后,往往由于自身过高的心理预期和社会比较的影响,对大学产生不切实际的期望,容易在接触真实大学的过程中体验到较大的心理落差,从而在生活环境、人际沟通、学习适应等方面产生诸多困惑。

一、生活环境不适应

进入大学后,新生面临的第一个巨大变化就是生活环境的转变。大学新生从父母身边来到他乡独立生活,在人地两生的新环境里,没有父母的呵护,事事都要自己安排,这对于缺乏独立生活能力的大学生来说是一个很大的挑战。依赖性与独立性的矛盾造成他们对旧生活方式的迷恋,对新生活方式难以适应,因而产生"独在异乡为异客"的孤独情绪,"每逢佳节倍思亲"的怀旧情绪和对陌生环境新生事物的紧张情绪等。这些负性情绪的长期影响会诱发他们的认知水平下降,出现习得性无助、自我意识障碍等心理问题。

另外,一些学生表现出不良的生活习惯,诸如睡懒觉、逛街、打牌、熬夜、沉迷于网络等,大部分时间都浪费在消遣活动中,对学习逐渐失去了兴趣。时间长了,很多学生几乎淡忘了在大学里还能干点其他更有意义的事情。

二、角色转换不适应

从一名中学生到一名大学生,是每个新生都面临着的角色转换以及自我重新定位。在这种角色转换的过程中,如果自身的行为不能随着角色的变化而变化,不能随着时间、环境的改变而进行相应的调整,就可能会出现角色的冲突,从而出现适应不良。

一般来说,考上大学的同学,在高中阶段都是学习的佼佼者。老师的青睐、同学的羡慕,使他们成为同龄人的中心,他们无形中可能会产生某种过高的自我评价。进入大学后,来自各地成绩优异的佼佼者汇集一堂,相比之下,很多新生发现自己显得比较平常,成绩比自己更优异的同学比比皆是。可以说,很多人是带着"过去的辉煌"来到了大学,当辉煌不再时,一些大学生会感到措手不及,无法接受理想自我和现实自我之间的巨大差距,一种失落感和自卑感便袭上心头。这种地位的变化越强烈,他们适应起来就越困难。有的新生由于往日盲目的自信和骄傲,此时便觉得自己落伍掉队,原有的优越感和自豪感变成了自卑感和焦虑感。这一转变很可能引发大学生对自己角色定位的困惑,精神上会出现失落感,自卑、抑郁、退缩等心理问题就常常会发生。

三、学习不适应

大学新生在第一年中遇到的最大的不适应,常常表现为学习方面的不适应。大学的学习与中学的学习在学习目的、学习内容、学习方式和学习要求上都存在差异。其具体表现为以下两种不适应:

(一)学习模式不适应

进入大学后,从前以教师为主导的教学模式变成了现在以学生为主导的自学模式。大学更强调启发性、研讨性、自学式教育,课堂讲授时间相对较少,覆盖内容相对较多,讲课速度快、跨度大。课堂讲授知识后,学生不仅要消化理解课堂上学习的内容,而且还要大量阅读相关方面的书籍和文献资料。没有预习、没有练习,更没有复习,一切全靠自觉。自学能力的高低成为影响学业成绩的重要因素。

承袭过去在高中阶段的学习方法,即使勤奋用功可能也难以获得能力的全面提高,这在大学新生中是相当普遍的现象。尤其对那些高中阶段的学习尖子来说,这种挫折可能会造成自信心的丧失,严重者导致心理疾病。许多新生入学后遇到的不适应首先就表现在学习安排上的不知所措,即不知如何安排课余时间,他们一方面抱怨课程太多,一方面又抱怨课后没事做,这实际上是他们不善于独立学习的一种表现。这种表现在近几年入校的独生子女身上显得尤为突出。具体而言,大学与高中学习模式的差异主要表现为:

1.教学内容由少而浅变为多而深

在中学阶段我们一般学习十门左右的课程,老师讲授的一般都是基础知识,而大学里每个学期学习内容不同而且内容多,大学一、二年级主要学习公共课程和基础课程,大学三年级主要学习专业知识和部分选修课,大学四年级主要学习专业课和毕业设计以及写毕业论文。

2.学习方法由监督学习变为自主学习

中学是跟着老师走,一切听老师指挥,老师"手拉手"教学生。高中时学习几乎都是在老师的严格要求之下进行的,上晚自习老师也会在旁陪伴为同学们答疑,如果考试没考好或者思想上开小差等情况出现,高中老师几乎都会找自己谈话然后再引导自己改正。而大学提倡学生自主学习,课外实践自己安排,由"要我学"向"我要学"转变,提倡生动活泼学习,提倡勤于思考。大学的班主任也许从开始到毕业最多就见个十几面,大学上每堂课几乎都是上百名同学一起听课,自己给任课老师留下印象也比较难,任何的学习也都是靠自己自觉。

从上课形式来看,学生没有固定的教室,也没有固定的座位,除极少数课程之外,也不会有老师考勤或点名,一切全凭自觉。这种高度的自觉性课堂,甚至成就了某些学生整整一个学期因为睡懒觉而从不上早课的"光辉奇迹"。麦可思研究院对部分院校 2012 级新生的调查显示,近三成新生发生过翘课或缺课行为(其中,包括由于生病等原因的缺课),其中,本科新生为 33%,高职高专新生为 22%。数据显示,仅有 34% 的本科新生和 51% 的高职高专新生表示会一直专心上课。12% 的高职高专新生偶尔专心上课。有 12% 的本科生和 7% 的高职高专生从不和教师讨论课程或作业上的问题。2012 级大学新生每周用在个人娱乐上的时间为 12 小时。其中,一半以上的新生每周娱乐时间在 6~15 小时之间,有 4.5% 的本科新生和6.2%的高职高专新生每周花 26～30 小时在娱乐上。

3.授课速度由多讲解到少讲解、多思考多讨论

大学教师讲课介绍思路多,详细讲解少,主要是讲授重点和难点内容,一节课可能讲一章或几章的内容,抽象理论多、直观内容少。

4.学习任务由考大学到学习知识掌握技能

大学以培养各类高级专门人才为目标,既要学习专业知识又要掌握专门技能,要学会应用知识去解决问题。

5.学习目标不同

大学阶段学习与就业挂钩,主要实行学分制,该学什么、如何安排时间,可根据个人特点有所侧重,大学的学习方式对学生的自主意识要求很强,所以要明确学习目标不同。

（二）学习动力不足

学习动力不足则是另一种学习不适应。其既可能是大学新生不适应学习模式导致的消极结果,也可能是从高中进入大学之后渴望休养生息,逃避高中那种高压生活所产生的短期效应。具体而言,造成大学新生学习动力不足的主要原因来自三个方面:

1.上大学前后的"动机落差"

在高中阶段,学生以考上大学为唯一的学习目标,一旦目标实现,容易产生松懈心理,希望在大学里好好享乐一番,没有及时树立起进一步的学习目标,造成了考上大学前后的"动机落差"。此外,高中阶段许多学生兴趣狭窄,爱好很少,一门心思考大学,没有形成特长。一旦进入大学,就迫切地想发展自己的爱好特长,把主要精力放在"玩这玩那"上,而对学习逐渐失去了兴趣。

2.自我控制能力较差,容易受别人影响

大学新生一般自我控制能力较差,容易受别人的影响,有时会有意无意模仿高年级学生的做法,诸如"他们玩我也玩""他们谈恋爱我也谈恋爱",久而久之便失去了自控能力。有的大学生经受不住暂时失败的考验,因为一次考试成绩落后就一蹶不振。

3.缺乏远大的理想,没有树立正确的人生观

这是大学新生学习动力不足的深层原因,只有明确了"为什么活着""为什么上大学"等根本问题,学习动力的不足才可能得以根除。

无论是学习模式不适应,还是学习动力不足,其结果往往是消极的,对大学新生的身体健康和心理健康都会造成不良的后果,其情绪上长时间处于压抑状态,其行为则呈现出消极应对、回避学习乃至于逃避学习的特点。腾讯网在 2013 年做了一个网络专题,集中对大学生逃课的现象进行了分析和讨论。

【阅读材料 2-3】

大学生的逃课时代

外经贸大学 13 日公布的一项对 550 名大学生的调查显示,72.6%的学生认为"逃掉没有兴趣的课,去参加有兴趣的学生活动或讲座"不算违纪行为。数据显示,近一半的学生一学期逃课 2~3 次,18.0%的学生逃课在 5 次以上。莘莘学子逃课,早已不是个别现象了。在 10 年前,笔者读大学的时候,逃课在各大高校已经是蔚然成风了。

如今,大学更是进入逃课时代,这到底是谁的悲哀?

(资料来源:腾讯网,http://edu.qq.com/week/bbs_zk68.shtml)

四、人际关系不适应

处于青春期的大学生,有着强烈的自尊、认同和归属的需要,非常渴望从朋友处获得感情的共鸣,但往往由于青春期的闭锁心理,当他们与大学里的新同学接触时,总习惯拿高中时的好友为标准来加以衡量。由于心理上有对老朋友的依赖,常常会觉得新面孔不太合意,因此他们宁愿采取被动接受的态度,从而阻碍了同学间的沟通和交流。此外,由于班级和宿舍里的同学分别来自不同的地域和不同的家庭,他们在思想观念、价值标准、生活方式、生活习惯等方面都存在着明显的差异,在遇到实际问题的时候往往容易发生冲突。因此,对大学生来讲,建立新的人际关系不仅是环境要求,也是个体逐渐走向成熟和向成人转化的必要条件。这就要求他们不仅要清楚认识到新的人际关系的特点,还要逐渐掌握各种处理人际关系的技巧,从而使他们在从原先较为简单的人际关系向较为复杂的人际关系过渡的过程中,更好地适应。从这个意义上讲,大学生应逐渐摆脱以自我为中心的思维方式,逐渐学会设身处地为别人着想,并在此基础上建立起独立、协调的新的人际关系。

第三节 大学生心理适应的心理辅导

一、大学与高中的不同

辅导目标:通过结合自身,清晰地认识到从高中到大学的变化以及随之而来的不适应。通过小组成员的交流,发现问题的普遍性,从而降低不适应所带来的焦虑。

课前准备:打印"高中与大学环境的不同与容易造成的适应不良"表格。

活动过程:

(1)以小组为单位填写表 2-2:结合自己谈谈大学与高中有什么不同,自己容易产生哪些心理不适应。

表 2-2　高中与大学环境的不同与容易造成的适应不良

	大学	高中	心理不适应
生活方面			
学习方面			
管理制度			
人际关系			

（2）以小组为单位汇报并总结。

二、团体活动:松鼠搬家

辅导目标:通过辅导活动,让大学生感受到变化的压力,并从中体验不同适应的结果。

课前准备:教师对游戏的三种角色"大树""松鼠""樵夫"进行介绍,并对游戏规则进行讲解。在教室里腾出足够的空间,以便游戏能够顺利进行。

活动过程:

（1）参与者每三人一组,其中两人双手举起对撑搭成一个"小木屋",另一个扮"小松鼠",蹲在"小木屋"里。

（2）根据主持人的口令进行变化,如:

"松鼠搬家"——"小松鼠"迅速调换到其他的"小木屋"里。

"樵夫砍柴"——搭建"小木屋"的两个人分开,迅速寻找新的"樵夫"搭建新的"小木屋"。

"森林大火"——"小松鼠"可以变成"樵夫","樵夫"可以变成"小松鼠"。

（3）本活动是人越多越好,游戏过程中出现无家可归的"小松鼠"和没有"小松鼠"的"小木屋"均淘汰。

（4）集体分享交流活动后的感悟和受到的启示。

三、动漫:谁动了我的奶酪

（1）集体欣赏动画片《谁动了我的奶酪》(Who Moved My Cheese)。

（2）介绍动画片中的主要角色。

《谁动了我的奶酪》是个简单的寓言故事,内容揭示了人生中有关变化且寓意深长的真理。这是个有趣且能启蒙智慧的故事,主要描绘了四个住在"迷宫"里的人物,他们竭尽所能地寻找能滋养他们身心、使他们快乐的"奶酪"的过程。

这四个小人物中,有两只是老鼠,名叫"嗅嗅"和"匆匆";其他两位则是身体大小和老鼠差不多的小人,名叫"唧唧"和"哼哼",而且这两个小人的外形与行为和现今的人类差不多。

（3）分组讨论:四个角色分别代表了什么?奶酪、迷宫又代表了什么?从它们身上你想到了如何过好自己的大学生活?

（4）在故事里,这些人物面临突如其来的变化。最后,他们之中有一个成功地对这些变化做出适当的应变,并在迷宫的墙上写下他改变自己的心路历程及从中所得到的经验。当你看到墙上那些标语时,你就能自己找出处理变化的方法,了解了这些方法,你就不会感到太多压力,并且能够在生活或工作中得到更多的成就感（不管你怎么定义这些成就感和压力）。这部动画片所取材的原著作品适合任何年龄层,而且阅读这故事花费不到一小时的时间,但其中独特的真知灼见却能对你产生一辈子的影响和帮助。

四、讨论:让生命化蛹为蝶

一个小孩,相貌丑陋,说话口吃,而且因为疾病导致左脸局部麻痹,嘴角畸形,讲话时嘴巴总是歪向一边,还有一只耳朵失聪。

为了矫正自己的口吃,孩子模仿古代一位有名的演说家,嘴里含着小石子讲话。看着嘴巴和舌头被石子磨烂的儿子,母亲心疼地抱着他流着眼泪说:"不要练了,妈妈一辈子陪着你。"懂事的他替妈妈擦着眼泪说:"妈妈,书上说,每一只漂亮的蝴蝶,都是自己冲破束缚它的茧之后才变成的。我要做一只美丽的蝴蝶。"

后来,他能流利地讲话了。因为勤奋和善良,他中学毕业时,不仅取得了优异成绩,还获得了良好的人缘。

1993年10月,他参加总理大选。对手利用电视广告夸张他的脸部缺陷,然后写上这样的广告词:"你要这样的人来当你的总理吗?"这种带有人格侮辱的攻击招致大部分选民的愤怒和谴责。他的成长经历被人们知道后,赢得了极大的同情和尊敬,他说的"我要带领国家和人民成为一只美丽的蝴蝶"的竞选口号,使他以高票当选为总理,并在1997年连任,人们亲切地称他为"蝴蝶总理"。他就是加拿大第一位连任两届的总理让·克雷蒂安。

讨论:如何善待自己的缺点,甚至把它变成自己的独特性?

五、寓言:做一棵永远成长的苹果树

一棵苹果树,终于结果了。第一年,它结了10个苹果,9个被拿走,自己得到1个。对此,苹果树愤愤不平,于是自断经脉,拒绝成长。第二年,它结了5个苹果,4

个被拿走,自己得到 1 个。"哈哈,去年我得到了 10％,今年得到 20％! 翻了一番。"这棵苹果树心理平衡了。但是,它还可以这样:继续成长。譬如,第二年,它结了 100 个果子,被拿走 90 个,自己得到 10 个。很可能,它被拿走 99 个,自己得到 1 个。但没关系,它还可以继续成长,第三年结 1000 个果子……其实,得到多少果子不是最重要的。最重要的是,苹果树在成长! 等苹果树长成参天大树的时候,那些曾阻碍它成长的力量都会微弱到可以忽略。真的,不要太在乎果子,成长是最重要的。

讨论:如何在与别人的比较中获得平衡? 如何才能做到和而不同?

【本章思考题】

1. 结合生活实际,谈一谈对变化与适应这一主题的理解。
2. 结合生活实际,阐述大学与高中的主要差异。
3. 简述角色理论的基本内涵与关键概念。
4. 简述埃里克森的自我发展阶段论。
5. 结合生活实际,阐述大学生适应的心理偏差和原因。

第三章　自我意识与调适

【案例3-1】

　　吴某,男,大二学生。吴某来自偏远的山区,父母都是农民,家境贫寒,中学时他刻苦努力,成绩拔尖,深受老师的器重和同学的喜爱。考上大学后,他对大学充满了憧憬和向往,以为自己只要努力,就可以闯出一番自己的天地,结果事与愿违。以前因为自己学习成绩好,老师和同学都很喜欢自己,自己也似乎忽视了家庭的贫困。但进入大学后,吴某把自己与周围众多来自城市的同学加以比较,发现自己在许多方面与他们差距悬殊。例如,城市的同学英语基础较好,而他的口语和听力很差,学习英语很吃力。城市的同学知识丰富、见多识广,甚至都到过不少国家,可以讲出许多国家的风土人情,而他对这些几乎一无所知。许多同学善于交际,与许多人都能交朋友,而他不善交际,与别人交往很少,感到很孤独。不少同学多才多艺,会弹琴、唱歌、画画等,而他除了学习没有一样兴趣爱好。最让他烦心的是,为了他上大学,家里负债累累,自己与同学们在经济上和生活消费上的差距就更加明显了。原以为到了大城市,会有很多机会,可以通过打工来补贴自己,但实际上很难。曾想了许多办法来提升自己的素质(比如参加社团、看书、看展览会、考证书等),但实施之后,往往都是半途而废,从而感到自己脱离不了贫穷,不可能光宗耀祖。因此,吴某认为自己永远无法与别人相比,在很多方面都对自己不满意,无论自己怎么努力也难以获得成功,他陷入了极度的自卑,心情也极度抑郁,做什么事情都提不起劲头,不仅不想念书,而且也不想与人交流,常常一个人独来独往。

　　在中学学习时,许多学生对自我的认识主要来源于考试成绩,像小吴一样,因为学习成绩优异而获得老师和同学的器重和好评,他们会很自信。但进入大学以后,对大学生的评价开始多元化,对自我的评价不仅仅来源于学习成绩,更多的来源于大学生的日常生活能力、人际交往能力、班级管理能力、为人处事能力等诸多方面,而一些大学生会像小吴一样,在上述能力中表现出各种各样的困难后,对自我产生"我不行"的片面认识,严重的自卑感导致他们处处采用逃避的方式,心理越来越封闭,从而影响了心理健康。因此,对大学生来说,学会全面而客观地认识自我和接纳自我非常重要,这是一个人成长成才和发展的必备条件。

第一节 自我意识概述

一、自我意识的内涵

每一个人都有一个自我,自我是一个由多种成分构成的动力系统,它具有两个特征:一是区别于他人的"分离感",即意识到自己作为一个独立的个体,在身体、情感和认知方面都具有自身的独特性。二是跨时间、跨空间的"稳定的同一感",即一个人知道自己是长期持续存在的,不随环境及自身的变化而否认自己是同一个人。

自我意识是对自己身心活动的觉察,即自己对自己的认识,具体包括认识自己的生理状况(如身高、体重、体态等)、心理特征(如兴趣、能力、气质、性格等)以及自己与他人的关系(如自己与周围人相处的关系,自己在集体中的位置与作用等)。自我意识是人对自己身心状态及对自己同客观世界的关系的意识。自我意识包括三个层次:一是对自己及其状态的认识;二是对自己肢体活动状态的认识;三是对自己思维、情感、意志等心理活动的认识。自我意识不仅是人脑对主体自身的意识与反映,而且人的发展离不开周围环境,特别是人与人之间关系的制约和影响,所以自我意识也反映人与周围现实之间的关系。

(一)自我意识的特点

自我意识具有意识性、社会性、能动性、同一性等特点。

1. 意识性

意识性是指个体对自己以及自己与周围世界的关系有着清晰、明确的理解和自觉的态度,而不是无意识或潜意识。这种自我意识是主体我对客体我的一切主观能动的反映。

2. 社会性

自我意识是个体长期社会化的产物。这不仅因为它是在社会实践中产生的,而且因为它的主要内容是个体社会属性的反映。对自我本质的意识,不是意识到个体的生理特性,而是意识到个体的社会特性,意识到个体的社会角色,意识到个体在一定的社会关系和人际关系中的地位和作用,这是自我意识发展到成熟的重要标志。

3. 能动性

自我意识的能动性不仅表现在个体能根据社会或他人的评价、态度和自己实践所反馈的信息来形成自我意识,而且还能根据自我意识调控自己的心理和行为。

4.同一性

心理学研究表明,自我意识一般需要经过 20 多年的发展,直到青年中后期才能形成比较稳定、成熟的自我意识。虽然这种自我意识有可能因个体实践的成败和他人评价的改变而发生变化,但到青年期以后,个体会对自己的基本认识和态度保持同一性。正因为自我意识的同一性,才会使个体表现出前后一致的心理面貌,从而使自己与其他人的个性区别开来。

(二)自我意识的作用

自我意识是一个人对自己的认识和评价,包括对自己心理倾向性、个性心理特征和心理过程的认识与评价。正是由于人具有自我意识,才能使人对自己的思想和行为进行自我控制和调节,使自己形成完整的个性。自我意识在个体发展中有十分重要的作用。

首先,自我意识是认识外界客观事物的条件。一个人如果还不知道自己,也无法把自己与周围相区别时,他就不可能认识外界客观事物。其次,自我意识是人的自觉性、自控力的前提,对自我教育有推动作用。人只有意识到自己是谁,应该做什么后,才会自觉自律地去行动。一个人意识到自己的长处和不足,有助于他发扬优点,克服缺点,取得自我教育的积极效果。再次,自我意识是改造自身主观因素的途径,它使人能不断地自我监督、自我修养、自我完善。可见,自我意识影响着人的道德判断和个性的形成,尤其对个性倾向性的形成更为重要。自我意识的发展本质特征在于能够使人更为主动、积极地调节自己。

二、自我意识的心理成分

自我意识其实不仅仅是对自我的认识,在认识的过程中还伴随着情绪、情感上的体验,同时根据对自己现状的认识和评价、感受,为自己怎样改变这种状态做出某种设想或选择。我国心理学者认为,自我意识是由知、情、意三方面统一构成的高级反映形式,即自我意识包括自我认识、自我情感体验和自我控制。

(一)自我认识

自我认识是自我意识的认知成分,它是自我情感体验和自我控制产生的基础,因而也是自我意识最重要和核心的成分。

自我认识是主观自我对客观自我的认识与评价,是指一个人对自我某种状态或总体情况的觉察和评价,包括自我觉察和自我评价。自我觉察是指对自我的某种状态有觉察或知觉,即我知道我在做什么,我意识到我在干什么;自我评价是紧随其后的,即对自我的这种状态的品质或意义的评价。如果只是对自我的某种知觉,那就仅仅停留在对现象的认识上,还不等于真正认识了自我。比方说,我知道我正在做一件事,仅停留在这一步是不行的,我做的这件事是对的还是错的?是好事还是坏事?是有意义的还是无意义的?一个人只有进行了这样的评价,才能知道这个行为的品质和意义。通过对自我某一行为的觉察和评价，一个人对自我的某种心理或行为特征就有了一定的认识。

美国心理学家威廉·詹姆斯提出自我认识的对象包括三方面：物质自我、社会自我、心理自我。物质自我是指个体的生理特征，如年龄、身高、体重、外貌、体格等，例如有人说"我是一个漂亮的人"就是对物质自我的认识；社会自我是指个体在群体中的地位、角色，以及与他人的关系等，如有人说"我是一个受欢迎的人"就是对社会自我的认识；心理自我指个体的智力、情绪、性格、气质、兴趣爱好、价值观和人生观等，如有人说"我是一个情绪稳定的人"就是对心理自我的认识。实际上，自我认识的重点应该是认识自己的内在品质，即心理自我，至于心理和行为的种种活动与表现，只不过是借以认识现象背后的品质的媒介物。通过对自我的反复观察和评价，这些品质会日益清晰地反映在我们的意识中，我们对自我的认识就日益具体和完整。

一个人的自我认识是否全面、正确，对一个人的生活和发展有着十分重要的意义。一个人如果看不到自己的价值，就会对自我失去信心，产生自卑，一方面失去生活的力量，另一方面，一旦遇到失败和挫折，就会一蹶不振。如果一个人只看到自己的长处，看不到自己的缺点和弱点，就会盲目自信，夸大自我，目空一切。因此只有全面、正确地认识自己，才能保证一个人的人格健全良好地发展。

1. 自我评价的途径

自我评价是自我意识发展的主要成分和主要标志，是在认识自己的行为和活动的基础上产生的。自我评价主要通过"自我比较"和"社会比较"两个途径来实现。

（1）自我比较

所谓自我比较，就是把现在的自我和过去的自我、所追求的将来的自我（理想的自我）相互间进行比较。如果三者基本一致，个体就会肯定现在的自我，对自我是满意的，并产生自信和自尊。如果对过去的自我不满意，或者觉得现在的自我与将来的自我有较大的差距，那么自我就会产生不平衡感，对现在的自我就会持否定态度，个体的自信心会动摇，自尊心也会受到伤害。

对这种自我比较，美国心理学家威廉·詹姆斯提出了一个公式：自尊＝成就/追求。公式中的"自尊"可以看作自我对现在的自我的态度，"成就"是过去活动的结果，因而标志着过去的自我，"追求"即自我为自己设定的目标，因而标志着将来的自我。詹姆斯的这个公式，概括了过去的自我、现在的自我、将来的自我三者的关系。如果已取得的"成就"与"追求"的目标一致，甚至高于"追求"，商就会较大，标志着现在的自我充满自信，"自尊感"就较强。反之，如果"成就"低于自我设定的"追求"的目标，自信心和自尊感都会降低，并对现在的自我产生不满意的感觉。

从这个公式中可以看到，一个人过去所取得的成功或失败对个人的自我评价有着重要的影响,并通过此评价影响到对整个自我的态度。同时也表明,一个人追求的目标越超过过去所取得的成绩,那么对现在的自我就越不满意,心理上的不平衡就越厉害。因此,为自己设定恰当的目标就显得十分重要。当然,如果把目标定得很低,不费吹灰之力就能达到,那对个体来讲也是毫无意义的。可是如果把目标定得太高,超过自己的能力或实际条件,结果即使付出巨大的努力也无法达到,这不仅会使行动招致失败,更重要的是会给自我带来打击和创伤。现实生活中有不少学生就是因为脱离实际条件,为自己定出过高的目标,对自己提出不切实际的期望,从而造成自己许多精神上的折磨和痛苦。如有些高中的学霸,到了大学,为自己设定的目标也是非拿第一第二不可,而一旦不能如愿,就痛苦得不得了,殊不知环境改变了,各方面的条件都发生了变化,需要大学生对自我重新评价和衡量,并及时修正自我的目标和期望值,使其变得更为符合实际,这样才不至于对自我丧失信心。

(2)社会比较

美国社会心理学家 L.菲斯汀格提出了"社会比较理论"。他认为,个体对于自己的价值是通过与他人的能力和条件的比较而实现的,是一个社会化过程。菲斯汀格指出,个体为了适应生活必须十分清楚地了解自己及周围环境的情况,如果对自我不了解,就会产生不安与焦虑,甚至会发生紧张,不知道应该怎样表现自己,尤其是当个体处于一个新的环境,很想了解自己的能力在群体中占什么地位,发生什么作用时,社会比较就显得更为迫切。

社会比较常常是在无意识中进行的。人们有一种心理倾向,总是不由自主地用别人的形象或某种特点来衡量自己,并据此对自己做出某种评价,或是因自己优于别人而沾沾自喜,或是因自己不如别人而自惭形秽。在美国曾有人做过这样一个实验:先请一些想谋求职业的人就指定的几个品质进行自我评价,然后把这些人分为两组,在两组求职者面前各出现一位先生。在一组中出现的是一位衣着考究、神态自信、温文尔雅、手提公文包的人(叫他"干净先生");在另一组中出现的是落魄潦倒、畏畏缩缩、衣着肮脏的人(叫他"肮脏先生")。两个人假装来办事,等两位先生走了之后,主试又让两组被试对自己的上述品质重新评价。结果,见过"干净先生"的那组人的自我评价相比第一次评价都降低了,而见过"肮脏先生"的那组人的自我评价相比第一次评价都提高了。这个实验不仅证实了社会比较往往是无意识地进行的,而且也说明社会比较在形成和改变个体的自我认识中的重要作用。

社会比较理论认为,当个体发现自己对自己的评价和类似于自己条件的他人对自己的评价一致时,就加强了自我评价的信心,大大提高了安全感;相反,如果发现和这些人对自己的评价差距很大时,就会使自己的意见受到极大的威胁。

社会心理学研究表明,如果对自己的某种看法和评价来自一个自己所崇敬的有权威的人物,那么他的意见极可能改变该个体对自我的看法,转而采取权威的那种看法;如果许多人众口一词地都确认一个人有某种优点或缺点,尽管这种评价与他原来的自我认识不尽一致,他也会转变自我认识而承认自己有那个特点;如果在自己是否具有某种特点或品质的问题上,别人的看法和自己的看法相差太大,或完全相反,此时,一个人很可能坚持自己对自己的看法,否定别人可能是正确的意见。因为相差太大甚至完全相反的看法会威胁到一个人自我认识的稳定和统一,威胁到他的自尊心,破坏他心中所珍爱的自我形象,因此他要用否定别人的看法来自我防御。如有些大学生听到老师指出自己的某个缺点时,他们常常会矢口否认,甚至认为是"鸡蛋里头挑骨头",故意打击自己,不但要为自己辩护,有时还会与老师激烈地争吵。这种情况常常是出于自我防御心理。因此,为了增强安全感,个体在进行社会比较时,为了显示自己的能力优异,他们往往和比自己更差的人相比较,从而提高自己的地位,使自己安下心来,产生所谓"比上不足,比下有余"的自我安慰心理。如我们常常看到大学生因成绩不佳受到父母批评时,他们往往用"某某人比我考得还差呢"来回敬父母。

在社会比较中,一定的社会背景会影响人们对自我某种特征的知觉(这个社会背景或是人们认为的正常的标准,或是社会环境中大多数人都具有的某种品质),在这种背景下,人们对自己与众不同之处最易觉察到。例如,让一群大学生自由地描述自己的身体特征时发现:中等身材的大学生中提到身高的只有17.0%,而那些较高的和较矮的学生中,却有27.0%的人提到自己的身高。同样,在中等胖瘦的学生中提到自己体重的人只有6.0%,瘦学生提到自己瘦的却有13.0%,胖学生中说到自己胖的更多达22.0%。在自我描述中,那些身体有某种缺陷的人,总是比没有缺陷的人更明显地认识到自己的这些特点,而且在思想上也更重视它,时时刻刻意识到自己与众不同。以上例子说明,在一定的社会背景中自己的某种特点和品质如果与背景之间存在差距,显示出与众不同,心中的社会比较就会积极活跃起来。

2.影响自我认识的因素

发展心理学研究认为,影响个体自我认识的因素主要有两个方面:一是社会交往;二是个体的认知能力和社会认知发展水平。

个体的自我认识是在社会交往中形成和发展的。在社会交往过程中,个体通过他人的评价逐渐认识自己,自我概念不断得到发展。强调社会交往在个体自我意识中的作用的是社会心理学家C.库利和G.米德的"镜我理论"。他们认为,个体自我认识的过程是通过镜映形成"镜像自我"的过程,即个体把他人当作一面镜子,通过他人对自己的表情、评价和态度等来了解和界定自己,评价自我。他们认为,个体通过来自他人的反应性评价发展了一个"自我概念",包括三方面内容:一是对自己呈现给他人的形象的想象;二是对他人关于自己的评价的想象;三是自我情感。只有通过社会交往,个体才能发展固定的关于自己和他人的观点,米德认为"自我只存在于一定的与他人的相互关系中"。

社会交往不仅通过重要人物影响个体自我概念的发展,而且对个体的自我整合过程也有着重要的作用。由于个体自我认知能力的不断发展及其生活环境的逐渐复杂化，个体的自我需求、角色责任、社会期望间会存在许多的不一致，另外，社会的不同方面对个体评价的标准的差异也会引起他们自我评价的矛盾，如有的学生说，"我说不清自己是否勇敢，有时候，我觉得自己很勇敢，有时候又觉得自己很懦弱"，"有时我好像很聪明能干，有时我又会笨得要命"。他们的自我评价常常会出现诸如此类的自我矛盾，在相反的品质之间摇摆。他们一方面将意识的焦点转向内部，对自我发生浓厚的兴趣；另一方面，对他人的态度敏感化，关心他人对自己的评价，在形成自我评价过程中更依赖他人的评价。这时候社会交往的成功，良好的社会关系的建立，对自我的重新认识会产生深远的影响。只有通过与他人的充分交往，个体的观点才可能与他人的观点发生交流，个体才能获得丰富、可靠的信息，并将这些信息协调起来，构成一个统一的自我。假如个体与他人形成了交往障碍，则只能依靠片断的模糊的信息来形成自我评价，那么这种自我评价就很主观、片面。个体如果不能在交往中与他人交流这些评价，而自身又过度地同化了那些个别的片面的他人评价，就会导致或过高评价自我，或过低评价自我的结果。

个体认知能力的发展与自我认识的发展存在着一定关系：认知发展是自我发展的前提，认知发展为自我发展提供了可能，只有在一定的认知能力形成之后，相应的自我认识才会出现。每一阶段自我认识的特点及局限性总是与那一时期个体的思维水平相联系，反映了相应的认知特点，而个体认知能力的进一步提高，则又为新的自我认识的形成创造了条件。

（二）自我情感体验

自我情感体验是自我意识的情感成分，是主观的我对客观的我所持有的一种态度，如自信、自卑、自尊、自满、内疚、羞耻等都是自我情感体验。如自尊是个体在社会比较过程中所获得的有关自我价值的积极的评价与体验。自信是对自己的能力适合所承担的任务而产生的自我满意。自我情感体验往往与自我认知、自我评价紧密联系，也和自己对社会的规范、价值标准的认识有关。同时，良好的自我情感体验有助于自我控制的发展。

（三）自我控制

自我控制是自我意识的意志成分。自我控制主要表现为个人对自己的行为、活动和态度的调控，它包括自我检查、自我监督、自我调节等。自我检查是主体在头脑中将自己的活动结果与活动目的加以比较、对照的过程。自我监督是一个人以其良心或内在的行为准则对自己的言行实行监督的过程。自我调节是主体对自身心理与行为的主动的掌控。自我控制是自我意识中直接作用于个体行为的环节，它是一个人自我教育、自我发展的重要机制，自我控制的实现是自我意识的能动性质的表现。自我意识的控制作用体现于对自身心理活动和外部言行的两种相反相成的作用：发动和制止，即从一定的动机出发，发动起有利于达到目的的心理活动或言行，制止那些不利于实现目的的心理活动或行为反应。如一个大学生发现自己说话太随便,常常无意中得罪人,为了改变自己这种不良的人际关系,他以后就努力控制自己,说话谨慎起来,尽可能不讲伤人自尊的话等。

三、自我意识的产生与发展

(一)自我意识的产生

对于刚刚出生的婴儿而言,他们不知道"我是谁",也没有自我感觉与自我的概念,他们就如蛋壳中的小鸡,不能把自己与周围环境区别开来,他们吮吸自己的小手指就像吮吸别的物体一样,根本不知道这手指就是自己身体的一部分。当儿童长到二三岁时,知道用"我"来称呼自己的时候,自我意识就产生了。此时,儿童意识到自我,意味着意识到自身的力量和能力,他们处处喜欢"我自己来",是想试试自己的能力,可他们常常力不从心,又加上父母的不理解和阻拦,惹得他们只好发脾气来宣泄心中的不满。这是儿童第一次因关注自我,要求独立而表现出对成人的反抗,在心理学中称此阶段为"第一心理反抗期"。

当儿童进入小学后,他们一下子感到与以前的幼儿园有很大的不同:首先是他们要经历以前没有过的考试,每一次的考试成绩包括每一天的作业成绩,都是老师对他们学习情况的评价;在与同学的交往过程中,小学生不断地在问一个问题:我是一个受别人欢迎的人吗? 这一切迫使小学生越来越关注自我在别人眼里的形象和地位,于是他们开始关注老师、父母、同伴等别人对自我的评价,从别人对自己的评价中慢慢学会自我评价。但一直到青春期这段时期,儿童对自我的认识只局限于生理的自我、自我的外部特征,对自我的认识还较为薄弱、不稳定、粗略和笼统。

(二)自我意识的突变

进入青春期以后,由于生理的原因、心理的原因和社会的原因,青少年自我意识进入突变期。

身体的迅速发育和性成熟给青少年带来了巨大的影响。从外表看,青少年的身高、体重都急剧增加。女生不仅外形发生极大的变化,而且内分泌系统也发生很大的变化,生殖系统的内分泌腺体急速增长并具有了分泌功能,特别是性腺激素的增加,使女生的外表发生了变化:乳房隆起,初潮出现,皮下脂肪增厚,体形开始变得浑圆丰满。男生身上的性成熟,可以看到性器官发育的开始,以及声音变化、阴毛和胡须的出现,胸部和肩膀逐渐宽厚,渐渐成为男子汉的体形。青少年生理上这些急剧变化使他们开始意识到自己不再是小孩子了,内心出现了"成人感":要求自己和成人把自己当作成人来看待,以成人的标准来要求自己,同时也要享受成人的权利。青少年表现为要求独立,其自尊心、自信心都增强,对长辈的依赖性渐渐减弱。

在身体迅速发育的同时,青少年获得了一种新的思维能力,即一种能够对自己的心理过程、内心活动加以分析、评定的思维能力,称为反省思维。有了这种反省思维能力,青少年就可以把自身作为思考的对象,把自己的心理活动清晰地呈现在思维的屏幕上,按照内化了的社会化标准,像分解每个具体动作那样审视自己的个性特点、道德品行和情绪状态等。

随着身心的发展,青少年又进入了高一级学校,在家里、在学校其地位发生了变化,虽然父母和教师还没有把儿童完全当成人看待,但也不再把他们当小孩子了,对他们提出了更高的要求。同时,青少年又面临着许许多多有待他们选择的社会问题,这一切都使青少年不得不正视自己,了解自己。引起青少年认识、发现自我的另一个社会因素,是他们有小群体归属感,即他们有一种归属于某一个小群体的愿望,希望得到小群体的尊重、承认。他们不断地调整自己与同龄人的关系,以便在群体中获得一定的地位,受到同伴的尊重。他们的目光大多数时候集中在自己身上,注重自己在别人眼里的形象,和同伴在一起时,也常常让别人谈谈对他的看法,从中了解别人对自己的评价。也常聚在一起议论别人,喜欢注意和评论别人的个性特征,而且自觉不自觉地把自己和同伴进行比较,以增强对自我的认识。

(三)自我意识的成熟

大学生时期是自我意识迅速发展并趋向成熟的阶段。一般来讲,大学生自我意识的发展,经历了一个特别明显的、典型的分化、对立和统一的过程。

大学生自我意识的发展,是从自我明显的分化开始的,原来那个稳定而笼统的"我"被打破了,明显地出现了两个"我":一个是主体的"我",即作为观察者的我;另一个是客体的"我",即作为被观察者的我。自我的明显分化,使大学生主动、迅速地对自己的内心世界和行为,具有了新的意识,开始意识到自己那些从来没有被注意到的"我"的许多方面和细节。于是,自我的内心活动复杂化了,自我沉思、自我反省的时候显著增多。大学生开始关注自己在别人心目中的形象,开始设想自己应该成为怎样一个人,开始揣摩自己的心理活动、性格特点。他们希望有一片属于自己的天地,可以静静地思考人生;渴望有一位知心好友,可以倾诉自己的心事;期望有一位可以依赖的朋友,可以探讨怎样待人接物,如何为人处世。自我意识的分化使大学生能够经常地进行自我观察、自我分析、自我评价、自我监督。

自我明显的分化,导致自我矛盾冲突的加剧,即主体"我"与客体"我"的矛盾斗争,理想的自我与现实的自我的矛盾斗争的加剧。两个"我"不能统一,自我形象便不能确立,自我概念也不能形成。于是大学生表现出明显的内心冲突,甚至有一定的内心痛苦和激烈的不安感。他们对自我的评价常常是矛盾的,对自我的态度常常是被动的,对自我的控制常常是不自觉、不果断的。他们可能或只看到自己的这一方面,或又只看到自己的另一方面;有时能较客观地评价自己,有时又不能这样做;时而肯定自己,时而又怀疑和否定自己;时而感到自己是行的,时而又感到自己无能;等等。

大学生的自我经过一段矛盾冲突,在新的水平和方向上达到协调一致,即自我统合。自我统合包括主体"我"与客体"我"的统合,理想"我"与现实"我"的统合,自我认识、自我体验与自我控制的统合,自我与外部世界的统合。大学生时期个体获得自我统合的途径包括:努力改善现实自我,使之逐渐接近理想自我;修正理想自我中的不合理成分,使之接近现实自我;放弃理想自我而迁就现实自我。无论哪种统合,只要统合后的自我是完整的、协调的、充实的,就是积极和健康的自我整合。

四、大学生自我意识的发展特点

当代大学生的自我意识总体上表现出自我肯定、协调发展的趋势,即大学生自我认识水平较高,认识内容也逐渐丰富和深刻。

(一)自我认识的主要特点

1.自我认识更具自觉性和主动性

大学生跨入大学校门后,社会、学校、家庭对大学生提出了更高的期望,大学生也面临着成长中必须思考的问题:我是一个什么样的人? 我为什么是一个这样的人? 我可能和应该成为怎样的人? 我的条件和前途如何? 我一生已经做了些什么,还能做些什么? 这些问题的解答都涉及大学生的自我认识问题。大学生们总是十分感兴趣而又急迫地思考着这些问题,强烈地期待着一个满意的或比较满意的答案。因此,大学生的自我认识更具有主动性和自觉性,并具有更高的水平。他们往往通过主动地把自己与周围的同学和老师作比较来认识自己、评价自己。他们往往主动地参照书本、杂志、文学作品中的学者、专家,媒体报道的当代优秀的企业家、杰出人士等,力图将社会的期望内化为自我的品质,并对自己做出评价。

2.自我评价更趋符合实际

心理学工作者将大学生自我认识中的抱负水平和活动的实际结果(如体育成绩、学习分数、测验得分、科研成果等)进行比较,以及将大学生的自我评价与他人(教师、家长、同学)的评价进行比较。研究结果表明,大学生自我评价与他人评价之间的相关都达到了显著水平,说明大学生在自我认识方面,自我评价与他人评价之间无大的差异。大学生由于生活经验的丰富,理论思维的提高,以及抱负水平的稳定,他们评定自己和别人时克服了片面性,能辩证地从各个侧面来分析自己、描述自己。既看到个人的优点,也看到个人的不足,立足于抓主要矛盾;既寄希望于未来,也注意现实的具体状况,能综合过去、现在与未来评价自我。但是总的来说,自我评价与自己实际情况的符合度是随着年龄的增长逐渐提高的。成人自我评价比大学生更符合实际、更客观,而大学生自我评价又比少年更客观。这其中,起主要作用的是生活经验的丰富、智力的发展以及抱负水平的稳定。

3.自我评价较为客观和全面

大部分大学生能够树立一个较为客观的标准,从多方面对自我进行评价,并且大学生的自我评价具有很强的适当性,既能看到自己的不足,也能看到自己的优势,既能看到自己积极的一面,也能看到自己消极的一面。对自我有过低的评价或者过高的评价的极端现象比较少。沈阳航空航天大学李敏对在校 90 后大学生采用问卷进行调查,结果表明,64.7%的同学对自己的外貌身材表示满意认可;"我常常注意自己的外表"这一项,58.0%的大学生给出肯定回答;对于"我几乎全是优点和长处"这一项,40.2%选择了完全不符合我,认为自己优缺点并存。由此我们不难看出,当前大学生对自己的评价大都较为客观。另外,大学生对自己的现状与未来也有明确的认识,既不好高骛远,也不妄自菲薄。比如,55.1%的大学生认为自己能做好自己所有的事情,79.9%的大学生对于"我觉得前途黯淡"这一项做否定选择。同时,当代大学生在自我认识方面还表现出一定的广泛性和全面性,大学生除了关心自己的外貌、身高等外在因素外,还特别关心自己外在的一些表现和能力,比如气质、意志、性格、人际关系,以及自己在集体中的形象和地位等。调查问卷显示,超过 75%的大学生对"我在意如何在别人面前表现我自己"做了肯定选择,"我在意别人对我的看法"这一项,选择"完全符合我"和"有些符合我"的比例占到 70.1%。

(二)自我情感体验的主要特点

1. 自我情感体验具有丰富性和波动性

大学生的自我情感体验比较丰富。有肯定的和否定的体验(喜欢自己还是讨厌自己、满意自己还是不满意自己等),积极的和消极的体验(喜悦还是忧虑、趣味无穷还是乏味无聊等),以及紧张和轻松、敏感和迟钝体验等。在这些丰富的体验中,大学生自我体验的情绪、情感基调是积极的、健康的。在自我体验方面,男生比女生更有自信心,更富有活力,但容易急躁;女生则更热情,更迫切地要求取得成功,内心舒畅感更明显,但容易发愁。处于大学中期的大学生,其情感体验仍有一定程度的波动性。比如,在取得成绩时,容易产生积极、肯定的情感体验,甚至骄傲自满,忘乎所以;而遇到挫折时,就容易产生消极、否定的情感体验,甚至自暴自弃,悲观失望。

2. 自我情感体验具有敏感性

大学生的自我体验比较敏感,凡涉及"我"的事物都会引起他们的兴趣,与"我"相关的事物往往引起他们的情绪情感反应。这种自我情感体验的敏感性有直觉的特点,即在一定情境下,对自我产生一种想象式的、灵感式的、非逻辑的体验,一下子陷入激动之中,有时感到喜悦、自豪、满足、充实、幸福、责任重大。

3. 自尊心明显增强

多数大学生具有较强的自尊心,表现为自尊的需要十分强烈,好胜、不甘落后,要求他人尊重。这是因为他们在自我认识、自我评价的基础上,逐步认识到自己存在的价值、自己的地位和作用、自己的义务和责任,自己的"唯一性"和"独特性"。同时,独立性的发展使他们强烈需要肯定自己、保护自己、发展自己。另一方面,自尊的情感反应强烈。如果他们取得了成就,就会由衷地喜悦。如果发生了挫折,他们也会久久思索,难以平静。遇到真诚的赞扬、尊重,他们会更加激动而更愿积极向上。诚恳的善意的批评,会使他们备感内疚;而不负责任的嘲笑、议论,或遭到忽视、误解或轻蔑,则极易使他们难以忍受,甚至愤怒和反抗。值得注意的是,也有少数大学生具有自卑感。如果一个人有自卑感而不及时克服,一旦习惯化、巩固化以后,就会造成性格上的缺陷,严重的会产生自暴自弃的后果。

4.能够积极地自我接纳

自我接纳就是一个人无论是对生理自我还是心理自我,或是社会自我,都能愉悦地接受和认可。当代大学生通过对自己进行合理的评价之后,能肯定自己的优点,认识并勇敢面对自己的不足,并在此基础之上对自己从整体上有完整的认识。接纳自我的大学生通常表现为自我肯定感较强,自信心较强。调查表明,当代大学生大部分都能积极地接纳自我,有一定的自我肯定感和较强的自信心,只有很少的一部分比较极端,表现为自负、自尊心太强,或者缺乏自信心,比较自卑。

(三)自我控制的主要特点

大学生自我控制的发展水平逐渐达到成熟和稳定,自我控制能力在自觉性、坚持性和自制性的水平上,都比中学生有明显提高。

1.自我控制发展水平较高

当代大学生自我控制的能力已经发展到了较高的水平,表现为在自我控制方面有很大的主动性,不再依赖外部力量,而是自觉地对自我进行调控。比如有的大学生想要进一步深造而准备参加考研,他们为了实现自己的这一目标,会主动地放弃自己的业余时间和娱乐活动,全身心地投入到考研的复习中去;有的大学生为了身体健康主动地加强体育锻炼等。另外,大学生在大学期间一直在接受着各个方面的教育,因此他们在不断学习的同时,对自己未来的规划越来越清晰,包括职业生涯的规划、生活目标的树立等,基本上改变了由家长、老师和长辈帮助规划的被动情况,而主要根据自己的想法来思考和确立。

2.自我设计愿望强烈

大学生有设计自我、完善自我的强烈愿望。学生们的许多苦恼、困惑,以至痛苦的思索和不停止的争论,都常常围绕着自己到底要做一个什么样的人,如何去做这样的人这个问题。大学生不仅有强烈的自我设计的愿望,而且自我设计时大多用社会标准来要求自己。我国心理学工作者的一项研究表明,在被调查的 500 名大学生中,72.0%的人希望成为"德才兼备,博学多才,富有开拓精神,适应性强的大学生";16.0%的人希望成为"合格的大学生";5.0%的人希望成为"被社会承认的大学生";7.0%的人愿成为"能混得过去,不被人们注意的大学生"。这说明,我国大学生的自我设计、自我完善呈现出奋发向上的时代特点。

3.强烈的独立倾向和反抗倾向

大学生在生理发育上已完全具备了成人的特点,心理成熟与社会成熟已达到较高的阶段。通过对自我的认识、体验和控制、调节,大学生在内心已建立起了一个全新的自我——成人式的自我。在他们心目中,自己不再是儿童那样的自我形象,而是一个肩负着历史使命,又有一定知识才能和人格的大学生形象,他们强烈地期望充分发展其独立性,摆脱依赖性和幼稚性。他们经常在各种场合以各种方式向周围的人们表达自己独立自主的要求,希望成为自己命运的主人,希望自己组织自己的活动,自己独立思考和动手解决学习、生活、恋爱、人际关系等问题,喜欢聚在一起相互交流思想、探索人生的奥秘。希望家长和师长对他们少指责、多理解,少命令、多商量,少管束、多指点。由于生活经历、时代特点、社会环境不同,大学生与他们的长辈在处世态度、生活追求、价值观念方面的差异是显著的,矛盾常常不易调和。与独立倾向相联系的是大学生的反抗倾向,其主要特点是有意识地做成人或社会所不期望做的事,表现为对现状的不满。有人曾对某大学的学生做过调查,在回答对大学生活的满意度问题时,认为非常满意的占 1.3%,较满意的占 17.7%,无所谓的占 17.0%,苦乐参半的占 14.0%,失望、不满意的占 50.0%。这表明多数学生对大学生活不太满意。大学生这种反抗倾向是基于大学生时期所特有的生理与心理发展之间的矛盾、身心发展与客观环境之间的矛盾、思想观点与上一代人之间的矛盾等而形成的。对大学生的反抗倾向,应当有分析地看待,根据具体的情况,加以正确的、科学的引导。

第二节　大学生自我意识的偏差与对策

自我意识深刻影响大学生人格的形成和发展,体现了大学生心理成熟的水平。大学生如果能够对自我形成真实准确的认识,包括自己的能力、性格、理想、兴趣、爱好、价值观、优缺点、职业发展等,就能够顺利完成学业,适应社会。否则就会自我混乱、缺乏信心、目标模糊、理想淡化、意志减退。从整体情况来看,当前我国大学生自我意识发展水平较高,对自我的认识比较客观,但尚未完全成熟,容易出现一定的偏差和失误,从而形成自我意识发展中的障碍,最终影响到大学生的心理健康。

一、大学生自我认识的偏差与对策

(一)自我认识的偏差

1.自我评价存在片面性问题

大学生自我评价的片面性主要表现为两种倾向:一是过高评价自我,一是过低评价自我。对当代大学生的问卷调查表明,有 5.4% 的学生存在过高评价自我倾向,对"我几乎全是优点和长处""我能做好自己所有的事情"等题目,做完全肯定的回答,而对"我对自己的反省很多"等题目做完全否定的选择。有过高评价自我的大学生,往往过于虚荣,骄傲自大,缺乏自我批评和自我反省;对于别人提出的意见和批评也不接受,唯我独尊;把自己的意志强加于人,在人际交往过程中很难与人和睦相处。由于缺乏自知之明,也会导致大学生在这种不自量力的情况下追求过高的目标,从而导致失败,产生较多的不良情绪体验,影响大学生自我意识的发展和完善。大学生过高评价自我有以下三方面原因:一是有的同学因为一直以来一帆风顺,生活中遇到的问题都在父母帮助下解决了,在校学习成绩优良,是老师和家长眼中的好学生,这些学生有着强烈的优越感,家庭和社会给予他们的赞赏和偏爱又强化了他们这种优越感和自信心,而这些学生往往因为自我感觉非常好而盲目自大,目中无人,缺乏谦虚谨慎的作风,看不起别人,做事情容易头脑发热,对事物缺乏正确的分析,过高估计自己的能力,把困难估计过低,不利于顺利地解决问题。二是好胜心过于强烈。有的大学生好胜心太强,喜欢受人注目和羡慕,把追求他人的赞美看成一种荣耀,喜欢炫耀自己,忽视自己的缺点,孤芳自赏,丧失自知之明,严重者会自我扩张,即高估现实自我,将理想自我替代现实自我。三是思想偏激。大学生虽然思想已渐渐成熟,逻辑思维基本确立,辩证思维也有了一定的发展,但大学生思维发展还存在着一定程度的片面性和肤浅性,容易导致他们在认识问题时产生偏激的想法,不能对来自各个方面的信息进行综合的分析和判断,得出正确的结论。

在对大学生的问卷调查中,对于"我感到自己是一个没有价值的人""我总是因害怕做不好而不敢做事""我觉得自己是个失败者""我觉得前途黯淡"等问题持肯定态度的大学生占有一定的比例。大学生自我评价过低会导致一个人对自己的各方面能力的怀疑,限制个人的发展,失去对未来美好前景的憧憬,也会引起严重的情感挫伤和内心冲突,使人不能保持健康、良好的心理状态。大学生自我评价过低有以下三方面原因:一是有的学生自尊心过强,处处与别人比较,希望胜过他人,虚荣心较强,当这种虚荣心得不到满足时,强烈的自尊会转化为强烈的自卑,感到处处不如别人,丧失自信心,从而过低评价自我;二是有的大学生在自我认识上容易从消极方面入手,而忽略了自身的优点,容易产生自我否定的心理;三是有的大学生自我期望太高,脱离现实,又急于求成,结果达不到预定的目标就容易自暴自弃。

2. 主观我与客观我的矛盾

大学生是一个较为特殊的群体,是在大学校园里接受高等教育的人,和那些没有上大学的人相比,主观上通常会对自己有较高的评价,再加上社会上一直对大学生这个称谓有很高的期望,大学生在心理上往往存在一定的优越感,问卷调查的结果也显示了这一点,大学生在"我认为读了大学,毕业后就一定会有个好工作""我觉得大学生到社会上之后会有很大的竞争力"等题目上做肯定回答的比例较高,认为"我觉得大学生已不再是天之骄子"的比例较小。然而,随着高等教育越来越普及,社会上对大学生这一群体的评价和期望已经不像以前那样高。当大学生在接触社会的过程中经历类似的挫折的时候,就容易导致他们在心理上产生一定的失落感,出现主观我与客观我之间的冲突和矛盾。日本学者的研究也发现,在高中生、大学生和成年人的自我意识中,大学生主观我与客观我之间的差距最大。

3.理想我与现实我的矛盾

大学生生活在有着浓郁的文化和学术氛围的校园,离社会生活较远,缺乏一定的社会经验,导致他们对自己的需求、动机、价值观、人生观等方面的认知产生偏差,理想与现实不能很好地结合,从而使心目中的理想我与现实中的现实我产生一道鸿沟,出现一定的差距。理想中,大学生对自我能力有较高水平的认识,但现实解决问题中,又发现自我能力不足。如"我遇到困难时,都能轻而易举地加以解决"一题中,只有12.6%的大学生持肯定态度,而有52.6%持否定或犹豫的态度。可见大学生在探讨、评价和思考问题时,容易带有理想的色彩,一定程度上夸大了自己的能力和优势,当遇到挫折时,便不能正确归因,容易产生自我否认和回避的倾向。

4.自我中心和从众心理的矛盾

当代的大学生大多标榜独特的个性,追求与众不同,有些大学生总是强烈地关注着自我,喜欢从自我的角度和标准去认识和评价事物和他人,尤其是当前的大学生大多为独生子女,在家中早已习惯了家长众星捧月般的待遇,因此很容易出现以自我为中心的倾向,凡事都从自我的角度去思考,去衡量,缺少对客观环境和人际关系的冷静思考和分析,往往不顾及他人的感受,不能设身处地进行客观思考。在日常生活和学习中他们盛气凌人,总是认为自己是正确的,别人总是错误的,喜欢把自己的意志强加于人,因而很难赢得别人的信任、理解和尊重,和他人的关系紧张,难以合作,遇到困难和问题的时候得不到他人的帮助,往往要比其他人遭遇更多的挫折。

与大学生以自我为中心心理相反的是从众心理。所谓从众心理,俗称"随大流",是指在一定的情境下放弃自己的想法而采取与大多数人一致的自我保护的行为。在一定程度上,从众心理是一种普遍的心理现象。然而,过强的从众心理,会阻碍自主性,抑制创造力。有过强从众心理的大学生,当遇到问题或压力的时候,会有退缩和逃避的反应。在现实生活中,往往缺乏主见和独立意向,不主动思考问题,遇到问题时束手无策或求助于他人,常常人云亦云,甚至迷失自我。大学生不可能在每件事情上完全独立、随心所欲。但个人应该主宰自己的思想和观念,有自己的主见和看法。大学生在学习、交往、就业等方面,虽不能随心所欲,但应该有一定能力去理性思考、准确分析、认真研究,从而做出自己的选择。

(二)客观认识和评价自我

正确地认识和评价自我指的是全面地了解自我,了解和分析自身的长处和短处,认清自己与团体的关系,了解自己在社会实践中所处的位置,并对自我做出不偏不倚的评价。正确认识自我是让个体形成正确自我意识的基础,这是调适现在的我与理想的我的有力保障。通常,我们可以在这几种方法下做到正确地认识自我。

1.通过自省

引导当代大学生学会自省,在不断地检查自身行为是否正确的过程中发现自身的不足,从事件的结果如何中,获得经验和教训,在不断自省中发现长短得失,这样才能有的放矢地完善自我。

2.通过他人的评价

研究表明,如果一个人的自我评价与他人对其的客观评价在很大程度上一致,则说明他的自我意识比较成熟。因此,在实际生活中,如果当代大学生经常通过老师、朋友的评价来认识自己,虚心倾听多方面评价,则有助于正确地认识自我。

3.通过与他人的对比

当代大学生可以通过与同伴们在性格、能力、学习、人际关系等各方面的比较,寻找到自己的特点,以此判断自己在团体中的地位,更加了解自己。但要注意选择恰当的参照标准,要选择与自身多方面条件相近的人作为标准才能做到客观公正。

二、大学生自我情感体验的偏差与对策

(一)自我情感体验的偏差

1.过度的自我接纳和自我拒绝

自我接纳是指个体认同自己,肯定自己,对自己的优点和缺点以及兴趣和爱好都能正确认识和准确评价,并且接受自己,不会经常抱怨生活和谴责自己。自我接纳是大学生心理健康的客观表现,有利于大学生顺利完成学业,但过度的自我接纳就是自我认识不清,盲目乐观,自以为是,很容易高估自己,骄傲自大,对自己要求过高,很容易承担无法完成的工作任务而导致失败。如有的大学生认为自己有能力,既加入学生会,又加入团委,还担任班级干部,当多项工作发生冲突时,就会手忙脚乱,不知所措。

自我拒绝是指个体不喜欢自我,不能容忍自己的局限和不足,否定自己,指责自己。自我拒绝可以促使大学生修正自我,趋于完善,进一步提高素质。可是,过度的自我拒绝就是无视才能和优点,只看到缺点,总认为自己能力不如他人,感觉低人一等,从而丧失自信,严重的还可能由自我否定发展为自我讨厌。过度的自我拒绝压抑了大学生的积极性,限制了其对未来生活的憧憬和追求,很容易引起内心冲突,最终使大学生不能很好发挥才能,正确认识自己的优点,甚至还会导致心理疾病。

2.过重的自尊心和自卑感

自尊心是个体自我意识发展的表现,是指要求他人尊重自己的言行,维护自己

荣誉和地位的倾向。当今大学生具有自己看问题的独特视角,不唯书、不唯上,大多对自己的才华比较有信心,并对自己的未来充满自信,大多数学生有强烈的自尊心,在日常生活中争强好胜、不甘人后。但过重的自尊心会使人变得自负,听不进他人的教诲,也不听同伴的意见,认识不到自己的缺点和不足,而且还不允许别人指出自己的局限,回避和否认自己的缺点,缺少自知,不能与人和谐相处,很容易导致失败。过重的自尊心也容易使人虚荣。虚荣是一种追求虚表荣誉,希望获得大家尊重的心理。根据马斯洛的需要理论,作为社会的人,都有被他人尊重的需要,都希望得到社会的认可。而虚荣则指的是没有通过自己实实在在的努力,而是利用吹牛、作假、撒谎、投机等非正常手段来沽名钓誉。追求虚假的荣誉,只是自欺欺人,最终会使得个体失去他人的尊重和友谊,失去诚信,是一种比较典型的自我意识偏差心理。

当大学生在学习、文体、社交实践各方面显露出某些不足时,又会陷入怀疑自己、否定自己的情绪里,产生自卑心理。高额的学费与家庭经济上的困难也是让部分当代大学生陷入自卑的原因之一。自卑感是个体对自我不满和否定的一种情感,往往和自尊心经常受挫联系在一起。在学校生活中,大学生之间的竞争是正常的,也是不可避免的。但是,每一个大学生都有自己的才能和优点,同时也有自己不如别人的地方。大学校园是人才聚集的地方,大学生在某些方面有自卑的倾向和感受,也是很正常的。但有的同学夸大自卑,片面强调自己的缺点和不足,结果是因自卑而心虚,因自卑而胆怯,一旦遇有挑战性的场合就会选择逃避退缩,或者对自己所作所为过分夸大,其结果就是形成了虚假而脆弱的自我意识。有调查表明,对"我觉得自己是个失败者""我觉得前途黯淡"等问题持肯定态度的大学生占有一定的比例。有自卑心理的大学生对自己各个方面的能力都评价较低,往往不能客观地、恰如其分地分析和认识自己,不够自信,常常产生失望、悲观等情绪;他们在遇事时总想着自己的不足之处和缺点,心虚胆怯,想要逃避和退缩,不能勇敢面对;自卑的大学生总是怀疑自己的能力,不敢表现自己,怯于与人交往,特别是不敢和异性交往,慢慢变得自我封闭。

3.过分的独立意识和逆反心理

独立意识是个体自我意识发展和成熟的显著标志。作为大学生应该独立学习和生活,独立处理问题。一些大学生把独立意识理解成"万事不求人",不需要别人的帮助,而当遇到困难挫折的时候,只能自食苦果,不堪苦累。其实,所谓的独立意识并不是说一定要独来独往和我行我素,而是指在行为上对自己负责。

逆反心理是个体自我意识发展的产物,其实质就是为了寻求独立和肯定,保护自我,从而抵抗压抑,排除外在,这是个体在心理发展上的必然现象。但是,逆反心理过强的大学生对问题采取非理智的态度。表现为不客观评价对和错,一味排斥;在手段上,只是简单地拒绝和对抗;在目的上,只是为了反抗而反抗,为了拒绝而拒绝。这就阻碍了他们的进步和发展。

（二）学会悦纳自我

心理学研究表明,心态积极乐观者更多地表现出对自我的接纳和认可,相反,心态悲观多有心理问题者则会表现出对自我的不满。当代大学生中的一部分因对自己的容貌、个性、能力或者家庭等某个方面不满,而又苦于无法改变,容易产生自我排斥心理。如果对自己的不满过于强烈,就会加剧心理冲突,容易产生心理疾病。而欣然接受自我则是形成健康积极的自我意识的关键和核心。要做到欣然接受自己,即悦纳自我,首先就是要接受自己本来所具备的一切,包括长相、体型、性格、能力以及家庭背景等。其次,要坚信只要自己真正付出努力,一定条件下,别人可以,我也一定可以,以此来增强自信心。第三,要做到欣然接受自己,还要正视自己的短处,争取做到扬长避短。要相信一个人在这个方面的不足,是能够通过科学的方法和不断的努力来弥补的。如果我们用决心和毅力去克服,也许会达到意想不到的成功。

三、大学生自我控制的偏差与对策

（一）自我控制的偏差

1.目标和计划不明确,自我控制能力差

自我控制对于大学生的成长成才起到至关重要的作用。个体每个心理活动或行为活动都涉及自我控制,个体对目标的选择、投入、坚持都依靠自我控制,个体的自我教育和自我管理也与自我控制密不可分,具有良好自我控制的大学生才能够更好地适应大学生活,成就自己的社会价值。进入大学,大学生的自我控制的社会性开始增加,开始设定行动计划并能够不随外境变化而改变计划,生活开始有价值定向,社会责任感和成就意识开始体现。但总体来说,大学生的目标和计划不明确,自我控制能力差。调查显示,"有明确的人生目标,并为之努力"的大学生占到34.6％,但"生活很有计划性"只占24.6％,认为自己"每走一步都是踏实稳健的"也只占到24.6％。从中也可发现,大学生从众心理较重,规划意识不强。对自我不能准确定位、合理规划,体现的是自我控制能力差。调查发现,男大学生的目标设定和计划性较女大学生更弱,自我控制能力也低于女大学生。农村大学生的自我控制能力高于城镇大学生。

2.独立意识与依附心理的矛盾

独立意识是大学生心理发展的自然表现,也是心理发展的内在需求。大学生生理与心理的成熟使他们渴望独立,希望自己能以独立的个体去面对生活、学习与工作中遇到的问题,成人感比较强烈。表现在他们常常向周围人尤其是年长者表明自己的独立主张,不愿意让人们看到他们幼稚的一面;喜欢独立地观察事物、认识事物、思考问题和独立行动,讨厌老师、家长的指点和管教;组织、参加活动时希望能够自治,不喜欢别人过多的干预和控制等。大学生在主张独立的同时,又存在

一定的依附心理。大学生的身心发展是不断地趋于成熟的,但是,由于大学生大部分时间都是生活在校园里,远离社会,社会经验比较匮乏,缺乏独立解决问题的能力,因此,大学生在遇到一些较为重要的事或者突发事件的时候,又希望能得到家人、老师和同学的帮助和支持。大学生迫切追求独立、希望能够摆脱各种束缚,与现实中不可能完全独立形成较大的反差。加上大学生在经济上基本很难实现独立,不得不依附家里,导致大学生的心理独立与经济不独立也产生矛盾。

3. 追求上进和自我消沉的矛盾

许多大学生都有较强的上进心,他们希望通过自己的努力来实现自身价值,但在追求上进的同时,往往会遇到各种各样的困难,产生如挫折等的不良情绪体验,加上大学生的情绪容易产生波动,导致他们慢慢地在困难面前产生畏惧、退缩的心理,逐渐地失去目标,消极放任、自怨自艾,自我消沉。比如有的同学希望自己将来能成为成功人物,但是,真正落到实处要去努力的时候,却又缺乏毅力,缺乏执行力,随波逐流,不能调整好自己的进取状态,从而陷入追求上进和自我消沉的矛盾之中。

(二)提高自我控制的能力

自我控制是指个体主动掌握自己的心理和行为,自觉选择目标,调节行为,抑制冲动,抵制诱惑,坚持不懈地保证目标实现的一种综合能力。自我控制是自我意识的组成部分,也是大学生成才的必备素质。

1. 确立合理的目标

自我意识在经过正确认识和评价自我并欣然接受自我之后,还需要不断地完善自我。当代大学生尤其需要不断完善自我,为未来进入知识经济时代打下坚实的基础。不断完善自我,首先需要确立达到的目标,即合理定位理想的自我。人的行为需要目标作为指引和最终的评定标准。正确的目标能激发人的动机,指导人的行为,促使其向预定的目标前进。理想自我的确立为现实自我的发展和努力指定了方向。因此,大学生在确立理想自我的时候,要从实际出发,结合自身的智商、知识水平、学习能力、生活经验等各方面的条件,确立一个适合自己的奋斗目标。目标定得太高,容易产生挫折、失败、不自信之类的消极情绪;目标定得过低,轻而易举地实现,不能很好地体现自己的人生价值。只有合理的目标,才能促进大学生坚持不懈地努力实现。

2. 培养大学生健全的意志品质

大学生在确立了合理的理想自我之后,就要通过不懈的奋斗去努力实现。人在实现目标的过程中,不仅有自身欲望的干扰,还会有外界刺激的诱惑。自身的欲望会让人背弃理想,贪图安逸。外界刺激的诱惑,更容易使人偏离正确的前进方向,从而放弃对先前所树立的目标的追求。因此,一个人如果想要达到既定目标,成就事业,就必须具备很强的自控力,这样才能让自己抵制诱惑,约束自己的情感,把握自己的行为。这就要求大学生必须要有健全的意志品质,抵制住各种诱惑,控制自己的行为,克服懒惰等不良习惯,坚持不懈,才能走向成功。大学生可以通过参加实践活动来提高自己的意志力,比如参加体育竞赛、参加野外生存训练等,以增强毅力;还可以通过榜样的力量来激发自己的意志;也参加专门的团体辅导和训练,培养自己的自制力。大学生通过培养自己的意志力,克服不良的品性和习惯,完善自己的意志品质,有效地克服实现目标过程中遇到的各种困难,从而不断地减小理想自我与现实自我之间的差距。

3.提高大学生的文化素养

文化素质比较高的人往往能够比较全面地正确认识事物,认识自我和他人的关系,自觉地进行自我控制、自我完善,形成健康的自我意识。因此,大学生遇事要沉着冷静,独立思考,排除干扰,学会自主决断;要彻底摆脱那种依赖别人的心理,克服自卑,培养自信心和独立性;要磨炼意志,明确目标,坚持奋斗。

第三节　大学生自我认识与接纳的心理辅导

一、认识自我的辅导活动

（一）书写句子:"我是一个……的我"

辅导目标:使大学生不仅对认识自我的三方面对象——物质自我、社会自我、心理自我有感性认识,而且也学会从这三个方面去全面客观地认识自我。

课前准备:A4 白纸。

活动过程:

（1）教师给每位学生发一张 A4 白纸,请每位同学在白纸上以"我是一个……的我"为格式完成 10 个句子,要求每人独立完成,想到什么就写什么,完全取决于自己对自己的感觉,不要与别人商量,不必受别人影响,也不要影响别人。

（2）每位学生写完之后,在小组内进行分享,其他同学反馈自己对他的看法。

（3）要求每组派学生代表到全班交流两个问题:一是我是一个怎样的人;二是通过这个活动我学到了什么。

（4）教师总结:通过活动,我们认识到自我认识的对象包括三方面:个体的生理特征（又称物质自我）,如年龄、身高、体重、外貌、体格等;社会自我,如个体在群体中的地位、角色及与他人的关系等;心理自我,如个体的智力、情绪、性格、气质、兴趣爱好、价值观和人生观等。我们学会了可以从物质自我、社会自我和心理自我去全面而客观地认识自我。自我认识的重点应该是认识自己的内在品质,即心理自我,通过对自我的反复观察和评价,这些品质会日益清晰地反映在我们的意识中,我们对自我的认识就日益具体和完整。

（二）自我揭露与回馈

辅导目标：通过自我觉察与他人觉察，促进自我了解和了解他人，同时增进小组同学间的相互信任和接纳。

课前准备：彩色的纸、水彩笔、小夹子。

活动过程：

（1）教师给每位学生发放一张彩纸，要求每位学生给自己取个名字，名字可以是一个字、两个字、三个字或 n 个字，可以是中文或英文或数字或图形，重要的是自己喜欢别人叫这个名字。把名字写在彩色纸上，并用小夹子夹在胸前衣服上。

（2）从任何一位学生开始向小组其他成员介绍自己为什么取这个名字，其他同学认真倾听，等这位学生介绍完以后，其他同学逐一对他进行以下回馈：听了你刚才的介绍，我认为你是一个怎样的人。然后第二位小组成员重复上述步骤，直到全组成员都完成。

（3）要求小组学生讨论活动感受，并派学生代表到全班分享小组的感受。

（4）教师总结：名字代表了每个人的自我概念，我们对自我既有了解的部分也有不了解的部分，通过自我揭露，我们主动与他人分享了自己的某种信息、观点、情感等，我们扩大了自己的开放区，他人的存在对自己就像一面"镜子"，有时自己不能清醒地认识自己，"不识庐山真面目，只缘身在此山中"，说的就是这个道理，而他人的回馈可以帮助自己更好地了解自己。同学之间互相倾诉、表露，不仅彼此加深了解，而且也增进了彼此的信任和接纳。

（三）隐喻活动：假如我是一棵树

辅导目标：通过让学生把自己比喻为一棵树，让学生展开自由联想，通过投射、意象分析等精神分析方法，使学生了解平时不被意识到的潜在的自我。

课前准备：A4 白纸、音乐。

活动过程：

（1）冥想放松：在音乐声中，引导学生想象，假如自己是一棵树，会是怎样的一棵树？树根、树干、树枝、树叶是怎样的？

（2）要求学生独立地把想象的这棵树画在白纸上。

（3）学生把自己画的树在小组内分享，小组其他成员向其反馈听了他的分享和看了这棵树的感受。

（4）教师总结：同学们可以通过自己这棵树，更多地了解平时没有意识到的自己的某些人格特征。如把自己画成一棵枝繁叶茂的高大的树，表明自我很有生命力，且很自信；而如果把自己画成一棵小树，说明不够自信，或觉得自己还不够成熟。如果画了树周围的环境，说明注重与环境的和谐；画树皮，表明对自我有觉察力；画成蘑菇树，有儿童画的特点，表明比较单纯、纯真，不会掩饰自己；如果画了一棵枯树，即没有树叶的树，说明现在有困境。

二、悦纳自我的辅导活动

（一）自信心训练

辅导目标： 帮助大学生树立自信心。

课前准备： A4 白纸。

活动过程：

（1）冥想放松，教师指导语："深深地吸一口气，慢慢地呼气；深深地吸一口气，慢慢地呼气；深深地吸一口气，慢慢地呼气；深深地吸气，慢慢地呼气……想象自己现在坐上了时光快车，让我们回到了童年，童年的你是什么样的呢？很调皮吗？很乖巧吗？然后慢慢地长大了，我们进入了小学、初中、高中、大学，已经过了那么多时间，我们一定经历了很多的不容易，找出一件自己觉得很不容易的事，想象自己当时是怎么经历过来的，当时自己是怎么一回事，是什么力量让你战胜了困难取得了成功……"

（2）每位组员在小组里分享这件事，其他组员通过讨论，从自己的角度给他提出三个他的优点，每个人把组员所给的优点记在 A4 白纸上。

（3）小组开展自信心训练。首先一个人采用以下语句："我很优秀，因为我……（其他组员概括出来的第一个优点），我很优秀，因为我……（其他组员概括出来的第二个优点），我很优秀，因为我……（其他组员概括出来的第三个优点），我真的很不错！"小组其他成员一起回应："你很优秀，因为你……（第一个优点），你很优秀，因为你……（第二个优点），你很优秀，因为你……（第三个优点），你真的很不错！"

（4）可以请每个小组选派一位同学（尽量把机会给平时不够自信的同学）到全班同学面前来说："我很优秀，因为我……（第一个优点），我很优秀，因为我……（第二个优点），我很优秀，因为我……（第三个优点），我真的很不错！"全班同学齐声回应："某某某，你真的很不错！"

（5）可以请同学们交流和分享活动感受。

（二）给自己不满意的地方写一封信

辅导目标： 引导学生对自己不满意而自身又无法改变的特征（如生理特征）要学会采用接纳的方式。

课前准备： A4 白纸。

活动过程：

（1）教师指导语："从小到大，我们一定会对自己身体上或能力上有不满意的地方，因为这些不满意，会带给我们很多的影响。接下来，先想一想不满意的到底是什么，我们要能甄别什么是我们可以改变的，什么是我们不能改变的，对不能改变的地方，我们就接纳它，接纳不能改变的地方，可以用宽恕的心给自己不满意的地方写一封信。"

（2）教师发给每位学生一张白纸，学生独自写信。写完信后，学生在组内分享

(把这封信读一下),小组其他成员可以回馈自己的感受。

(3)每个小组派代表到全班同学面前分享写的信,代表读完自己的信后,全班其他同学齐声说:"某某某,我们喜欢你!"

(4)可以请同学们交流和分享活动感受。

三、自我成长的辅导活动

活动主题:我的过去、现在和将来。

辅导目标:通过过去的自我、现在的自我和将来的自我三者的比较,在认识自我的基础上更清晰地规划自我。

课前准备:A4白纸、水彩笔或油画棒。

活动过程:

(1)教师发给每位学生一张A4白纸,请每人用图画的形式画出过去的我、现在的我和将来的我。

(2)每位学生在小组中分享自己的画,然后小组成员依次传递别人的画,每人在别人的画上添上一些鼓励或赞美的画或文字。

(3)每个小组派代表向全班分享自己的画和活动感受。

(4)教师总结:当我们把现在的我与过去的我相比较时,我们发现了自己的优点、长处,发现自己成熟了不少,从而获得自信。在此基础上同学们也规划了将来的我,不仅更有底气,而且更为客观。通过活动,我们对自己的目标认识更加清晰了,也获得了同伴的鼓励和支持。

【本章思考题】

1.自我意识的心理成分有哪些?其中最重要和核心的成分是哪个?

2.大学生自我意识的发展特点是什么?

3.大学生自我意识的偏差有哪些?该如何调适?

4.请客观评价自我,并谈谈如何塑造健康完善的自我。

第四章　人格与健全

【案例 4-1】

大学某女生,虽然学习成绩名列前茅,但她自卑,看不起自己。在大众场合不敢发言,跟别人交流时总不能恰当地表达自己的意思,尤其是跟老师或陌生人谈话,更是觉得窘迫局促,手脚不知往哪儿摆才好,并且脸红得很厉害。看到别的同学在公共场合从容不迫,侃侃而谈,她真是太羡慕了,强烈地希望改变自己。但虽然做过很大的努力,情况却一直没有明显改观,内心非常苦恼。从高中到大学很少与异性同学交往,别人评价她是个冷漠、孤傲的人。从小养成了以自我为中心的习惯,因此,在成长的过程中,朋友越来越少,慢慢地脱离了群体,把自己封闭起来。后来,她开始反省自己,自责,觉得一切都是自己的错。时间一长,她发现自己好像已经没了脾气,不管跟谁发生矛盾,都以为是自己的错,然后深深自责,或者把怨气都闷在心里。总觉得难以与周围的同学建立一种和谐的关系,非常担心毕业后的生活,怕自己不能适应社会,近来更是觉得自己一无是处,极度自卑,没有勇气参加任何活动。

上述案例中的同学,尽管学习成绩很好,但她并不自信,反而存在着深深的自卑感,并且在人际交往、情绪管理等方面都遇到了很多心理困扰,这些问题的背后,其实都存在着一个"根源",那就是其人格的偏差。这位同学的性格中,最大的问题是缺乏自信、求全责备,还有就是过分拘谨害羞、孤僻内向,这些性格上的缺陷是她产生种种心理问题的基础。该同学要走出心理困境,除了在情绪、人际等方面的调节,人格这个基础性的"土壤"也必须加以改变,否则,问题很难得到根本性的解决,一旦遭遇相关的刺激,问题又会"生根发芽"。

大学阶段是人格发展和完善的重要时期,向往成才、追求卓越、幸福生活是每个大学生的目标,要达到这个目标,就应该了解人格的知识,关注自己人格的发展,积极主动地塑造良好人格,不断完善自己的人格,为心理健康与走向成功奠定坚实的基础。

第一节　人格概述

人总是各具特色的,譬如:甲热情友好、待人真诚;乙多愁善感、优柔寡断;丙憨厚老实、沉着稳定;丁很有主见、不人云亦云;等等。这些不同的特征,表现的就是不同个体之间人格的差异。

一、人格的内涵

在我们的日常生活中，人格是一个使用频繁的词。如说"某某人的人格高尚"，这主要是从道德或伦理学的角度给人以评价。如有的人在网上发帖对他人进行侮辱、诽谤，侵害他人人格尊严，构成对他人人格权的侵犯，这主要是从法律的角度来论述人格的。心理学中对人格的定义有很多，不同的心理学家对人格的理解不同，因而所下的定义也不同。据美国心理学家奥尔波特1937年统计，人格定义已达50多种。从词源上讲，人格（personality）一词来源于拉丁文 persona。persona 是指戏剧演员在舞台上所戴的面具，即戏剧演员所扮演的角色。面具代表着这一角色的某种典型特点，类似京剧中的脸谱。这样看来，人格似乎是指一个人在人生舞台上的行为表现。

心理学大辞典（2003版）中对人格是如此定义的：人格是个体社会化过程中形成的给人以特色的心身组织，表现为个体适应环境时在能力、情绪、需要、动机、兴趣、态度、价值观、气质、性格和体质等方面的整合，具有动态的一致性和连续性。《中国大百科全书·心理学》（1991版）把人格界定为个体特有的特质模式及行为倾向的统一体。西方心理学界的主流观点认为，人格是为个人的生活提供方向和模式的认知、情感和行为的复杂组织。

综合各种有关人格的定义与解释，我们认为人格是个体所具有的独特和稳定的心理特征的综合，是个人内在的动力组织及其相应的行为模式的统一体，包括需要、动机、兴趣、气质、性格、信念、理想和价值观等。

二、人格的特征

（一）人格的独特性

人格的独特性是指人与人之间的心理和行为各不相同。由于各人的遗传素质和环境因素各不相同，因此形成了千差万别的个性。譬如，有的人内向羞涩，有的人外向健谈，有的人自负傲慢，有的人却自卑退缩，在兴趣爱好这些方面也是多有不同。正所谓，"人心不同，各如其面"。李白与杜甫都是唐代的大诗人，但两个人的个性却大不相同，李白外向、洒脱，杜甫内敛含蓄，反映在诗作上便是"子美不能为太白之飘逸，太白不能为子美之沉郁"。人格表现出的这种差异性，就是人格的独特性。

正因为人格的独特性，所以，我们每一个人都是一个独一无二的个体，具有独特的优势和能力，由此形成了丰富多彩的大千世界。

但是，人格的独特性并不意味着人与人之间毫无相同之处，人格主要包括个体与他人之间不同的身心特点，但也包括一些相同的特点，如同一民族同一集团的人，在心理上往往有一些相似之处，人格是独特性与共同性的统一。

（二）人格的稳定性

人格一旦形成，就具有相对的稳定性。人格在儿童时代便已经奠定基础，所谓

"三岁看大，七岁看老"，以后随着年龄的增长、环境的变化会有所发展和变化，但核心的人格特质还是比较稳定的，不会轻易改变。

人格的稳定性是指那些经常表现出来的心理与行为特点，是一贯的行为方式的总和。那种偶然表现出来的特征与倾向，并不能算作此人的人格特征。例如，某人一贯谦虚，偶尔表现出一些骄傲，骄傲就不能视作其人格特征。

这种稳定性还表现在人格特征在不同时空下的一致性。例如一个性格内向的大学生，他不仅仅在家庭中显得安静言语不多，而且在班级中也表现出沉静多思的一面，在各种社团活动中也表现得内敛稳重，不仅大学四年如此，即使毕业多年，这个特点依旧不变。

人格的稳定性意味着个体的某种人格特质一旦稳定下来，不会轻易改变。即"江山易改，本性难移"。但人格也具有可塑性的一面，在一定的条件和个人努力之下，人格是可以变化发展的，"本性难移"并不是"本性不移"，对此我们应持有辩证的观点与坚定的信心。

【案例 4-2】

某同学因为家中气氛压抑、父母性格不好，所以脾气很差，丁点小事就会让他心烦意乱，跟人甩脸子，会无限放大人的错处，忽视人的好处，眼里没好人。后来他在大学之中，遇到了善良有爱的老师与同学，受到了震动与启迪，加之独立生活的磨炼，不良性格的"到处碰壁"，开始自省与转变，懂得了宽容与感恩，性格改变了许多，常面带微笑，发脾气的次数也越来越少，与老师同学也相处得很和谐。

有一些性子急躁的人，由于工作需要（如当了医生），也会逐渐磨炼得耐心细致。这些都说明人格的稳定性与可塑性是辩证统一的。

（三）人格的统合性（整体性）

人格虽然包含了多种成分，但它们却是相互联系、相互制约并统合于个体身上的，是按照一定的规则和秩序有机进行组合的。

人格的结构具有内在一致性，并受到自我意识的调控。当个体人格结构的各方面彼此和谐一致时，心理才能保持健康，否则就会出现各种心理冲突与心理矛盾，呈现出不健康的人格特征，并导致适应困难，甚至出现"人格分裂"。

【案例 4-3】

国外曾报道一例多重人格的女性病例，患者名叫南希。她一身兼具三个人格，除最常出现的人格"南希"外，又有"凯蒂"和"丽莲"两个人格。"南希"胆小怕事，常感焦虑和抑郁，依赖性很强。"凯蒂"对"南希"和"丽莲"一无所知，似乎在一个"黑暗的地方"生活。而"丽莲"则表现得颇为狡猾、迷人和世故，她对"南希"的一切了如指掌；对"凯蒂"的行为也稍有了解。在治疗中通过催眠发现，"凯蒂"是从南希14

岁的人格中分裂出来的,因为那一年她看到了母亲的不轨行为,于是拿起刀子杀母亲。其实当时她有杀母冲动,并无真正砍杀行为。但在"凯蒂"人格中,她一直以为她杀了自己的母亲。"丽莲"是南希生第二个孩子时分裂出来的人格,那一年南希的父母告诉她,他们看见南希的丈夫在路上吻了一个女人,这个消息令南希吃惊震怒,使她再度达到几欲杀人的程度,于是便又分裂出"丽莲"人格,以处理这种犯罪冲动。

这样的人格显然是病态的,需要进行治疗。一般正常人不会出现如此严重的症状,但人格中的各个方面形成矛盾冲突导致不协调以至于影响心理健康、阻碍社会功能的发挥,这种情况还是常见的,如人生观不稳定、不统一,需要兴趣与理想信念不协调,知情意行脱节等,这些问题都需要引起关注并进行调节。

（四）人格的功能性

个体在应对世界上的各种事务时,总是以他的人格为基础,人格决定了他的心理倾向与行为方式,因此,人格的优劣好坏,对一个人能否适应社会并获得成功与幸福,具有重要的作用。正所谓"性格决定命运"。

例如,当面对困难和挫折时,有的人畏惧退缩,有的人敢于挑战,最后的结果显然是不同的。三国时的周瑜文韬武略、神采焕发,但他的人格却存在着明显的缺陷,就是心胸狭小、不能容人,以至于在诸葛亮的"三气"之下,金疮迸裂,一命呜呼。又如,聪明美丽的林黛玉,虽然生活优渥、率真博学,但她却具有敏感消极、心眼窄小的人格弱点,这使得她在生活中时时感受到痛苦烦恼,以至于感到"一年三百六十日,风霜刀剑严相逼",直接影响了身心健康,最后不能与宝玉成就美满姻缘与其人格上的弱点也不能说没有关系。

有位女大学生,每次和男朋友吵架,就觉得无法忍受,情绪崩溃,于是她以"让理发师剪头发"的形式来宣泄自己的情绪并试图以此引起男友的关注与同情,一次两次还有点效果,多次以后男友就感到无法接受了。这位女大学生具有冲动任性、缺乏安全感的人格缺陷,不改变自己的性格就很难拥有美好的爱情。

所以,我们想要有成功的事业和美满的生活,想要取得高效率的学习效果,就要对自己的人格多加磨炼与优化,形成良好的人格特征,只有这样,才可能到处"顺风顺水"而不是处处艰险与掣肘。正如美国心理学家威廉·詹姆斯所说:"播下一种行为,收获一种习惯;播下一种习惯,收获一种性格;播下一种性格,收获一种命运。"

三、人格与身心健康

人格与生理健康有着极为密切的关系,这在医学研究中已经得到了实证性的结果。研究表明,人格具有 ABC 三种类型。A 型人格者个性急躁,极端争强好胜,富于攻击性,缺乏耐心,总是想在最短的时间里做最多的事,终日忙碌,不愿意将时间花在日常琐事上。这样的人长期处于紧张状态之中得不到放松,时间久了势必影响身体健康,容易导致心血管疾病。C 型人格的特点是过分压抑自己的情绪,特别是将生气、愤怒隐藏在心里,但内心并没有想通,只是默默隐忍自我委屈罢了。由于负面情绪长期得不到表达,累积的结果是产生了大量不利于人体的化合物,影响身体健康,容易得癌症。B 型人格的人相对比较平和、"松散",不那么争强好胜,生活节奏也比较慢,随遇而安,对任何事情处之泰然,无敌意,血液中儿茶酚胺含量较低,所以不易患高血压、冠心病等。以上几种人格类型也不能简单地说其好坏,但对其中影响健康的方面还是要注意适当地改变、调节与平衡。除了医学研究,在生活中我们也可以发现,脾气性情不好的人,其身体往往容易出现各种问题,诸如背痛、偏头痛、哮喘、结肠炎、溃疡等,而性格乐观豁达之人,则心宽体健。

心理健康也与人格特征密切相关。一些心理疾病就具有特定的人格特征,如强迫症患者的人格多具有完美主义、过于谨慎、刻板拘泥、追求 100%确定、敏感多疑等特征;具有抑郁倾向的人对自我不满意、容易自责,对生活常常感到无望和无助,总觉得前途一片灰暗,哪怕他的生活状况其实不错,这样的人容易得抑郁症。有些人比较以自我为中心,总希望引人注意,情绪丰富而不稳定,易受暗示,具有这样的人格就容易得癔症。而在日常生活中,大多数人并没有心理疾病,但如果不注意改正人格上的弱点,也是会影响心理健康的。如:某女学生偶尔参加了一次传销会,从此就变得热情高涨、坐立不安,甚至上课都要不停地起来走动,言语滔滔不绝、表情夸张,整天处于亢奋状态,总想成为引人注目的中心,最后由老师带着去做心理咨询。虽然传销起了触发作用,但该同学如果没有人格敏感、情绪化、易受暗示、虚荣这个内因,也不至于出现如此严重的情况。

顾寿全等学者(2014)采用大五人格问卷简易版(NEO-FFI)和百项心理症状问卷(PSI-100)对 5765 名大学生进行问卷调查,结果发现:宜人性、严谨性、开放性和外向性得分均与心理症状问卷各维度分及总分呈显著负相关($r = -0.134 \sim -0.449$, $P < 0.01$),神经质与心理症状问卷各维度分及总分呈显著正相关($r = 0.213 \sim 0.557$, $P < 0.01$)。研究结论是:宜人性、神经质和严谨性与大学生心理健康状况有显著关联,宜人性和严谨性对心理健康有正向影响,神经质对心理健康有负向影响。王翼等学者(2016)随机抽取 302 名合肥市本科大学生进行问卷调查,也发现了类似的结果。

另外,根据积极心理学的研究,人类自身的积极人格力量和各种心理疾患可能存在着某种对应关系,培养积极心理与积极人格,如勇气、信心、洞察力、毅力、乐观、复原力等,有助于预防和缓解心理疾病,并且能保持身心健康,而缺乏某种积极人格,会影响心理健康甚至罹患心理疾病。

因此,为了身心健康,我们一定要注意优化自己的人格特征,如心胸开阔、与人为善、随和开朗,对生活抱有切合实际的要求,有张有弛,积极进取等,克服不利于健康的人格缺陷。

【阅读材料 4-1】

A 型人格之行为模式

1. 在谈话中你是否过分强调一些词,并且对句子中最后的几个词一带而过?

2. 你行动、吃饭、走路的速度是不是总是很快?

3. 当事情的进展速度不能如你所愿时,你是不是会变得不耐烦,或者生气?

4. 你是否经常在同一时间干几件事?

5. 你是否经常把话题转到你感兴趣的问题上来?

6. 当休息时,你是否有负罪感?

7. 你是否经常不注意环境中的新事物?

8. 你是否更关心结果而不是过程?

9. 你是否经常在很短的时间内安排很多的事情?

10. 你是否发现你和喜欢赶时间的人在暗地里竞争?

11. 在交谈时,你是否喜欢用一些有感染力的手势,比如为了强调某一问题而握紧拳头或敲桌子?

12. 你是否认为行动迅速是成功的关键?

13. 在日常生活中,你是否常用数字给你的成就打分,比如卖出货物的数量、汽车的数量等?

如果你有 10 个以上问题回答的是"是",你就可以被认为是一个极端 A 型行为的人。如果一半问题回答的是"是",你仍被认为是一个 A 型行为的人,但不是极端的 A 型行为的人。

(摘自:张松.大学生心理健康教育[M].武汉:武汉大学出版社,2012:68-69.)

四、健康人格的内涵

研究健康人格具有重要的意义与价值,因为健康人格是相对于现实人格和病态人格而言的,是人们心目中的人格典范,是人格所应达到的理想境界,所以对健康人格的描述与研究,可以为人格发展提供"样板"和方向,促进个体进一步的心理健康,并在此基础上有效地预防心理问题的发生。

所谓健康人格,是指各种良好人格特征在个体身上的集中体现,是人格和谐、全面、健康的发展。对健康人格的论述,学者们观点各有不同,比较有代表性的有:

(一)精神分析学派的观点

精神分析学派的创始人弗洛伊德认为,健康人格是本我、自我和超我三者的和谐统一,健康的人格结构是平衡的,而其中自我的发展最重要。本我(id)是原始欲望的自然流露,包含生存所需的基本欲望、冲动和生命力,它不理会道德、社会规范等,只遵循"快乐原则";自我(ego)调节着本我与超我的矛盾,遵循的是"现实原则",力求在社会接受的条件下,尽可能满足本我和超我或在两者中选择其一。超我(superego)是人格结构中代表理想的部分,是个体内化道德规范、社会价值取向而形成的,它遵循"道德原则"。自我强大的人能够协调本我、环境以及超我之间的矛盾冲突,面对现实,既不压抑自己的需要与情感,也能有效地控制自己的冲动。

在此之后,阿德勒在其《个体心理学》中,对健康人格进行了探讨,认为主要有两个核心内容:一个是创造性自我,另一个则是生活风格。个体人格的发展是不断奋斗与超越的过程,为摆脱自卑而奋斗,为追求优越而奋斗,直至为实现完美社会而奋斗。在这个过程中,社会兴趣的产生很重要,如懂得尊重他人、互助合作等,因为它会减少非理性的竞争,对形成健康人格大有裨益。新精神分析学派的埃里克森针对健康人格的组织结构进行了分析,以自我同一的观点来解释健康人格,认为健康人格需要具备自我一致的情感和态度、自我贯通的需要与能力以及自我恒定的目标与信仰,这样的人清楚自己固有的特点、爱好和理想,知道自己要成为什么样的人,表现在社会方面则是追求一种社会的认同感。

（二）特质论的观点

特质论的开创者奥尔波特在健康人格方面进行了长期的研究,他认为,健康人格不受无意识力量的控制,也不受童年心灵创伤或冲突的控制,心理健康者的功能发挥是在理性与意识水平上进行的。他进一步认为,如果一个人的统我(proprium)发展得很好,这个人就能获得心理上的成熟。所谓统我,是人格统一的根源,是人格特质的统帅——各种人格特质不是零散的,而是有组织的,统我就是组织者,统我包括人格中有利于内心统一的所有方面。奥尔波特提出了健康人格的"成熟者"模型。这样的人具有七个特点:①自我广延的能力。成熟者会把自己投入到各种爱好与活动中,扩大交往的范围,进行自我广延与拓展。②具有对别人同情、亲密和爱的能力。③情绪上具有安全感,自我认同与自我接纳。④具有客观知觉现实的能力。⑤能够客观地看待自己。⑥有多种技能和能力,专注于工作。⑦有一致的人生哲学。他还认为,健康人格是发展着的动力结构,统我是人格发展最高阶段的产物,健康人格是机能自主的。

（三）人本主义的观点

人本主义从人性本善的角度来研究健康人格,认为人的本性中皆具一种建设性的力量,将这种力量充分发掘出来,就能形成健康的心理与人格。

人本主义学派的创始人马斯洛,提出了健康人格的"自我实现者"模型,这样的人潜能得到了充分的发挥,其具有15种特点:

①能准确而客观地认识现实,持有较为实际的人生观;②能接纳自己和他人,不会为自己或他人的缺点所困扰,他们能坦然地接受自己的现状,包括自己的需要、水平、愿望,同样也宽容地对待他人的弱点和问题,从容地生活,很少使用防御机制;③自发、坦率、真实,他们能真实地对待自己的情感,不掩饰自己,自然而单纯地表现自己;④视野宽广,就事论事,较少考虑个人利害得失,专注于某项工作并富

有热情,把谋生与实现自我融合为一,以努力工作为快乐;⑤有独立和自立的需要,不回避与人接触,但不依赖他人为自己拿主意和做决断;⑥具有自主性,能独立于所处的环境中,不受所谓尊重、地位、报答、金钱、名望、爱等需要的影响,其满足来自自身内部而非受制于外部;⑦能欣赏生活,有持续的新鲜感;⑧有较经常的"高峰体验"(peak experience)——进入一种天人合一、物我两忘的境界,沉浸在一片纯净而完善的幸福之中,高峰体验能给人带来极度的欢乐与喜悦,更重要的是它能使人得到心灵的启示与觉悟,犹如醍醐灌顶,能减少忧虑与焦虑,具有改变人格的伟大力量;⑨对人有同情心,能关心和帮助他人;⑩能发展与他人深刻的交往关系,建立持久的友谊,这种交往关系是以共同的价值观念为基础的;⑪具有民主的思想倾向,以平等的态度对待人,尊重他人的意见,虚怀若谷;⑫具有创造性,不墨守成规;⑬有明确的伦理道德标准,信守不渝,不为达到目的而不择手段;⑭具有富于哲理性的幽默感;⑮不盲从,在遵守社会的习俗与规范的同时,能坚守自己的价值体系和行为方式,保持内在的超脱,具有内引导性的人格特征。

由上述可见,自我实现体现了人性能达到的美好境界,自我实现的人可以超越各种自然和社会文化的界限(如肤色、人种、国家、信仰、阶级等),把真正的人性之情和人类之爱施诸人类。

人本主义学派的另一位代表人物罗杰斯认为,健康人格不是人的固定状态,而是一种过程,是不断发展着的趋势,而不是终点。实现健康人格的过程本质上就是变成自己的过程,变成一个"充分起作用的人"即"机能完善者",实现的途径有:一是自动自发,即在活动中自主选择与探索、自我发起,出于内在兴趣而非他人逼迫,发展独立性和创造性;二是从面具中走出来,体验真实的情感,并学会表达情感;三是通过"交友集体"即他人的帮助实现自我,如通过朋友重新发现自己、认识和评价自己,开发潜能。在这个过程中,人越来越趋向自我实现,人格得到不断完善。罗杰斯进而认为,机能完善者有以下几方面特征:①对经验持开放的态度,不需要防御机制,不需去歪曲和掩盖,坦诚而真实,因而心胸宽广,行动也更趋灵活。②协调的自我。由于自我的开放性,毋需对什么东西防范,因此能不断接受新事物和新经验,头脑敏锐充实,而且能调整自我,与经验协调一致。③机体估价过程,以自我内在的实现倾向作为做经验评估的参考体系,不在乎世人的价值条件。通过这种机体估价过程作为反馈,来调节自己的经验,朝向自我实现,以达到维持、增长、完善和发挥生命潜能的目的。④无条件地积极自我看待,对自己的经验和行为都给予肯定,客观、诚实地看待自己的缺点和优点,不觉得有什么见不得人的内在动机,对自己充满信心,无论处于何种境遇都肯定自己的价值。⑤与同事和睦相处,乐于给他人以无条件积极看待,同情他人,赞赏他人,为他人所喜爱。

总之,罗杰斯认为,每个人都有朝着健康、积极方向成长与发展的潜能,这种潜能是独一无二的,它引导着所有人的行为,促使人自我实现也就是成为"充分起作用的人",这样的人是富有创造性的,处于最佳状态。为了达到此种境界,需要周遭环境提供安全、温暖、宽松的氛围,降低人们的防御心理,而作为个体,我们则需要多倾听内心真实的声音,尊重自己,积极看待自己,以自我实现为导向形成健康的人格。

(四)积极心理学的观点

积极心理学是 20 世纪末在西方兴起的一股重要的心理学力量,它从关注人类的疾病、问题和弱点转向关注人类的优秀品质与美好心灵,其对健康人格的研究探讨着重于"积极人格"。由于其更多地关注个体在思想、情感和行为方面的积极品质,因此对我们探讨和形成健康人格具有重大的意义。

所谓积极人格是指人格中的积极力量和正向特质,如乐观、希望、公平、爱、勇气、仁慈等,具有积极人格特质的人更具有创造性、自我实现、不断发掘自身潜能等特质,不仅仅是没有人格缺陷和人格障碍。

哈尔森(Hillson)和玛丽(Marie)在问卷研究的基础上,对积极人格和消极人格做了区分,并提出,积极的人格特征中存在两个独立的维度:正性的利己特征(positive individualism),与他人的积极关系(positive relation with others)。前者是指接受自我、具有个人生活目标或能感觉到生活的意义、感觉独立、感觉到成功或者是能够把握环境和环境的挑战;后者是指人际关系良好,在自己需要时能获得他人支持,也有能力与意愿给他人提供帮助,重视与他人的关系并对于现有的与他人的关系表示满意。

目前对积极人格的研究,集中于自我决定、积极防御和乐观三方面,尤其是"乐观(optimistic)"受到了广泛的关注。塞里格曼(Seligman)把人格分为"乐观型解释风格"和"悲观型解释风格",前者会把失败和挫折看成暂时性的,努力改变现状,后者则倾向归咎于长期或永久的因素、归咎于自己,因此感到沮丧和苦恼。

彼特森(Peterson)和塞里格曼根据人格的特质理论,对积极力量的行为进行了分类研究,找出了六种重要美德,即智慧、勇气、仁爱、公正、节制和卓越,以及与这些美德相联系的 24 种人格力量即 24 项积极人格特质。这些特质被认为是最有利于人类发展的优良品质,而且具有跨文化性。

总之,积极人格包含了很多积极向上的心理品质,能带给个体更多的主观幸福感,增强自我效能感,能够帮助个体更有效地对抗挫折、战胜困难,保持身心健康,对健康人格内涵的深化与拓展,对个体健康人格的形成和培养,都具有重要的启迪意义。

【阅读材料 4-2】

24 种人格力量

1.创造力(原创性,独创性):思索新颖而有价值的方法来产生概念和做事情。

2.好奇心(兴趣,寻找新事物,开放式体验):对持续的体验和其内在因缘产生兴趣;进行探索和发现。

3.头脑开明(判断力,批判性思维):通过全方位测验来思考事物;公平权衡所有的根据。

4.爱学习:掌握新的技能、话题以及知识本体,不管是出于自愿还是形式要求。

5.洞察力(智慧):能对他人提出明智的建议;能着眼于对己对人有意义的世界。

6.勇敢(勇气):不畏威胁、挑战、困顿或苦痛;依觉悟而行,不论其是否被普遍认同。

7.持久(有毅力,刻苦发奋):做事有始有终;坚持行为方向,不论障碍险阻。

8.正直(可靠,诚实):自我表现诚恳;对自己的感觉和行为负责。

9.有活力(热情,积极,有魄力,有精力):使生活充满激情和能量;感觉活跃、活泼。

10.爱:珍爱与他人的亲密关系,尤其是那些其中相互分享、相互关照的。

11.善良(慷慨,关怀,关照,同情,无私的爱,"美好的事物"):为他人帮忙、做好事。

12.社会智商(情绪智商,个人智商):了解他人以及自己的目的和感觉。

13.公民权(社会责任,忠诚,团队协作):作为集体或团队中的一员好好工作;对集体忠诚。

14.公正:依照公平和正义的观念平等对待所有人;不要让个人感觉误导对他人的判定。

15.领导能力:促进集体,使个人在其中作为成员能完成事情并且同时维持良好的集体关系。

16.宽恕和仁慈:宽恕做错事的人;接纳他人的短处;给予他人第二次机会;不心怀报复。

17.谦虚/谦逊:让人的成绩说话;不自大。

18.谨慎:细心于自己的选择;不要冒不当的风险;不说也不做会事后后悔的事。

19.自律(自控):管理自己的感觉和行为;守纪律;控制自己的欲望和情绪。

20.欣赏美丽和卓越(敬畏,赞叹,上进):欣赏美丽、卓越以及/或在生活的不同领域的娴熟表现。

21.感恩:知道并感谢发生的好事情;多多表达谢意。

22.希望(乐观,为未来打算,为未来定向):对将来有最好的展望,并努力实现它。

23.幽默(爱玩):喜欢笑,喜欢逗乐;给他人带来欢笑;看事物的光明面。

24.精神信仰(虔诚,守信,有追求):有对更高追求、生活意义以及宇宙意义的信仰。

第二节　大学生人格的培养

大学生处于青年期,尚未走向社会,比较单纯天真,具有较强的可塑性;学校的环境又为每个学生的人格完善提供了众多的时间与机会。因此,应该抓住这个关键时期来培养和发展自己的人格。

一、大学生常见的人格问题及调适

首先每个人或多或少都具有一些人格特征上的缺点或弱点,因为世界上并无十全十美之人,但如果这些缺点达到一定的程度明显影响了我们的学习和生活,甚至成为一种人格缺陷,就要注意调节和矫正。下面,对大学生容易出现的人格问题做一探讨。

（一）悲观消极

【案例 4-4】

某大学生说:我明年就要大学毕业了,但感觉不到一丝的高兴,我看事情很悲观,很消极,对什么事情都提不起兴趣。我对工作和生活都缺乏期望,找不到目标和理想,甚至找不到做人的意义。我不想和别人沟通,只想活在自己的世界里,不出声,静静地站在那儿,然后什么也不做。我很想改变这种现状,但我不知道该怎么办。

悲观消极者的一个重要特点就是用灰暗的眼光去看待各种人和事物,在他们眼里,人性是恶的,生活是没有意义的,事情的过程与结果也大多会朝着不好的方向发展。有一个民间传说故事,说的是一个老太太,她有两个儿子,大儿子开了一家伞店,小儿子开了一家扇子店,老太太每天都为此忧愁烦恼、唉声叹气,因为下雨天她就想到小儿的扇子卖不出去,到了晴天大儿子的雨伞又卖不出去了。这个故事很典型,生活本来就是一种客观存在,具有多面性,悲观消极的人总是看到它消极不如意的一面,对好的一面有意无意地忽视,由此造成了不必要的烦恼与痛苦。这就仿佛戴上了一副有色眼镜,将真实世界中所有好的积极的一面都过滤掉了,后果就是在学习和生活中处处都感到那么不如意。

悲观消极者的另一个特点是容易泄气和退缩,当遇到挫折失败或困难时,总觉得自己无能为力、无法有效应对,由此导致缺乏勇气,轻易就退却了,当然也很难成功。

悲观消极的人体验到的情绪常常是负面的,如痛苦烦恼、忧虑不安、自卑嗟叹、失望无助等,严重者会感到绝望沮丧甚至自杀,所以值得大家重视与关注。

那么,如何才能走出悲观的误区,培养乐观的人生态度呢?

(1)树立积极乐观的人生态度,对世上的万事万物抱有正念、善念,也就是建立一种阳光心态。

(2)遇事多往好的方面想,所谓"祸兮福所倚",凡事多往积极乐观的方面去看待,心情自然就会愉快,自信心也会得到提升。

(3)要有理想与明确的生活目标,善于寻找并发现生活的意义,生活充实了自然就会感到幸福和有价值,空虚迷茫、消极心态也会远离。

(4)正确对待挫折与失败,要认识到人生不可能都是顺境,逆境时有发生,所谓人生不如意者十之八九,有时是轻微的挫折,有时则是重大的打击,这些都是生活的"常态",不管我们是否愿意,它总是会发生,正因为如此,与其哀怨嗟叹还不如积极面对,要相信自己的力量,相信"办法总比困难多","前途是光明的,道路是曲折的",而且挫折失败也是具有积极意义的,"失败是成功之母",要善于从中发掘出积极因素。

此外,多接触乐观开朗的人、培养幽默感、多参加实践活动、培养兴趣爱好等,都有助于走出误区。

(二)自卑怯懦

【案例 4-5】

小 A,男,大二学生,他自述心情压抑,因为与高年级学生住在一个寝室,而这些学长的生活习惯不太好,尤其是有时会吸烟,小 A 感到不胜其扰,而且对自己的健康也有影响,他一直想与他们沟通,希望他们改变生活习惯,但两年下来了,始终不敢开口。他还自述,自己一直比较胆小,每临一些"重要场合"(如当众发言、竞赛等)总是退缩下来,不能表现自己,自己觉得还是有潜力的,但就是不能很好地发挥出来。

自卑者的特点是"看自己豆腐渣,看别人一朵花",总是寻找自己身上的缺点与不足甚至放大之,越看越觉得别人都那么厉害,唯独自己很差很弱甚至没什么优点可言,自身存在的优点被自己选择性地忽略了。

正因为过多地看到自己的缺点,所以,此类人群会看轻自己,贬低自己,产生自我意识的偏差,体验到很多消极的情感,如自惭、自愧、自责、内疚甚至自轻自贱,在行为上则是缺乏自信,不能大胆地表现自己,心头总有一个"我不行""我做不好"的声音在起作用。其行为模式是被动防御型的,就是总在考虑如何掩饰自己的缺点,生怕别人瞧不起自己,由此会产生各种各样的行为问题。

怯懦者的特点是"怕"字当头,他们总觉得生活环境压力很大,自己很难应对,自己也不能随意流露或表达自己的主张,否则就会出现不好的后果。如面对冲突,要以忍为主,生怕惹得他人不快,生怕伤害到别人,在困难面前也常有畏惧心理,觉得困难无比强大自己战胜不了,所以只能退缩。在其他各种场合,也是不敢或不愿出头露面,或不敢承担责任。

自卑与怯懦其实是相互联系相互影响的,都与缺乏自信、胆怯、内向封闭等性格特点有关。

可以从以下几方面来调节:

(1)强化自己作为一个人的权利和尊严,认识到自己和他人一样,是有价值的个体,而且在任何时候都是具有价值的,即使处于失败的低谷状态中,人也是有尊严有价值的个体,切勿自暴自弃,要建立起自尊自爱的态度与信念。还可以阅读一些成功人士的故事,学习他们的人格品质。

(2)学会寻找自己的优点,相信尺有所短、寸有所长,天生我才必有用,自己一定具备了很多优点与优势,要发掘出来并充分发挥之、强化之(可记记优点日记,经常朗读、强化,并在实践中去发扬光大),经过训练,终能逐渐意识到自己原来也有不少优点,有些优点别人还不具备呢,一旦找到了这种感觉,那么我们的自卑也随之而去,自信便建立起来了。

（3）学会表达自己的主张和观点。第一是不要怕出错，不要怕别人嘲笑，看看周围我们便会认清一个现实，他人其实也并不是那么"完美"，他们也会紧张得发抖、也会说错话办错事，我们也不必苛求自己，只要勇敢地去做就是了，一般不会发生我们想象的"可怕"后果，即使遭到个别人的嘲笑，那也算不了什么，很可能还是这个人的问题呢。第二是不要老看他人的眼色行事，不要对他人的眼光和看法过于敏感，也不要对他人的议论过于在乎，因为没有人能做到杜绝他人的闲话，而唾沫星子其实也淹不死人，只要自己问心无愧，做什么都行，事实也证明，一个过于在乎别人眼光的人是很难成事的。第三是要学会一些表达的方法与技巧，如少用"你"字句来责备对方（如"你是个笨蛋""你太坏了"），多用"我"字句来表达负面的感受（如"我感到很失望、很生气"），批评时对事不对人，当有不同的意见时可以用一种和而不同的方式（如温和而坚定地说"我认为……""我喜欢……"）来表达自己的意见，总之多沟通少吵架，大部分人其实都是通情达理的，并不会产生被"嘲笑、冷落、打压"等可怕的后果。最后，还要改变老好人、委曲求全、逆来顺受的习惯。这种习惯由来已久，已经在我们的"心理舒适区"了，改变它反而会让我们感到别扭，所以原来的习惯我们尽管意识到不好、需要改变，但我们还是会不自觉地回到老路上去，这就需要我们树立"长痛不如短痛"的想法，努力去改变和突破，多做几次就会逐步适应新的做法。

（4）多参加实践活动，积累成功体验。成功经验多了，我们自然会自信起来，而且与同学朋友交流多了，性格会变得开朗起来，错误的想法也会在实践中得到纠正，这些都有助于改变自卑怯懦。

（三）敏感多疑

敏感多疑的人对外界发生的事情神经过敏、疑神疑鬼而且偏执地相信这一点，常常把别人无意的行为表现误解为对自己怀有敌意，甚至将他人的善意扭曲为恶意，以至于与人产生隔阂乃至反目成仇。通过对敏感多疑者的心理分析，我们可以看到，其特点是"无中生有"，一切的猜疑都没有充分的证据，是自己想象出来、猜疑出来的。例如，有的人看到教室角落有人在悄声说话，就认为他们在背后说自己的坏话，看到某同学今天没有笑容就想到他是否对自己有意见，其实并无什么证据。这种心态让人整天处于患得患失、痛苦烦恼之中，所以必须下决心改变。

可以从以下几方面来调节：

（1）建立起对世界的基本信任感与安全感。尽管这世界上存在种种不测，但总的说来，还是以安全与善意为主的，尤其是在没有充分证据时，不要妄加猜测，要抛弃这种不良的心理暗示。

（2）加强沟通，在沟通中会发现很多问题都与自己想象的不同，这时就会消除误会，克服敌意心理，增进彼此的信任，性格变得开朗乐观，猜疑的习惯也会逐渐改变。

（3）拓宽胸襟，不要过分在乎他人的看法。人不需要活在他人的眼光之中，做好自己就行。坦荡做人,"心底无私天地宽"。

(4)看问题要全面些、乐观些,遇事不要总是往不好的方面去揣度,要往好的方面去考虑,换一个角度来考虑问题,心情往往会豁然开朗。

(5)当猜疑别人看不起自己、在背后说坏话时,可以通过观察、沟通、询问等方式来了解是否存在相关证据,你会发现在绝大部分情况下都是捕风捉影、子虚乌有的,在证据缺乏的事实面前,猜疑也就烟消云散了。还可以在心里反复默念"我和他是好朋友""他不会看不起我""他不会说我坏话""我不该猜疑他""猜疑人是有害的""我讨厌猜疑"等。这样反复多次地默念,新的想法就会代替旧想法,使人逐渐克服多疑的毛病。心理学证明,从心理上厌恶它,在观念和行动上也就会随心理的变化而放弃它。

(四)心胸狭隘

所谓心胸狭隘,也就是人们常说的气量小,心眼窄。狭隘心理是许多不良个性的根源,如嫉妒、猜疑、孤僻等不良表现都与狭隘心理有关,故有必要克服之。

心胸狭隘者只听得好而听不得坏,缺乏容人的雅量,只占便宜不肯吃亏,受到一点委屈或碰到一点很小的得失便斤斤计较、耿耿于怀。这样的性格显然会引起许多精神上的痛苦烦恼,也很难与人建立起融洽的人际关系。

可以从以下几方面来克服:

(1)首先要建立一种广阔的人生观和价值观,风物长宜放眼量,心底无私天地宽,多从全局整体来考虑问题,自然就不会过于计较个人得失了。与此相关的是知识修养的提高。多读好书尤其是人文社科道德修养类的书籍,阅读这些书籍有助于眼界的开阔与人生境界的提高。

(2)要培养宽容心理。对他人的缺点和不足、一时的错误甚至对自己的伤害,不要过分计较,过于苛求,因为世上没有完美之人也没有绝对的公平,所以需要我们拓宽心胸去容忍和接受这些现象,甚至要"难得糊涂,吃亏是福",尽量抱着与人为善的态度去处理各种矛盾和冲突。

(3)多参加实践活动,尤其是集体活动,多与人交往,尤其是与心胸开阔的人交往。在活动与交往中,主动地融入集体,团结互助,多学习他人之长,多角度考虑问题,性格就会变得开朗起来,这也有助于克服狭隘心理。

(4)打破自己的"舒适圈"。不要局限于一个狭小的生活圈子,不要只与意见相同、不强于自己的人交往,要丰富自己的业余文化生活、拓宽兴趣,多融入大自然之中,生活阅历丰富、视野开阔了,人的整体素质也能得到提升,心胸自然就会开阔起来。

(五)虚荣

【案例 4-6】

小李相貌一般,她一直为此而自卑。高中时,爱好文学的她却选择了理科,因为理科女生少而男生多。大学时,她暗自欣喜,因为班上只有 5 名女生,男生却有27 名,她觉得这是一件光彩有面子的事,也增添了她微薄的自信,从此她把大量时间花在穿衣打扮上,在男生面前故作妩媚,祈求得到男生的欣赏与青睐。但令她失望的是,她喜欢的一个男生最后却选择了一个模样不如她的女孩,其他男生也对她"敬而远之",暗地里称她为"芙蓉姐姐"。

虚荣是人们为了赢得荣誉、体面或引起注意而表现出来的一种不正常的社会情感和心理状态。虚荣心强的人喜欢与人攀比、好大喜功、表现欲特别强,但往往追求的是一些表面肤浅之物,甚至打肿脸充胖子,表现出"虚夸"的特点。虚荣心轻则使人浮躁,重则使人堕落,因小失大,有百害而无一利。当今时代,网络信息铺天盖地,很多信息都在鼓吹"官二代""富二代""高富帅""白富美"之类,青年人很容易在此过程中迷失自己。那么如何才能克服虚荣心呢?

(1)充分认识虚荣的危害。虚荣具有虚夸的特点,所以追求的都是一些表面肤浅之物,并不能使人生的意义得到充实或真正的能力得到提高。虚荣心强的人过分在乎他人的评价,心理处于敏感焦虑之中,此种不安定状态势必影响到学习生活的各个方面。更糟糕的是,虚荣心会导致理性的缺失,打肿脸充胖子,这更会让人变得"疯狂",做出很多不自量力之事,轻则损害自己或家庭的利益,重则使人堕落甚至犯罪,所以是有百害而无一利的,必须坚决克服之。

(2)要以正确的态度对待名利。名和利应该建立在正确的方向之上,建立在踏实劳动的基础之上,如通过学习工作取得成就,来获取相应的荣誉,而不是去追求一些虚无缥缈的东西,也不能不择手段。另外,青年人有进取心争强好胜是好的,但也需要适当"淡泊名利",这样才能保持一颗宁静之心,才能走得更远。

(3)克服从众心理。要有自己的思考与独立的自我,追求真正适合自己的东西,绝不盲目地追赶潮流。不妨经常给自己"静思"的机会与空间,叩问心灵,理清思路,然后再出发远航。人本主义心理学家马斯洛认为,人生的发展就是一个自我实现的过程,所以我们一定要牢牢把握住这个"真我",以此作为发展的根基。

(4)分清自尊与虚荣的区别。自尊是建立在个体内在价值和尊严的基础之上的,是自信自爱的一种表现,而虚荣则是追求外表的荣耀,带有"炫耀"的特点,是建立在自卑与无知的基础之上的。两者不能混淆。

(六)意志薄弱

在当代大学生中,意志薄弱的常见表现有:

三分钟热度:热情来时干上一阵,过后又松懈下来,做事往往缺乏定力、左右摇摆、半途而废。抗挫折能力差:在学习、人际交往、恋爱等方面一旦出现困难、受到挫折,就不能承受、退缩逃避、意志消沉、惊慌失措,并缺乏相应调节能力。据某调查,"如果在生活中遇到挫折和困难,您的处理态度",有近 50% 的大学生选择逃避或认为自己很倒霉,或是抱怨、听之任之,而不会采取积极主动的行动去做任何改变。自暴自弃自制力差：一旦外界出现某种刺激和诱惑，就容易被"蛊惑"，不能有效地控制自己的情绪与行为。如，遇到好看的电视、有趣的购物或他人的某种劝说或鼓动，就心猿意马，不能"当行则行，当止则止"，将精力投入到有意义之事上去。缺乏果断性，做事优柔寡断，犹豫不决，由此失去了很多机会，也容易让自己经常处于纠结状态中，造成心理困扰。此外，在困难面前容易退缩与畏惧，缺乏毅力，不能吃苦耐劳等，也是意志力薄弱的典型表现。

可以从以下几方面来调节：

（1）增强做事的自觉性，也就是生活要有明确合理的目标，只有明确了自己的目标和使命，才会自觉去调节支配自己的情绪与行为。正如明代王阳明所说"志不立，如无舵之舟，无衔之马，漂荡奔逸，终亦何所底乎"。目标要明确，如"我打算每天晚上步行一个小时"，或"我计划每周中的一、三、五晚上读一个小时的书"，不要笼统模糊，如"我打算多进行一些体育锻炼"，或"我计划多读一点书"。

（2）适当进行一些意志训练。一是通过专门的练习来训练自己的意志品质。心理学家博伊德·巴雷特就提出过锻炼意志的方法，其中包括从椅子上起身和坐下30次，把一盒火柴全部倒掉然后一根一根地装回盒子里。我们可以自己开发适合的意志锻炼项目。二是实际磨炼。就是当生活中出现实际的困难与挫折时，不要退缩逃避，而是将之作为一种难得的磨炼机会，自觉地去锻炼自己的意志品质。没有人生来就意志坚强，经受的事情多了，自然就能练就出顽强的意志与韧性。

（3）学习正确的应对方式。当我们面临问题时，是积极应对还是消极应对，结果是完全不同的。积极的应对方式如直接或间接地解决问题、求助、调整目标与计划、调整心态、发奋努力等，消极的应对方式如消沉自弃、借酒浇愁、退缩逃避、自责、耽于幻想等，我们应该克服惰性，避免陷入消极的应对方式之中。

（4）克服不良的行为与习惯，如拖拉、爱睡懒觉、网络成瘾，要坚决果断地与这些不良习惯说"拜拜"，并下定决心坚持之。例如，一位美国商人喝酒太多，然而他的工作很烦人，在进餐前喝几杯葡萄酒似乎能让人的紧张心情得到放松。可酒和累人的活又使得他昏昏欲睡，常常一喝完酒便呼呼大睡，于是他决定不再贪杯，而是把更多的时间用在孩子身上。刚开始很不容易，常常想起那香气四溢的葡萄酒，但他告诫自己现在所做的事将有所得而不是有所失，最后终于克服了不良习惯，进入了良性循环。为了更好地做到，要采取一些"狠心"的方法，如写好书面计划，甚至贴出来请他人帮助监督，规定改变的时限（如在三个月内改变之），等等。

（5）通过权衡利弊法来激励自己坚持良好的行为。可将一张纸折成左右两半，左边写上坚持某项行为的"利"（如戒烟"可以省下一笔钱""身体变得更健康"），右边一栏写上"弊"（如戒烟"我一开始感到很难过""我将失去一种排忧解闷的方法"）。进一步还可以将所写内容分类成短期的与长期的利（收获）与弊（损失），这样看起来更明确。通过这样的仔细比较，看到了实际的好处，改变起来就更容易了。

（七）急躁冲动

【案例 4-7】

王某,男,19岁,大二学生。从小性格外向,活泼好动。做事三分钟热度,耐不住性子,脾气急。做作业时写了一大半,只因为后面结尾部分一下子没想好,就急得直跺脚,有时干脆就将整个作业给撕了。和同学关系相处不好,总是因为一点点小事就和同学发生冲突,遇事稍不合心意就要发火。同学问他问题,如果同学听一两遍还不明白,他就烦了,说道,"我都说了你怎么还不明白呢? 你没听我说话啊?"结果惹得同学很不好受,再也不问他了,事后想起来他也很后悔,但一着急就控制不住了。

大学生中,有部分同学存在着与王某类似的情况。就是脾气急躁易冲动,刚有个想法就急着付诸行动,既无认真准备又无周密计划。想说什么就说什么,经常一说就犯错,说过再后悔。可一遇到事情,又故态复萌。之所以出现这种情况,有很多可能的原因。

第一种原因是先天的气质特点。有四种典型的气质类型,即胆汁质、多血质、黏液质和抑郁质。其中胆汁质的人热情、精力充沛,做事果敢干脆,为人比较直爽,但行事草率简单和鲁莽、抑制力弱,急躁,容易冲动。第二种原因为后天生活环境。如,父母对孩子要求过高,总是急于求成,或由着孩子的性子来,感到不耐烦了就频繁变换,不注意培养耐心细致的品质,或家长自己就是急性子影响了孩子。

可以从以下几方面来调节:

（1）要相信先天的神经类型尽管对人的行为方式有影响,但只是在人生的初期比较明显,随着年龄增长,后天因素的影响会越来越大,而且神经系统是具有可塑性的,所以对改变自己的脾气要抱有坚定的信心。

（2）急性子的发生往往带有突然性、就那么一刹那那股劲就上来了,这时,要先为自己的情绪降降温,比如做一做深呼吸,或在心里对自己说:"我三分钟后再发怒。"然后在心中默数。不要小看这三分钟,它在很大程度上可以帮助你恢复理智。实在不行,可采用转移法,离开现场冷静一下再说。

（3）换个角度去考虑问题,有助于控制自己急躁的脾气。如:过程比结果更重要,No pain,no gain,退一步海阔天空等,还要多些换位思考,多想想他人的感受,学会尊重别人的利益和需要。发表自己的看法,不一定要发火,即便遇到不同的看法,也不能固执己见,更不能靠发脾气来解决问题。

（4）采用一些专门的方法,如在自己的学习用品上贴上"制怒""少安毋躁"一类的警言,时刻提醒自己要冷静。或者用一个小本子记载每一次发脾气的原因和经过,进行分析梳理,会发现很多脾气发得毫无价值,以后发作的次数就会减少很多。

（八）人格动力的缺失

人格动力的缺失有多种表现,如找不到学习的动机、人生观价值观不明确等,这里就目标的缺失与迷茫问题做进一步分析和探讨。

由于长期的应试教育、阅历的单薄以及对大学生活的不适应,缺乏明确的学习和生活目标成了大学生尤其是大学新生常见的问题。

表现之一是理想与信念的缺失。不知道活着是为了什么,应该追求什么。正如一个大学生所言:人活着到底为了什么呢?为社会吗?不要跟我讲大道理了。为自己吗?最终又能得到什么呢,最后还不是免不了一死,这又有什么意义呢?总之,部分学生感到非常茫然,找不到人生的方向。部分大学生的理想信念与主流价值观相背离,最典型的是功利主义、物质至上、极端个人主义的倾向。例如:有的大学生认为人生的目标就是赚钱而且是钱越多越好,有的认为学习的目标就是找到一份好工作而好工作就是钱多社会地位高或者轻松。这些想法本身也具有一定的现实性或合理性,但如果片面地进行理解并且将之唯一化绝对化,作为人生的终极目标来追求,就会陷入精神的空虚无聊与束缚之中。

表现之二是不知道自己的学习目标和生活目标是什么,不会做生涯规划,处于空虚迷茫的心态之中。表现在具体行为上就是得过且过、混日子、被动学习甚至厌学逃课、沉溺于网络或游戏等。

可以从以下几方面来调节:

(1)多培养精神方面的追求。法国哲学家帕斯卡尔说"人是会思想的芦苇",笛卡尔认为"我思故我在",这是人活着的意义所在,也是人与动物的根本区别。人活在世上,总要不断地思索和追求人生意义,丰富自己的内心世界。金钱、名利地位这些总归是身外之物,它们可以为人生带来一些实际的好处,但永远不能替代人在精神上的追求与成长,不是人所要追求的终极目标所在。人本主义心理学家认为自我实现的需要是人的一种重要的成长性需要,积极心理学认为精神信仰是人类核心美德中的一项重要特质,都说明了这个问题。所以,我们应该多学习多思考多参与社会实践活动,在这个过程中丰富自己、思考人生、确立正确的世界观与价值观,逐步建立起自己的精神追求体系。

(2)摆脱小我、融入社会。具有为人类和社会而奋斗的长远目光与信念,富有爱心与感恩的心态,才能真正得到别人的尊敬,也才能得到精神上的丰富与充实。将个人利益与集体利益、国家利益有机结合起来,在更为广阔的天地与境界中去实现自己的人生价值。

(3)做好生涯规划。大学生从入学开始,就应该主动地通过各种途径来获得对本专业的认识以及对大学生活特点的认识,对四年大学生活做好规划,对今后的发展也要有一个全面而完整的考虑,并将这些规划转化为月计划、周计划和日计划,落实在日常行动上,踏踏实实地过好每一天走好每一步。

(4)多向前辈与学长请教,他们有丰富的人生经验和教训,会给我们以启迪和思考,从中可以找到正确的方向并少走弯路。

大学生的人格问题还包括过分羞怯、自我中心、缺乏热情、懒惰拖拉、敌意偏执等方面,同学们也要注意调适,原理和方法与上述类似。

二、大学生健康人格的塑造

大学生健康人格的塑造,是指大学生根据自身的身心发展规律,通过个体、家庭、学校和社会等多种渠道来主动积极地发展自己的健康人格。有关大学生健康人格的塑造,研究比较零散,说法也不统一,因此并无一个统一的标准,此处结合健康人格的内涵与理论及我国大学生的特点与现实情况,提出以下几方面建议:

(一)正确认识自我,优化自身的人格

正确的自我意识是人格健康的基础。有了良好的自我意识,个体才会"吾日三省吾身",不断地调控与完善自己。

人格健康的大学生首先能正确地认识自我,既不盲目自信又不自怨自艾,能恰如其分地评价自己、认同自己。

正确认识自我也意味着能客观地认识自己人格上的优点和缺点,并扬长避短。例如,一个内向的人,他的优点是比较耐心细致,善于自我控制,感情细腻深沉,做事小心谨慎,不足之处是有时会想得过多,优柔寡断,反应缓慢。对此要有一个全面的认识和辩证的对待,要善于发扬自己的长处,也要通过实践活动、人际交往等,来提高自己的决断能力和表达能力,表现个性。

对于性格中的短处,一种方法是"克"。人无完人,所以我们不必企求自己十全十美,有一些弱项和缺点是非常正常的,也没有必要全部克服之。但对于那些明显阻碍了自己的发展和成长、已经影响到自己社会功能的缺点,还是要注意改正之,例如,有个女大学生特别小气,她自己的东西都不准别人借用,严重影响到与同寝室同学的关系,这样的缺点显然是要努力改正的。心理学中有种木桶理论,一只木桶能盛多少水,并不取决于最长的那块木板,而是取决于最短的那块木板,这块木板如果太短或者有破洞,那么这只桶就无法盛很多水。因此,每个人都应思考一下自己的"短板",并尽早补足它。

另一种方法是"避"。有一些弱项或不足,属于个人的一种天然的局限,很难突破,那么还不如"避开"为好,这样才能将精力充分地投入到自己擅长的事情上去,这是一种明智的取舍之道。如,著名演员唐国强出演了很多经典的角色,毛泽东、诸葛亮、雍正等,当有观众问他能不能演好《贫嘴张大民的幸福生活》中的张大民时,他毫不犹豫地回答自己演不了,并说还有一些角色也演不好,比如说鲁智深等。这就是一种自知之明。

优化人格意味着使自己的人格变得更优异更好,就是根据一定的标准来主动地塑造自己的人格,使自己更具有适应能力,变得更加完善。途径有多种,如阅读、实践、积极的人际交往等,还可以通过心理辅导和心理训练的途径,有针对性地进行改善。

（二）具有积极乐观的生活态度和健康的审美情趣

积极乐观的生活态度,是人格健康中非常重要的方面。譬如,同样走100千米路,已经走了95千米了,你会怎么想呢?乐观者会想:我95千米都走过来了,还差这5千米吗?他咬咬牙,坚持一下,也就真的走到了。悲观者会想:唉,怎么还有5千米啊,何时是尽头啊?于是他腿脚酸软,功亏一篑。哪种态度更好呢?答案显然是明确的。

大学生处于人生的成长阶段,会面临学习、生活、恋爱方面的各种问题,许多事情会不尽如人意,挫折和困难难以避免,要始终保持积极乐观的生活态度也就是阳光的心态,不能遇到一点困难就消极悲观甚至自暴自弃,更不能轻生。对未来充满希望,相信生活是美好的、前途是光明的,哪怕道路有时曲折。得之固可喜,失意亦泰然,在生活的磨炼中,不断调整心态,优化人格,形成热爱生命、乐观向上的生活态度。

乐观是人格中的一种"阳光",具有这种态度的人生活更幸福,也更容易成功。这一点,已经为心理学研究所证实。那么,如何才能做到乐观呢?一是要有合理而积极的认知,正如上述走路的例子,积极认知是形成乐观态度与性格的根本性基础。所以,凡事应多往好的方面想,想得全面一点、开阔一点,不钻牛角尖,这是很重要的。二是心胸开阔。凡事想开一点,度量大一点,少点私心与自我中心,《后汉书·孔稚珪传》中说:"以天下为量者,不计细耻;以四海为任者,不顾小节。"英国哲学家培根说:"经常保持心胸坦然,精神愉快,是延年益寿的秘诀之一。人尤其应该克服嫉妒、暴躁以至埋在心头的怒火、积郁不解的思考、无节制的狂欢、内心的隐痛,等等。"唐代大诗人白居易的诗中写道:"蜗牛角上争何事?石火光中寄此生。随富随贫且随喜,不开口笑是痴人!"这些话都是从宝贵的生活经验中提炼出来的"金玉良言",意味深长,值得细细体味。三是要多笑。笑能够增强肺的呼吸功能,消除神经紧张,驱除愁闷,促使人乐观面对现实,对身心健康大有裨益。笑还意味着笑对生活,正所谓"开口便笑,笑古笑今,凡事付之一笑!大肚能容,容天容地,于人何所不容?"笑还意味着多培养幽默感,因为幽默感能化解很多生活的尴尬与困境,并使人的情绪处于最佳状态。正如美国哈佛大学心理学家维尔伦博士所说,幽默感是人类面临劣境时减轻压力的有效方法之一。四是要多与人沟通。人生难免遇到各种程度不一的挫折与坎坷,会出现各种负面情绪,如果一个人将其闷在心里,往往容易钻牛角尖并且越想越难受,这时候,如果能找人倾诉一番就会释放掉很多压力,想法也会在与人沟通中得到转变。

健康的审美情趣亦是积极心态的一种表现。审美情趣,表现在审美态度、审美情感、审美能力等方面,健康的审美情趣意味着崇真崇善崇美,追求真善美的统一,不以丑为美、重表轻里,远离畸形的、病态的、消极的现象与形态,远离恶搞、恶俗和庸俗,远离低级趣味。作为新时代的大学生,不仅仅要会审美和享受美,还要学会创造美,主动投身到创造性的工作和活动中去,创造出美的社会和生活,在创造中体现劳动成果之美,从而激发强烈的求知欲望和创造欲望,享受充实而美好的大学生活。大学生还应该养成良好的卫生习惯,注重创造美的环境,如美化寝室环境和校园环境。总之,在创造美与享受美的统一中不断地完善自己。

(三)具有良好的情绪调控能力

良好的情绪调控能力是人格健康的保障,因为情绪具有渗透性,对学习、意志、行为等各方面都会产生影响。不良情绪会使人精神涣散、注意力不集中、认知能力下降、做事动力不足,影响正常的学习工作和生活,进而会影响心灵的成长和发展。

首先,情绪要稳定。情绪本身是具有波动性的,但这种波动要在一定的范围内,不能经常性地大起大落,否则极易对身心造成困扰。范进就是在听闻自己中举后,狂喜不已,以致"痰迷心窍",精神失常。青年学生容易在顺利时忘乎所以,而遇到挫折时又一下子沉到谷底,走极端,这是要注意调节的,要学习一点"中庸"之道,做到"乐而不淫,哀而不伤",像诸葛亮所说的那样,"喜怒之事,不可妄行",通过暗示、呼吸调节、认知调节等方法,将自己的情绪调节好。情绪稳定一定程度上象征着一个人的心理成熟程度。

其次,要有愉快的心境,积极情绪多于消极情绪。在顺境时如此,在逆境时也要尽量做到不过于忧愁烦恼,能将消极情绪及时地处理调节好,并始终保持对生活对未来的信心与希望。因为"境由心造",客观环境与境遇确实能影响一个人的心情,但人是有主观能动性的,我们完全可以通过自己的积极调节,做到无论得失,都保持一种泰然的心境。正如一位医学家所说,一个人要做到"三乐":顺境时助人为乐,逆境时自得其乐,闲境时知足常乐。

再次,要多增强积极的心理体验。根据积极心理学的研究,积极体验是指个体回忆过往感到满意,对当下有幸福感,对未来充满希望的一种心理状态,它有助于幸福感的产生。积极体验有两种:感官愉悦和心理享受。感官愉悦是指个体在生理需要得到满足时产生的积极体验,心理享受来自个体超越了自身原有状态后所产生的积极体验。心理享受类的积极体验常与个体的创新相关联,更有意义,有利于个体的成长,是积极心理培养的核心内容之一。从中我们可以得到启示,我们应在生活中更多地发现乐趣、增强快乐体验,这也是培养健康人格的重要方面。

(四)具有强烈的责任感与良好的社会适应能力

(1)从中学进入大学,大学生年龄上已经是成年人,人们对其的要求也开始不同,大学生应该具有一种角色转变意识,建立起强烈的责任感。

①要对自己负责。就是说能够以成年人的方式对待自己,成为一个独立自主的人。这样的人懂得照顾自己的身体和情绪,了解自己并肯定自己的价值,能合理地表达与满足自己的需要,同时也能理解和尊重他人的需要。能在理性思考的基础上做出自己的选择,而一旦做出决定,则要能为自己的行为后果承担责任。

②要成为一个有责任心的可靠的人。不论做什么事情,都要尽心尽力,负起相应的责任,做到问心无愧。言必行,行必果。不要轻易承诺,一旦承诺,则要遵守和履行自己的承诺,不轻易反悔。要对他人负责。例如,在恋爱中,应该珍惜对方对

自己的爱,认真对待感情,不能做伤害对方的事情,要尊重对方的意愿与权利。作为学生,尽管还没有经济能力,但作为子女,应该有感恩与回报父母之心,经常与父母沟通、善待父母、以自己力所能及的方式孝敬父母。还要有社会责任感,不仅仅考虑自我的发展,还要考虑到社会的发展,在享用社会和国家所提供的资源和便利的同时,要有帮助他人回报社会的意愿和行动。努力达到个人价值与社会价值相统一。

有些大学生认为自己的责任是"花钱",父母的责任是"挣钱",自己是社会的"消费者",简称"吸血鬼",一旦失败则归因为运气、外部环境等,不从自己身上找原因,学习只是为了个人而与社会发展无关。这些现象都是责任感缺失与偏离的表现,要注意改正。

(2)良好的社会适应能力包括这样几方面:一是有开放包容的心态。随着改革开放的不断深入,各种思潮涌入我国,价值观念日益多元化,在这样的形势下,保持一种开放包容的心态尤其重要。我们一方面要有独立的思考能力和自己的主见与原则;另一方面,我们也要多一点容纳性,譬如以开放的态度去接纳不同民族不同地域人们的各种生活方式、文化习俗,能理性看待一些社会现象,不钻牛角尖,不会因此而牢骚满腹甚至归罪于社会,接纳同学比自己优秀的地方,接受老师的一些不完美之处,对人对事多持宽恕之心,这样就会保持心理的安定与和谐,也能更好地融入社会和集体。二是具有社会交往的各种能力与性格倾向。有良好的人际沟通能力,积极参与集体活动,遇事多与他人商讨交流,敢于并善于表现自己,处事公平而果断,知法懂法,这些特点在现代社会是相当重要的。有些同学喜欢独来独往,或者抱着"酒香不怕巷子深"的观点疏于表达,这样的性格是要做出适当改变的。三是不断学习,与时俱进,主动适应社会的发展。

(五)具有和谐的人际关系

具有健康人格的大学生对周围抱有善意,能与人友好相处,并且能拥有亲密的同学和朋友,在与他人交往中,能够换位思考,尊重、信任的正面态度多于嫉妒、猜疑等消极态度,以诚信、平等、宽容的态度对待他人,相互尊重、相互欣赏、共同提高。

按照埃里克森的观点,18～25岁正处于成年早期,此阶段的主要发展任务是获得亲密感和避免孤独感,相应的良好人格特征就是爱的品质。那么我们如何才能拥有爱的能力呢?心理学家认为,爱的能力不是天生的,而是后天学习获得的。例如,我们可以学习关心他人,关心身边的朋友、关心弱势群体、对遭受困难的同学给予安慰与帮助。我们可以学会感恩并表达谢意,我们每个人都受到很多人的恩惠,父母、老师、朋友甚至陌生人。我们也受到大自然的慷慨赐予,对此,都应该抱有感恩之心,而不能认为理所当然。我们还要多练习表达谢意,将内心的这种情感表达出来。研究表明,那些习惯于向他人表达感谢的人,更有可能乐于助人、慷慨、富于同情心、宽容体谅,因此也更健康更快乐。我们还可以学习一些情绪的表达方式,如:共情,即理解并支持对方,善解人意;述情,即用不伤害关系的方式来表达自己的需求、愿望和感受,而不是一味隐忍或爆发,或动辄指责和抱怨。

和谐的人际关系和健康人格是相辅相成的关系,健康人格是和谐人际关系的基础,而良好的人际关系又有助于构建与发展健康的人格。从这个意义上说,良好的人际关系是形成健康人格的重要条件。

(六)具有勇于挑战的创新意识和合作精神

(1)一个新时代的大学生,不能仅仅满足于知识的学习与优良的成绩,应该主动地寻求挑战,充分发挥自己的潜能,并不断提高自己的创新能力。

①要克服从众心理,善于独立思考。遇事多问几个为什么,善于用自己的头脑去思考,决不盲从、人云亦云,不唯书,不唯上。在中世纪,人们的思想受到禁锢,大家对亚里士多德都很崇拜甚至迷信,但伟大的物理学家伽利略却敢于打破这种"迷信",在比萨斜塔上进行实验,提出了自由落体定律。我们应该学习这种精神,勇于探索真理、形成自己的想法与观点,不能为惰性所牵制而满足于"应付"和"应试"。

②要战胜胆怯心理,敢于探索。胆怯会导致害怕困难、害怕失败从而放弃努力,不敢有新的想法,不敢打破常规。但是创新是对常规、习惯的一种挑战,这就需要勇气和自信,敢于越过自己的"心理舒适区",发表自己的意见,大胆探索,甚至异想天开。要相信,创造能力是可以培养的,每个人身上都具有这种潜能,关键是我们要敢于挑战,主动地去发掘它。

(2)当今时代,科技飞速发展,单个人的力量显得越来越渺小,很多工作都需要集中大家的力量来完成。所以,一个符合时代潮流的大学生,还要善于团结合作,遇事多与人商量,相互信任,充分认识自己与他人的长处与优势,善于协调各方力量,提高团队的凝聚力与执行力。学会在竞争中合作,在合作中竞争。

(七)具有坚强的意志,养成良好的行为习惯

意志是指一个人自觉地确定目的,并根据目的来支配、调节自己的行动,克服各种困难,从而实现目的的心理过程。它是大学生取得成功的重要条件,也是健康人格的重要标志。

古往今来,凡是在各领域取得杰出成绩的人,没有不具备顽强的意志的。张海迪、史铁生身残志坚却做出了不平凡的业绩,即使在平凡的学习和工作中,也需要顽强的意志品质。

意志品质主要包括四方面:

1.自觉性

意志的自觉性是指个体对行动的目的及其社会意义有充分的认识,并能主动支配自己的行动以达到既定目的的品质。反映出个体有坚定的立场和信仰,是产生坚强意志的源泉。与自觉性相反的品质是受暗示性和独断性。受暗示性表现为

缺乏主见,人云亦云,行动易受他人影响,易发生动摇。独断性则表现为盲目地自作主张并一意孤行,不论别人的建议和规劝合理与否,都一概予以拒绝。

2.果断性

意志的果断性是指人在选择目的、采取决定和执行决定过程中善于辨明是非真伪,迅速而坚决地采取决定,并实践所作决定;或能根据情况的变化及时调整决策。与果断性相对立的品质是优柔寡断和草率。优柔寡断的人在采取和执行决定时,总是顾虑重重、犹豫不决、摇摆不定,有各种怀疑和担心,踌躇不前。草率决定的人则是缺乏深思熟虑,不顾后果而鲁莽从事,这种人表面看起来能迅速决断,但却缺乏合理依据,有时甚至凭一时冲动而采取决定,因而往往导致失败。

3.坚持性

意志的坚持性是指一个人在执行决定时能坚持到底,在行动中能长期保持充沛的精力和坚韧的毅力,战胜各种困难,不屈不挠地向既定目标前进的品质。具有坚持性品质的人,不惧困难和压力,在引诱与各种干扰面前不动摇,锲而不舍,有始有终。与坚持性相反的品质是顽固和动摇。顽固表现为只承认自己的意见和论据,尽管有些论据是错误的或不好的,但仍然一意孤行,缺乏纠正错误的勇气。具有动摇品质的人则见异思迁、虎头蛇尾,一遇到困难就改变或放弃自己的决定。

4.自制力

自制力是指善于克制自己的情绪,约束自己的动作和言语方面的品质。它主要表现在两个方面:一是当行则行;二是当止则止。与自制力相对立的品质是任性和怯懦。任性表现为放纵自己、毫无约束。怯懦表现为在行动时畏缩不前,惊慌失措。

大学生可根据以上这些意志品质主动进行锻炼,培养坚定的意志力。

坚强的意志还表现在能形成良好的行为习惯上。据研究,部分大学生的习惯令人担忧,表现在:具有不良的生活习惯,如日常饮食欠科学,不吃早饭、暴饮暴食、三餐无规律,作息时间不规律等。学习习惯不科学,平时逃课,临考突击,少做笔记,读书较少。在人际关系上,不会与人分享,喜欢独往独来。在手机和电脑的使用上,也存在不良习惯。据某研究(何绵锦等,2016年),熬夜玩手机的大学生占87.6%,经常熬夜玩手机的占24.5%,74%的大学生因手机使用致使身体机能变差,82%的大学生因手机使用而减少和朋友的交往,超过68.5%的大学生表示"因使用手机影响到听课学习效果"。以上这些不良习惯,都应该注意纠正。

在大学生人格的培养中,还需要把握好一定的尺度,不要走极端,以免过犹不及。如:内向与外向本无优劣之分,内向的同学可作适度改变但无必要变成一个完全外向的人,自卑者要提高自信但不能变成骄傲自负;还有,"真理不过头,优点不延伸",认真过头就成了死板,勇敢过度就成了鲁莽。这些方面也是需要加以注意的。

第三节　大学生健全人格的心理辅导

一、人格的认识与优化——以气质改善为例

活动：改善气质。

辅导目标：了解自己的气质类型与特点，在此基础上学会对自己的气质进行改善与优化。

课前准备：A4 纸（每人 1 张），气质测验（见"心理测验 4-1"），答题纸。

活动过程：

（1）对所有学生进行气质测验（测验可在课中或课前进行），教师对测验结果进行解释。

（2）学生在了解自身气质类型与特点的基础上，进行思考：自己气质中的优点与缺点分别是什么？应该如何改善？改善的方法或措施有哪些？并将答案写在 A4 白纸上。

（3）小组交流与讨论：写好以后，学生在小组内分享，组内其他同学对他（她）进行反馈并提出相应建议。

（4）请若干小组的代表在全班进行交流：当前活动对自己所带来的思考与启示。

（5）教师总结：心理学研究证明，典型的单一气质的人不多，绝大部分人都是两种或两种以上气质的混合型。

气质主要受先天影响，是在高级神经活动类型的基础上所形成的一种人格心理特征，没有绝对的好坏之分，各种气质类型皆有自己的优点与缺点，要辩证对待之。同学们在了解自己气质特点的基础上，要学会扬长避短，对自己的气质进行改善与优化；教师对如何进行气质的改善做出解释或举例（可结合表 4-2 进行）。气质尽管具有稳定性，但还是具有可塑性的，对此要抱有坚定的信心，在实践中要做到持之以恒。

注意事项：

（1）气质只是人格特征的一个方面，人格的改善与优化还包括其他方面，但原理相通，请举一反三。

（2）测试结果为抑郁质的同学，容易产生自卑感，对此要注意引导。

【心理测验 4-1】

气质测验量表

本气质测验量表为自陈形式，计分采取数字等级制。请准备一张答题纸，写上 1—60 各个题号。对于每一题，你认为非常符合自己情况的，在相应题号后面记为 "＋2"，比较符合的记为 "＋1"，一般记为 "0"，比较不符合的记为 "－1"，很不符合的

记为"－2"。

1.做事力求稳妥,不做无把握的事。

2.遇到可气的事就怒不可遏,想把心里话全说出来才痛快。

3.宁肯一个人干事,不愿很多人在一起。

4.到一个新环境很快就能适应。

5.厌恶那些强烈的刺激,如尖叫、噪声、危险的镜头等。

6.和人争吵时,总是先发制人,喜欢挑衅。

7.喜欢安静的环境。

8.喜欢和人交往。

9.羡慕那种能克制自己感情的人。

10.生活有规律,很少违反作息制度。

11.在多数情况下情绪是乐观的。

12.碰到陌生人觉得很拘束。

13.遇到令人气愤的事,能很好地自我克制。

14.做事总是有旺盛的精力。

15.遇到问题常常举棋不定,优柔寡断。

16.在人群中从不觉得过分拘束。

17.情绪高昂时,觉得干什么都有趣。

18.当注意力集中于一件事时,别的事很难使我分心。

19.理解问题总比别人快。

20.碰到危险情境,常有一种极度恐怖感。

21.对学习、工作、事业怀有很高的热情。

22.能够长时间做枯燥、单调的工作。

23.符合兴趣的事情,干起来劲头十足,否则就不想干。

24.一点小事就能引起情绪波动。

25.讨厌做那种需要耐心、细致的工作。

26.与人交往不卑不亢。

27.喜欢参加激烈的活动。

28.爱看感情细腻、描写人物内心活动的文学作品。

29.工作、学习时间长了,常感到厌倦。

30.不喜欢长时间谈论一个问题,愿意实际动手干。

31.宁愿侃侃而谈,不愿窃窃私语。

32.别人说我总是闷闷不乐。

33.疲倦时只要短暂的休息就能精神抖擞,重新投入工作。

34.理解问题常比别人慢些。

35.心里有话宁愿自己想,不愿说出来。

36. 认准一个目标就希望尽快实现,不达目的,誓不罢休。

37. 学习、工作同样一段时间后,常比别人更疲倦。

38. 做事有些莽撞,常常不考虑后果。

39. 老师或师傅讲授新知识、技术时,总希望他讲慢些,多重复几遍。

40. 能够很快地忘记那些不愉快的事情。

41. 做作业或完成一件工作总比别人花的时间多。

42. 喜欢运动量大的剧烈体育活动,或参加各种文娱活动。

43. 不能很快地把注意力从一件事转移到另一件事上去。

44. 接受一个任务后,希望把它迅速完成。

45. 认为墨守成规比冒风险强些。

46. 能够同时注意几件事物。

47. 当我烦闷的时候,别人很难使我高兴起来。

48. 爱看情节起伏跌宕、激动人心的小说。

49. 对工作抱认真严谨、始终一贯的态度。

50. 和周围人的关系总是相处不好。

51. 喜欢复习学过的知识,重复做已经掌握的工作。

52. 喜欢做变化大、花样多的工作。

53. 小时候会背的诗歌,我似乎比别人记得清楚。

54. 别人说我"出语伤人",可我并不觉得这样。

55. 在体育活动中,常因反应慢而落后。

56. 反应敏捷,头脑机智。

57. 喜欢有条理而不甚麻烦的工作。

58. 兴奋的事常使我失眠。

59. 老师讲新概念,常常听不懂,但是弄懂以后就很难忘记。

60. 假如工作枯燥无味,马上就会情绪低落。

表 4-1 气质测验答卷

胆汁质	题号	2	6	9	14	17	21	27	31	36	38	42	48	50	54	58	总分
	得分																
多血质	题号	4	8	11	16	19	23	25	29	34	40	44	46	52	56	60	总分
	得分																
黏液质	题号	1	7	10	13	18	22	26	30	33	39	43	45	49	55	57	总分
	得分																
抑郁质	题号	3	5	12	15	20	24	28	32	35	37	41	47	51	53	59	总分
	得分																

评分方法：

（1）如果某一项或两项的得分超过 20，则为典型的该气质。如，多血质超过 20，则为典型的多血质，黏液质和抑郁质项得分都超过 20，则为典型的黏液—抑郁质混合型。

（2）如果某一项或两项以上得分在 20 分以下，10 分以上，其他各项分数较低，则为该项一般气质。如，一般多血质、一般胆汁—多血质混合型。

（3）若各项得分均在 10 分以下，但某项或几项得分较其余项为高（相差 5 分以上），则为略倾向于该气质（或几项的混合）。如，略偏黏液质型，多血—胆汁质混合型。其余类推，一般来说，正分值越高，表明该气质特征越明显，反之，分值越低或越负，越表明不具备该项气质特征。

（摘自：樊富珉等.大学生心理咨询案例集[M].北京：清华大学出版社，1994：323-328.）

表 4-2 气质的改善

	胆汁质	多血质	黏液质	抑郁质
易形成的优良个性	热情、积极、勇敢、进取心、竞争心、直率、果断、独立、不怕困难……	机敏、活泼、亲切、兴趣广泛、接受新事物快、办事效率高、富有同情心……	稳重、坚定、踏实、有毅力、有耐心、忍耐、谦让、自制力强……	细心、谨慎、温和、委婉、守纪律、观察敏锐、富于想象……
易形成的不良个性	任性、粗鲁、急躁、刚愎、暴愎……	无恒心、散漫、不踏实、兴趣易变……	固执、刻板、冷淡、萎靡不振……	狭隘、多疑、顺从、脆弱、优柔寡断、缺乏自信……
个性修炼的重点	增强自制力，克服暴躁脾气	培养持久性和专注精神，克服见异思迁	培养灵活性、应变力，克服拘谨刻板	增强自信，学会开朗乐观，从多愁善感中走出来
克服不良个性的方法介绍	1. 延迟发火法。想发火时，先在心中默数 1 到 10 或将舌头在嘴里转 10 圈，或做几次深呼吸后再开口说话。2. 转移法。想发火时，先慢步走到窗前，打开窗户或门，慢步走回后再开口讲话	1. 目标管理法。定出每一段时间的行为目标，定期检查、督促、坚持到底。2. 奖惩法。行为与目标坚持得好，可自我奖励，坚持得不好，则自我惩罚	1. 及时反应法。规定对外界信息必须在多少时间内做出反应，逐渐缩短反应时间间隔。2. 改变思考角度法。对一个问题寻求多种解决方法	1. 活动法。积极参加各种活动，多与人交往，减少独处的时间。2. 自我暗示法。经常提醒自己克服气质弱点，不为小事而多疑、烦恼

（资料来源：张大均，邓卓明.大学生心理健康教育——诊断·训练·适应·发展（一年级）[M].重庆：西南师范大学出版社，2004：166.）

二、人格问题的调适与矫正——以嫉妒为例

活动:克服嫉妒心理。

辅导目标:

(1)通过活动使学生明白嫉妒是一种心理病态,认识到由于嫉妒而产生的不良后果。

(2)正确认识自己的这种状态,学习如何避免和克服嫉妒,并懂得以友爱、尊重和宽容的态度与他人相处。

(3)形成健康向上、豁达开朗的个性。

课前准备:A4 白纸(每组 2 张);让学生根据自己生活中的体会,把感受最深的因别人在某方面超过自己而产生嫉妒的经过写在笔记本上。

活动过程:

(一)对嫉妒现象的认识

(1)故事导入:小张是一名大一学生,与舍友小李关系挺好,几乎无话不谈。期末考试时,平时不怎么努力的小李得了高分,而小张平时很用功成绩却不理想,小张心里特别不舒服,与小李的交流也减少了。进入大二后,小张就更加一门心思地扑在学习上,很少参加活动,而小李竟选上了校社团的干部,经常组织学生进行活动,在同学中具有一定的影响力,有点"呼风唤雨"的感觉,小张心里就更不是滋味了:"我平时学习比他用功,能力也不比他差,为什么我不能像他那样呢?"原本打算挽回友谊的小张渐渐对小李充满了敌意。

(2)小组讨论:为什么小张会有这样的想法与表现?在大学生平时的学习和生活中,还存在哪些嫉妒现象?组长将讨论结果加以汇总,写在 A4 白纸上。教师巡视各组讨论情况,了解各组的讨论过程与结果。

(3)在学生讨论的基础上,教师进行总结:看到别人比自己优秀或某一方面比自己好,心里不舒服,甚至恼怒于他人,产生一种不正常、不健康的心理,称之为嫉妒。这种现象常常发生在年龄、文化、社会地位与条件相当并有竞争的两者之间。结合学生的讨论情况,对大学生中的嫉妒现象及产生根源进行进一步的分析与解释。

据统计,目前在中国有 1 亿以上的独生子女,尤其是 20 世纪 80 年代后出生的一代人,他们在行为方式上容易出现一种以自我为中心的人格特征(这也是嫉妒现象的根源之一),对此,必须加以关注与重视。(可以结合某些实例进行分析)

(二)嫉妒有哪些危害?

1. 看录像《纵火犯》

山东某大学有个叫唐军的大学生,成绩一向非常优秀,是学习上的佼佼者,正当他飘飘然的时候,别人已经悄悄地超过他了。这时,他理应急起直追,可惜他并不觉醒,反而产生了一种越来越强的嫉妒心,容不得别人超过自己,于是他脑子里

萌发了一种邪念,决定去"报复"他人,不让他人有好成绩。开始,他只是偷看、偷拿别人的书,使别人学不成,当别人苦苦寻找时,他却在一旁幸灾乐祸。后来,他竟破坏别人正常学习生活,焚烧别人的衣物。

2.讨论嫉妒的危害

以上案例深刻地反映出嫉妒的害处,足以让我们警醒。请结合以上案例与现象,小组讨论嫉妒的危害,组长将讨论结果加以汇总,写在 A4 白纸上。

请若干小组代表在全班进行交流,然后师生共同总结。如:妒人者被自己胸中的无名妒火煎熬着、折磨着,食不甘味,夜不成寐,必然影响身心健康,容易罹患身心疾病。嫉妒心强的人经常处于不良情绪状态之中,从而降低学习与工作效率,甚至一事无成。嫉妒心理会影响人际关系,因为他总是设法阻碍打压别人,从而使他人心生厌烦,想要躲避他,不愿意与之交往。(总结结果适当板书,会更加清晰)

格言警句 英国哲学家培根说:"嫉妒是恶魔,总是在暗暗地、悄悄地毁掉人间的好东西。"莎士比亚说:"你要留心嫉妒啊,那是一个绿眼的妖魔!谁做了它的牺牲品,谁就要受到它的玩弄。"

(三)怎样才能避免和克服嫉妒心理?

(1)对以上议题进行小组讨论,找出克服嫉妒的各种方法、途径与措施,组长将讨论结果加以汇总,写在 A4 白纸上。

(2)请若干小组代表在全班进行分享。

(3)师生共同总结:人与人的差异在所难免,对此我们要有全面的、辩证的分析,"尺有所短,寸有所长",无须事事与人攀比。要提高自信心,相信"天生我材必有用",一个自信的人,关注点就会放在自身能力与水平的提高上,而不会处心积虑地想着去打压别人。健康的人际关系应该是平等互助、团结共进的关系,我们应该学会平等的竞争,以积极心态对待竞争,互相促进、互相帮助和提高,而不是去设法打垮别人。当被人嫉妒时,要正确对待,心胸宽广些,勿过分计较,在可能的条件下,给对方以一定的帮助。

(4)联系自己的嫉妒经历,提出克服自己嫉妒心理的"妙招",并写在笔记本上。如写不出,可与老师或同学进行探讨。

三、人格的成长与发展

(一)价值拍卖

导语: 我们到底在追寻什么?什么对我们来说最有价值?我们又用什么来充实自己宝贵的生命呢?

辅导目标:

(1)激发学生思考自己的价值观,认清自己的人生态度。

(2)引导学生调整自己的价值观念,以正确的价值观为导向去追求真正重要的东西。

（3）要学会选择、取舍和承担，学会抓住机会，并为自己的选择而努力付出。

课前准备：道具钱（代币券）和拍卖槌。将拍卖的东西事先写在不同颜色的硬纸板上。

活动过程：

（1）宣布游戏规则：①每个组员手中有 5000 元道具钱，它代表一个人一生的时间和精力。每人可以根据自己对人生的理解随意竞拍下面的东西，每样东西都有底价，每次出价都以 500 元为单位，价高者得到东西，有出价 5000 元的，立即成交。②叫价者必须举手并大声报出价格，否则视为叫价无效。③竞拍物品出价 3 次无他人叫价则成交，卖出物品概不退换，也不可二手转卖。

（2）举行拍卖会。每个组员 10 张券（每张 500 元），共 5000 元。老师主持拍卖，直到所有东西都拍卖完为止。

（3）小组内讨论交流。①你买了些什么？为什么买这些？②自己花最多钱买的是什么？③有哪些东西是大家普遍重视的？④买到了自己最想买的东西了吗？感觉如何？⑤买到的东西都是你真正想要的吗？⑥有没有你非常想要却没有买到的东西？为什么没有买到？没有买到的感觉如何？如果再给你一次机会，你觉得你能买到吗？⑦有没有组员什么都没有买？为什么不买？⑧仅有金钱的生活是幸福的吗？有没有一种东西比金钱更重要或比金钱更能带来满足感？⑨假如现在已经是人生的尽头（可设置相关情景进行想象），请你看看你拥有的所有东西，它们对你来说是否仍有意义？现在把你认为最重要的 5 样东西写在笔记本上。

（4）教师引导与总结：每个人都有自己最想要的、努力追求的东西，或许相同或许不同，个体对人和事物的意义、价值、重要性的总评价和总看法是不一样的。这些看法和评价在个人心目中按主次、轻重排列次序，就是价值观体系。

价值观和价值体系影响个体对人和事物的选择和态度，是决定人的行为的心理基础。因此，明确并形成正确的价值观，才能发展自己，避免少走弯路或误入歧途。一个心理健康、人格成熟的人应该明确自己的价值观，并了解自己价值体系的建立过程与基础，且不断内省。

人生有价值的东西很多是无法用金钱买到的，如亲情、健康、自由等，所以，必须怀着真诚的态度，才能获得真正的和谐与幸福。

正视价值观的多元化。在这次活动中可以看到大家有不同的价值观，这是正常的，要学会包容，但大家要学会认识哪些是相对重要的价值观，要树立正确的价值观。有些价值与选择无所谓对错（如选择亲情或自由），有些则需要我们去斟酌、取舍与平衡，如选择金钱、财富、房子车子等，通过活动与反思我们已经发现，有些东西（如亲情和健康）其实比金钱、财富更重要，请大家不要忽略这些重要的东西，也不要忽略自己给他人、社会所带来的影响。

要学会抓住稍纵即逝的机会。有些同学之所以一无所有，是因为价值体系还不清晰,没有真正了解自己的追求,所以犹豫不决,但机会错过就没有了,所以我们要及时树立自己的价值观念与人生态度,确立好目标与方向,不浪费光阴,奋力前行。

(以上引导与总结,可在活动的不同环节相机进行)

注意事项:

(1)在拍卖过程中,要注意纪律不能太乱,不要成为一种"表演";

(2)要细心观察活动中学生的行为和表情,挖掘背后的原因,相机进行引导;

(3)对一些"另类"的价值观,如"金钱是人生的全部""爱情最无聊",不能一味地尊重,学生说什么就是什么,也不能一味地打击贬低,要正确引导:一方面承认他们思维的活跃与新异,另一方面告诉他们创新要与"有益"(即对个体发展和社会有益)相结合,这样才能获得尊重和承认。

附:竞拍的项目清单

(1)爱情	500		(2)友情	500
(3)健康	1000		(4)美貌	500
(5)亲情	1000		(6)名望	500
(7)自由	500		(8)爱心	500
(9)权力	1000		(10)名牌大学录取通知书	500
(11)聪明	1000		(12)金钱	1000
(13)欢乐	500		(14)长命百岁	500
(15)豪宅名车	500		(16)美食	500
(17)良心	1000		(18)孝心	1000
(19)诚信	1000		(20)智慧	1000
(21)运气	500		(22)冒险精神	1000

(改编自:田国秀,谢莒莎.团体心理游戏实用解析[M].北京:学苑出版社,2010:290-294)

(二)举手礼

辅导目标:

(1)让学生认识到坚持所需要的决心、耐心和毅力,培养学生的意志力及不服输、不甘落后的精神,激励学生战胜人生路上的种种困难。

(2)通过游戏开发学生的潜能,让学生认识到自己是有能力的,很多看似不能完成的任务都能通过自己的努力来完成,从而提高自信心。

(3)让学生认识到意志力的培养要从小事做起。

课前准备:秒表1只。

活动过程:

(1)全体学生按体操队形站立,每个人的两只手臂伸直向胸前平举,身体不准晃动,坚持若干分钟,看谁能坚持更长时间。

（2）起初时间可以短一些,当组员表示有困难、难以坚持时,教师要有意激励团体的力量。

（3）活动进行过程中,教师在队列中巡视时,看到艰难的学生,小声给予鼓励,随着时间的延长,教师要对学生进行激励,如喊口号、朗诵诗句、唱歌等。

（4）此活动可以循序渐进地进行,鼓励学生不断突破极限,如,从最初的 3 分钟到最后的 30 分钟,体验战胜自己的成功及团体同心协力、相互激励的胜利。

（5）感悟分享:请若干学生在全班分享对本活动的体验。教师对表达充分、感受深刻的学生及时肯定和鼓励,也激发其他学生有更多深入的思考。

（6）教师总结:人贵有恒,如果想实现自己的梦想,必须坚持不懈;胜利往往产生于"再坚持一会儿"之中,尤其是遇到困难时更需要勇气和毅力。每个人的潜能其实都是无穷的,要注意开发,在遇到困难时不要轻易放弃,要将它当成意志磨炼的"磨刀石"、潜能开发的好机会。

注意事项:①在活动过程中,运用各种方法激励学生;②教师可以身体力行做好模范;③活动导入或教师总结时可配合相关的故事,效果会更佳;④如果在室外进行活动,注意不要选择严寒或酷暑等极端天气,以保证人身安全。

（改编自:田国秀,谢莒莎.团体心理游戏实用解析[M].北京:学苑出版社,2010:188-190.）

（三）承担责任

辅导目标:让学生学会做一个负责的人,并能正确看待别人的错误。

课前准备:留出足够的空间,以便进行活动。

活动过程:

（1）将全班同学分成不同的小组,每组 4 人,两人相向而站,另外两人相向蹲着,同一边站着和蹲着的人是一队。

（2）站着的两人进行"石头、剪刀、布"猜拳,猜拳胜者,则由猜拳胜者一队蹲着的人去刮一下输的一队中蹲着的人的鼻子。

（3）输方轮换位置,即站着的人蹲下,蹲着的人站起来,继续进行下一局。

（4）开始的新局中,上次胜方站着的人如在猜拳中输掉,则上次胜方蹲着的人要被上次输方站着的人刮鼻子。

（5）在接下来的一局中,胜方也轮换位置,即原来站着的人蹲下,蹲着的人站起来,开始新的一局。记住,每一次都是输方两人交换角色。

（6）活动可反复进行几个回合,直到游戏时间结束。

（7）小组讨论:①如何看待自己的责任和别人的过错? ②当自己的同伴失败的时候,我们做何反应? 有没有抱怨? ③同队中的两个人有没有同心协力对付外面的压力?

（8）教师总结:我们每个人都应该注意自己的言行,因为你的一言一行都影响着其他人,都要承担相应的责任;当事情失败时,敢于为自己的行为承担责任,是心胸博大、具有高度责任感的表现。每个人都有犯错或失败的时候,如果团队内的其他成员对此抱怨、发牢骚或横加指责,虽然犯错误成员说不出什么,但无疑会影响团队情绪,相反,如果其他成员进行安慰、鼓励,齐心协力面对问题与困难,则失败的组员会倍感温暖,会以积极心态去面对任务并争取成功。

注意事项:

(1)刮鼻子是象征性的,提醒组员不要恶意对人。除刮鼻子外,也可以采用其他惩罚方法(如俯卧撑),惩罚措施不宜太苛刻或太简单。

(2)对失败方组员过于激烈的情绪反应和彼此伤害的做法要及时干预。

(3)有些同学平时就不敢承认错误或不愿意承担责任,由此导致的冷场、不愉快或冲突,教师要设法及时进行处理。

(改编自:田国秀,谢莒莎.团体心理游戏实用解析[M].北京:学苑出版社,2010:311-313.)

【课外拓展】

心理训练:改变软弱的个性

目标:通过行为训练的方法,帮助个性怯懦、软弱的大学生改变心理与行为,并学会大胆地表达自己的感受。

训练过程:

第一周:向陌生异性问路。在自己熟悉的地方,假扮成一个初来乍到的问路者,看准一位从对面走来的同龄异性,不慌不忙地迎上去,面无表情地看着对方,然后直接发问:"到西湖怎么走?"等他回答后,装作不懂的样子再问一遍。这个表演一周完成三次就算成功了。对于羞于同陌生人打交道的人来说,完成这项作业会产生从未有过的兴奋和愉悦感。

第二周:向营业员换零钱。这比第一周的"表演"困难一些,因为它给对方带来一定的麻烦,也带给自己一定的心理压力。拿出十元钱到商店里去,找一位面部表情冷漠但较有魅力的异性营业员,两眼平视对方并直截了当地说:"给我换十块钱的零钱。"不论对方态度好坏及换钱与否,都要镇定自若地看着对方,表情越自然越好。只要按规定完成这种"表演"三次,就算通过。如果有半途而废的情况,就要补齐三次。

第三、四周:学习争吵。软弱的人必须学会表达自己的感受,尤其是要学会把不满、愤怒的情绪表达出来,为此必须学会争吵。训练可这样进行:选择一个盛气凌人好争辩的同学为对象,先就他经常强词夺理或与别人争论的题目做好辩论纲要,并自己演习几遍。然后找准机会与他争辩,以锻炼自己的表达感受能力,增强自信。辩论的结果可能有两个,一个是自己战胜了对方,另一个是对方占了上风。如果是后面这种结果,只要自己把准备的话讲了,便可面带从容的微笑看对方的表现,或者干脆说:"别再强词夺理了,我还有事,再见!"这种第一次勇敢面对"强者"的训练,对改变软弱是很有意义的。以后,可乘胜"追击",继续训练,直到个性改变、产生自强自信的心理结构为止。

注意:①要坚决果断地按照训练要求去做,对自己的软弱不能留恋。②此训练是针对个性软弱者的,"争吵"与"刁难"他人是为了取得更好的训练效果(心理训练有时需要一点"矫枉过正"),平时生活中没必要去有意地制造矛盾或进行无谓的争辩。

(参见:https://wenku.baidu.com/view/6f2635030740be1e650e9a2d.html.)

【本章思考题】

1. 如何理解人格的内涵与特征?

2. 如何完善自身的人格? 谈谈你的看法及有效的措施。

3. 分析大学生中常见的人格偏差,并提出调适对策。

第五章　情绪与管理

【案例 5-1】

当朋友迟到时……

周末,小丽和朋友约好下午五点在学校附近的超市门口见面。但由于路上堵车,她的朋友迟到了,当她想打电话通知小丽时,发现手机没电了,而这些小丽全然不知。约定的时间到了,朋友迟迟不来,等着等着,小丽觉得心情很不爽。她想,她怎么能让我等这么久呢,太不尊重我了。越想越生气,小丽的呼吸变得不那么均匀,心底感觉有一股火气在慢慢往上涌,身体某处的肌肉群也逐渐提紧了。快 6 点时,朋友终于慢悠悠地来了,小丽很恼火,忍不住冲着她大声喊:你太不像话了,这么晚才到!

小丽经历了一系列怎样的情绪? 如果你是小丽,你会有什么样的情绪反应? 你觉得小丽所产生的情绪会对她的生活带来影响吗?

上述所有问题的回答都与情绪这一心理变量有关。情绪伴随着我们每天的生活。每一种情绪都有相应的主观体验、生理反应和行为表现。不适当的消极情绪会对我们个人的健康、人际交往和工作生活产生负面的影响。因此,本章主要通过对情绪相关内容的介绍,帮助大学生科学认识情绪,了解管理与调节情绪的主要方法。

第一节　科学认识情绪

一、情绪的内涵

经过 100 多年的辩论,心理学界对"情绪"(emotion)的界定仍然莫衷一是,众说纷纭。人们提出了许多与情绪接近的概念,如感觉(feelings)、心情(moods)、情感(affection)等。不同的心理学派对情绪内涵也有不同的理解,迄今为止,至少有20 种情绪界定。尽管界定方式不同,但都承认情绪是极易混淆的、与其他心理成分密切关联的复杂的心理过程。例如,机能主义心理学认为情绪是个体与环境意义事件之间关系的心理现象(Campos,1983)。阿诺德认为:情绪是对知觉有益的东西的一种趋向,对知觉有害的东西的一种回避的一种体验倾向。此类体验倾向伴随着一种相应的趋向或回避的生理变化模式(Arnold,1960)。拉扎勒斯的定义为,情绪是来自正在进行着的环境中好的或不好的信息的生理心理反应的组织,它依赖于短时的或持续的评价(Lazarus,1984)。以上定义都强调情绪与人的需要、态度、生理模式和评价等变量间的关系。

我们认为人的情绪是人脑对客观事物是否符合人的需要的一种主观体验及相应的行为反应。如果客观事物是符合人的内在需要的,就会产生相应的积极的情绪反应,如快乐;当外在事物不符合人的需要时,就会产生消极的情绪反应,如悲哀。因此,情绪既有内在心理反应也有相应的外在行为的变化,是一种"看得见"的心理反应过程。

(一)情绪的组成成分

众多研究情绪的学者从主观体验、生理唤醒及外在表现等三个方面来考察及定义情绪。当某种情绪产生时,这三个层面的共同活动构成了一次完整的情绪体验过程。

1.主观体验

这是认知层面上的自我觉察活动。情绪的产生伴随着特定的主观感受,即喜、怒、忧、思、悲、恐、惊等。个体对己、对人、对物的不同态度会产生不同的体验或感受。例如,一位正处于失恋中的大学生,自身会感到失落与悲伤,对恋爱对象可能会感到愤怒,对周围的一切事物都会产生一系列消极的情绪体验。这些主观体验只有个人内心才能意识到或感受到,如"我很痛苦""我很生气""我很内疚""我很高兴"等。

2.生理唤醒

当不同情绪发生时,会伴随着生理层面上的一系列反应,如当人愤怒时血压会升高,紧张时心跳会加速,害羞时会满脸通红。不同强度的情绪反应会伴随血压变化、肌肉紧张和心跳变化等生理指数的改变。

3.外在表现

除内在主观体验及生理唤醒外,不同的情绪可以通过一些外部表现得以表达。如伤心过度时人会痛哭流涕,激动时会手舞足蹈,高兴时会眉开眼笑。

伴随不同情绪而出现的身体姿势和面部表情,就是情绪的外在表现,是人判断和推测不同情绪的外部指标。当然,由于个体心理的复杂性,有时人的外部行为会与主观体验不一致。比如,在众人面前演讲时,其实心里很紧张,但表面上还要故作镇定。

表情是情绪的重要外在表现。所谓"感于内,而形于外",除某些喜怒不形于色的人之外,大多数人都可以从其外部表情识别其内心的情绪。"言外之意""弦外之音"也依赖于表情的作用。人们察言观色的表情手段主要包括面部表情、身段表情和语调表情。

（1）面部表情

面部表情是指不同的情绪会伴随面部肌肉与腺体的变化，由人的眼睛、眉毛、嘴角和面部肌肉的不同组合来构成。比如嘴角上扬表达开心，愁眉不展表达了忧虑。面部表情具有一定的生物性，灵长类动物的面部表情与人类高度一致。同时，面部表情也具有跨文化性，即不同年龄、种族、地域的人的面部表现也是高度一致的。心理学家研究发现，世界各民族的人都能认出快乐、惊讶、生气、厌恶、害怕、悲伤和轻视等七种表情。面部表情识别的研究发现，最易辨识的表情是快乐、痛苦，不易辨认的是恐惧、悲哀，最难辨识的是怀疑与怜悯。

（2）身段表情

身段表情指由人的身体形态和肢体动作所表现出来的情绪。例如，人在高兴时会手舞足蹈，悲伤时会捶胸顿足，成功时趾高气扬，失败时垂头丧气，紧张时坐立不安等。心理学家研究发现，身段表情是通过后天的学习获得的，并受个体所在环境的文化、习惯和风俗的影响，不具有跨文化性。例如，同一手势在不同文化中所代表的含义可能截然不同。在大多数文化中，竖起大拇指都表示夸奖与赞扬，但在希腊却有侮辱他人的意思。

（3）语调表情

人们在讲话时通过声调、速度、节奏等方面的变化可以表达不同的情绪，如人们惊恐时会尖叫，悲哀时语调比较低沉，节奏较慢；气愤时声调高，节奏变快；开心与快乐时语调上升。

总之，主观体验、生理唤醒和外在表现是评定情绪的重要依据，三者缺一不可。只有三者同时存在，同时发挥作用，才能构成一次完整的情绪体验过程。例如，当一个人假装开心时，他只有开心的外在行为，却缺少真正的内在体验，也没有相应的生理唤醒，因而也就不能经历真正的情绪过程。

（二）情绪的基本类型

如上所述，情绪是非常复杂的心理变量，从类型上看，人类有几百种情绪，这些不同的情绪还有多种混合的、突变的可能性。因此，要精确地对情绪进行分类并非一件易事，许多学者对此进行了长期的探索。

1.四种基本情绪

与生俱来的基本情绪是原始人类在进化过程中不断形成的，与生存密切相关，主要包括喜、怒、哀、惧四种类型。快乐是试图追求并最终达成目标时所产生的满足的情绪体验。它具有正向享乐色调，是一种积极情绪。愤怒是由于受到干扰而使人不能达成目标时所产生的情绪体验。当人们发现周围环境中存在某些不合理的或充满恶意的因素时，愤怒情绪就会产生。悲哀是在失去心爱的对象、理想不能实现，或愿望破灭时所产生的情绪体验。悲哀的情绪体验强度取决于对象、理想，或愿望对个体而言的重要性与价值。恐惧是一种企图摆脱，或逃避某种危险情景时所产生的情绪体验。愤怒、悲哀及恐惧都属于消极情绪。

在不同的环境中，遇到不同的事件刺激时，人的内在体验有所不同，喜、怒、哀、惧则全面而且简洁地概括出了人类的所有情绪。每种基本情绪都有其独立的内部体验、生理唤醒机制及外在表现，是人与动物共有的。在四种基本情绪的基础上，派生出了众多的其他复杂情绪，如喜欢、羞耻、厌恶、悔恨、同情、嫉妒等。值得一提的是，虽然情绪可分为积极情绪与消极情绪，但是，积极或消极情绪都会引发个体行动的动机，是没有好坏之分的。但由于不同的情绪而引发的行为是有好坏之分的，其行为后果亦有好坏之分。因此，情绪管理并非消灭消极情绪，也没有必要消灭。

2. 情绪状态

依据情绪的强度、速度、紧张度、持续时间等指标，可将情绪状态分为心境、激情和应激三种不同类型。

（1）心境

具有感染性的、比较平稳而持久的情绪状态称为心境，日常生活中我们也将之称为心情。当人处于某种心境时，它所带来的愉快或不愉快会保持一段相当长的时间，并且这种情绪会被带入工作、学习和生活中，影响个体的感知、思维和记忆。比如，人处于不愉快的心境时会见花落泪，对月伤怀，体现出"忧者见之则忧，喜者见之则喜"的弥散性特点。心境的持续时间可以是几个小时、几周或几个月，甚至一年以上。

（2）激情

爆发快、强烈而短暂的情绪体验我们称之为激情，类似于平时说的激动，就是由特定事件或原因引起的情绪发作。激情虽然强度很大，很猛烈，但持续时间不长，并且牵涉面也不广。例如，在突如其来的外在刺激作用下，人会产生勃然大怒、暴跳如雷、欣喜若狂等情绪反应。激情状态也是一种情绪宣泄状态，适度的激情状态对人的身心健康的平衡有益。然而，需要注意对过度的激情状态的调控。因为在激情状态下，人的外部行为表现较明显，生理唤醒程度也较高，因而很容易失去理智，甚至做出不顾一切的鲁莽行为。特别是当激情状态表现为惊恐、狂怒而又爆发不出来的时候，全身发抖、手脚冰凉，甚至大小便失禁、浑身瘫软，那就得赶快送医院。

（3）应激

在意外的紧急情况下所产生的适应性反应称为应激。当面临出乎意料的危险或突发事件时，人的身心会处于高度紧张状态，从而引发诸如肌肉紧张、心率加快、呼吸变快、血压升高、血糖增高等一系列生理反应。例如，当高速开车行驶时，突然遭遇行人骑车穿过马路，驾驶员就可能会产生上述生理反应，从而积聚力量以做出反应。需要注意的是，应激状态需要消耗很多人的体力和心理能量，因此不能维持过久。若长时间处于应激状态，不但不利于身心健康，还可能会直接导致疾病的发生。

二、情绪与认知的关系

本章主要通过介绍沙赫特和辛格的情绪理论与情绪的 ABC 理论来解释情绪与认知间的关系。

（一）情绪归因理论

美国心理学家沙赫特和辛格提出了情绪归因理论（Attribution Theory of Emotion）。该理论提出情绪的产生取决于两个不可缺少的因素：生理唤醒（如心率加快、手出汗、胃收缩、呼吸急促等）与认知因素（包括对生理唤醒的认知解释和对环境刺激的认识）。因此，不同的情绪是由认知过程、生理状态以及环境因素等在大脑皮层中整合的结果。产生某一情绪的核心部分是认知，通过认知比较器把当前的现实刺激与储存在记忆中的过去经验进行比较，当知觉分析与认知加工间出现不匹配时，认知比较器产生信息，动员一系列的生化和神经机制，释放化学物质，改变脑的神经激活状态，使身体适应当前情境的要求，此时，相应的情绪就会产生。

沙赫特(Stanley Schachter)　　　　　　辛格(J.E.Singer)

沙赫特和辛格（1962）进行了一项经典的实验研究。他们给被试注射一种药物，包括肾上腺素与食盐水。注射肾上腺素会引起心跳加快、血压升高、手发抖、脸发热等情绪生理反应。

被试分为三组（如表 5 1 所示）——正确告知组、错误告知组和无告知组，分别给予不同的实验指导语。正确告知组，实验人员告诉被试注射药物会出现心跳加快、手发抖、脸发热等反应。错误告知组，实验人员有意错误地告诉被试注射的这种药物是一种复合维生素，可能会产生无感觉、有点发痒、发麻、头痛等后续反应。无告知组，实验人员什么也没有告诉被试。注射食盐水的实验组中所有被试都属于无告知组。

然后，该实验设置两种实验情境：欣快环境与愤怒环境。欣快环境是让受过训练的实验助手与被试一起，被试以为他也接受了同样的注射，在同样的情况下参加实验，助手与被试一起唱歌、玩耍和跳舞。愤怒环境则是助手当着被试的面对主试要他填写的调查表表示极大的愤怒,不断咒骂、斥责并把调查表撕得粉碎。实验后,实验人员询问被试当时的内心体验。结果显示,错误告知组被试的反应最容易受助手的高兴所感染,正确告知组的反应不容易受环境气氛的影响,无告知组的反应则介于上述两组之间。同样,他们对愤怒的环境反应也是一样的。

该实验说明,肾上腺素能引起典型的情绪生理唤醒状态,但它单独作用时不能引起人的情绪,同样地,环境因素也不能单独产生人的特定情绪。但是,认知对情绪的产生起着决定性的作用。错误告知组被试,因对其自身的生理状态不能有恰当的说明,他们认为自己之所以体验到特定的生理反应,是环境气氛影响所致,于是就把自己的生理状态与环境线索相适应说成是欢乐或愤怒。正确告知组由于已经有能说明自己的生理反应的正确信息,便不去寻找环境线索。无告知组被试什么信息也没有得到,完全按自己的评价做出反应。这一结果表明,人对生理反应的认知和了解决定了最后的情绪体验。不过,有人重复沙赫特和辛格的实验,但没有得到和他们相同的结果。

表 5-1 沙赫特和辛格的实验(1962):认知在情绪产生过程中的决定性作用

被试		实验情境	
		愉快情境	愤怒情境
注射肾上腺素	正确告知	不受影响	不受影响
	错误告知	高度受影响	未研究
	无告知	稍受影响	稍受影响
注射食盐水	无告知	稍受影响	稍受影响

(二)情绪的 ABC 理论

20 世纪 50 年代,美国心理学家埃利斯(Albert Ellis)创建了情绪的 ABC 理论。

该理论认为,我们的情绪不是由诱发事件 A(Activating event)直接引起的。情绪和行为结果 C(Consequence)的直接原因是个体对诱发事件 A 的认知和评价而产生的信念 B(Belief)。如图 5-1 所示,同样的诱发事件 A,可以产生不一样的结果 C_1 和 C_2,这是因为信念 B 的中

埃利斯(Albert Ellis)

介或桥梁作用。具体而言,不同人对诱发事件 A 的评价与解释不同(B_1 和 B_2),就会得到不同结果(C_1 和 C_2)。因此,情绪发生的一切根源在于我们的信念 B。

通常人们会认为诱发事件 A 直接导致了人的情绪和行为结果 C,发生了什么事就引起什么样的情绪体验。而埃利斯认为,信念才是情绪产生的直接因素。同样一件事发生在不同的人身上,可能会引起不同的情绪体验。例如,同样是报考英语六级,考完后结果是两个人都没过。同学 1 无所谓,情绪上没有太大变化,而同学 2 却伤心欲绝,消极情绪剧增。为什么?这就是因为对诱发事件 A 的看法、解释的 B 在起作用。同学 1 可能认为:这次考试只是看看试题,试一试,考不过很正常,

也没关系,可以下次再来。但同学 2 却觉得这是背水一战,不能失败,如果没有通过,这段时间的努力全白费了,自己也学不好英语,再也不可能通过英语六级了。于是不同的 B 带来了大相径庭的 C。

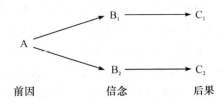

结论:事物的本身并不影响人,人们只受对事物看法的影响。

图 5-1　情绪的 ABC 理论

ABC 理论认为,人的消极情绪和行为障碍结果(C)是由对诱发事件的不正确的认知和评价所产生的错误信念(B)所直接引起的,这些错误信念也称为不合理信念。常见的不合理信念包括:(1)一切事物都必须按照自己心理所期待的方向发展,否则会很糟糕;(2)一个人应该担心随时可能发生灾祸;(3)情绪由外界控制,自己无能为力;(4)已经定下的事是无法改变的;(5)一个人碰到的种种问题,应该都有一个正确、完满的答案,如果无法找到它,便是不能容忍的事;(6)对不好的人应该给予严厉的惩罚和制裁;(7)逃避困难、挑战与责任要比正视它们容易得多;(8)要有一个比自己强的人做后盾才行。

这些不合理信念常常具有以下特征:(1)绝对化的要求。这是指人们常常认为某事物必定发生或不发生的想法。它常常表现为"必须""应该""一定要"等。例如,"我必须得到所有人的喜欢""别人必须对我好"等。(2)过分概括的评价。这是一种以偏概全的不合理思维方式,其典型特征是以某一件或某几件事来评价自身或他人的整体价值,它常常表现为"总是""所有"等。埃利斯说,这就好像凭一本书的封面就来判定它的好坏。例如,遭受失败后,有人会认为自己"一无是处、毫无价值",容易导致自卑、怨恨,或敌意等结果。(3)糟糕至极。如果一件不好的事情发生,那将非常可怕和糟糕。例如,"我没考上研究生,一切都完了!""我没当上学生会主席,就不会有前途了。"当遭遇不好的、糟糕的事时,拥有这类不合理信念的个体就会陷入不良的情绪体验之中,容易一蹶不振。

三、情绪与健康间的关系

如果有一种方法可以让自己变得更聪明,但是代价是你不再有情绪体验和反应,请问你愿意吗?答案是否定的,因为人的情绪对其生活、学习与工作有诸多作用。

(一)情绪与身体健康

一项持续 30 年的对情绪与健康关系的追踪研究发现,年轻时情绪比较压抑、焦虑、愤怒的人患肺结核、心脏病和癌症的比例是性情沉稳的人的 4 倍。喜悦、愉快等积极情绪可以使伤口加快愈合，促进疾病痊愈。

美国生理学家爱尔马为了研究情绪状态对健康的影响，设计了一个经典的实验：把一支玻璃管插在有冰水的容器中（此时容器中冰水混合物的温度正好是0℃），然后收集人们在不同情绪状态下的"汽水"。当一个人心平气和时，他呼出的气是澄清透明、无杂无色的；悲痛时水中有白色沉淀；生气时有紫色沉淀。将其中一种情绪状态下的汽水注射在大白鼠身上，几分钟后大白鼠就死了。这就是生气水。这一实验研究结果显示：生气（10分钟）会耗费人体大量精力，其程度不亚于参加一次3000米赛跑；生气时的生理反应十分剧烈，分泌物比任何其他情绪都复杂，更具毒性，因此容易生气的人很难达成好的健康状态。

1. 情绪与感冒

新近研究表明，长期处于紧张状态会削弱机体抵抗病菌侵袭的能力，使感冒病毒易于通过鼻腔的防御机制而导致感冒。

2. 情绪与胃病

有人采用纤维胃镜、X线透视或拍片、脑电图及生化检查方法对胃病的病理机制进行了研究，发现胃病的发生与大脑皮层的过度兴奋或抑制、植物性神经功能紊乱密切相关。我们每个人都可能遇到过因情绪不畅影响食欲从而不思饮食的情况。

3. 情绪与哮喘

研究表明，心理因素可诱发或加重哮喘。患者在焦虑、困扰或愤怒时，哮喘会频繁发作。英国医学专家对480名不同年龄哮喘病人的统计分析发现，由心理因素引发的哮喘发作者占30％。焦虑、抑郁和愤怒等消极情绪，可促使机体释放能引发变态反应的物质，从而引起或加剧支气管哮喘的发作。

4. 情绪与癌症

克制自己、压抑愤怒、有不安全感及不满情绪的人易患癌症。这是因为不良情绪对机体免疫机能有抑制作用，它削弱了免疫系统识别和消灭癌细胞的"免疫监视"作用。

5. 情绪与皮肤

现代医学研究表明，人的精神状态好坏与皮肤休戚相关。皮肤的色泽取决于表皮黑色素的含量、分布以及皮下血管收缩与扩张的程度，而这些因素无不受控于内分泌系统的调节，其中情绪起着一种调控功能。

6. 情绪与寿命

国外有个研究机构曾调查过百位寿星的食谱，发现这些老寿星日常摄入的食物并不相同，但他们有一个共同点，即不论在什么样的境遇里都保持快乐的心态。美国维兰特博士对200多人进行了近40年随访调查后得出结论："精神痛苦者健康会受到至少五年的损害。"研究人员对 800 多人进行了为期 30 年的跟踪研究,发现情绪乐观者生存率远远高于预期值,而情绪悲观的人实际寿命与预期寿命相比,提前死亡的可能性提高了 19%。

(二)情绪与心理健康

除身体健康外,情绪与人的各方面的心理健康也密切相关。

1.情绪与动机

适度的情绪兴奋使身心处于活动的最佳状态,进而推动人们有效完成工作任务。研究表明,适度的紧张和焦虑促使人积极思考和解决问题。比如,当你对现状非常不满意时,你会努力改变现状。

2.情绪与人际关系

保持良好的情绪状态,表达友好或者厌恶,和你的朋友保持良好的关系,同时和你不喜欢的人保持距离,可以更好地生存和发展。温暖的微笑、诚挚的眼神、友好的动作是增进友谊的重要部分。但过激的愤怒、强烈的焦虑等负性情绪体验会破坏大脑皮质的兴奋和抑制过程,使人的意识范围狭窄,减弱正常判断能力,甚至失去理智和自制力,做出极端的行为反应,从而严重影响个体的人际交往。

3.情绪与心理疾病

心理健康已经日益受到人们的关注,心理疾病发生的一个很大原因就是长时间或高强度的情绪冲突。在竞争激烈的职场中,在关系复杂的人际交往中,在琐碎平凡的家庭生活中,容易过度紧张、焦虑或抑郁,如不积极进行调适,任其发展,就很有可能引发各种心理疾病。

第二节　大学生情绪特点及不良情绪

【案例 5-2】

小凡从小上进,懂事,成绩优异,是父母老师眼里的好孩子,是同学仰慕的对象。凭着自己的努力考取了国内重点大学,两个月短暂的放松马上被纷繁的大学生活所代替。从小到大,在父母、老师和同学眼中,她都是一个值得他人学习的榜样。

但从上大学以来,她找不到一门让她觉得可以骄傲的学科,尤其以前她擅长的数理化几门学科,在大学里由于专业的原因,课程很少甚至直接不学了。她觉得自己花了很多时间和努力,但成绩总是一般,每次到要交作业或期末考试时,她都特别害怕,因为面对那些陌生题目,她感到手足无措,毫无头绪。几个小时的答题时间对她来说特别难熬,而她的同学却似乎每次都可以轻松完成作业,甚至拿下各项竞赛的奖项。最近一段时间,她总是莫名其妙地感到压抑和郁闷。在日记中,她写道:"不知道为什么,下午第三节课开始,我的心突然变得很沉重,而且越陷越深,似乎有什么幽灵在慢慢吞噬我的快乐,面对眼前密密麻麻的单词,我怎么也提不起学习的兴趣,一切变得茫然无助。下课了,我准备找朋友出去走走,教室里,每个人都在忙着自己的事情,一切都变得如此陌生,我走到走廊上,看到下面操场上跳跃着许多快乐的身影,他们在运动,在享受着快乐,偶尔他们某个有趣的动作会让我暂时忘却自己的烦恼,但快乐终究不属于我,唯有忧愁,眼前的路似乎变得越来越窄,空气变得越来越稀薄,有种让人窒息的感觉。"

请问,小凡身上是不是发生了什么变化?大学生的情绪具有什么特点,容易发生哪些变化呢?这些情绪变化与其心理健康又有什么关系呢?

在上述案例中,主人公被一种苦闷、抑郁的情绪所困扰。人们在每个阶段都会遭遇各种各样的精神压力、生活挫折、痛苦境遇、生老病死、天灾人祸等。随着社会的竞争压力越来越激烈,工作负荷度越来越高,人们很容易产生不同程度的抑郁情绪。目前在校大学生大多是90后的青年人,正处于人生中最为美好的年华。但由于社会舆论、网络信息、家庭教育、知识素养、身心状况等各方面因素的影响,90后大学生的情绪有其显著的年龄及时代特点,接下来将进一步解释当代大学生的一般情绪特点及其常见的不良情绪。

一、大学生情绪的特点

(一)大学生情绪的一般特点

1.大学生情绪的多样性与复杂性

随着年龄的增长和心智的发展,大学生的自我意识进一步增强,在情绪情感体验方面表现为更敏感。网络社交媒体的盛行扩大了大学生的人际交往圈,网络空间的交往频率增加,现实空间的交往受到影响,其人际交往的复杂性增加,交往新颖性增加(如恋爱体验)。此外,在改革开放和中国特色社会主义建设发展的背景下,社会开放程度越来越高,当代大学生接触到的事物也越来越新奇。上述诸多外在环境的变化使得当代大学生的情绪表现出多样性与复杂性的特点。这种多样性与复杂性特点表现为大学生的情绪既有低层次的情感需要,例如物质生活或者与物质相关的情感需要,同时又有高层次的情感需要,例如社会交往,或者与心理、精神相联系的情感需要。

多样性与复杂性也体现在不同年级、不同年龄的大学生之中。比如,大一新生入校,其对大学校园的一切都是源于外界宣传下的自我想象,对大学生活充满了无限的好奇与憧憬,自然自信心与快乐在这一阶段更为突出。但随着学习内容的变化,交往环境的变化,对大学生活的不适应、理想与现实之间的落差、激烈的竞争等都会引发大学生的紧张焦虑甚至自卑的情绪。随后,度过了新生适应期,他们渐渐融入了大学生活,并在大学生活的各个方面都得到了相应的历练,情绪情感发展日益成熟,整个情绪状态较为平稳。然而,临近大四时,随着他们即将步入社会,面临毕业、答辩、工作和继续深造的诸多选择与挑战,紧张和焦虑的情绪可能又会再次出现。所以,大学生的情绪情感发展呈现明显的阶段性特点。

由于大学生的情绪呈现出多样性与复杂性的特点,其情绪表现是多姿多彩的。

2. 大学生情绪的个体性及社会性

社会转型期的背景下,过去单一的价值观已经不复存在。一方面,90后大学生非常注重实现自我价值,同时也强调社会和自身价值的结合。另一方面,大学生也很注重现实生活,各种生活事件均能引起其自身情绪情感共鸣。他们爱自己,关注自身的物质生活品质及精神生活的满足。此外,他们也乐于奉献自己,能清醒地认识到自己作为当代大学生的责任,兼顾国家、集体和个人利益,等等(王朝正,2014)。由此,当代大学生的情绪也表现出个体性与社会性相结合的特点。

另外,随着各种网络文化的传播,科学文化知识的丰富及年龄的增长,90后大学生的思想趋于早熟,拥有较强的自主性。他们具有突出的民主和平等意识,对于每样事物都有着个人见解。同时,当代大学生也敢于挑战传统,并重视自我价值、利益的实现。值得一提的是,90后大学生大部分来自独生子女家庭,有时候很难理解集体的概念,具有较强的个体性。这种强烈的个体主义价值意识既有其有利的一面,也有其不利的一面,需要警惕可能会向个人主义发展。特别是,如果某位大学生只看重自我能力而忽视集体作用,淡漠集体观念,进入社会后这必将影响其个人发展。

3. 大学生情绪的矛盾性及波动性

由于其年龄的限制,90后大学生虽心智日趋成熟,但个人经历和社会阅历不够丰富。所以在这一特殊时期,他们有更加丰富多样的情感,比中年人更加活跃的心理活动,但是他们在情绪上有时候会产生矛盾性与波动性。

情绪上的矛盾性主要表现为:理性与感性之间的矛盾,社会责任感和自私的矛盾,主动性和被动性的矛盾,等等(王朝正,2014)。在这些矛盾中,青年大学生在内心不断挣扎与冲突,有可能产生积极情感,激发他们的积极性。例如,对不断产生的新奇事物和现代化都市生活的积极适应,但也可能产生消极情感,使得他们长期处于压抑状态,情感得不到抒发,有可能影响其思想行为,自卑会出现,自我内心产生渺小感,易引发悲观情绪。如果排解不当,甚至会导致价值观的扭曲,产生心理阴影,不利于大学生身心健康发展。

此外,正处于富有激情时期的大学生,其情绪体验具有波动性的鲜明特点。情绪起伏较大,时而激动时而平静,主要表现为兴奋、激动、悲伤、气愤、懊悔等多种表达形式。90后大学生情绪波动较大,情绪体验来得快而强烈,消失得也快而随性。学习成绩的优劣、身体健康状况的好坏、同学关系的好坏、恋爱的成败以及家庭的相关信息等都会引起大学生情绪的波动。并且,在大学生阶段所面临的选择较多,涉及学习、交友、职业、恋爱等多方面,所以大学生的情绪起伏较大。有时可表现为从兴奋突然转为失落,大喜大悲转换较为迅速,有时甚至一旦情绪爆发就难以控制。今天精神百倍情绪高涨,明天就可能低落萎靡,今天对某人的崇拜达到顶峰,明天就有可能因为某些事件而跌入谷底,情绪状态很容易从一个极端步入另一个极端。

这种矛盾性与波动性的特点具有正反两方面的作用:一方面这种激情四射的状态,可以让他们精神饱满地投身到自己所钟爱的事情当中,极大地调动青年大学生自身的积极性。但另一方面,情绪的大起大落,也容易让他们情绪不平,易焦易怒。更重要的是,其冲动爆发的情绪活动如果一旦失控,则可能带来较为严重的后果。例如,大学生群体中发生的集体斗殴事件、因感情因素和学习因素引发的跳楼自杀事件等,对其自身发展产生不良影响。

4. 大学生情绪的外显性与内隐性

比起中年人,大学生的情绪表达更加显得外露、张扬与直观,喜怒哀乐往往都形之于色,对其情绪状况基本上都能通过言语、表情、行为做出判断,这即大学生情绪外显性的特点。但比起中小学生,大学生逐渐拥有了自制力、自尊心以及独立意识,会相对隐藏或抑制自己的真实情感,其情绪又表现出一定的内隐性特点。

大学生情绪的外显性和内隐性并不总是一致的。在一定程度上,对于某些敏感问题或特定场合,大学生会粉饰、隐藏或抑制自己的真实情绪,表现得更加具有内隐性。比如对待异性的态度,有的学生对异性萌发了爱慕之情,却往往留给对方的印象是贬低、冷落人家。明明感觉良好、希望接近,却表现出淡漠无情、毫不在乎的样子。在对待学习的问题上,明明希望得到好成绩并悄悄下着苦功夫,偏偏表现出无所畏惧、事不关己的态度。需要指出的是,这是大学生有意识控制和无意识防御的结果,与表里不一的虚伪是两回事,不能混为一谈。

另外,由于大学生性格因素的影响,他们对外界刺激的反应有着较大的差异,对同类事件的处理也有着明显的不同。例如,活泼开朗的学生喜怒形于色,情感直白真挚,更容易和他人交流并融入集体;性格内向的同学对自己的情绪加以隐藏和掩饰,内心感受和外在表现缺乏统一。

(二)大学生的其他情绪特点

除一般情绪特点外,国内学者从不同角度对大学生不同情绪相关变量的特点也进行了研究。例如,陈张娅,郑建中(2017)在791位医学院校管理类专业本科生的学业情绪调查基础上指出,医学院校管理类专业大学生的学业情绪整体水平良好,大部分学生能以积极乐观的态度对待学习。积极高唤醒维度得分最高,消极低唤醒维度得分最低。10种情绪平均得分从高到低依次为:希望、愉快、兴趣、自豪、羞愧、放松、气愤、焦虑、失望、厌烦。吴燕霞(2017)采用定性与定量相结合的方式对大学生情绪表达能力进行调查,结果表明,当代大学生情绪表达能力在总体上存在抑制性情绪表达较为普遍、过度性情绪表达破坏性大、适应性情绪表达有待提高等状况。胡晴(2016)的研究则在6所大陆本科院校与6所台湾高校共1047份有效问卷的调查基础上指出,当代大学生情绪管理能力的得分分布比较均匀,且比较稳定。各个维度的均值从高到低依次为情绪觉察能力、情绪理解能力、情绪运用能力、情绪表现能力、情绪调控能力,维度间的均值差异不大。方咪等以大学生为研究对象,指出大学生情绪管理能力处于中等偏上水平,在情绪管理各因子得分上,情绪理解能力最高,然后依次是情绪觉察能力、情绪运用能力、情绪表现能力和情绪调控能力。

二、大学生常见不良情绪

大学生正处于青春发育后期,这也是人生的第二个"心理断乳期",生理发展和心理发展的不平衡导致情感丰富且极易波动。同时,不确定的人生观,对事物有限的认知水平,使得大学生的情绪极易受到外界刺激的诱惑。再加上90后大学生一般都喜欢表现自我,寻找机会来表现自己的个人能力,体现自己的智慧和力量。但当他们觉得自己的自尊心受到伤害时,就会变得极度敏感,情绪最容易产生波动,甚至产生不良情绪,如没有得到及时调节,严重的会引发心理障碍。

不良情绪是指个体对客观刺激进行反应后所产生的过度体验(王丽娜,2014)。大学生不良情绪有多种表现,具体表现如下:

(一)过度烦恼

每个人都会有烦恼,大学生也不例外。一般而言,烦恼都是有明确的对象和具体的现实的内容的。引起大学生烦恼的常见事件有:失恋、考试不及格、同学关系不和、经济拮据等。重要的并不是烦恼本身,而是大学生能否从烦恼中解脱出来。情绪健康的人并不是没有烦恼而是能够把"我不要烦恼"转变为"如何才能让自己快乐起来"的实际行动。如若如此,烦恼是促使个体不断进取的动力所在。然而,情绪不健康的人则相反,他们的烦恼程度与战胜烦恼的实际行动间往往不一致。他们往往只沉浸在烦恼中,不明确自己应当怎么办,行动缺少目标,只能越来越烦恼。

(二)过度焦虑或无焦虑

过度焦虑是大学生常见的不良情绪之一,是对即将发生的某种情景或事件感到担忧和不安,又无法采取有效的措施加以预防和解决时产生的情绪体验。焦虑与烦恼有所不同。在程度上,焦虑反应要比烦恼程度更严重。烦恼有明确的对象和具体的内容,但焦虑常常没有明确的对象和具体的内容,即通常所讲的莫名其妙的紧张。此外,烦恼主要是针对过去和现状的,而焦虑一般是面对未来的可能性的恐惧心理。焦虑者总是生活在对未来可能发生的危害的恐慌之中。比如一位女生,上大学前一切事情都由父母包办,现在这一切都要由自己来做,却不知如何去做,因此感到焦虑不安。大学生常见的焦虑具体表现为考试焦虑、适应焦虑、健康焦虑、选择焦虑等。过度焦虑会使人处于一种无所适从的状态,总是担心将要发生的事情,容易导致坐立不安、惶惶不可终日、忧虑、担心或过度警觉等不良反应,还常伴有身体不适感,如出汗、口干、呼吸困难、心悸、尿急、尿频、全身无力、眩晕等。

焦虑对大学生的影响是复杂的,既可以成为大学生成才的动力,起促进作用,也可以成为大学生成才的阻力,起阻碍作用。如考试焦虑几乎是每个学生都曾经历过的,但这种适度的焦虑不会造成情绪困扰,相反还可以激发考试状态。所以,适度焦虑是有益的。如果一个人对事不焦虑或是焦虑太低,容易导致注意力不集中,工作学习效率不高。所以,人要有一定的焦虑,但是焦虑过高,又会让人因为高度紧张而导致注意力涣散和工作学习效率降低。有研究表明:中等程度的焦虑最有利于个体水平和能力的发挥,而过高的焦虑或无焦虑则不利于个体能力的发挥。因此,在平时的学习和生活中,大学生一定要注意避免过高的焦虑或无焦虑,以免对身心健康造成不良影响。

(三)过度抑郁

抑郁即自己对某一方面的需要得不到满足而引起的一种持续稳定的心理状态,如沉闷、压抑、悲哀、自暴自弃、缺乏生活动力、冷漠、精神萎靡、睡眠障碍、注意力不集中、干什么都打不起精神等。抑郁和焦虑密切关联,表现相似。但从症状等级上划分,抑郁较之焦虑处于更高等级。抑郁是一种很普遍的心理问题,有调查表明,全世界人口中,受某种形式的抑郁影响的人数占全部妇女的 25%,全部男性的 10%,全部青少年的 5%。在美国,这是最常见的心理问题,每年有许多人因此而苦恼。

特别需要指出的是,忧郁情绪与抑郁症既有联系,又有质的区别。正常人的抑郁情绪通常是由具备某些特点的事件和情境引发,而抑郁症的情绪发作,通常无缘无故,或者因为一件小事而发作。一般人的抑郁情绪的发生通常是短期的,程度较轻,人们通过自我调适可以恢复心理平稳。而抑郁症患者的抑郁症状往往持续存在,程度严重,反复发作,不经治疗难以自行缓解,并且症状还会逐渐恶化,从而影响患者的工作、学习和生活,降低患者的生理和社会功能,严重的会导致自杀行为。前者属于一种不良情绪困扰,需要的是心理上的调整;而后者则属于精神疾病,需要及时到医院就诊。

抑郁症在大学生群体中检出率也较高,具体表现为:(1)对生活、学习不感兴趣,上课注意力涣散。(2)认知、行为水平发展缓慢。(3)心情低落,感受不到生活、学习带来的快感,甚至产生自杀念头或采取自杀行动。(4)自我评价下降,即自卑感增强,或自信下降,而且在这种自我评价下降的过程中常隐含有过高的追求。(5)强烈的无助感,不仅感到自己对处境无能为力,而且感到他人即使对自己提供帮助也无济于事。

造成大学生抑郁的原因各有不同。其一,是因为学业相关问题。无法面对学业中的竞争和学习的压力,对所学的专业不满意,面临挫折时无法承受。其二,可能与家庭有关。家庭贫苦,负担过重。其三,可能与个性有关。如性格内向、敏感多疑而陷入忧郁的情绪状态。

需要及时调整与管理抑郁情绪,不能放任不管,否则,会使个体的身心健康受到严重损害,使大学生无法正常地学习和生活。

(四)过度恐惧

在大自然中,当遇到毒蛇猛兽时,遇到地震和风暴时,人们会感到恐惧。在社会生活中,当遇到战争、抢劫、杀人、谋害等事件时,也会产生恐惧。这是人正常的保护自己的应激反应。具有病理性特点的恐惧,即对常人一般不害怕的事物感到恐惧,或恐惧体验的强度和持续的时间远远超出常人的范围。它是对某类特定的物体、情境产生持续紧张的、难以克服的恐惧情绪,并伴随着各种焦虑反应,如担忧、不安、出冷汗、颤抖等。

在大学生心理咨询临床中,社交恐怖、高空恐怖、颜色恐怖、疤痕恐怖等,都见有病例,尤以社交恐怖为最多。有些大学生在与人交往时,会不自觉地感到害怕、紧张以至手足无措、语无伦次,有些甚至发展到害怕见人的地步。这些学生在意识到将要与人交往或在交往的过程中,往往产生紧张不安、心慌、胸闷的症状。恐惧症常常带有强迫性的特点,明明知道这种恐惧是过分的或没有必要的,但又难以抑制和克服。

(五)易激惹

所谓易激惹,是指容易发火、发怒、过分急躁,是对一般的或很轻微的与个体主观愿望相悖的刺激产生剧烈的情绪反应。研究表明,青春期的大学生内分泌系统处于空前活跃时期,大脑神经过程的抑制和兴奋发展不平衡,内制力较差,容易冲动。有的大学生因为一件小事或一句话便暴跳如雷,或出口伤人,遇事不冷静。在寝室、饭堂、舞场、足球场等场所,常见因一些琐碎小事引起的激烈纠纷。易激惹的人有几个特点:好打抱不平;看什么都不顺眼;发怒后常常后悔,后悔的同时又有委屈感。易激惹常常危害人际关系,而人际关系紧张常常又使易激惹趋向恶化。

如前所述,发怒对人的身心健康有明显的不良影响。一般而言,一个人发怒时,会出现心悸、失眠、血压升高等生理上的不良反应,同时发怒会使人丧失理智、阻塞思维,导致损物、伤人,甚至犯罪等许多失去理智的行为。正如古希腊学者毕达哥拉斯所言:"愤怒以愚蠢开始,以后悔告终。"大学生群体的一些违法违纪的事件,大多数是在愤怒情绪下发生的。

(六)冷漠

冷漠是一种对环境和现实的自我逃避的退缩性心理反应,具体表现为对外界的任何刺激都无动于衷,无论是悲、欢、离、合、爱、憎,都漠然视之。冷漠者初期主要表现为漠不关心、事不关己的消极态度。处于冷漠情绪的大学生,在行为上常表现为对生活没有热情和兴趣;对国家前途漠不关心;对学习漠然置之;对人际关系回避退缩;对集体活动不参与、无所谓的态度。

日本心理学家松原达哉教授形容此情绪状态的学生是无欲望、无关心、无气力的"三无"学生。也有学者把这种情绪障碍称为"无聊神经症",既通俗易懂,又表达得确切,并且认为,随着经济发展及物质生活的丰富,当前大学生中具有这种"无聊神经症"症状的人,已不少见。造成大学生冷漠的主要原因有:因长期的付出得不到回报;因缺乏父母的疼爱,缺乏家庭的温暖;因性格狭隘、固执等产生冷漠情绪。如果大学生长时间地处于这种情绪状态下,巨大的心理能量得不到释放,超过一定限度时,就会以猛烈的形式爆发出来,致使心理平衡遭到严重破坏,影响身心健康。

总之,上述情绪的轻微反应或倾向性反应是每个人身上都会具有的,但如果不重视情绪调适,久而久之,轻微的症状也可能发展成一种问题状态,甚至成为严重的病态。因此,积极地预防和调节不良情绪反应,学习与掌握各种识别与调节情绪的方法策略,从而形成良好的健康情绪行为,对于每一位大学生来说,都是非常重要的。

第三节　大学生情绪调适的心理辅导

【案例 5-3】

大学生桃子在日记中写道:"第一次离家上学到现在,非常想家,每天都想家。好不容易盼到放假,想着可以回家了,心中满是期待。本来担心计算机考试的成绩,刚好查到成绩,虽然只是超过了及格线而已,但对我来讲已经是非常好了。于是满心喜悦,刚看到成绩时甚至都有些手舞足蹈了。但是,同寝室的小丽这时回来了,兴高采烈来跟我说她计算机考试得了80多分。不知道为什么,本来还快乐无比的我心情一下子低落了很多。刚刚还兴高采烈的我现在变得有些小烦躁。本来想要叫小丽一起去听讲座的,这个时候一点也不愿意把讲座的消息告诉她,也不想跟她在一起多待。有些奇怪……本来小丽跟我的感情是很好的呀,怎么小丽考得好,我的心情却这么低落了呢? 刚才又接到通知,作为学生会干部的我要为二年级的一个活动帮忙。心情郁闷,跌落谷底。不能回家了……今天感觉倒霉透了。刚刚,爸爸打电话过来说大狗点点生病死了,爸爸话音刚落,我的眼泪就流出来了。点点一直陪伴着我度过了 10 年的时光,它就像家人一样重要。感觉自己心里被抽掉了一块,很痛,很难过……"

上述案例告诉我们,大学生情绪波动性比较大,容易受到外界环境的影响。通过分析案例中桃子经历的情绪变化及其原因,我们是否可以找出帮助桃子走出困惑,重新获得开心的方法呢? 当我们不开心时,情绪低落时,有哪些方法可以帮助我们调节情绪呢?

一、情绪识别辅导活动

（一）传情表意

辅导目标:通过对情绪表情的观察识别出不同的情绪。

课前准备:情绪成语若干,例如眉开眼笑。

活动过程:

(1)学生分组。将学生分成8～10人一组,每组选派一名组员出来担任监督员(交叉监督,不能监督本组的队员)。

(2)每组一路纵队站好,所有参赛的组员背向第一位组员,指导师将写有一个情绪成语的纸条给每组第一位成员看一眼。游戏规则为:不能通过说话来表达情绪,但可以用面部表情及身体表情来传情达意;第一位小组成员拍第二位小组成员的肩膀让他(她)转向自己,然后将情绪成语尽可能清晰地通过面部表情与身体表情传递给第二位成员,第二位按自己识别到的情绪成语将信息"拷贝"并传递给第三位,依次类推。最后一位成员到指导师处写出被"拷贝"的成语。哪个小组速度最快、最准确即胜出。

(3)第一轮结束后,让小组成员进行一次讨论,分析"拷贝"变形的原因,并讨论如何才能提高准确率,再进行第二轮的传情表意。

(4)感受分享:每组请学生代表在全班交流当前游戏给自己带来的思考与启示。

(5)教师总结:眼见不一定为实。游戏过程中虽然看到了前面同学表达的情绪表情,但是因为缺少语言信息,所以还是会有错误的传情表意,生活中经常也会遭遇"误解"与"误传"现象。因此,识别情绪过程中不应只关注单向信息传递,也要观察双向信息传递,识别情绪的过程中沟通与交流是非常重要的。

注意事项:

(1)情绪成语的选择各组间难度差异要比较一致,且符合大学生年龄特点。

(2)主持人的语言要有激情,监督人可以在旁边误导。

(3)每组活动时间控制在半分钟之内。

(二)情绪温度计

辅导目标:

(1)让成员觉察此时此刻的情绪。

(2)让成员了解情绪背后的成因。

课前准备:A4白纸。

活动过程:

(1)给成员听轻音乐,并回想一周来的心情起伏。

(2)请成员以0～10度表示这周的情绪温度,0～10度分别代表不快乐到快乐的程度,请成员以数值表示自己这周的情绪温度,以成员给出的数值来分组。

(3)小组内分享影响情绪评分的原因。

(4)每组选代表在全班同学面前分享与交流。具体分享内容可以包括在小组中对他人印象最深刻、最有感触之处(不同的想法、不同的处理方式等)

(5)教师总结:引起大家烦心的事虽然各有不同,但又都有相似之处。分享与倾听烦心事既是识别自己情绪信号的重要方面,也可以起到管理情绪的作用。

注意事项:需要事先提醒小组保密的原则,也需事先提醒在分享内容的选择上要注意在这一小组情境下可以分享的事件。尽管如此,偶尔还是会出现个别小组成员情绪失控的情况,教师需及时介入。

二、情绪调适辅导活动

(一)情绪调适百宝箱

辅导目标:

(1)让成员觉察最近一段时间以来自身的不同情绪。

(2)利用团体优势探讨解决情绪困扰的方法,并为不良情绪应对出谋划策。

课前准备:信封及信纸。

活动过程:

(1)每位成员一个信封,把自己最近一段时间以来最大的情绪困扰写在上面。

(2)然后在小组里随机交换3次以上。

(3)成员阅读自己手上拿到的别人的情绪事件,其他小组成员根据自己的经验逐一为其出谋划策,找出解决方法。

(4)最后每组总结情绪应对方法,并选代表在全班同学面前分享与交流。

(5)教师总结:每个人的方法既有不同又有相似之处,重要的不是方法本身,而是你是否愿意采用积极的方式去应对生活中的情绪困扰。

注意事项:在过程(3)时,注意不要随意打断别的小组成员的分享,也不要去评价成员所提出的方法的可行性,任何方法都是可以有的,都是允许的。

(二)幸福清单

辅导目标:

(1)减轻疲劳,舒筋活血,缓解不良情绪。

(2)认识和学习应对不良情绪的基本方法。

(3)增加快乐情绪。

课前准备:彩笔、硬纸板。

活动过程:

(1)请大家围成一个大圈脸朝圈内站立;集体向左转,形成前后站立的圈;请后面的组员为前面的组员捶肩、揉背。

(2)然后再请大家向后转,继续为前面的组员捶肩、揉背。

(3)如此可以反复多次,等大家气氛活跃,身体放松后停止游戏。

(4)结束后,问大家感觉如何。平时比较累、比较烦时,自己常用的减压方式有哪些。

(5)根据自己的经验,每位成员在纸板上尽其所能地列出所有有助于自己放松或开心的活动。

(6)在小组内分享然后每个小组总结出2~3个效果最好的方法、3~5个最特别的方法、2～5个最简便易行的方法,制订出每个小组的幸福清单(大约10个方法)。

(7)全班张贴幸福清单然后分享如何具体实施幸福清单。

注意事项:队形排列可以变化。场地小,可以用方阵的形式,也可排列队伍站在原地活动,也可用小步跑或快步走的形式。

(三)认知记录表

认知记录表是建立在认知疗法基础上的一种辅导技术。本辅导活动引导个体学习使用认知 ABC 记录表与认知 ABCDE 记录表,认识个体产生消极情绪背后的思维,通过改变个体的思维达到调节个体情绪的目的。

教师指导语:每个人心中都有一把快乐钥匙,但很多人在不知不觉中将这把快乐钥匙放在别人身上保管。一位中年女性抱怨说"我活得很不快乐,因为老公经常出差不在家""我很生气,因为我的孩子不听话",她把钥匙交在先生或孩子手中。男人可能说"我心情很差,因为我的上司不但不赏识我,还打压我",他把快乐的钥匙塞在老板手中。一位大学生说,"我很生气,因为同宿舍的室友经常影响我休息",他把快乐的钥匙塞在同学手中。这些人都有一个共同的倾向:让别人来控制自己的情绪;并且,开始怪罪他人,传递一个信息——我的痛苦不快乐,都是你造成的。一个健康的个体能握住自己快乐的钥匙,既不期待别人使他快乐,也不责怪他人,反而将快乐和幸福带给周围的人。不论是环境中的人、事还是物都很容易影响我们的情绪,可是千万别忘了,成熟健康的个体将快乐的钥匙牢牢掌握在自己手中!那么,如何才能掌握快乐的钥匙呢?

前面我们学习了情绪的认知理论,特别是情绪的 ABC 理论明确指出认知在情绪产生过程中的重要性,即每一种情绪的产生都是因为人们内心有一个对事件或者情境的认知在起作用。由此,通过改变自己的想法,我们就可以改变对同一件事情的情绪反应,如图 5-2 所示。

图 5-2　认知三角模型

认知三角模型中的三点之间是会相互影响的,三角形中的任何一点改变了,都会带来另外两点的变化。然而,很难直接改变感受,为了在行为上有所变化,只能直接改变想法。通过自己的认知改变对事物的看法,从而创造快乐。

1.认知 ABC 记录表的使用

辅导目标:

(1)促进对认知三角的认识。

(2)识别不同的情绪、辨别引起情绪的事件与认知。

课前准备:事先打印好认知ABC记录表。

活动过程:

(1)每天记录引起情绪变化的情境事件,即表5-2中的第一列。

(2)然后评估这个事件引起的情绪有哪些,并为每种情绪的强度打分,记录在第三列。

(3)从每种不同的情绪反向思考:产生这种情绪时头脑中一闪而过的想法是什么,将其记录在第二列。

(4)连续记录至少一周。

注意事项:

(1)辨识情绪是ABC记录表的关键。

(2)你的情绪是否与特定的思维或想法是对应的?

(3)你记录的是事实还是思维(猜测)?

(4)区别情绪与想法:"他肯定看不起我。"(想法)

　　　　　　　　　"我不舒服、不开心。"(情绪)

　　　　　　　　　"我觉得很难过。"(情绪＋想法)

(5)一个事件发生时可能会有多种不同强度的情绪,背后会有多种思维。

表5-2　认知ABC记录举例

情境事件(A)	自动化思维(B)	情绪结果(C)
引起情绪变化的事件: 你跟谁在一起? 正在做什么? 什么时候? 在哪里?	一闪而过的念头＋相信程度(如我真的很差劲)	愤怒、恐惧、厌恶、惊奇、快乐、抑郁(1~100分)

2.认知ABCDE记录表的使用

辅导目标:进一步促进认知三角的认识,寻找第二种可能的自动化思维,从而改变认知。

课前准备:事先打印好ABCDE记录表。

活动过程:

(1)选择认知ABC记录表中的一个事件进行深入探讨。

(2)寻找第二种思维或认知或想法,将其列入表5-3第四栏。

(3)当出现第二种思维或认知或想法时,评估其情绪分值,关注其变化,并在第五栏标注。

(4)评估对第二种思维或认知或想法的相信程度。

(5)再次寻找其他的思维或认知或想法,然后重复上述步骤。

注意事项：

(1)当试图对第四栏第二种自动化思维(合理的想法)进行测评时,如果心里想"我想不起来,我也不太清楚"时,可以邀请自己再次回到当时的情境。"让我回到那个情境:那时穿什么衣服、时间、地点、周边都有些什么……我当时的情绪是什么?"

(2)不知道如何找自动思维? 则要牢牢抓住情绪变化的转折点。

(3)启发式提问的重要性。例如,"你想想看,做认知 ABCDE 记录表有什么意义?"

表 5-3　认知 ABCDE 记录举例

情境事件(A)	自动化思维(B)	情绪结果(C)	合理的思维(D)	情绪变化(E)
引起情绪变化的事件: 你跟谁在一起? 正在做什么? 什么时候? 你在哪里?	一闪而过的念头＋相信程度(如我真的很差劲)	愤怒、恐惧、厌恶、惊奇、快乐、抑郁(1~100 分)	有没有其他可能的想法? 别人(如好友)面对同样情境时可能会怎么想?	当有新的替代性想法产生时,情绪的变化及其程度。

【本章思考题】

1.情绪的内涵是什么,它有哪些构成成分?

2.大学生常见的情绪有哪些? 与其心理健康有何关联?

3.调节情绪的方法与技术有哪些?

第六章　学习与应对

【案例 6-1】

　　小婷在高中时是老师和家长眼中的乖孩子、好学生，总是认真听讲，认真完成作业，但步入大学才一个月，她在学习上就感到无比的迷茫。高中时主课就那么几门，课程进度较慢还会复习；大学一进来就有各种各样从没接触过的课，每一本教材都那么厚；老师讲得飞快，笔记都来不及记，有时还不完全按照课本上的讲；上课居然要来回换教室，去晚了好座位都没有了；生活上的事情突然都要自己打理，还有各种社团活动想参加，光是这些就够忙了，可同时还想多跟同学出去逛街、约饭，享受大好时光，根本没有时间静下心学习。身边有些同学开始"放飞自我"，"大学的课随便上上就好啦""考试靠突击，六十分万岁"……这样的观点开始出现在小婷周围，上课聊天、玩手机、迟到早退或者干脆翘课等种种现象也越来越多。

　　小婷有时不禁在想，如果不好好上课，不掌握好专业知识，毕业后怎么找工作，怎么适应社会呢？一想到这些她就感到焦虑，可大学学习环境的改变和周围同学的态度又让她迷茫。

　　相信在步入大学生活之前，很多同学都抱有这样一种观点：大学生活缤纷多彩，学习不是那么要紧的事！甚至一些家长、老师都可能对你们说过，高中时苦一点，到了大学就解放了。确实，大学期间没有高中要面对的升学压力，学习的自由度也相对提高了，但这绝不意味着大学里的学习很轻松或者不重要。如果说高中时是为了高考而学习，大学里的学习则是为了今后的人生。

　　由于不再指向升学，而是指向专业知识和适应社会，大学阶段的课程学习对我们提出了与高中阶段完全不同的挑战和要求，例如课程难度、深度、数量增加，强制性作业减少，对自主学习的要求空前提高，等等。面对大学学习的变化，许多同学无法及时调整角色、找到方法，往往出现学习目标不明确、学习态度消极、学习方式被动、沉迷网络等问题，进而导致焦虑、迷茫、懒惰、自我封闭等心理问题。大学学习环境的改变其实是在提醒同学转变自身的角色定位，"听老师的话""做个好学生"的时代已经过去，成年人的学习不再是为了满足外界的要求，而是为了自身价值的实现。在大学阶段同学们将走出青春期，步入成年早期，在自我意识愈发成长、人格更加独立之后，真正的学习才刚刚开始。

第一节　学习心理概述

一、学习活动及其意义

（一）何谓学习

学习的概念可以从广义和狭义两个角度理解。广义而言，学习活动是人类在社会生活实践过程中不断地认知、理解和掌握社会和个体劳动以及生活经验的过程。从婴儿出生蹒跚学步，到学会说话、学会自己上厕所，再到学会帮爸爸妈妈打酱油、在学校里和同学和睦相处，直至立足于社会独立生活，学习活动无处不在、贯穿始终。

狭义的学习则指学校里学生的学习，针对大学阶段而言，大学生的学习是在教师的指导下，在主体学习动机和学习认知等心理因素的参与下，有目的、有计划、有步骤地系统认识、理解和掌握各种专业文化知识和个体生存生活经验，培养各种技能技巧，发展各种能力，积累良好学习经验和策略，培养独立健全的人格品质和良好的社会生活的适应性，不断挖掘自身潜能和创造性，成功地发展自我的过程。由此可见，大学阶段的学习远不止掌握书本知识，为了能够最终形成独立的人格和较好地适应社会，生活经验、人际交往能力等也是学习内容所在。

（二）学习的心理与现实意义

1.学习是求知天性的自然发挥

在成长的过程中，许多同学似乎习惯于把学习看作一件苦差事。诸如"书山有路勤为径，学海无涯苦作舟"这样的格言我们都曾听过。学习固然需要毅力和恒心，但是学习真正的内在动力之一是我们人类天性中的好奇心和求知欲。正如哲学家康德所言："有两件事物我愈是思考愈觉神奇，心中也愈充满敬畏，那就是我头顶上的星空与我内心的道德准则。"每个人在童年都曾仰望星空，畅想宇宙的神秘，于是才有了阿姆斯特朗成功登月。好奇心和思维能力将人类与动物区别开来，学习本不可怕，它是我们自然天性的发挥，是探索世界和自我的过程。

2.学习是自我实现的必由之路

人生在世，每个人都希望实现人生价值，找到属于自己的一片天地。针对这种美好的期望，美国的人本主义心理学家马斯洛提出了自我实现的概念。自我实现是指个体的各种才能和潜能在适宜的社会环境中得以充分发挥，实现个人理想和抱负的过程，亦指个体身心潜能得到充分发挥的境界。自我实现是个体对追求未来最高成就的倾向，是人的最高层次的需要，它令人感到最大限度的充实和意义感。为了达到自我实现的目的，我们需要通过不断的学习来增长见识、拓宽生活领域、增强自身能力、完善人格。

自我实现不是一个外在的概念,而是一种内在的境界。同样面对月圆月缺的自然现象,都市里忙碌的人们视而不见,恋爱中的人则能说出"月亮代表我的心"的甜蜜誓言,大诗人苏轼则能写出"人有悲欢离合,月有阴晴圆缺,此事古难全"的哲理诗篇。不同的人生境界与感悟离不开学习的积累。试想大学四年,有的同学利用闲暇时间锻炼身体,通过获得健康美丽的体魄得到了自我实现;有的同学阅读经典书籍,通过思维和情感的扩展充实得到了自我实现;有的同学空闲时间都拿来打游戏,也许得到了很多一时的满足与成就感,但游戏终归是虚拟世界,当不得不面对现实时,生活意义感的缺失往往只会带来悔恨和遗憾。人们喜欢登高望远,是因为有着高处才能看到的风景,在人生之旅上不断地学习正是帮助你走到高处,看到崭新风景的精神之路。

3. 学习是适应社会的外在要求

步入大学校园,在享受青春时光的同时也意味着社会的考验越来越近。四年之后大多数同学都要走出校门,为自己的第一份工作打拼,用自己的薪水租房、吃饭、交水电费。相信没有同学愿意在大学毕业后还做家里的宝贝,靠父母养活,因为经济上若不能独立,人格也无法独立。为了能够在社会上打拼出自己的一席之地,在大学四年里每位同学都会开始思考今后想从事什么样的工作,需要锻炼哪些方面的能力,这一切都有赖于课堂内外的学习,例如对专业知识的良好掌握、同学长学姐老师的多多交流、对社会现状和自身方向的理性判断等。所以为了能够在大学阶段完成从学生到成人的转换,为了能够适应社会,我们必须通过不断的学习来提升自己的社会竞争力。

二、当代大学生的学习状况

当代大学生多是 90 后乃至 00 后,与 80 后大学生相比,当代大学生出生在社会转型加剧、经济迅猛发展和信息高速发展的时期,普遍表现出个性张扬、乐于表现、自主独立、思想活跃、求真务实、追求时尚、目标明确、渴望平等等优点,同时也表现出依赖性强、抗挫能力差、假性成熟、情绪心境化、自我中心等弱点,这些心理特征也体现在学习活动中。总体而言当代大学生的学习状况具有以下几个特点:

(一)学习压力较大

徐曼(2011)对北京、天津、上海 3 地 19 所高校进行的调查表明,41％的学生认为自己存在学习压力,但较轻;27％的学生认为和高中时差不多;27％的学生觉得现在的学习压力更重;只有 5％的学生认为没有学习压力。可见,在大学生中,学习压力是普遍存在的,是大学生主要压力源之一,它对大学生产生的心理影响排在所有压力源首位。学习成绩已成为影响大学生情绪波动的第一因素。调查显示,有 43％的学生认为学习成绩的好坏经常给自己带来压力,有 10％～15％的大学生对考试存在着不同程度的焦虑,特别是学习基础较差、性格内向、学习方法不够灵活的学生更易产生学习压力，甚至是考试焦虑症状。在回答"哪些因素会使你产生心理压力?"时，学业问题、前途及就业问题和人际关系问题分别排在了前三位。

（二）学习动力不足

周贤和刘灵娟（2011）对1146名大学生进行了学习主动性和学习动力两个方面的调查，结果表明53.4%的大学生缺乏学习主动性，大一学生的学习主动性最高，而大四学生的主动性最低。高亚兵（2015）对浙江5所高校共753名大学生的学习状况进行调查，结果发现部分学生缺乏明确的学习目标，同时学习态度欠佳，努力程度不够，表现在预习、听课、课后复习、完成作业情况较差。例如针对复习问题，调查显示12.7%的学生课后当天复习，18.6%的学生课后1~2天内复习，17%的学生课后一周之内复习，24.5%的学生有时间就复习，没有时间就算了，25.7%的学生考前集中突击复习。同时学习态度也体现出年级差异，学习态度迷茫的学生比例随着年段的增高而增高，大四学生对专业态度出现两极分化现象，大一学生与任课老师交流学习的比例显著少于其他三个年级。

（三）学习计划和策略表现较佳

尽管学习动力不足，但随着时代的发展和进步，当代大学生在学习计划和策略上体现出了灵活机动、善于处理问题的特点，在学习方法和策略上表现较佳。高亚兵（2015）的调查表明40.3%的学生每隔一段时间会制订学习计划，58.5%的学生能完成学习计划；在学习中遇到困难，45.2%的学生会上网查阅，58.9%的学生会向老师或同学请教，93%的学生会上图书馆查阅相关书籍资料。综上，90后大学生有一定的学习策略，交流能力和运用互联网的能力较强。

第二节　大学生学习心理问题及对策

【案例6-2】

临近期末，小王碰到了高中从没遇到过的挑战。过去小王以为大学的考试就是要靠考前突击、熬夜背书，要么就是写一篇论文，但这个学期很多的课程老师都要求学生们进行"Presentation"，也就是课堂展示，并以此作为分数的重要组成部分。小王一直以来性格内向不善表达，上课从来不会举手发言，面对这样的考试小王觉得比背书还要为难。一想到要当着全班同学的面讲话，小王就担心自己会表现不好，在大家面前丢脸。

同样令人头疼的是选题，从前考试都是老师考什么就答什么，但对于课堂展示，老师往往只给大家一个选题范围，具体的展示内容全靠自己。例如英语课上老师让大家分享自己最喜欢的一本书，小王这才发现自己好久没有读书了；心理健康课上老师让大家分享一项自己的爱好以及它给自己的生活带来了哪些快乐，小王这才发现自己一直以来过着三点一线的生活，并没有什么用心经营的爱好。

尽管过程有一些艰难，小王还是完成了自己的课堂展示，结果不是百分百的满意，但好像也没有想象的那么糟。小王增强了表达的自信，同时也暗暗告诉自己，要在课堂之外更多地拓宽生活，发现更多的自己。

大学向同学们提出了与中学阶段完全不同的学习要求，在新的环境和挑战下许多同学都出现了和小王类似的种种学习心理问题。在接下来的部分，我们将更深入地探讨哪些环境因素导致了我们的学习心理问题，这对我们的内在成长提出了怎样的挑战。

一、导致学习心理问题的外在环境因素

（一）课程设置不同

在中学阶段我们的学习目标是掌握各大学科一般性的基础知识，所以学习的科目十分有限，老师所讲授的知识都是最基本的定理，学生的任务就是接受、记忆、运用这些知识，而不需要自己进行太多的探究和反思。大学阶段则逐渐进入专业化、领域化的培养，这使得大学和中学的课程安排、培养计划非常不同。

大学课程的第一个特点是"多"。中学阶段一般只学习 10 门左右的课程，学生大部分精力都花在对高考主课的学习与复习上，而大学采用学分制，四年需要学习的课程一般在 40 门以上，每一个学期学习的课程都不相同。在大多数本科院校，大学一年级主要学习公共课程和基础课程，大学二、三年级开始学习专业基础课、专业方向课及选修课，其间还有暑期的小实习、社会实践等任务，大学四年级重点进行实习和毕业设计。由此可见，大学课程的"多"可以概括为课程种类多、课程数目多、每门课的内容多、每节课的内容多。这导致许多同学刚走进大学时有种应接不暇、上完就忘的感觉。

大学课程的第二个特点是"难"。同中学学习的基础知识不同，大学的知识更加专业化、深入化，如果说中学学习的大多数知识都可以在现实生活中找到实例，大学的许多专业理论知识则更加抽象和本质，学习中主要需要的不是记忆力而是抽象思维、逻辑和理解能力。除了专业知识的学习，实践和实习的课程则体现出另一方面的难度，这类课程需要的是沟通能力、团队合作能力、社会经验等，而这些往往是许多中学阶段一门心思读书的同学所欠缺的。

（二）教学环境、教学手段不同

总体而言，中学阶段的教学环境和手段较为单一，全班同学在固定的教师中进行每天的学习，教师的课堂教学主要是按照课本进行的，教师和学生的角色是大家传统印象中的"老师教，学生学"的单向模式。相比之下，大学的教学采取走课制，学生每天要奔波于不同的教室，面对各种不同风格、不同上课方法的老师，身边可能是来自各个不同专业、素未谋面的同学，这是与高中学习完全不同的体验。许多

大一新生在开学之初都感到"疲于奔命",找不到或走错教室的情况时有发生。

大学教学环境和教学手段的第一个特点是多样化。教学环境方面,首先硬件设施大大丰富,课堂上多媒体教学十分普遍,教室有各种不同大小规模以适应不同课程;其次软件方面多姿多彩,在大学里除了专任的教授课程的教师,社团学生会的学长学姐、来校进行讲座的学术名流或社会名人都是另一种类的"教师"。教学手段方面,根据课程性质不同、学习规模不同、教师风格不同,学生会遇到各种全新的教学手段和方法。教师的教学内容往往不拘泥于书本,根据需要可能涉及许多课外资料、实际问题和前沿成就,还可能包含教师的独到观点和分析解决问题的经验,同时需要同学们自主讨论或自己提出问题进行研究的情景大大增加。除了课堂上教师的教学,学生在课下的学习手段也非常多样化,传统的自习看书模式对大学学习而言远远不够,学生还需要有自行查阅资料的能力。大学的图书馆不仅提供实体图书,更提供了海量的互联网资源如学术期刊资料等供学生学习研究用,在学生的科研实践当中这些资料尤为重要。

大学教学环境和教学手段的第二个特点是探究式。大学课程的目的不再是记忆知识,而是理解理论、掌握方法、解决问题,因此大学中教师的课堂教学、课后作业常常采用探究式的学习方法。例如在思政类课程上,要求同学针对某一时事在课堂上进行分组讨论和自由发言,鼓励大家独立思考,踊跃表达,增进对时代和形势的关心;在专业类课程上,要求同学针对某一类专业问题自行分组进行调查研究,这涉及课后同学之间的选题、讨论、分工等,是对解决问题能力的综合锻炼。前文的案例 6-2 便呈现了大学课堂经常采用的一种评价方法,即课堂展示,这是一种典型的探究式学习,需要学生积极思考、理清逻辑、善于沟通、勇于表达。大学教学环境和手段多样性、探究性的特点,对同学们适应新环境的能力提出了挑战。

(三)课后学习模式不同

由于中学阶段学生尚未成年,自我意识尚未成熟,学校和家长对课后学习的要求具有较强规范性和强制性,课后作业和集体自习时间较多,作业性质多为书面题目,故有说法称中国的应试教育采用的是"题海"战术。到了大学,"题海"消失了,课后布置的作业和强制集体自习减少,但同时课程量和知识量却增加了,这一情况看似矛盾实则不然。由于大学生已经步入成年早期,自我意识趋于成熟,故大学的课后学习模式"放权"给学生自己,这既是对大学生成年身份的尊重和信任,也是对大学生意志力和规划能力提出的巨大挑战。

大学的课后学习模式最大的特点是自主性。第一点是时间地点自主管理。时间方面有同学选择当天复习,也有同学选择考前抱佛脚,有同学喜欢早起学习,也有同学喜欢深夜点灯甚至通宵。地点方面有图书馆、自习室、寝室等多种环境供学生自由选择,每逢期末大学中比较好的自习环境往往还会出现需要早到占座的情况。第二点是方法自主管理。由于课堂时间有限以及学生思维能力的提升,大学老师不会再像中学老师一样详细地指导学生应用怎样的方法高效学习,如何更好地整理课程内容、有效学习成了留给同学的第一道题目。大学中有这样的现象:有些同学勤勤恳恳,每天都泡在自习室,但学习成绩却不理想;有些同学平时总是在参加课外活动,没发现在自习室待多久,成绩却不错。这其中的原因往往就是部分同学找到了高效学习的策略和方法,而部分同学则还在死记硬背。第三点是努力程度自主管理。不再有老师和家长在后面追赶,选择成为"学霸"或者"学渣"都成了学生们自主的选择。"六十分万岁,多一分浪费"之类的大学生"金句"体现了一部分同学在学习上设定目标较低,只求拿到毕业证的心态。调查显示大学生学习努力程度不足,但同时学习压力又较大,这说明大部分学生存在着内心的矛盾,一方面理性上认为学习很重要,另一方面又出于惰性不愿做出足够的努力。大多数同学在大学阶段是初次离家生活,脱离父母的"管辖范围"更加增大了自主进行课后学习的挑战性。

二、应对学习心理问题的内在角色转换

(一)自我责任意识的觉醒

大学与中学学习的种种区别,都提醒着各位同学一件事情:当你步入成年,不再会有人替你做决定,你要自己选择自己学什么、如何学、学多少,并为自己的选择承担责任。高中时我们多多少少是在为了父母老师的期望、为了他人的奖赏和肯定而学,学习的方向也有老师为我们指点。但到了大学,我们需要提醒自己,匆匆四年后我们就要走向社会为生活打拼,学习从来不是为了满足他人的期望,而是为了自己的人生。

在大学中存在着这样的一种现象,一些同学在高中阶段是班级里的好学生,成绩名列前茅,但到了大学之后自甘堕落,成绩倒数甚至屡屡挂科重修,乃至退学。其根本原因往往在于没有实现从中学到大学的学习角色转变,没有唤起内心的自我责任意识,从而在大学纷乱自由的环境中失去对学习的计划和自控力,沉迷于网络、游戏等。

为了促进自我适应大学的学习环境,增强自我责任意识和学习满意度,我们应有意识地促进学习的内在动机,调动学习活动中的自我效能感。自我效能感指的是个体对自己是否有能力完成某一行为所进行的推测与判断,而学业自我效能感是个体对其学习能力的一种判断与自信。高俊杰(2014)的研究表明,学生自我效能水平越高,对学习的幸福指数也越高,这会构成学习活动的良性循环。自我效能感最主要的来源是先前的成败经验,因此刚进入大学时的学习经验格外重要,如果在一开始就能对学习时间和方法进行科学管理并取得良好的成绩,自我效能感就会建立起来,从而增强学习幸福感,为今后的学习提供更多的动力;而如果带着"上了大学学习不重要""终于解放了"之类的思想开始大学生活,则容易在大一时期忽略学习的重要性,到了期末成绩不佳,自信心受到打击,进而产生逃避、放任的心态,造成自我效能感低下的恶性循环。因此在大学的一开始就应正视学习的重要

性,从思想和行动上对自己的大学学习生涯负起责任,这是走向成年的重要一步,也是建立良好学习习惯的根本性的开始。

（二）从被动学习到自主学习

从中学到大学,学习角色有待转换的第二个重要方面是学生要从由教师带领的被动学习模式转换到自己思考方法、自我管理的自主学习模式。如前文所说,大学的课程既多又难,课堂时间有限,必须完成的作业又相对较少,这正是为了把学习的自由发挥空间交给学生。可以说大学生学习最重要的一点就是要养成自学的良好习惯。一些同学认为大学里靠自己琢磨学习是无奈之举,因为大学里老师只管上课,师生联系不如高中紧密,没办法经常向老师请教。但我们应意识到,当你走向社会,走上工作岗位,同样有许多的新鲜事物要学,而到时更加不会有一名专门的教师带领你,更加需要靠自学。由此可见从被动学习到主动自学的转换,同样与内心的责任意识、自我成长意识分不开。当人意识到了学习对自己的重要性时,自然就会主动思考如何做得更好,因此被动到主动的转换是大学生内心责任意识的成长在外在行动上的最主要表现。

大学的自主学习,主要需要同学们做好两大方面,一是学习努力的自我管理,二是学习方法的自主探索。脱离了高中集体自习的制度,大学的自习时间、地点都由同学自己安排,这对同学的意志力和自控力提出了莫大的考验。为了对学习努力做好自我管理,我们应在平时就注意有规律地定期复习,培养良好的自习习惯。和同学组成自习小组是行之有效的促进自习习惯养成的方式,共同自习的过程中一方面同学们相互监督,弥补了独自一人时自控力的不足;另一方面,同学们彼此成了对方学习努力的见证人,这促进了自我效能感和积极情绪的形成。除了对学习努力进行自我管理,大学生还需要对学习方法进行自主探索。一方面我们需要充分利用学校提供的各种资源,例如图书馆的实体图书和网络资源,另一方面还要主动地与同学老师交流,不能闭门造车。大学期间同学之间以及同学与老师之间的常规接触较中学阶段减少,一些同学由于自身性格内向,不好意思主动向同学和老师请教,错过了许多提升自我的机会。由此可见在大学阶段,学习不再意味着"学海无涯苦作舟",好的方法可以事半功倍。

（三）从课堂上的学习到生活中的学习

学校规定的课程学习固然重要,但这只是大学中狭义的学习部分。要真正在大学中锤炼自我,让各方面的能力得到锻炼,还要注意在课堂外拓宽自己的生活领域,从课堂上的学习扩展到生活中的学习。部分同学在中学阶段一直是听话型的"乖宝宝",到了大学仍旧努力自习认真完成课程要求,但生活较为封闭,使得自身的社会阅历、人际交往能力、团队合作能力失去了很多锻炼的机会,同时也少了许多大学生活的乐趣。

正是为了增进课堂之外的锤炼,大学为学生提供了自由的空间和许多闲暇的时间,由学生自主管理的学院和学校学生会,每年开学伊始各式各样的兴趣社团纳新,校园里各种讲座、演出、展览,这些都是大学里亮丽的风景线。更有许多大学生的视野已不局限在校园,走到了广阔的社会中去,例如在公益活动中担当志愿者、周末探望孤寡老人等社会弱势群体、暑期赴偏远地区支教等,而这些活动往往都有来自大学内部各种组织的支持。例如2016年在杭州举办了G20领导人峰会,3760名来自杭州各大高校的学生志愿者参与了峰会活动,在这样的志愿活动中,同学们走出了校园,向世界展现了中国大学生的优良素质和青春活力,其中的学习和成长是学校课堂无法带来的。

海阔凭鱼跃,天高任鸟飞,学校提供了丰富的课外活动资源,但自主权在每名学生的行动中。平衡好课内和课外两方面,是每一名大学生要学会的能力。每年总有一部分同学,抱着好奇的心情在开学初报了各种各样的社团和组织,然而到了学期期末因精力有限无法兼顾社团与学业,弄得焦头烂额,两边都没能给自己一个满意的交待。但如果在大学四年一直过着教室、食堂、寝室三点一线的生活,即使完成了学业任务,这样的大学时光也难免错过了许多精彩。总体而言,课内和课外的活动各有千秋,需要我们结合个人兴趣和精力,理性选择,合理安排。

三、常见学习心理问题及其调适

【案例6-3】

小芳从北方的家乡来到了南方的一所高校上大学,开学之后她和所有同学一样手忙脚乱。一个学期过去了,小芳感到周围的同学已经形成了自己感到舒适的生活节奏和学习方式,可以既做好功课又享受生活,但小芳却感觉自己的学习状态非常疲惫。

小芳个性要强,在一开始的几门课程中总想要取得好成绩名列前茅,但最后的成绩没有达到她的预期,付出的努力好像事倍功半。久而久之,她的情绪变得时常低落,有时虽然在自习但看了半天也没有真的看进去书,这让她更加焦虑。她甚至开始产生想要放纵自我的心态,"干吗非要做个好学生,不如过得潇洒一点,像周围同学一样没事溜号翘课算了!"

其实小芳身上已经出现了典型的学习倦怠,同时还有一些学习焦虑的情况。究其原因,一是小芳来到遥远异地求学既要适应新城市的风土人情,又要适应大学生活,压力来源比许多同学要多;二是小芳个性要强,对自己的学习成绩期望较高,但没有马上取得成绩使她感到挫败,缺乏足够的成就感继续支持自己。如果你是小芳的好朋友,你希望给她怎样的建议来走出困境呢?

(一)学习倦怠问题及其调适

1. 何谓学习倦怠

学习倦怠是由于缺乏学习兴趣或存在学习压力而产生的对学习感到厌倦的消

极态度和行为。学习倦怠在心理上表现为注意力不集中,思想迟钝,情绪暴躁,精神萎靡不振,学习效率下降,错误增多;在生理上可能表现为时感腰酸背痛,动作不准确,打瞌睡等。长期的学习倦怠会导致个体出现情绪低落、精力耗竭、自信降低、逃避学习等一系列现象,严重者身心受损甚至终身厌倦学习。许多研究显示学习倦怠现象在大学生中非常普遍并有着许多潜在危害。王玉楠(2014)对6所高校共400名大学生的调查表明学习倦怠状况普遍,有31%的大学生存在相对较高的学习倦怠。Katariina等人(2009)的研究表明学习倦怠能够大幅度地预测抑郁症状,并存在累积周期。王玉楠(2014)发现大学生学习倦怠在年级上存在显著差异,总体倦怠程度上大二学生最高,其次是大一学生,再次是大四学生,最后是大三学生。任春华(2010)发现在性别变量上,男生在学习倦怠中的情绪低落感高于女生。其原因可能是社会传统文化通常要求男性更加独立、自信、富有责任感,使得他们比女性面临更多的挫折和压力。

更具体而言,连榕等人(2005)提出学习倦怠包括三个方面可能的心理和行为表现,分别是情绪低落、行为不当和成就感低。情绪低落指表现出兴趣下降、心情失落、沮丧低迷等情绪特征;行为不当指表现出不适宜的举动,如迟到早退、溜号逃课、不写作业等;成就感低指很少体验到成功感和满足感。在前文案例中,小芳的身上就出现了情绪低落、成就感低的典型表现,并且开始出现行为不当的萌芽念头。

2.学习倦怠的原因

学习倦怠的产生与学生自身和外界因素多个方面有关,吴卫东(2010)在研究中发现,大学生的学习倦怠与不良社会作风和文化、就业压力、学校教育的缺陷以及学生自身独立性问题密切相关。

(1)不良社会作风和文化的影响。一方面,大学并非一个封闭的地方,外界不良信息很容易进入校园,冲击原有的校园文化。另一方面,大学生开放的特性和不成熟的心态,使其极其容易受到外界不良信息的影响,产生拜金主义、享乐主义思想和急功近利的心态,或是沉迷网络及各种娱乐,从而对学习失去兴趣。

(2)日益增长的就业压力。据中国教育在线统计,近年来我国大学毕业生人数逐年迅速增加。2015年到2017年,我国毕业生人数分别为749万人、765万人、795万人。2018年这一人数有可能达到820万人,从而创下历史新高。供过于求的市场现状下,大学生很难找到理想的工作,大学生工资低于那些并未读过大学的人的情况也并不少见。学习无用论的思想在学生的头脑中疯狂增长,很多学生迫不及待地想尽早找到一份工作,而不是努力学习。

(3)学校教育的缺陷。受中国应试教育制度的影响,学校教育侧重理论而忽视实践,课程的设置多数都是理论课,注重知识的讲解和传授以及考试成绩的多少,与学生的实际生活严重脱节。从教师方面来看,教师自身的思想道德水平低、知识文化水平不高以及教育教学方法不当等在一定程度上也会引发学生的学习倦怠。

（4）学生自身独立性问题。尽管前面提到了三方面的外在因素，但学生的独立性才是学习倦怠的关键影响因素，也是从心理健康的角度出发我们可以进行自我控制和调节的方面。一方面，部分学生进入大学后没有完成责任意识的转变，学习意识仍处于中学阶段的被动状态，不注重在学习中的自我激励，体验不到愉悦感，长此以往，便产生了学习倦怠。另一方面，部分学生惰性较强，自控力不足，缺乏延迟满足和履行计划的能力，只注重眼前的舒适和快乐，无法静下心来学习，这是学习倦怠产生的又一原因。Tuominen 等人（2008）研究发现，成功导向的学生比技能导向和学习导向的学生遭受更多的学习倦怠，这启发我们学习不应过于功利化，不应只注重结果的成功与否，而应更关注自己是否有真实的技能和知识上的收获。

现实生活中，学习倦怠并不单纯受上述某一因素的影响，而是各种因素综合产生的效应。

3.学习倦怠的调适

朱林仙（2007）研究发现，大学生学习压力体验对学习倦怠具有较高的预测作用。赵锦山（2007）研究了大学生的就业压力和专业承诺，发现二者显著正相关。王玉楠（2014）的研究指出，学习压力越大、学习成就感越低以及专业承诺越低，学习倦怠的程度越大。综合以往研究，我们应从学习压力、学习成就感和专业承诺三方面对学习倦怠进行调适。

第一，在解决学习压力方面，我们应先从自己的日常生活做起，消除潜在的压力源。吃饭睡觉、人际交往这些日常诸事本应是每个人习以为常、放松自然的生活部分，但面对新环境时这些琐事却往往成了压力的来源。昨天又失眠了，今天午饭不知道吃什么好，寝室的小王是不是对我有意见……如果自己的生活尚且过得费心费力，还要去完成学习任务自然难上加难。因此我们要做好生活规划，早睡早起按时吃饭，养成自己较为固定的生活时间表。在人际交往方面，要用自信开放的心态去积极面对周围的新同学，结识新朋友，而不要自我封闭。在生活较为适应后，再着重从不当的学习行为入手，进行自我规划和管理。在纠正不良学习习惯方面，可以采用积极行为疗法，将学习和自己感兴趣的东西或者事件建立联系，形成正强化，从而形成对学习的兴趣，减轻学习倦怠。例如和同学组成自习小组就是行之有效的互相监督、养成良好自习习惯的方式。

第二，在调适学习成就感方面，我们应在入学初期给自己时间和耐心，找好在新环境中的定位。部分同学进入大学后，在学习成就的自身定位方面会出现心理落差。例如某些同学在自己的家乡中学属于名列前茅的优等生，但进入大学后成绩排名不再靠前，感到失去了优等生的自我认同感。同时大学生活丰富多彩，一些有文艺体育特长的同学在课余活动中大放异彩，原本就出现了心理落差的同学如果不能及时调整，还可能在这样的比较中愈发怨天尤人，成就感下降，可能出现嫉妒、逃避等各种心理反应。在这种情况下，我们要保持自信，客观看待自己，在新环境中不要一开始就将目标定得太高，通过制定多个近期小目标稳扎稳打地努力，在完成一系列小目标的过程中重塑自信和学习成就感。

第三,在专业承诺方面,我们应努力提升对专业的情感认同。连榕等人(2005)指出,大学生专业承诺是大学生认同所学专业并愿意付出相应努力的积极的态度和行为。专业承诺中的情感承诺是学习倦怠及其各维度的重要预测变量,对专业越喜欢,感受到的学习倦怠越少,相反,对专业越厌倦,感受到的学习倦怠越高。因此大学生应主动提升自己对所学专业的了解程度,进而挖掘专业兴趣,提升对专业的情感承诺。在现实生活中,不少学生大一进校所学专业并非自己最初选择的专业,部分学生志向明确,通过个人努力转到自己更为理想的专业去,这是非常值得鼓励肯定的。另一种情况,即使因为种种原因不得不留在可能一开始觉得不那么理想的专业,也不需要因此气馁。一方面,行行出状元,事在人为,任何一个专业只要肯努力都会有很好的出路;另一方面,大学中最重要的并非专业知识而是综合素质的养成,任何一个专业的培养都会使人得到锤炼,也许在未来其他的工作岗位上,这种跨专业的背景反而更有优势。例如创办阿里巴巴的著名企业家马云,大学期间学的是英语,第一份工作是教师,但这不仅没有妨碍他进入计算机行业,反而拓展了他的国际视野,锤炼了他的表达和交流能力。

【心理测验 6-1】

学习动机测试

下面是一份学习心理状况调查问卷,可以让大家对自己的学习心理状况有个大概的了解,从而对自己的不良学习状态做出恰当的调整。请对下面的题目做出"是"或"否"的回答。

(1)如果别人不监督我,我极少主动学习。(　　　)

(2)我读书时,需要很长时间才能提起精神。(　　　)

(3)我一读书就觉得疲劳与厌倦,只想睡觉。(　　　)

(4)除了老师指定的作业外,我不想多看书。(　　　)

(5)如果有不懂的地方,我根本不想弄懂它。(　　　)

(6)我常想自己不用花太多的时间成绩也会超过别人。(　　　)

(7)我迫切希望自己在短时间内就大幅度提高自己的学习成绩。(　　　)

(8)我常为短时间内成绩没有提高而烦恼不已。(　　　)

(9)为了及时完成某项作业,我宁愿废寝忘食,通宵达旦。(　　　)

(10)为了学好功课,我放弃了许多感兴趣的活动,如体育锻炼、看电影与郊游等。(　　　)

(11)我觉得读书没有意思,想去找个工作做。(　　　)

(12)我认为书本上的基础知识没啥好学的,只有高深的理论,读大部头作品才带劲。(　　　)

(13)只在我喜欢的科目上狠下功夫,而对不喜欢的科目放任自流。(　　　)

(14)我花在课外读物上的时间比花在教科书上的时间要多得多。(　　)

(15)我把自己的时间平均分配在各科上。(　　)

(16)我给自己定下的学习目标,多数因做不到而不得不放弃。(　　)

(17)我几乎毫不费力就能实现自己的学习目标。(　　)

(18)我总是同时为实现几个学习目标忙得焦头烂额。(　　)

(19)为了对付每天的学习任务,我已经感到力不从心了。(　　)

(20)为了实现一个大目标,我不再给自己制定循序渐进的小目标。(　　)

计分方法:

选"是"记 1 分,选"否"记 0 分,将各题得分相加,算出总分。

评价标准:

总分在 14～20 分:说明学习动机上有严重问题和困扰。

总分在 6～13 分:说明学习动机上有一定问题和困扰。

总分在 0～5 分:说明学习动机上有少许问题。

(资料来源:张国成,邱卫民,王占龙.大学生心理健康教程[M].北京:北京大学出版社,2008.)

(二)学习焦虑问题及其调适

1.何谓学习焦虑

学习焦虑是指由于学生在学习过程中感到不能达到预期目标或不能克服障碍的威胁,导致自尊心自信心受挫,恐惧感增加的一种紧张不安的情绪状态。从生理角度来说,过度的学习焦虑是一种神经系统的高度紧张,它会束缚人的认知活动,导致可用认知资源减少,学习效率降低,学习态度消极等问题。学习焦虑的典型表现包括:(1)自我怀疑,总担心自己学不好,对可能取得的考试成绩顾虑重重,信心不足,忧虑过度,以致寝食难安;(2)夸大学习和考试的难度,经常惶惶不安,焦虑万分;(3)情绪处于压抑状态。当代大学生的学习焦虑情况非常普遍,一项对天津高校 5 万名在校大学生的调查表明,16％的大学生存在不同程度的心理障碍,其中主要是焦虑不安、忧郁、恐惧;华西医科大学精神医学研究室对 6 所大学的 6636 名大学生进行调查,发现其中有焦虑症者占到 7.1％。

焦虑本身是一把"双刃剑",学习焦虑是对学习活动具有动机作用的。20 世纪 50 年代,泰勒、斯彭斯提出以一般性焦虑为特征的驱力理论。这一理论认为,在个体的焦虑水平处于中等强度的条件之下,其学习的效果是最理想的,但驱力水平过高或过低对学习效率都有不利影响。莫厄尔在研究了焦虑与工作效率的关系后,认为适度的焦虑有助于维持人格的完整,促进人格的高水准统一。但过度焦虑是一种负性情绪,长期处于该情绪状态下的人,其心理会产生各种障碍,人们变得退缩、过度顺从,或暴怒或恐惧,从而不能顺利完成工作或学习任务。长期的过度焦虑会使人格发展受到影响,如产生高度敏感、自卑、自我评价过低、依赖心重、做事犹豫不决、恐惧、害怕等人格特征。

需要注意的是,学习焦虑的来源往往并不是实际的挫折,而是自己臆想中的、可能发生的挫折。很多同学会在重要考试前感到焦虑,这就是由于担心考试有可能出现的失败结果,并在头脑中不断强化对失败的恐惧从而出现的身心反应。

2.学习焦虑的原因

学习焦虑的最主要原因包括学习压力和学习动机两方面。王凯丽(2010)指出,学业压力是个体面对学业要求时产生的紧张反应,是个人与环境相互作用的结果。王玉楠(2014)的调查表明我国大学生普遍存在一定的学习压力,22.75%的大学生存在较高程度的学习压力。大学生一方面要接受来自学校的教育,另一方面在学习逐渐步入社会,因此大学中潜在的压力源是多方面的。大学的学习方式和生活方式对刚进入校园的学生是新奇而陌生的,在学习方面,课程数量多、内容多,适应的过程中学生必然会产生一定的心理压力;在生活方面,个人的衣食住行需要良好的自律能力和生活经验,宿舍的集体生活、社团活动等都需要良好的人际交往沟通能力,部分同学在中学阶段较欠缺这些能力,故导致压力上升。

此外,对未来就业、个人前途的担忧以及家长的期望过高、持续施压也是许多同学的重要压力来源。学习作为每名学生必须完成的任务,往往成为多方面压力累积后的最突出受到影响的方面。

在学习动机方面,成就动机过强、自我预期过高的学生往往容易出现学习焦虑。在新的学习环境尚不适应时,过高的预期是不现实、不易兑现的,这容易带来对成绩的失望,从而导致学习上的挫败感。在多次挫败后,学生的成就感持续低下,学习动机开始从过高转向不足,逃避和放任的想法、行为便开始萌芽。过高的成就动机还会导致考前焦虑。部分同学内心较为敏感,抗挫折能力较差,如果同时又成就动机较强,预期很高,便会在考试前夕将结果看得太重,很担心不尽如人意,变得情绪烦躁、忧心忡忡,甚至夜不能寐。另一个会影响到学习动机的因素是专业兴趣。部分同学对所学专业兴趣不足,从而动机不足导致学习努力程度不够,但同时理性上又清楚自己应该改变现状,却又迟迟没有动力付出行动,长此以往形成了焦虑心境。

3.学习焦虑的调适

结合学习压力和学习动机两方面的原因,我们也应从这两方面对学习焦虑进行调适。在调节学习压力方面,可参考前文学习倦怠的调适中对学习压力的调节。在调节学习动机方面,重新进行成败归因是非常重要且有效的调节方式。乔建中等人(1997)的研究发现,在失败情境中,高焦虑者更倾向于进行能力归因。例如同样是考试分数不理想,低焦虑的同学可能会将考试失败归结为试题太难等外部因素,而高焦虑者则会将失败的原因完全归结为是自己智商不够,能力不足,这样的归因便带来了很大的挫败感,导致更强的焦虑。这提醒我们要理性看待成功与失败,不要因为一两次的结果过分地自我否定,但同时焦虑过低的同学学习动力可能会不足,这样的同学要学会诚实面对自我,不能非理性地将一切失败都归咎于外界而逃避自身问题。无论成功或失败,都应保持对自己今后学习能力和学习努力的信心。

此外,教师、学校方面也应注意为学生营造一个宽松、和谐的学习环境以防止在过于高压的学习环境下焦虑情绪的产生。家长方面应给孩子多一些信任和时间,不要在学习就业方面反复对孩子提出各种期望,引起其压力增大。

第三节　大学生学习心理辅导

一、增强学习自信与动机的辅导活动

(一)自信百宝箱

辅导目标:引导成员认识自己,了解自己在学习方面的优势和劣势,集体出力,分析学习成绩不好的"非智力因素",引导他们了解归因对人情绪和动机的影响,从而找到增强学习信心的方法和途径,激发和强化学生主动学习的内在动机。

课前准备:A4白纸,塑料桶。

活动过程:

(1)让每个同学在白纸上写出自己学习方面的优势和劣势,以及自己在学习方面缺乏自信的表现,不用写自己的名字。

(2)将白纸折成飞机或揉成纸团,扔进小塑料桶里。每位同学从小塑料桶里随便捡起一个纸飞机或纸团,大声读出上面所写的内容。

(3)小组讨论捡到的纸团上的同学遇到的问题,共同想办法帮助自己或同学找到热爱学习、增强信心的方法,讨论后发言分享。

(4)教师引导:注意发挥纸上同学写的原本的优势。我们的一些劣势也许不容易一下子改掉,但是优势却是很容易发扬光大的。而当你发挥了优势就会找到自信,也就能找到学习兴趣与动机。不爱学(学习动机)不等于不会学(学习方法);不会学(学习方法)不等于不能学(学习能力)。如果同学们在学习上没有积极主动的学习态度,找不到合理的学习动机,就不可能去探索适合自己的有效的学习方法,也就不可能尝试提高学习能力,也就不可能走出中考、高考失意的阴影。通过活动,同学们要尝试分析自己不爱学习、不会学习和学习不好等的"非智力因素",从自身做起,经常鼓励自己,要想办法增强在学习方面的自信心和胜任感,从而激发和强化学生的学习动机,帮助学生在学习中找到快乐的支点,体验学习带给他们的快乐和成就感。

(二)学会正确归因

辅导目标:引导学生学会正确积极的归因,不要把成功归之于外部因素和运气,不要把失败归之于自己的能力,帮助他们客观分析自身学习中存在的问题与不足,克服自卑,树立自信,探索方法,注重过程,不以一时成败论英雄。

课前准备:缝衣服的针线,"我的归因特点"问卷。

活动过程:

(1)首先进行穿针引线游戏,每组派两位同学参加:一位同学拿针,一位同学拿线,在5秒钟内将线穿过针孔。规则一:开始前两个人都必须将手放下,时间到时拿针的同学必须放手。规则二:其他同学监督并用数"5、4、3、2、1停"来帮助计时。

(2)寻找游戏中成功和失败的原因:请参加游戏的同学分享成功或者失败的原因,也请同组的其他同学发表自己的看法。

(3)教师总结引出归因理论:有些同学将失败的原因归为能力不足,做不到,有些则归为不够努力,应该继续尝试,还有同学认为任务太难了,还有同学认为运气不好,这就是心理学上所说的"归因"。不合理的归因会使人失去动力,而合理的归因会使人更加努力。

(4)帮助同学们了解自己在学习方面的归因倾向,发放问卷并说明:A.选择符合自己实际情况的项目,如果你认为还有其他原因,请写在问卷下面的"其他"栏里面;B.在你所选的内容中再选出五个最主要的,将他们依照重要程度的次序填写(写题号即可)。

【心理测验6-2】

我的归因特点问卷

了解和分析影响你自己学习、考试成绩不理想的原因,如果你认为符合你的情形,请在( )中打"√"。

我的学习、考试成绩不理想,是因为:

1. 家中没有人指导我解答疑难作业 ……………………………………… ( )
2. 我不喜欢任课教师 …………………………………………………… ( )
3. 学习科目过于枯燥 …………………………………………………… ( )
4. 平时养成了懒散的习惯,不愿学习 …………………………………… ( )
5. 家里环境差,没法学习 ……………………………………………… ( )
6. 我没有找到有效的学习方法 ………………………………………… ( )
7. 父母不关心我的学习 ………………………………………………… ( )
8. 我缺乏学习的恒心和毅力 …………………………………………… ( )
9. 班级学习风气不好 …………………………………………………… ( )
10. 我不会妥善安排学习时间 …………………………………………… ( )
11. 学校令人讨厌 ………………………………………………………… ( )
12. 我学习基础不好,跟不上 …………………………………………… ( )
13. 老师的教学方法不适合我 …………………………………………… ( )
14. 我自己努力不够 ……………………………………………………… ( )

15. 运气不好,复习的内容总是不考 ·· (　　)

16. 身体不佳,无法集中精力学习 ·· (　　)

17. 考题总是太难 ··· (　　)

18. 我对学习没有兴趣 ·· (　　)

19. 情绪不稳,常被无端的情绪干扰 ·· (　　)

20. 本身能力不够,根本不是学习的料 ·· (　　)

其他:

影响我学习的五个重要因素依次为:_____。

1. 暂时放下问卷,呈现一个情境,要求同学表演出来,组织成员分小组进行讨论。

情境:(旁白)考试后,高一某班的两位同学在教室里坐在一起,闲聊起来。

甲:唉! 这书读得可真苦啊!

乙:喂,这次考试考得怎样?

甲:唉,别提了,真是惨不忍睹啊! 连哭的勇气都没了。

乙:你平时够努力的,怎么会没考好呢?

甲:是啊……初中是"希望之星",高一就成了"流星"! 唉,看来自己真的不是学习的料啊,再努力恐怕也没用了! ——你呢?

乙:我? 我跟你一样,初中也算"希望之星",现在就成了"扫帚星"! 但是我认为自己不笨,之所以落到今天这地步,都得怪老师没有把我们管好教好! 你想,学生没学好,不怪老师,还能怪谁呢?

讨论:以上甲乙两位同学对自己的学习是如何归因的? 这样归因可能会导致什么样的结果? 你认为他们应该怎样做? 说别人容易说自己难,同学们对别人的归因方式都发表了自己的看法,现在回过头来看看同学们自己的归因又有什么样的特点。

2. 组织学生进行问卷分析

统计结果:单数题中,你打"√"的有几个? 双数题中,你打"√"的有几个?

分析结果:如果你更多地选择单数题号的选项,你可能是一个外部控制的人,也就是说你通常习惯把自己成功和失败的原因归于外部条件和环境;如果你选择的大多是双数题号的选项,那说明你善于从自己内部寻找原因,你是一个内部控制的人;如果你的单数题和双数题差不多,这说明你不是典型的内部控制或外部控制的人。

理论分析:心理学家韦纳认为我们一般把原因归结为以下四个方面:能力、努力、任务难度、运气(表6-1)。结合理论,我们会发现,有一些因素是可控的,有一些则不可控,例如如果将所有事情都归结为运气,我们就没有动力继续努力了。

小组讨论分享:结合具体事例谈一谈你过去是如何归因的,现在看看是否合理。

表 6-1　韦纳的归因理论

三维度	内部的		外部的	
	稳定的	不稳定的	稳定的	不稳定的
	不可控的	可控的	不可控的	不可控的
四因素	能力高低	努力程度	任务难易	运气好坏

二、时间管理的辅导活动

(一)时间馅饼游戏

辅导目标:在活动中把大学生一天的时间构成图像化、具体化,引导同学进行自我认知,发现自己一天中是怎样安排生活作息和学习时间的。

课前准备:A4白纸,水彩笔。

活动过程:

(1)教师发给每位学生一张 A4 白纸,要求学生在一张纸上画一个圆,上面写上标题"周六的一天"。

(2)教师告知学生:这个圆就是你周六一天生活的"时间馅饼",时间总是一刻不停地流逝,就好像我们不停在吃着时间馅饼,但是我们都吃到哪里去了呢,可以通过这个活动认识一下。

(3)一天有二十四小时,估计一下自己花了多少时间睡觉、吃饭、聊天、玩手机……又花了多少时间看书、运动等。以圆心出发,按照不同活动的比例画出饼状图,并涂上不同的颜色,图 6-1 就是小王的例子。

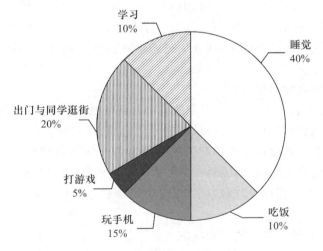

图 6-1　小王的周六时间馅饼

(4)教师总结讨论:大家对于自己周六的安排感到意外吗? 有没有同学发现"我原来花了这么多时间在做无聊的事"?你希望自己哪一部分的"馅饼"更多一些,哪一部分更少一些,或是需要增加减少哪些部分?将你的"馅饼"与周围同学交换讨论,看看其他人的时间安排如何,有没有值得你学习的地方。

(二)四象限时间管理法

辅导目标:通过活动让同学们学习、体验四象限时间管理法。学习的关键是学会积极投资不紧急但重要的事情,这样才能促进个人成长。

课前准备:A4白纸,卡片纸。

活动过程:

(1)教师引导:现代生活节奏不断加快,越来越多的人感到越来越焦虑,同学们有没有同感? 有没有很想过一种慢节奏的生活? 可要让生活真正慢下来,就要做到珍惜时间,利用有限的时间高效地做事,这样才能有更多的时间放松自己,让生活慢下来。今天老师带大家体验一种合理、有效地管理时间的方法,叫作四象限法。

(2)要求学生在 A4 白纸上画出 X、Y 轴和四个象限,在 X 轴的右侧写上"重要",左侧写上"不重要",Y 轴的上方写上"紧急",下方写上"不紧急"。在第一象限写上"重要且紧急的事情",第二象限写上"重要但不紧急的事情",第三象限写上"紧急但不重要的事情",第四象限写上"不重要也不紧急的事情"。

(3)教师引导:我们每天都有许多任务和目标要完成,比如:参加考试、明天要用的演讲稿、同学邀我上网、玩游戏、上课、看一部大片、看一部经典书、练习书法、三缺一打牌、培养晨跑的习惯、结交朋友、同学结婚、学习一门乐器、踢足球、看病、洗衣服等。下面请四人小组讨论,把这些任务分一分类,从"是否紧急"和"是否重要"两个维度来把它们放到四个象限里面去。注意要区分好第二和第三象限,紧急的事情哪些是重要的哪些是不重要的?

(4)下面大家来看看图 6-2 四象限时间管理法的图例,看看你的区分是否和它一样。

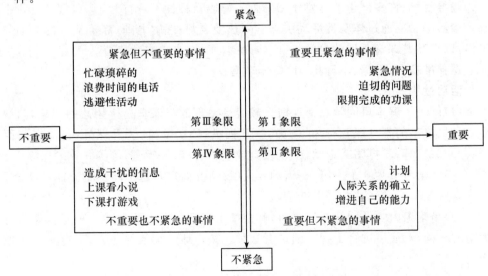

图 6-2　四象限时间管理法

"四象限时间管理法"是按照事情紧急性程度和重要性程度的不同,将全部任务划分在四个象限中:第一象限的事情是"重要且紧急"的,是必须以高优先级去完成的事情,但一般所占的比例较小。有人做事无轻重,看似每天都忙,但其实是对第一象限事情的误解,将过多的事情错误划分到了这里。

第二象限即"重要但不紧急"的事,较于其他三个象限,是最有价值的。属于第二象限的事情往往是需要一段时间完成的、真正对个人未来发展产生非凡影响和意义的事情,例如培养晨跑的习惯、学习一门乐器、看完一本好书。然而由于它需要一段时间,往往被人再三搁置,久而久之便会使人感到自己成长受限,没有完成任何原本想做的有意义的事。在有时间的时候优先做第二象限的事情,对于个人成长非常有益。

第三象限是一些"紧急但不重要"的事情,这一象限的事带有很大的欺骗性,是时间管理的"陷阱"之所在。比如,逛街购物、选择生活必需品、同学结婚等,看似是紧急的事情,但实际上并不那么的重要,反而因为它们往往令人们着急,就占据很多宝贵的时间。人们需要在这一象限学会取舍和用省时省力的方式应对。

第四象限内的事情是"不重要也不紧急"的,通俗点儿说就是消磨、打发时间的娱乐活动,如玩游戏、看小说、上网等,既没人催促着你,也不会产生任何重要的影响,只是暂时的放松。我们需要注意不要花费太多时间在第四象限内。

(5)教师总结:综合而言,四象限的使用方法就是率先完成第一象限的事情,不必多做第四象限的事情,设法摆脱第三象限的事情,积极投资第二象限的事情。

三、培养学习习惯的辅导活动

(一)换位思考——假如我也是老师

辅导目标:许多同学的课堂学习习惯不好以及种种不良行为,其本质是自我中心。本活动希望通过体验性活动引导学生热爱老师、理解老师,尊重他人的劳动与付出,以提高其课堂听课的自觉性和学习的自主性,走出自我中心。

课前准备:口香糖、小玩具、小说、刊物等。

活动过程:

(1)调查了解本班同学在上课时比较容易出现的与课堂纪律相悖的现象,归纳出8种最典型的不良课堂行为,例如:①乱插嘴;②玩手机;③看课外书;④东张西望;⑤交头接耳;⑥打闹或走动;⑦玩玩具或嚼口香糖;⑧睡觉;等等。

(2)将全班分为6个小组,每组约8人(视情况而定);每个同学轮流面对其余7位同学做3~4分钟的演讲(或朗读)。

(3)当小组内一个同学在演讲时,其余7个同学分别模仿上述八种不良课堂行为中的一种,对演讲进行干扰。演讲者必须无条件地继续他的演讲,不得对干扰做任何反应。

(4)小组进行讨论,分享刚刚的感受。教师总结:是不是当了老师才发现,平时的自己有多么不懂事?相信每一位同学面对着小组各种不良行为时都会感到难以继续,甚至内心受到挫伤,更何况老师要面对这么多的同学,要讲那么长时间的课。当你学会换位思考的时候,就会在遇到问题时多站在他人的角度看问题,设身处地地为他人着想,这样我们才能够更多地理解他人,尊重他人。在生活中,学会换位思考,你就不会面对老师的谆谆教诲而横眉冷对了;学会换位思考,当与同学发生矛盾时,你就会化干戈为玉帛,与同学重建良好的友谊;学会换位思考,当你遭遇挫折时,就会化消极为希望。

(二)康奈尔(5R)笔记法体验

辅导目标:帮助学生体验学习5R笔记法,培养在上课时进行有效记录的习惯。

课前准备:笔记本,演讲视频。

活动过程:

(1)请大家观看一段3~5分钟的演讲视频,观看后结合视频内容向大家提问,结果发现同学们很难对视频的结构逻辑和信息有较完整的理解和记忆。

(2)心理学研究表明,如果纯粹靠被动的听和看,能够记住的信息是很少的而且缺乏深度加工,而当自己主动写起来,就会促进记忆和深度加工。另外,上课不动手很容易注意力涣散,这样自己也缺乏成就感,科学地做笔记可以帮助自己保持注意力集中,还能在课后看到自己听课的成果,感受到直接的成就感。

(3)今天教大家一个常用的5R笔记法,又叫作康奈尔笔记法(图6-3),是用产生这种笔记法的大学校名命名的。这一方法几乎适用于一切讲授或阅读课,特别是对于听课笔记,5R笔记法应是首选。这种方法是记与学、思考与运用相结合的有效方法。

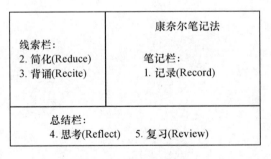

图6-3 康奈尔笔记法

①首先准备笔记本和笔,进行标题书写和区域划分。

步骤一:在页面上方中间写上课程标题,右上角写上上课日期。

步骤二:在页面下方画一条横线,占面积约四分之一或五分之一。

步骤三:在页面左方画一条竖线,占面积约三分之一或四分之一。

②介绍三个区域:第一区域是"笔记栏",作用是记录,是简化上课听到、看到的信息并记录下来,例如老师说的话或在黑板上写的东西、幻灯片里的东西、课本重

要信息等。注意点,一是要注意简洁性,以跟上讲师的讲课进度,下课后再回忆补充,二是只忠实记录上课内容。

第二区域叫作"线索栏",是在课后马上完成,用来简化、归纳右边的"笔记栏"内容的,主要是提炼出关键词,归纳出要点、想法、疑问点等。这一部分的关键用途是,当你之后需要复习回忆时,挡住第一区域,只靠第二区域的关键词和问题来回忆,它是非常有效的方法。

第三区域叫作"总结栏",就是总结你这页记录的内容,通常三点即可,不要太多,否则会加重大脑的负担,从而造成负面的结果。这个工作可以延后一点儿做,推荐在上完课一周以后。主要是起到促进你思考消化的作用。

③复习时的使用方法:第一,定期复习回顾相关内容,以巩固记忆;第二,只看第二区域的关键词,回顾本页面的全部内容;第三,在第三区域深化理解和感悟。本方法需要多做,多回忆,重复数次后便会熟练了。

【本章思考题】

1.我在学习方面最大的优势和劣势是什么?如何发挥我的优势?

2.除了专业知识,我希望在大学期间培养哪些爱好兴趣?需要怎样做?

3.为自己制订本学期的学习计划。

第七章　人际交往与沟通

别人和自己

一位爱思考的 16 岁的少年带着困惑去拜访一位年长的智者。

"我如何能变成一个自己愉快,也能够给别人带来愉快的人呢?"少年问道。

智者笑笑望着他说:"我送给你四句话。

"第一句话是把自己当成别人,即当你感到痛苦、忧伤的时候,就把自己当作别人,这样痛苦自然就减轻了,当你欣喜若狂之时,把自己当作别人,那些狂喜也会变得平和一些。

"第二句话是把别人当成自己,这样就可以真正同情别人的不幸,理解别人的需要,在别人需要帮助的时候给予恰当的帮助。

"第三句话是把别人当成别人,要充分地尊重每个人的独立性,在任何情形下都不可侵犯他人的核心领地。

"第四句话是把自己当成自己。"

少年问道:"如何理解把自己当作自己? 这四句话之间有许多自相矛盾之处,我要如何才能把它们统一起来呢?"

智者说:"用一生的时间和精力,用心去理解。"

(资料来源:一位 16 岁的少年去拜访一位年长的智者[EB/OL].百度文库,https://wenku.baidu.com/view/6f99e2d0b9f3f90f76c61b9b.html.)

在上面的这个案例中,智者给予少年的四句话是什么意思? 为什么智者没有回答少年的追问? 在人的一生中,良好的人际沟通是个体适应社会并且在社会中获得发展和成功的重要桥梁,那么,大学生应该如何学会在大学里更好地进行人际沟通,并且为自己未来的发展奠基呢? 这就是本章所要阐述的主要内容。

第一节　大学生人际交往概述

社会学意义上的人际关系是指人与人之间相互交往的过程,借由思想、感情、行为表现的相互交流而产生的互动关系。人际关系的状况是个体人际交往能力的反映指标。人际交往能力是指人在进行人际交往活动时,影响人际交往活动的效率和保证人际交往顺利进行的个性心理特征。这种能力是人们社会生活的基本能力,也是一种社会适应能力,即一种调整与周围环境关系的能力。随着社会的进步,人类文明程度的提高,人际交往在人们生活中显得越来越重要,人际关系不仅影响人们生活的水平和质量,而且关系到人们是否能成就自己的事业,甚至关系到一个国家人才培养的质量及其在国际竞争中的实力。

大学生是中国社会的特殊群体,作为即将进入社会的高素质人才,其人际关系不仅关系到自身的生存与发展,而且还会影响整个社会的发展与进步。汪小容等人(2017)运用郑日昌《人际关系综合诊断量表》,在某大学进行随机抽样调查。结果显示,性别因子对人际交往影响显著,男生普遍好于女生;年级因子对人际交往影响不显著,但高年级学生较低年级学生人际交往状况好些;城乡因子对人际交往影响不显著。总体有53.40%的大学生人际交往需要进一步改善。

近年来,伴随着互联网技术的飞速发展及自媒体的广泛应用,大学生人际交往呈现出一定的新样态:一是移动网络交往频繁,大学生网络交往依赖性增强;二是交往范围显著扩大,交往深度有待提升。张冬梵等人(2015)提出,高校应当有针对性地开展如下工作:一是改进大学生人际交往课程设置,帮助大学生树立正确的交往观念;二是充分发挥思想政治教育工作者对大学生人际交往教育引导的主导作用;三是建立健全大学生人际交往危机预警与干预系统;四是净化校园网络文化,营造良好网络交往环境。

一、人际交往概述

(一)人际交往的内涵及分类

人际交往是指两个或两个以上的人,通过语言或非语言符号进行的信息传递、情感交流、思想沟通和物质交换等互动过程,是人与人之间在心理和行为上发生相互作用的动态过程。

从人际交往的形态看,人际交往过程可以是动态的也可以是静态的。从动态上讲,是人与人之间直接或间接地发生信息沟通或物质交换。当我们用语言、用眼神、用表情或用其他身体动作表示我们的意见、情感或态度时,我们就在与别人进行信息沟通。当我们买东西、赠送礼物或进行其他物质交换时,我们之间的相互关系既有物质的交换,也有信息的沟通。从静态上讲,是人与人之间通过相互作用建立起来的直接的心理上的相互联系。这种人与人在社会活动中建立的直接心理关系,社会心理学家称为人际关系。这种关系是通过直接交往所产生的情感积淀,是人与人之间相对稳定的情感纽带,反映了人与人之间在感情寄托、信息沟通和合作共事中的心理关系和心理距离。

从人际交往的方式看,人际交往是一个多维系统,从不同的角度可以划分为不同的类型,如直接交往和间接交往、单向交往和双向交往、语言交往和非语言交往、横向交往和纵向交往、血缘交往和地缘交往、良性交往和非良性交往、正式交往和非正式交往等。这些形形色色的交往发生在人群之中,使人们每时每刻都在进行着丰富多彩的交往。在交往中,人的语言、行为、思想、情感等彼此影响,交往活动就是在这种相互影响中进行的。

从人际交往的结构看,人际关系主要包含三种成分:一是认知成分,反映个体对人际关系状况的认知和理解,它包括交往双方对自我与他人的了解和认识,决定是否愿意与他交往以及交往的深度,也包括双方对彼此人际关系状况的认识和评估,随时对自己的人际关系做出调整。因此,人际知觉的结果,也是人际交往的理性条件。二是情感成分,是人际关系的基础。即对交往的评价态度,是关系双方在情感上满意的程度和亲疏关系。人际交往必须有情感的投入,有双方情感的满足。人际交往的亲密程度主要取决于情感的投入。如果彼此的交流仅停留在彼此的认识上,那么这种交往就会很理性,缺少亲密感。三是行为成分,这是双方实际交往的外在表现和结果,即能表现个性的外在行为。一个人是否愿意与对方交往,以及交往到何种程度,要通过自己和他人的行为表现让彼此能够感受到。建立与维护良好的人际关系,需要拥有让对方喜欢的行为,相互关心、相互帮助等。

（二）人际交往的条件

通常人际交往有赖于以下条件:

(1)传送者和接受者双方对信息的一致的理解。

(2)交往过程中信息及时反馈。

(3)有适当传播通道或传播网络。

(4)具有一定的交往技能和交往愿望。

(5)交往双方对对方时刻保持尊重。

（三）人际交往的功能

心理学家的大量研究和人们亲身的生活实践都已证明,对于任何一个人来说,正常的人际交往和良好的人际关系都是其心理获得发展、个性保持健康、生活具有幸福感的重要前提。

1. 信息沟通功能

人与人之间交往,是信息的沟通,即人与人之间诸如情感、意向、思想、价值等方面的理解与沟通。这是沟通信息的最基本的形式。英国作家萧伯纳曾说过,"如果你有一个苹果,我有一个苹果,彼此交换,那么每人还是一个苹果。如果你有一种思想,我有一种思想,彼此交换,我们每个人就有了两种思想,甚至多于两种思想。"在现实生活中,每个人掌握信息的能力是有限的,再聪明、再有能力的人,也不可能知晓世界上所有的事情,解决所有的问题。孔子曾说,独学而无友,则孤陋而寡闻。因此人们需要相互沟通、相互合作。常言道,与君一席话,胜读十年书。与人交往是一种超出书本之外的学习,是我们获得各种信息的重要渠道。

通过人际交流,大学生能够从中获得大量有用的信息。同时,人际交往中的信息交流有利于启迪思维,开发智能。由于知识的局限,加之社会经验不足,大学生看问题难免陷入僵局。而在与老师、同学、朋友之间的交流、切磋、碰撞之后,常常会产生新的思想火花,让自己茅塞顿开。

2.心理保健功能

【阅读材料7-1】

社会剥夺实验

美国心理学家哈洛(Harry F. Harlow)等人曾做过这样的实验:将一只猴子置于不锈钢的房子里,温度、空气流通、清扫和喂养等一切工作都是自动化的,即隔绝了猴子的一切交往活动。社会剥夺研究发现,被隔绝交往的猴子远比正常交往情况下的猴子恐惧反应强烈,它们在情绪和交往行为上受到了损害,精神是不健全的。对人的研究同样发现了这个结果。有人研究生活在孤儿院的儿童,他们由于平静而孤单地生活,得不到正常儿童应得的爱抚性刺激,更缺乏良好的社会交往,所以不但在智力(尤其是语言)的发展上低于同龄正常儿童,而且社会能力更差。他们或是对人冷淡,缺乏交往愿望和能力,或是有另一种极端反应,即表现为情感饥饿,狂热地需要得到他人的爱抚。

(资料来源:连榕,张本钰.大学生心理健康[M].北京:北京师范大学,2012.)

人际交往是人们维持精神健康的基本需要。人只有置身于人际环境中,通过社会获得支持性的信息,才能不断得以修正和发展。社会心理学家认为,人的心理矛盾与心理疾病的产生大多是由于人际关系的不适应。埃里克森的人格发展理论认为,人在18～25岁正处于青年阶段,发展任务主要是建立亲密感,避免孤独感。马斯洛的需要层次理论将人的基本需要分为生理需要、安全需要、归属与爱的需要、尊重需要和自我实现需要五种。其中归属与爱的需要也称社交需要,人类需要爱,也需要得到爱,主要表现为对亲情、友情、爱情的需要。处于这一需要层次的人,希望能拥有幸福美满的家庭,把友爱看得非常珍贵,渴望得到一定社会成员与团体的认同、接受,并与他人建立良好和谐的人际关系。如果这一需要得不到满足,个体就会产生强烈的孤独感、异化感、疏离感,产生极其痛苦的体验。

正如德国学者斯普兰格(Splanger)所说,在人的一生中,再也没有像青年时期那种强烈地渴望被理解的愿望;没有任何人会像青年那样处在孤独之中,渴望着被人接近与理解。大学生正处于此阶段,情感丰富,情绪尚不稳定,特别需要他人的关心和理解。通过良好的人际交往活动,可以拥有更多的社会支持系统,拥有较高的安全感和信任感。英国著名哲人培根说过,当你遭遇挫折而感到愤懑抑郁的时候,向知心挚友倾诉可以使你得到疏导,否则这种积郁会使人生病。只有对朋友,你才可以尽情倾诉你的忧愁与欢乐,恐惧与希望,猜疑与劝慰。总之,大学生人际交往的时间越长、空间越大，不善交际的大学生却难以排除的苦闷。因此，人际交往活动是大学生保持心理平衡、促进心理健康的有效方式。

3.自我认识功能

自我认识对每个人来说都不是一件容易的事，对于初涉人世的人来说，是需要通过交往，在与他人的相互作用中逐步实现的。歌德说过，人只有在人们之间才能认识自己。人的自我认知和自我完善过程是在一定文化环境中，通过个人和他人相互作用、相互认知而达到的认识自我、完善自我的过程。

人们对自己的观察评价是把别人当作认识自己的镜子，常以别人对自己的反应作为衡量的依据。因此，人在认识别人的同时，就得到形成自我评价的必要知识。有些人对自己的估价过高或过低，这既可能是由于自我意识不够成熟，也可能与用于比较的对象或人群有关。如两个普通中学的高才生，往往会高估自己的实力，因为在交往对象中他总是佼佼者。而当他跨进大学校园，尤其是名牌大学时，突然不见昔日的辉煌、发现自己是那么默默无闻，很容易一下子失去自我，由此走向另一个极端，低估自己的实际能力。所以，通过与更多更广泛的对象交往和比较，人就能逐步形成较为恰当的自我评价，既避免"自我"的夸大，又能克服"自我"的贬低。

一般地说，在与他人交往的过程中，如果对方尊重自己、喜欢自己、愿意与自己交往，就表明自己身上具有使人愉悦的优点；反之，如果对方厌恶自己、疏远自己，那就要对自己的言行进行反思，看看是否自己身上的缺点已到了非改不可的地步。在交往过程中，大学生可以找到一把人生的尺子，量出自身的长处和短处，达到正确认识自我、合理评价自我的目的。由此可见，人际交往活动是促进大学生认识自我的基本途径。

4.个性发展功能

人本主义心理学家罗杰斯认为重大积极的人格改造必须在某种关系中才会产生，人只有在与别人的沟通中，才能做到相互学习、取长补短，自我完善与发展。个性作为主要心理特征，其发展和完善是大学生心理修养的一项重要任务。一个人的个性除受到先天遗传因素的影响外，更重要的是受到后天环境的影响。大学期间是个性定型的关键时期，积极的人际交往有助于良好个性的养成。

大学一般过集体生活，人际交往可使大学生的生活丰富多彩，使不同个性的学生得以相互学习。不仅有知识互补，而且有个性互补。在集体生活中加强相互交往，有助于学生发现各自性格的优势劣势，学会与人相处的艺术。另外，大学生人际关系处理的好坏也同样会影响其个性的发展。如果长期生活在友好和睦的人际关系中，人的个性就会变得乐观、开朗、积极、主动。正如法国作家巴比赛说的那样，个性和集体配合起来不仅不会失去个性，相反，只有在集体中，个性才能得到高度的觉悟和完善。

人人都期望自己的个性得到发展和完善，但它的实现正是在交往中完成的，在交往中理解生活、丰富知识、学会处事、锻炼能力，从而发展个性。很难想象，一个孤芳自赏、与世隔绝的人可以达到"独善其身"的境界。

此外，人际交往还有助于促进大学生个体的社会化进程。如果说家庭是人的社会化第一场所，那么学校就是当今人类社会化的第二场所。不同类型、不同经历、不同习惯、不同爱好，以及不同个性、不同价值观的同学通过相互交往，不仅有利于信息沟通、培养个体的社会交往能力，也有利于提高大学生对社会问题的认识能力，从而大大加速个体社会化进程。

二、大学生人际交往的特点

当今社会是一个充满合作与竞争的社会。中国与世界接轨、职业流动性的增大和自主择业，对当代大学生的人际交往能力提出了更高的要求；大学生具备较高的文化层次，生理心理日趋成熟，使他们的人际交往出现以下新的特点。

（一）人际交往需求极为强烈

青年大学生思想活跃，精力充沛，兴趣广泛，力图通过人际交往去认识世界，获得友谊，满足自己物质和精神上的各种需要，因而他们希望被人接纳、理解的心情尤为迫切。在之后的人生中，一般不会再像青年时期那样强烈渴望被理解和接纳。

【案例7-2】

缺少知心朋友

大三女生小白，一直担任班干部，同学关系融洽，她像个大姐姐，同学有心事都喜欢向她倾诉，她也会尽力想办法为别人化解。在同学眼中，她是个善解人意、受人欢迎的人，但在心理咨询室她却常常止不住地哭。她说自己内心非常压抑，总是强装笑脸为别人解忧，而自己其实很苦。因家庭经济状况很不好，她主要靠自己在学校勤工俭学和外出打工挣生活费，早出晚归，非常辛苦；全家的希望都在她身上。她压力很大，但她要强，不愿向人提起，感到缺少信任的知心朋友，因此到咨询室来倾诉。

大四女生小董，人很瘦，精神状态明显不好。她说自己学习成绩很好，同学公认她聪明，表面上她和许多同学关系不错，甚至可以和男生打打闹闹，许多男生也愿意陪她玩，很关心她，她也愿意为他们出主意，可她还是感到空虚落寞。其实，她并没有和他们说心里话。她因为失恋一直都很痛苦，但没有告诉别人，她认为没人能帮她，同学并不是她真正信任和可以交心的朋友，她表面上的嘻嘻哈哈是在掩盖内心的孤独和寂寞。

案例点评：这类大学生通常多能正常交往，人际关系也不错，但自感缺乏能互诉衷肠、肝胆相照、配合默契、同甘共苦的知心朋友，因此，常常感到孤独和无助，这类学生在大学生中不算少。进入大学后，新的伙伴、新的环境，要求大学生独立地与陌生人交往，但由于缺乏交往经验、技巧或自身性格等原因，难以建立深入持久的人际关系。有的大学生能主动调整自己，寻求改善，逐渐适应大学人际环境，有的大学生则在整个大学期间都没有找到知心朋友，友谊还是停留在过去，密切交往的依然是中学同学。

（二）人际交往讲求平等

大学生随着自我意识的发展，独立和自尊的要求日益增强，有强烈的成人感，对交往的平等性要求越来越高。他们对他人平等相待，也希望他人对自己一视同仁。所以大学生更多地选择与同辈交往而远离父母、长辈，经常回避居高临下的教训，渴望平等交往。大学生的个人阅历、所处地位、社会经验、认知能力、思维观念都大致相同，容易产生平等的观念。同学之间、师生之间都渴望互相理解、互相尊重、平等相处，而那些傲慢无礼，不尊敬他人，操纵欲、支配欲、嫉妒、报复心强的人常常不受欢迎。

（三）人际交往理想化

大学生的人际交往具有浓厚的理想色彩，纯洁、真诚。无论是对同龄朋友，还是对师长，都希望交往不带任何杂质，同时他们也常常以理想的标准要求对方，一旦发现对方某些不好的品质就深感失望。其实，每个人都渴望友谊和交往，有着人际交往的迫切需要，但有一些大学生却回避交往。长期的积郁，再加上学业负担的压力，使他们的人际适应力下降，出现渴求交往和自我封闭的矛盾。因此，和其他人群相比，大学生人际关系的挫折感较强，容易因交往受挫引发心理问题。

（四）人际交往情感色彩浓

大学生普遍希望通过交往获得友谊。对友谊的珍惜与渴望，以及青年人情感丰富的心理特点，使大学生在人际交往中十分注重情感的交流，讲求情投意合和心灵深处的共鸣。女大学生往往更加注重情感，男大学生则更注重兴趣一致、价值观趋同。因此大学期间结下的友谊也更为牢固长久。但是由于大学生心理发展还不够成熟，时常会以情感代替理智，而且他们的情感也不稳定，起伏比较大，表现为时而欢欣鼓舞，时而焦虑悲观。

（五）人际交往趋于社会化

在市场经济的背景下，大学生从交际的对象、内容、范围到形式上，都出现了关注价值的趋向，追求实惠。社会上持久流行"在家靠父母出门靠朋友""多一个朋友多一条路"等观念，这些必然影响到大学生的人际交往。由于毕业后要走向社会，所以大学生努力把自己的交际领域扩大到校外社会。他们既要学会怎样与社会人士交往，又要获得社会生活的经验和知识。另外，各种社团和网络交际平台的兴起，也促进了当代大学生人际交往日趋社会化。

第二节　大学生人际交往的心理偏差与对策

【案例 7-3】

周围人为什么不喜欢我？

一直以来，周围的人都对我不满，很多人都不喜欢我，我现在很少和同学来往，他们有事也不找我，我觉得很孤单。其实我内心是很想交朋友的。

刚进校不久，我住在宿舍，另外三个人特别吵闹，弄得我晚上总是睡不好，后来我就在外面租了房子，清净多了，但这样同学都不理我了。

一开始并不这样，记得有一次去同学宿舍玩，看到同学忙忙碌碌的，就问他们干什么，同学说正在准备，晚上有一个同学过生日，问我是否愿意一起去，我就问要交多少钱，因为一般同学过生日都要一起凑钱的，同学说：每人 75 元，我就说，那你们去吗，我觉得我没有能力承担 75 元，要是 20 元，我就参加了。这次没有参加后，有同学过生日时就再也不喊我了。

前一次，有一个不是很熟的同学，找我帮助他，之后他主动请我吃饭，我推辞不掉后就答应了，请客那天因为早上没吃饭，临近中午时就特别饿，我就在同学请客的饭馆点了一碗面条，打算一边吃一边等他，结果他发现我在吃面条非常生气，说是我这样做不给他面子，而且责问我，是不是我以为他请不起客，其实我根本没有那个意思，我觉得饿了就吃一点，这很正常。

对我不满的还不只是同学，去年春节期间姑妈来我家做客，她为我们烧了一个汤，端上桌子，她说太烫了，我就说，烫没关系，正好去毛，想用死猪去毛开水烫来打比方，但姑妈立刻就不高兴了，其实我只是开玩笑而已，我说话，总是想表现自己的独特性，也想开玩笑，表现自己幽默，像一般人都会说的常用语，我基本上都不说，因为我觉得太平常了，说了没意义。

【案例 7-4】

宿舍让我度日如年

现在对学习、生活的兴趣下降许多，什么事都不想做，这个假期回家，房间里乱乱的，也懒得去整理，而且成天躲在家里，也不和以前的中学同学或朋友联系，有同学打电话找我，我总是找理由推托，这些情况也引起了我妈妈的警惕和担心。

中学时我在某直辖市一中读书，学习成绩、班级表现各方面都很优秀，虽然在家中是个独生女，但父母并没有让我养成娇惯习气。

进入大学后，和三位来自农村的女生同居一宿舍，生活习惯和观念想法差异很大，自己的床、桌、用品屡被占用，洗衣粉总是用我的，多次提出要求也没有结果，和她们讨论问题，每次都互相矛盾，话不投机，很多建议说了等于没说，她们根本不改,而且她们讨论的很多话题也很无聊,譬如说谈论老师长相,甚至给老师起外号,我觉得这样的评头论足太庸俗了,也不愿和她们讨论。

宿舍是个集体环境,但她们总是乱扔乱放东西,我也曾努力将宿舍打扫干净,但她们似乎以为是我应该的,后来我也不主动努力了,本来想用我的行动感染她们,但一点效果都没有。

就这样发展下去,我和宿舍同学关系越来越疏远,每天都尽量想办法不回宿舍,但晚上总得回去睡觉,一回到宿舍就感到压抑,她们三个经常说说笑笑,我就一个人躲在房里一句话都不说。生活习惯上也变得脏乱起来,宿舍乱乱的也不管,连我自己的桌子,床都不整理了,用品东西尽量锁起来。

本来课业任务很重,一天除了休息,几乎都在学习,时间一长,学习兴趣也下降了,再加上宿舍又乱,关系又不好,心情也很压抑,现在成天就是应付。

【案例 7-5】

黑龙江大学一宿舍八女生亲如姐妹,均考研成功

黑龙江大学 2009 级哲学学院哲学专业一女生寝室八人全都考上研究生,其中,五人保研(本来有六人保研,有一人放弃),三人考研。保研的六人专业课成绩在班级均排名前八,没有挂科,没有违纪。八人中有两个文学专业的女生是大二时转到"学霸"寝室的。虽然是后来的,但八人仍情同姐妹,从没红过脸,也不拉帮结伙。

她们从一开始就约定,一定要站在别人的角度考虑事情。每天午休时,在寝室不允许大声说话,若有人违反约定,其他人可以直接提醒她。渐渐地,每个人都养成了做事情之前替别人着想的习惯。在考研的日子里,三个考研的女生压力很大,为了保证她们有良好的休息环境,其他五人绝不大声说话,并准时休息。考研的人每天早起时悄悄的,不影响其他人睡觉。

该宿舍的王兴辉有自己的梦想,放弃保送名额而考上北京师范大学的马哲专业研究生。她说,因为她们注意生活中的细节,做每件事前都先从别人的角度考虑,所以她们大学期间从没生过气、红过脸。即将大学毕业,室友窦青霞心里仍然有一个遗憾:在学习成绩上,她始终没有超过王兴辉。如果要总结她们成功的经验,那就是她们学习刻苦,互相鼓励,又以对方为目标,被同学称为"学霸";同时,她们的关系十分好,处处为别人着想。

(资料来源:史东旭. 黑龙江大学最牛考研寝室八名女学霸全考上研究生[EB/OL]. http//edu. iqilu. com/gxbk/gaoxiao/ptgx/20130516/1534048. shtml,2013-05-16.)

在以上的三个案例中,有些大学生对宿舍生活牢骚满腹,度日如年;有些大学生却能如鱼得水,获得更大的发展。那么,究竟是什么因素导致了他们的不同?是内在的因素,还是外在的因素?接下来,就让我们一起来分析一下影响大学生人际

交往的主要心理偏差和原因。

一、大学生人际交往中的不良心理及其克服

健康人际交往心理,是大学生健康发展、充分发挥个人才能、顺利度过大学生活的重要保证。大学生正值青春年少,他们思维活跃,精力充沛,兴趣广泛,人际交往的需要极为强烈。但是由于种种原因,他们在与人相处的过程中却存在着这样或那样的心理障碍,直接影响着大学生的人际交往。因此,要想调整大学生在人际交往中的心理偏差,应从自卑心理、自负心理、嫉妒心理、猜疑心理等几个方面进行调控。

(一)自卑心理

1.自卑心理的内涵

自卑是指一种通过不合理不科学的比较,产生的过低自我评价,有一种事事不如人的感觉,其本质是一种自我否定和不认同。自卑,可以说是一种性格上的缺陷。表现为对自己的能力、品质评价过低,同时可伴有一些特殊的情绪体现,诸如害羞、不安、内疚、忧郁、失望等。

自卑的前提是自尊,当人的自尊需要得不到满足,又不能恰如其分、实事求是地分析自己时,就容易产生自卑心理。一个人形成自卑心理后,往往从怀疑自己的能力到不能表现自己的能力,从怯于与人交往到自我封闭。本来经过努力可以达到的目标,也会认为"我不行"而放弃追求。他们看不到人生的光华和希望,领略不到生活的乐趣,也不敢去憧憬那美好的明天。

德国著名精神分析学家 A.阿德勒在其名著《自卑与超越》中对自卑感有特殊的解释,称其为自卑情结。他对这个词主要有两种相联系的用法:首先,自卑情结指以一个人认为自己或自己的环境不如别人的自卑观念为核心的潜意识欲望、情感所组成的一种复杂心理。其次,自卑情结指一个人由于不能或不愿进行奋斗而形成的文饰作用。自卑情结是由婴幼儿时期的无能状态和对别人的依赖而引起的,对人有普遍的意义,是能驱使人成为优越的力量,但又是反复失败的结果。自卑情感,是可以通过调整认识和增强自信心并给予支持而消除的。

2.自卑心理的克服

(1)客观全面地看待事物

具有自卑心理的人,总是过多地看重对自己不利和消极的一面,而看不到有利、积极的一面,缺乏客观全面地分析事物的能力和信心。这就要求我们努力提高自己透过现象认识本质的能力,客观地分析对自己有利和不利的因素,尤其要看到自己的长处和潜力,而不是妄自嗟叹、妄自菲薄。

(2)正确认识自己

自卑的人往往注重接受别人对他的低估评价,而不愿接受别人的高估评价。在与他人比较时,也多半喜欢拿自己的短处与他人的长处相比。越比越觉得自己不如别人,越比越泄气,自然产生自卑感。其实,我们每个人都有各自的优点和缺点。

因此,有自卑心理的人,首先要正确认识自己,提高自我评价,要经常回忆自己的长处和自己经过努力做成功了的事例;要善于发现自己的优点,肯定自己,以此激发自己的自信心,不要因为自己某些缺点的存在而把自己看得一无是处,不能因为一次失败而以偏概全,认为自己什么都干不了。

(3)积极弥补自身的不足

有自卑心理的人大多比较敏感,容易接受外界的消极暗示,从而陷入自卑中愈发不能自拔。而如果能正确对待自身缺点,把压力变动力,奋发向上,就会取得一定的成绩和成功,从而增强自信、摆脱自卑。

华罗庚说:"勤能补拙是良训,一分辛苦一分才。"记住:只要功夫深,一定能赶上他人。每个人都有自己的长处和短处,要学会扬长补短。

亚历山大、拿破仑,他们生来身体矮小,这是他们的短处,但他们并不因此自卑,而能看到自己的长处并立志在军事上取得成就,经过不断努力,最终他们都成功了。所以说,人的某些不足和缺陷,不是绝对不能改变的,而要看自己愿不愿意改变。只要找到正确的补偿目标,就能克服自身的缺陷或者从另一方面得到补偿。

自卑,除消磨一个人的雄心、意志,使他自暴自弃、悲观泄气之外,恐怕不会有什么好作用。年轻人的生活、事业都刚刚起步,征途还漫长着呢,即便起步时迟缓了一些,或走了点弯路,成绩一时不如人,也远不足以决定一个人的一生。

好比一个优秀的长跑运动员,刚起跑时,比别人慢了一些,但并不要紧,只要他攒足劲,加加油,照样可以赶上、超过前面的人,甚至可能拿金牌。自然,看到许多同龄人比自己强,是一件令人惭愧的事,冷静地反思一下造成自己落后的原因是必要的。

(4)善于自我满足,消除自卑心理

自卑的人一般都比较敏感脆弱,经不起挫折打击。一旦遭受挫折,就很容易意志消沉,增强自卑感。因此,凡事应不怀奢望,要善于自我满足,知足常乐,无论生活、工作或学习,目标都不要定得过高,这样,就容易达到目标,减少甚至避免挫折的发生。

有此心理的同学,不妨多做一些力所能及、把握较大的事情,一举成功后便会有一份喜悦,每一次成功都是对自信心的强化。而自信心的恢复需要一个过程,切不可着急。应从一连串小小的成功开始,通过不断的成功来表现自己和确立自信,来消除对自己能力的怀疑。表现自己时,期望值不要过高,不要操之过急,要循序渐进地锻炼自己的能力,逐步用自信心取代自卑感。

必须明白和做到:努力的目的是完成自己的既定目标,而不是为了打败别人。每次取得的成功体验,都是对自己的一种激励,是十分有利于恢复自信心的。

(5)坦然面对挫折,加强心理平衡

自卑的人心理防御机制多数是不健全的,自我评价认知系统多数偏低。因此,遭受挫折与失败的时候,不怨天尤人,也不轻视自我,要客观地分析环境与自身条件,这样才会找到心理平衡,才会发现人生处处是机会。

常言道："金无足赤,人无完人。"每个人都有自己的弱点和优点,我们应该坦然地接受自己的优点,但也不忌讳自己的缺点。这样就能正确地与人比较,在看到自己不如人之处时,也能看到自己如人之处或过人之处。伟人之所以难以高攀,是因为你跪着看的缘故。

其实,最重要的比较是自己跟自己比。每个人应根据自己的兴趣、爱好、能力、特点等来确立自己的事业和人生道路,为此发奋努力,不断进步,最后实现人生的价值。这样的人生才是积极的、有意义的。

【阅读材料7-2】

成功性格的训练

有自卑心理的人常常在性格上表现出不当之处,如内向,不与人交往,敏感多疑等,为此我们不妨进行一下成功性格的训练。

其具体做法如下:

第一,随意找到四个你的熟人,问他们对你的印象如何,确定你是否喜欢他们的回答,判断你为什么喜欢或不喜欢留给别人的那种印象。

第二,确定一下,如果你是一名演员的话,愿意扮演什么角色,以及你为什么喜欢这个角色。

第三,选择任何一个你所崇拜的人,列出他身上那些使你崇拜的特征和品质。

第四,把第二和第三综合为你自己所选择的性格。

第五,改变你的形象、行为、个性中你所不喜欢的东西,强化你所喜欢的东西。

第六,去表现你的新个性。

要提醒你的是,不要指望很快便能发展成一种成功地改造自己的性格,还必须以自己性格的内核为基础。

(资料来源:成功性格训练法[EB/OL].百度文库,https://wenku.baidu.com/view/2140e98fcc22bcd126ff0caf.html.)

(二)自负心理

1.自负心理的内涵

与自卑一样,自负也是一种不健康的心理,其本质就是盲目自大,过高地估计个人的能力,失去自知之明。人是不能没有自负心理的,尤其对青少年来说,在适当的范围内,自负可以激发他们的斗志,树立必胜的信心,坚定战胜困难的信念,使他们能够勇往直前。但是,自负又必须建立在客观现实的基础上,脱离实际的自负不但不能帮助事业成功,反而影响自己的生活、学习、工作和人际交往,严重的还会影响心理健康。

其主要表现一般是:心高气傲,自视过高,总爱抬高自己贬低别人,把别人看得一无是处,总认为自己比别人强很多;有的固执己见,唯我独尊,总是将自己的观点强加于人,在明知别人正确时,也不愿意改变自己的态度或接受别人的观点。自负的人也很少关心别人,与他人关系疏远。他们经常从自己的利益出发,不太顾及别人。

2.自负心理的克服

(1)提高自我认识

自负者缩小自己的短处,夸大自己的长处,自负者也同样缺乏自知之明,同时又把自己的长处看得十分突出,对自己的能力评价过高,对别人的能力评价过低。当一个人只看到自己的优点,看不到自己的缺点时,往往会产生自负的个性。

因此,要全面地认识自我,既要看到自己的优点和长处,又要看到自己的缺点和不足,不可一叶障目、不见泰山,抓住一点不放,未免失之偏颇。认识自我不能孤立地去评价,应该放在社会中去考察,每个人生活在世上都有自己的独到之处,都有他人所不及的地方,同时又有不如人的地方,与人比较不能总拿自己的长处去比别人的不足,把别人看得一无是处。

(2)接受批评

自负者的致命弱点是不愿意改变自己的态度或接受别人的观点,接受批评即针对这一特点提出的方法。它并不是让自负者完全服从于他人,只是要求他们能够接受别人的正确观点,通过接受别人的批评,改变过去固执己见、唯我独尊的形象。

(3)与人平等相处

自负者视自己为上帝,无论在观念上还是行动上都无理地要求别人服从自己。总认为自己比别人强很多,这种人固执己见,唯我独尊,总是将自己的观点强加于人,在明知别人正确时,也不愿意改变自己的态度或接受别人的观点。总爱抬高自己贬低别人,把别人看得一无是处。平等相处就是要求自负者以一个普通社会成员的身份与别人平等交往。

(4)锻炼长远目光

要以发展的眼光看待自负,既要看到自己的过去,又要看到自己的现在和将来,辉煌的过去可能标志着你过去是个英雄,但它并不代表着现在,更不预示着将来。

【阅读材料7-3】

自负心理的多发人群

● 缺乏自我认识的人:生活中常有些人缺乏自知之明,缩小自己的短处,又把自己的长处看得十分突出,对自己的能力评价过高,对别人的能力评价过低,自然就产生了自负心理。

● 极力维护自尊的人:一些人的自尊心特别强烈,为了保护自尊心,在交往挫折面前,常常会产生两种既相反又相通的自我保护心理。

● 被父母过分娇宠的人:父母宠爱,夸赞,表扬,会使他们觉得自己"相当了不起"。

● 缺少生活挫折的人:人的认识来源于经验,生活中遭受过许多挫折和打击的人,很少有自负的心理,而生活中一帆风顺的人,则很容易养成自负的性格。

(资料来源:成功性格训练法[EB/OL].百度文库,https://baike.supfree.net/get.asp? id=%D7%D4%B8%BA%D0%C4%C0%ED.)

（三）嫉妒心理

1.嫉妒心理的内涵

莎士比亚说："您要留心嫉妒啊,那是一个绿眼的妖魔!"嫉妒是指人们为竞争一定的真实的或想象中的权益,对相应的幸运者或潜在的幸运者怀有的一种冷漠、贬低、排斥,甚至是敌视的心理状态。《心理学大辞典》中说："嫉妒是与他人比较,发现自己在才能、名誉、地位或境遇等方面不如别人而产生的一种由羞愧、愤怒、怨恨等组成的复杂的情绪状态。"嫉妒是在与别人比较后才产生的,是一种因对别人的优点、成绩等产生的不悦、怨恨、冷嘲热讽等的心理不平衡体验。

嫉妒心理每个人或多或少都会有,适当的嫉妒心是有好处的,因为它会鞭挞人进步。但是嫉妒心太强,人就会很痛苦。别人的幸福似乎成了你的不幸,自己的不幸更是难以忍受。这种不健康的心理如果不及时消除就会导致人际交往热情减退,交往圈子变小,人际关系变得紧张。

嫉妒的一大根源就是来自被破坏的优越感,进入青春期后,大学生发现外貌协会开始起作用,你可能不如别人受女生欢迎,自然有落差。同样,在读大学前,很多同学在班上都是成绩不错的同学,在高中评价一个人时成绩是唯一的标准,只要你成绩够好,大家的注意力很容易集中到你这里。但到了大学,一切都变了,一个人长得比你帅,比你会玩,甚至抢了你的暗恋女神,从过去的焦点变成了焦距,这种失落感会带来嫉妒心。等岁月慢慢抹平这些差距,同学会上大家又开始用金钱来衡量彼此的成就,凡此种种,不变的是人的优越感,变化的是人的参照标准。

嫉妒心的另一来源其实是缺乏安全感,所以我们对拥有天赋的人始终怀有一点羡慕甚至是嫉妒心,嫉妒和自卑从来是一体的,比得过就是骄傲,比不过就是自卑。

2.嫉妒心理的克服

（1）正确认识嫉妒

嫉妒的危害一是打击了别人,二也伤害了自己、贻误自己。遭到别人嫉妒的人自然是痛苦的,嫉妒别人的人一方面影响了自己的身心健康,另一方面由于整日沉溺于对别人的嫉妒之中,没有充沛的精力去思考如何提高自己,恰恰继续延误了自己的前途。认清这些是走出嫉妒误区的第一步。认为嫉妒是对自己的否定,对自己是威胁,是损害自己的利益和"面子",这只是一种主观臆想。一个人的成功不仅要靠自身的努力,更要靠大家的帮助,嫉妒只会损人损己。

（2）客观评价自己

客观公正地评价别人,也要客观公正地评价自己。别人取得了成绩并不等于自己的失败。"人贵有自知之明。"当嫉妒心理萌发时,要能够积极主动地调整自己的意识和行为,从而控制自己的动机。这就需要客观、冷静地分析自己,找差距和问题。

（3）看到自己的长处

聪明人会扬长避短,寻找和开拓有利于充分发挥自身潜能的新领域,这在一定程度上能补偿先前没能满足的欲望,缩小与嫉妒对象的差距,从而达到减弱乃至消除嫉妒心理的目的。

(4)见贤思齐

一个人不可能在任何时候都比别人强,人有所长也有所短。人固然应该喜欢自己、接受自己,但还要客观看待别人的长处,这样才能化嫉妒为努力,才能提高自己。

(5)经常将心比心

将心比心是老百姓常说的一句俗语,在心理学上叫"感情移入"。当嫉妒之火燃烧时不妨设身处地地为对方着想,扪心自问:"假如我是对方又该如何呢?"运用心理移位法,可以让自己体验对方的情感,有利于理解别人,有利于抑制不良的心理状态的蔓延,这是有效避免嫉妒心理行为的办法之一。

(6)转移注意力

积极参与各种有益的活动,嫉妒的毒素就不会滋生、蔓延。

(7)学会自我宣泄

最好能找知心朋友、亲人痛痛快快地说个够,他们能帮助你阻止嫉妒朝着更深的程度发展。另外,可借助各种业余爱好来宣泄和疏导,如唱歌、跳舞、练书法、下棋等。

(四)猜疑心理

1.猜疑心理的内涵

猜疑心理表现在交往过程中,自我牵连倾向太重。何谓自我牵连太重?就是总觉得其他什么事情都会与自己有关,对他人的言行过分敏感、多疑。

有猜疑心理的大学生,有时别人说者无意,但他却听者有心,认为别人说的就是他,常常心胸狭小,不信任别人,喜欢猜测别人对自己的评价、态度,这会造成人际关系的不和谐,影响人际关系的发展。

2.猜疑心理的克服

(1)克制情绪

猜疑一般总是从某一假想目标开始,最后又回到假想目标,就像一个圆圈一样,越画越粗,越画越圆。最典型的例子就是"疑人偷斧"的寓言了:如果失斧后冷静想一想,斧头会不会是自己砍柴时忘了带回家,或者挑柴时掉在路上,那么,这个险些影响他同邻人关系的猜疑,或许根本就不会产生。现实生活中许多猜疑,戳穿了是很可笑的,但在戳穿之前,由于猜疑者的头脑被封闭性思路所主宰,他会觉得自己的猜疑顺理成章。因此,当发现自己开始怀疑别人时,应当立即寻找产生怀疑的原因,在没有形成思维之前,引进正反两个方面的信息。此时,冷静思考显然是十分必要的。

(2)培养自信

猜疑心理的出发点往往是对自我缺乏足够的自信。疑神疑鬼的人,看似疑别人,实际上也是对自己有怀疑,至少是信心不足。有些人在某些方面自认为不如别人,因而总以为别人在议论自己,看不起自己,算计自己。一个人自信越足,越容易信任别人,越不易产生猜疑心理。因此,每个人都应当看到自己的长处,培养起自信心,相信自己会与周围处理好人际关系,会给别人留下良好的印象。这样,当我们充满信心地进行工作和生活时,就不用担心自己的行为,也不会随便怀疑别人是否会挑剔、为难自己了。

（3）自我安慰

一个人在生活中,遭到别人的非议和流言,与他人产生误会,没有什么值得大惊小怪的。在一些生活细节上不必斤斤计较,可以糊涂些,这样就可以避免烦恼。如果觉得别人怀疑自己,应当安慰自己不必为别人的闲言碎语所纠缠,不要在意别人的议论,这样不仅解脱了自己,而且还取得了一次小小的精神胜利,产生的怀疑自然就烟消云散了。

（4）及时沟通

世界上不被误会的人是没有的,关键是我们要有消除误会的能力与办法,如果误会得不到尽快解除,就会发展为猜疑;猜疑不能及时解除,就可能导致不幸。所以如果可能的话,最好同你"怀疑"的对象开诚布公地谈一谈,以便弄清真相,解除误会。猜疑者生疑之后,冷静地思索是很重要的,但冷静思索后如果疑惑依然存在,那就该通过适当的方式,同被疑者进行推心置腹的交流。若是误会,可以及时消除;若是看法不同,通过谈心,了解对方的想法,也很有好处;若真的证实了猜疑并非无端,那么,心平气和地讨论,也有可能使事情解决在冲突之前。

二、掌握人际交往的技巧

（一）交谈的技巧

一次成功的交谈不仅取决于交谈的内容,更多的是取决于交谈者的神态、语气和动作等。同样的一句话,用不同的语调说出会有不同的效果。所以我们在交谈的时候要表达自己的友善之心,不要盛气凌人。同时,不要没完没了地说个不停,应给别人说话的机会。不能随便打断别人的谈话,忽视别人的感觉。

（二）聆听的技巧

聆听也是一门艺术。聆听需要我们耐心地倾听,同时要做出适当的反应。这时应当注意集中精神、表情自然,经常与对方交流目光,适当地用嘉许的点头,或是用微笑来表示你很乐意倾听。这样,别人才更有信心继续讲下去。如有疑问,我们也可以提出一些富有启发性的问题,这样,对方会感到你对他的话很重视。

（三）"三 A"法则

美国学者布吉林教授等人,曾经提出一条在人际交往中成为受欢迎的人的"三A"法则。

第一个 A(Accept):接受对方。

第二个 A(Appreciate):重视对方。

第三个 A(Admire):赞美对方。

（四）目光接触

目光接触是人与人之间最能传神的非言语交往。"眉目传情""暗送秋波"等成语形象说明了目光在人们情感交流中的重要作用。在交际活动中,听者应看着对方,表示关注;而讲话者不宜再迎视对方的目光,除非两人关系已密切到了可直接"以目传情"的地步。讲话者说完最后一句话时,才将目光移到对方的眼睛。这是在表示一种询问"你认为我的话对吗?"或者暗示对方"现在该轮到你讲了"。

（五）衣着

在谈判桌上,人的衣着也在传播信息,与对方沟通。意大利影星索菲亚·罗兰说:"你的衣服往往表明你是哪一类型,它代表你的个性,一个与你会面的人往往自觉地根据你的衣着来判断你的为人。"衣着本身是不会说话的,但人们常在特定的情境中以穿某种衣着来表达心中的思想和建议要求。

（六）体态

达芬·奇曾说过,精神应该通过姿势和四肢的运动来表现。同样,在人际交往中,人们的一举一动,都能体现特定的态度,表达特定的含义。推销专家认为,身体的放松是一种信息传播行为。向后倾斜 15 度以上是极其放松。人的思想感情会从体势中反映出来,略微倾向于对方,表示热情和兴趣;微微起身,表示谦恭有礼;身体后仰,显得若无其事和轻慢;侧转身子,表示嫌恶和轻蔑;背朝人家,表示不屑理睬;拂袖离去,则是拒绝交往的表现。

（七）声调

有一次,意大利著名悲剧影星罗西应邀参加一个欢迎外宾的宴会。席间,许多客人要求他表演一段悲剧,于是他用意大利语念了一段"台词",尽管客人听不懂他的"台词"内容,然而他那动情的声调和表情,凄凉悲怆,不由使大家流下同情的泪水。可一位意大利人却忍俊不禁,跑出会场大笑不止。原来,这位悲剧明星念的根本不是什么台词,而是宴席上的菜单。

恰当自然地运用声调,是顺利交往的条件。一般情况下,柔和的声调表示坦率和友善,在激动时自然会有颤抖,表示同情时略为低沉。不管说什么话,阴阳怪气的,就显得冷嘲热讽;用鼻音哼声往往表现傲慢、冷漠、恼怒和鄙视,是缺乏诚意的,会引起人不快。

（八）礼物

礼物的真正价值是不能以经济价值来衡量的,其价值在于沟通了人们之间的友好情意。当你生日时收到一束鲜花,你会感到很高兴,与其说是花的清香,不如说是鲜花所带来的祝福和友情的温馨使你陶醉,而自己买来的鲜花就不会引起如此愉悦的感受。

在交际过程中,赠送礼物是免不了的,向对方赠送小小的礼物,可增添友谊,有利于巩固彼此的交易关系。那么大概多少钱的东西才好呢? 在大多数场合,不一定是贵重的礼物会使受礼者高兴。相反,可能因为过于贵重,反而使受礼者觉得过意不去,倒不如送点富于感情的礼物,更会使交往对象欣然接受。

(九)时间

在一些重要的场合,重要人物往往姗姗来迟,等待众人迎接,这才显得身份尊贵。然而,以迟到来抬高身份,毕竟不是一种公平的交往,这常会引起对方的不满而影响彼此之间的合作与交往。赴会一定要准时,如果对方约你7点见面,你准时或提前片刻到达,可以体现交往的诚意。如果你8点钟才到,尽管你口头上表示抱歉,也必然会使对方不悦,对方会认为你不尊重他,而无形之中为交往设下障碍。

(十)微笑

微笑来自快乐,它带来快乐也创造快乐。在交际过程中,微微笑一笑,双方都从发自内心的微笑中获得这样的信息:"我是你的朋友。"微笑虽然无声,但是它说出了如下许多意思:高兴、欢悦、同意、尊敬。想要成为一名受人欢迎的人,请你时时处处把"笑意写在脸上"。

【阅读材料7-4】

沟通的艺术

第一章 人际交往的基本技巧

1. 不要批评、指责或抱怨别人。

2. 看到别人的优点,给予真挚诚恳的赞赏。

3. 激发别人内心强烈渴望的需求。

第二章 让人喜欢你的六大秘诀

1. 真诚地关心别人。

2. 微笑。

3. 记住一个人的姓名。

4. 做一个善于倾听的人,鼓励别人谈论他们自己。

5. 了解对方的兴趣,就他感兴趣的话题进行交谈。

6. 使别人感到重要——并真诚地照此去做。

第三章 使人赞同你的十二种方法

1. 赢得辩论的唯一方法是避免辩论。

2. 尊重别人的意见,千万不要指责别人的错误。

3. 如果你错了,迅速坦诚地承认。

4. 用友善的方法开始。

5. 使对方立刻说"是,是"。

6. 使对方多多说话。

7. 使对方觉得那是他的主意。

8. 真诚地从对方的观点来看待事情。

9. 同情别人的想法和愿望。

10. 激发人们高尚的动机。

11. 戏剧化地表现你的想法。

12. 提出一项有意义的挑战。

第四章　不伤感情而改变他人的九大技巧

1. 从称赞及真诚的欣赏着手。

2. 间接地提醒别人注意他的错误。

3. 在批评对方之前,先谈论你自己的错误。

4. 建议对方,而不是直接下命令。

5. 使对方保住面子。

6. 称赞最微小的进步,并称赞每一次进步。

7. 给人一个好名声,让他为此而努力奋斗。

8. 多用鼓励,使别人的错误更容易改正。

9. 使对方乐于做你所建议的事。

第五章　使你的家庭生活更快乐

1. 千万不要唠唠叨叨!

2. 不要根据你的意思去改变你的伴侣。

3. 不要批评。

4. 真诚地给予赞赏。

5. 对小事多加注意。

6. 要有礼貌。

7. 读一本关于婚姻中性生活的好书。

(资料来源:戴尔·卡耐基. 沟通的艺术[M]. 北京:中国协和医科大学出版社,2004.)

【阅读材料 7-5】

人际交往有"十戒"

美国问他网总结了交往中容易犯的 10 个错误,指导我们躲开沟通"雷区"。

• 不做自我介绍。

无论何种场合,相互认识是进一步交流的前提。遇到陌生人,主动自我介绍是避免尴尬的关键点之一。

• 接电话时不回避。

在公共场合,大声打电话会特别显眼,甚至招人厌,最好先道歉并把音量放小声点,这是避免他人反感的不二法宝。

• 夸夸其谈、自吹自擂。

聊天过程中有意无意地把话题往自己身上引,往往给人以自恋、爱显摆的印象,给人留下不好的印象。

• 对待服务员态度粗暴。

态度是良好沟通的前提,无论他人是什么身份,粗暴的态度、自以为是的神情,只会让人觉得你这个人不可理喻。

• 总是迟到。

每个人都希望被尊重,迟到虽然能找借口蒙混过关,但会让对方觉得你不重视这段关系。次数一多,感情也会打折扣。

• 不让座。

让座给更需要的人,是最基本的人性表现。如果光想着让自己舒服一点,会在不知不觉中,给人留下自私、冷漠的印象。

• 争账单。

出手大方会让人觉得你很热情,但没必要死磕。有人建议 AA 制时,不要你争我抢、争得面红耳赤,否则下一次大家可能不敢在一起娱乐了。

• 占用公共设施。

如果"没事占茅坑",比如在公园占着健身器械当椅子座、随处放东西、擦抹汗渍等,这些小小的动作,只会惹人反感。

• 双手抱胸前。

说话时双手抱于胸前,会让人感觉你对他是有防备的、想拒绝他,让人觉得不被信任。

• 小动作太多。

说话时总是敲手指头、挖耳朵、玩指甲等,会让人感觉你心不在焉。

(资料来源:沟通艺术:交往有十戒[EB/OL].健康网,http://xl.39.net/a/201232/1982171.html.)

第三节　大学生人际交往的心理辅导

一、心理测试:大学生人际关系综合诊断

(一)量表介绍

《大学生人际关系综合诊断测验》是由北京师范大学郑日昌编制,共有 28 道题。该测验用个体在近段时间内与人交往时的表现来测量大学生人际交往能力的

高低,要求被测试者根据自己的实际情况做出回答。根据被测试者的具体选项来评定被测试者的测验分数,并对照大学生常模标准(相应人群的平均水平)判定相应的人际交往能力等级。该量表信度和效度好。该测验从一般的人际交往情况出发,具有普遍性和概括性;单维多级的结果解释也简单明了,易于理解,在心理诊断与测量领域被广泛使用,可以为人们自我认识和自身调整提供依据,为人们更好地适应社会及生活提供参考。适用于18周岁以上的大学生。

测试题目:

1. 关于自己的烦恼有苦难言   □ A 是   □ B 否

2. 和生人见面时感觉不自然   □ A 是   □ B 否

3. 过分羡慕和妒忌别人   □ A 是   □ B 否

4. 与异性交往太少   □ A 是   □ B 否

5. 对连续不断的会谈感到困难   □ A 是   □ B 否

6. 在社交场合感到紧张   □ A 是   □ B 否

7. 时常伤害别人   □ A 是   □ B 否

8. 与异性来往感觉不自然   □ A 是   □ B 否

9. 与一大群朋友在一起,常感到孤寂或失落   □ A 是   □ B 否

10. 极易受窘   □ A 是   □ B 否

11. 与别人不能和睦相处   □ A 是   □ B 否

12. 不知道与异性相处如何适可而止   □ A 是   □ B 否

13. 当不熟悉的人对自己倾诉他的生平遭遇
    以求同情时,自己常感到不自在   □ A 是   □ B 否

14. 担心别人对自己有什么坏印象   □ A 是   □ B 否

15. 总是尽力使别人欣赏自己   □ A 是   □ B 否

16. 暗自思慕异性   □ A 是   □ B 否

17. 时常避免表达自己的感受   □ A 是   □ B 否

18. 对自己的仪表(容貌)缺乏信心   □ A 是   □ B 否

19. 讨厌某人或被某人所讨厌   □ A 是   □ B 否

20. 瞧不起异性   □ A 是   □ B 否

21. 不能专注地倾听   □ A 是   □ B 否

22. 自己的烦恼无人可倾诉   □ A 是   □ B 否

23. 受别人排斥与冷漠   □ A 是   □ B 否

24. 被异性瞧不起   □ A 是   □ B 否

25. 不能广泛地听取各种意见、看法   □ A 是   □ B 否

26. 自己常因受伤害而暗自伤心   □ A 是   □ B 否

27. 常被别人谈论、愚弄   □ A 是   □ B 否

28. 与异性交往不知如何更好地相处   □ A 是   □ B 否

• **大学生人际关系综合诊断量表说明**

选 A 得 1 分,选 B 得 0 分。

(二)量表解释

0～8 分:说明你在与朋友相处时困扰较少。你善于交谈,性格比较开朗,主动关心别人,你对周围的朋友都比较好,愿意和他们在一起,他们也喜欢你。而且你能够从与朋友的相处中得到许多乐趣。

9～14 分:你与朋友相处存在一定程度的困扰。你的人缘一般。

15～28 分:你在同朋友相处上的行为困扰较严重;你不善于交谈,可能性格孤僻或者自高自大。

(资料来源:大学生人际关系综合诊断量表[EB/OL]百度文库,https://wen-ku. baidu. com/view/6e1f8e45326c1eb91a37f111f18583d049640f22. html.)

二、团体活动:连环手

辅导目标:通过辅导活动,让大学生能够体验到相互合作的重要性,提高成员与他人相处的能力和意愿。

课前准备:选择合适的活动场地,讲解活动规则。

活动过程:

(1)分成两组,每组队员站成一个面向圆心的圆圈。

(2)组员先举起右手,握住对面那个人的右手;再举起左手,握住另外一个人的左手,现在团体面队一个错综复杂的问题,在不松开手的情况下,想办法把这张乱网解开,最后形成一个大家手拉手围成的大圆圈。

(3)每组的时间为 5 分钟。

(4)各组做完以后,全班一起做这个游戏,10 分钟各组总结分享感受。

三、团体活动:针线情

辅导目标:通过辅导活动,让大学生能够体验到换位思考的重要性,训练成员站在他人角度思考问题的能力,学会理解他人,使人际关系和谐。

课前准备:选择合适的活动场地,准备活动所需材料(针线,心形卡片,纸盒)。

活动过程:

(1)两人一组,一人拿针,一人拿线,限时一分钟,将线穿入针眼内就算完成。要两人合作,不得一人完成(穿针时不限单或双手),穿完线后,收起备用。

(2)准备心形卡片(以西卡纸或书面纸制成,数量为活动总人数的一半),将心形卡片剪成任意的两半,分开置于两个纸盒内。分两组,分至二盒,每人各抽出一张,写出姓名。

(3)持半颗心形卡片寻找另外半颗心形卡片配对,然后取针线将它们缝起来成为一颗完整的心。

四、改善沟通与人际关系的 6 个练习

著名 NLP 咨询大师李中莹在《简快身心积极疗法》一书中提出了改善沟通与人际关系的 6 个练习。总体而言,在改善两人之间的沟通效果或关系上,感知位置平衡法是最有效的技巧之一;一分为二法专门处理需要与自己不能接受的人相处的情况;接受批评法适用于被别人批评后容易感到不开心的受导者;自我整合法的目的是处理一个人内心的矛盾冲突;避弹衣法对辅导有强烈不安全感、内心力量薄弱、容易因别人话语或行动而感到受伤害的人特别有用,对辅导不能接受别人批评或者常感觉受迫害的人也很有效;其他还有宽恕法。

(一)感知位置平衡法(面对权威人物)

在改善两人之间的沟通效果或关系上,感知位置平衡法是最有效的技巧之一。两人各自怀着原来形成的与对方的这份关系(感知模式),之后每次遇到对方时都会凭借这份关系(感知模式)去决定对话和行为。假若双方都没有改变各自内心的感知模式,则每次交流都只会得到同样的结果。假若其导致了双方的吵架和冲突,而双方仍不改变这种模式,情况便不会有转机。

感知位置平衡法是把内心的"感知模式"经由一把椅子实物化,凭借改变自己内心的一些信念、价值观和规条,并且经由一些语言和行为将那个感知模式改变,因而下次与同样的人见面就会产生不同的语言和行为,亦是态度上的改变,而这样的语言和行为的转变,亦会引起对方产生与之前不同的反应。如此双方互相做出更正面的反应和改变,沟通效果和关系便会改善。

这个技巧不一定只用于解决一个人与另一个人的沟通和关系问题。若双方本来关系就已经很融洽,但想有更高的提升,这个技巧也同样适用。而且,这个技巧不但可以让辅导者帮助受导者运用,受导者自己也可以自行运用。步骤如下:

(1)受导者心中选定一个想与之提升沟通效果或关系的人,然后安放两把椅子,一把受导者自己坐,另一把放在受导者对面正中的一个让其感到舒服的位置。受导者想象另外一个人坐在椅子上。

◇受导者把代表这个人的座椅拉近一些或拉远一些,以自己内心感到最能代表实际情况的距离(而不是内心所希望的距离)为宜。注意这个位置与自己的距离,以便稍后验证效果。

◇受导者想象并感受另一个人的面部或身体是否与其正面相对,若对方是以侧面或侧身相对,则需要调整对方的椅子,使其面部或身体慢慢地调校至与自己正身、正面相对的位置。

◇受导者想象并感受对方双眼的位置是否与自己的处于同一水平位置,若不是,需要把两人的视线调校至同一水平位置(受导者可以想象自己能任意升降对方或者自己的椅子)。

◇若受导者看到的只是黑白景象,则需要将其调校为彩色景象。

(2)做好以上的工作后,受导者要想象并感受对方坐的姿势和面部表情,同时注意自己内心的感受(这是第一位置)。

(3)让受导者平静下来,并使其与自己的内心感觉联结,然后引导他走到对方的位置(这是第二位置),模仿对方坐的姿势,想象自己已经变为对方,正望着坐在第一位置的"自己",感受"自己"的身体姿势和面部表情,注意此刻内心的感受。

(4)受导者走去第三个位置(抽离位置,这个位置距离第一和第二位置都是相等的),从这个位置想象并感觉第一位置的"自己"和第二位置的"对方"的姿势、面部表情,同时体会他们各自的内心感受,然后再感觉一下:

第一位置的"自己"可以做些什么事去改善与对方的关系,例如说某些话或者做某些动作。

第二位置的"对方"可以做些什么事以改善两者之间的关系,若要使对方提早或加快做这些事,第一位置的"自己"又可以做些什么。

(5)受导者返回第一位置,坐下想象自己看着对方,在心中说出刚才在第三位置想到的改善两者关系的话并做出行动。完成后,感受对方的表情有什么变化。

(6)受导者走去对方的位置,模仿他的姿势坐下,想象自己已经变成了他,然后望着对面的"自己",听、看、感受一遍刚才"自己"所说的话和所做的动作,注意内心的感受有怎样的改变。若有想说的话或回应的行为,就向对面的"自己"说和做一遍。

(7)受导者走回第一位置,重新变为自己,看着对方,回想一下刚才自己对他说的话和做出的行为,然后留心听、看、感受一遍对方刚刚所说、所做的回应。注意一下内心感受的改变。若有想说的话或回应行为,向对方说和做一遍。

(8)重复步骤(6)与(7),直到出现满意的效果。若未能达到满意效果便已经没有了新的改变动力,则让受导者再走去第三位置(抽离位置),重复步骤(4)至(7)。

注意事项:

(1)跟着上述的步骤去做,做到步骤(3)之后,便没有严格规定"下一个步骤应该是哪一个",而是随着情况发展的需要和受导者内心的感觉而进行。

(2)若某人的某些行为使受导者无法接受,因而不能顺利运用这个技巧,则可尝试先找出那个人的那些行为的正面动机,即运用"意义换框法"或"一分为二法"把受导者不能接受的行为和信念、价值观等剥离出来形成第二个"他",然后把第二个"他"往受导者的左边拉远,而只和剩下的受导者可以接受的第一个"他"继续运用这个技巧。

(二)一分为二法

这个技巧专门处理与自己不能接受的人相处的情况,例如与一个脾气不好的室友相处。

辅导者首先对受导者解释:没有人是完美的,受导者本人也不是完美的,所以不能要求其他人完美。重要的是,双方都有对方能接受或需要的东西(都有使对方提升的价值),把这些东西联结起来对双方都有好处,而世界也可以因此变得更好一点儿。因此,我们应该做的只是把阻碍双方合作的元素抽出来,使自己与对方相处时能够达到满意的效果。方法如下:

(1)引导受导者想象对方站在自己面前,有清晰的视、听、感觉细节,例如穿什么衣服、有什么表情等。引导受导者想象把对方放到大型的计算机屏幕上,使用先进的计算机触屏技术,在电脑屏幕上把对方一分为二——从原来的一个人向左边拷贝出一个较小、较暗的对方来。(若受导者是惯用左手的,则这个分出来的人应放在对方的右边。)

(2)引导受导者对着对方的原型说:"我知道你能够使我有所提升,我也知道与你有更好的配合更有可能达到'三赢'的效果。我并不完美,所以我也接受你不完美的这个事实,我现在把妨碍我们配合得更好的因素移开,使我们的关系能够更融洽,合作更有效果。"具体分解如下:

我知道在这个世界上没有完美的事物,我自己也并不完美。

所以我接受你并不完美的事实。

两个人在一起唯一的意义是让彼此得到提升。

和你在一起时,你能给我一些帮助,让我的人生更成功快乐,让我能够成长。

谢谢你。

对我有意义的才是我应该专注的对象。

对我没意义的我不用管。

我已经将没意义的部分移开了。

这样会使我们的关系更融洽,合作更有效。

也会使我更开心、轻松。

我希望你跟我在一起时也会感觉到我带给你的价值。

(3)引导受导者想出一项不能接受对方的东西,然后用手指凌空把它从对方的原型中抽出来,移到对方的小拷贝上。用这个方法逐一把对方身上所有受导者不能接受的东西移到对方的拷贝身上。最后还可以将"对方身上未来可能会出现的受导者不能接受的其他东西"也转移到拷贝身上。如果受导者说不出对方有些什么不对之处,也可以将上句换成"说不出来但是不能接受的东西",同样地把它转移出去。

(4)引导受导者把这个拷贝向更左边的方向移动、推远,缩小他的形象,使他变得更小、更暗。引导受导者把这个拷贝放在左边一个最不妨碍两人关系发展的位置,但仍能用眼角的余光看到,以保持对他的警惕,避免他身上这些不能被接受的东西对自己造成伤害。

(5)引导受导者看着对方的原型,提醒受导者这个对方能够帮助自己有所提升,同时他已经没有了那些自己不能接受的东西而只剩下能对自己有帮助的东西了。引导受导者调校对方原型的形象,让他变得更大、更清晰,颜色更鲜明,然后把这个原型拉近至一个让自己感到最舒服、最有推动力的位置,尝试向右边移动,来找出这个位置。引导受导者看着对方的原型,在心里对对方说:"为了自己的提升,为了'三赢',我会与你配合。"

(三)接受批评法

这个技巧适用于被别人批评后容易感到不开心的受导者。对别人的批评特别敏感的人是因为自己有身份的问题需要处理。在还不适宜处理身份问题的时候,这个技巧能够帮助受导者更有效地处理因受批评而产生的负面记忆和情绪。

方法:

(1)引导受导者回忆被批评的情景,看到当时的批评者和被批评的自己,想象在自己的身旁设有一只大的垃圾桶。

(2)受导者在脑中把整个批评过程重演一遍,在批评者所说的每一句话后都停顿一下,想一想这句话对自己到底有没有帮助。若有,则让那一句飞过来进入自己的心里;若没有,则想象那一句话已经飞去垃圾桶里了。如此逐句检查,直至整个批评过程完成为止。

(3)若受导者仍然有一定的气愤情绪,则引导受导者想象未来的自己如何因为那些对自己有帮助的批评而得益,让他看到、听到和感受到因得到益处而变得更好的自己。再引导受导者对批评者说:"对我有帮助的我已全部留在心里,让我得到更好的成长,为此我对你表示感谢;对我没有帮助的我已放下,让我可以活得更轻松。"

(4)打破状态,做未来测试。

(四)自我整合法

这个技巧的目的是处理一个人内心的矛盾冲突。这个概念来自"冲突融合法"(Conflicts Resolution)及笔者自创的"接受自己法"。冲突融合法处理的是一般信念的冲突,而自我整合法处理的是涉及自己身份信念的矛盾,例如,内心觉得应该去做某件事但又不想去做,内心总有一个责备、批评自己的声音。以下采用后者为例。

首先需要确定内心的两个冲突的立场,定出"第一角色"和"第二角色"。把这两个角色清楚地分开并明确其定义,这对达到技巧的效果很重要。"第一角色"就是现实生活里的本人,而"第二角色"则是内心批评或否定的声音。例如,受导者想去参加考试但同时内心总有一个声音在否定自己,叫自己不要去,怕自己会出丑,"第一角色"就是想去考试的自己,"第二角色"就是那个否定自己声音。简单地说,"第一角色"是在人生里向前走、想做点儿事使人生更成功快乐的自己,而"第二角色"就像坐在云端伸出手指责、批评或者总是在捣乱的自己。

这个技巧的目的不是帮助或者促使受导者做出决定,因为辅导者无法知道怎样的决定(甚至做或不做决定)才是真正对受导者好。这个技巧的目的是让受导者内心对立的两股力量融合为一股,从而无论受导者怎样决定,这股力量都能帮助他,他会感到身心更加和谐一致,更有动力向前;同时,也能让他得到更多肯定,变得更加积极。

方法：

(1)在两张纸上分别写上自己内心的两个角色(同样都是写上自己的名字,但用不同颜色的笔写)。把两张纸相对地放在地上,相距70～100cm。

这个技巧总是让受导者站在"第一角色"的位置开始,然后站入"第二角色",最后再站回"第一角色"结束。

(2)引导受导者站在"第一角色"前面,看到对面有一个爱批评的"自己"。想一遍有关的事或行为,问问自己:"这样做想得到些什么?"受导者的回答应该是他行为背后追求的价值,也就是他的正面动机。辅导者再问受导者在那个正面动机背后又想追求什么价值:"这个又能带给你什么? 为什么它这么重要呢?"一遍又一遍地这样问,直至他所回答的正面动机达到身份的层次(例如"我想拥有一个成功快乐的人生""证明我是一个有能力的人""证明我可以照顾自己"等),便可以让他站出来了。

(3)引导受导者站入"第二角色",看着对面的"自己",想一想自己是怎样责备批评对面的"自己"的,然后问自己:"责备他的目的是什么? 想得到些什么?"与上面一样,找出责备背后的价值需要,也就是正面动机。一遍又一遍地问,直至找到的正面动机达到身份层次。这时受导者会发现,原来两个角色背后都在追求同样的身份层次的价值,然后引导受导者站出来。

(4)再引导受导者站回"第一角色",面对"第二角色"说出以下的话:

我做这件事是为了(找到的身份层次的正面动机)。

你责备我、批评我,原来也是为了(找到的身份层次的正面动机)。

原来我们都是为了使(自己的名字)活得更好,有更成功快乐的人生。

当我们的力量结合在一起时,我们会更能帮助(自己的名字),使(自己的名字)活得更好,有更成功快乐的人生。

现在,是时候让我们结合在一起了。

(5)引导受导者闭上眼睛,伸出双手,想象握住对面"自己"的双手,慢慢地把对面的"自己"拉过来,拥抱他,感受他把头靠在自己的肩膀上,然后在他的耳边轻柔地、细声地说出两句只有彼此知悉的话,来肯定两份结合的力量会多么有力地帮助(自己的名字)。再听听他也在你的耳边说出的两句话,让二者的结合使(自己的名字)活得更好,有更成功快乐的人生。然后感受一下两人融合在一起的感觉,当受导者感到这份感觉所带来的舒服时,要大力吸气,使这份感觉在体内膨胀、变大,充斥全身,好好地享受这份舒服同时充满力量的感觉。引导受导者慢慢地睁开眼睛。

(6)打破状态,做未来测试。

(五)避弹衣法

避弹衣法的灵感来自 Sally Chamberlaine 和 Jan Prince 合著的 *From the Inside Out* 一书。这个技巧对辅导有强烈不安全感、内心力量薄弱、容易因别人话语或行动而感到受伤害的人特别有用,对辅导不能接受别人批评或者常感觉受迫害的人也很有效。

这个技巧需要用到受导者内视、内听、内感觉三个内感官的经验元素,辅导者可以根据受导者的惯用内感官而增加该内感官的经验元素的运用比重。

以下是步骤及辅导者向受导者说的话:

(1)现在你继续用这样舒服和放松的姿势坐在这里,闭上眼睛,想象面前有一间用避弹玻璃做的避弹室。这是世界上质量最好的避弹玻璃,有暗黄、暗绿和暗灰三种颜色,挑选一种你感到最安心、最舒服的避弹玻璃吧。(假设受导者选择了暗黄色。)

(2)现在你走进这间避弹室,发现天花板都是用同一种避弹玻璃做成的。现在你把避弹室的门关上。当门一关上,你发现外面的声音全部都听不到了,只能听到我说话的声音。在避弹室的中央有一个控制按钮,现在的科技发达,通过这个按钮足以让这间避弹室变成一件避弹衣,无论你去什么地方,它都可以给你提供最好的保护!你决定把这么好的避弹保护永远带在身边,所以,你按下了那个控制按钮。

(3)你会注意到,很奇怪地,避弹室的四面墙和天花板正慢慢地向你靠近,并按着你的体形改变着它们的弯度。慢慢地它们包围了你,形成了一层衣服般的保护膜,包裹着你的全身。在眼睛的位置,这件避弹衣开了两个洞,使你所看到的世界能够保持原来的颜色;而在鼻子和嘴巴的位置,这件避弹衣也分别开了一个洞,让你可以继续呼吸和说话。

(4)这件避弹衣现在已经完全地包裹着你的全身,保护着你。科学真是神奇,它竟然可以一点儿重量也没有,更没有让你产生任何不方便的感觉!你看看自己的手,看到一层浅浅的暗黄色,它在提醒你这件避弹衣的存在。

(5)现在,你想象一下自己走到街上。再看看你的手臂,仍然可以见到那一层浅浅的暗黄色,它在提醒你那件避弹衣仍在身上。你继续走,见到两三个顽童在街上相互追逐,其中一个顽童在掷石子,有两块小石子打中你的身体。但是,很奇怪,除了听到"叮""叮"两声,看到小石子都反弹开去,你身上并没什么感觉。你心里感到很高兴,也对这件避弹衣的效果充满信心。

(6)你继续在街上走,看到两个醉汉在路旁吵骂,其中一个看到你,忽然间向你骂了两句不堪入耳的粗话。奇怪的是,这些粗话也好像刚才的小石子一般,竟然也是"叮""叮""叮"响了数声,都反弹开去。现在,你完全信任这件避弹衣,知道它会在以后的日子里随时随地保护你,不受别人话语或行为的伤害。你再看一看自己的身上,看到那层浅浅的暗黄色避弹衣,再一次肯定这份保护的存在,心里感觉有一份很舒服的安全和自信所带给你的力量,你愉快并安心地向前面的路继续迈进。

(7)打破状态,做未来测试。

(六)宽恕法

"宽恕法"来自 NLP 疗法,其基本步骤是:

(1)建立四个经验挈：辅导者确定清楚受导者需要处理的问题（一般会是朋友做了一件不恰当的事,受导者觉得需要跟这个朋友维持或改善关系,但又放不下那件事情）,让受导者放松下来,然后引导他回忆曾经有过的四种情况：

◇一件绝对不能接受的事情;

◇一件本来不能接受的事情,但后来发现也许不是绝对不能接受的;

◇一件本来不能接受的事情,但后来发现可以接受,并且愿意去做出改变来接受;

◇一件本来不能接受的事情,后来接受了,而且带来了很好的效果。

引导受导者按上述方式逐一找出这样的经验,用四张白纸分别代表这四种经验,按次序排列在地上。

(2)改变信念系统：引导受导者思考有关的信念、价值观和规条。受导者必须在原有的信念、价值观和规条方面有所松动,这个技巧才会有效。其步骤如下：

◇引导受导者站入"第一次经验",充分回忆那件绝对不能接受的事情,待内心充满那份感觉时,再完全静止站立 10～15 秒,此过程中要越来越用力地吸气。然后让受导者从刚才的位置站出来。重复整个程序一次,之后打破状态。

◇引导受导者站入"第二次经验",充分回忆那件不能接受但后来发现可以接受的事情,待内心充满那份感觉时,再完全静止站立 10～15 秒,此过程中要越来越用力地吸气。然后让受导者从刚才的位置站出来。重复整个程序一次,之后打破状态。

◇用同样的方式完成第三、第四次经验。每次之后打破状态。

◇引导受导者将这四次经验的效果连贯起来,做法如下：让他先站在第一张纸上,待那份感觉充分出现时站上第二张纸,待第二次的经验感觉出现时站上第三张纸,直到站上第四张纸,之后打破状态。若有需要,重复这个步骤。

◇引导受导者想着那件需要处理的事,踏上第一张纸,在每张纸上停留 15～20 秒,或者让受导者自己决定在每张纸上停留的时间,如此从第一张纸逐一经过第二、第三张纸后到达第四张纸。若有需要,重复一次。

(3)打破状态,测试效果。

【本章思考题】

1.简述人际关系的内涵、结构、条件和功能。

2.结合生活实际,阐述大学生人际关系的特点。

3.结合生活实际,阐述大学生人际交往的心理偏差和原因。

4.结合生活实际,阐述人际交往的技巧。

5.结合教材,阐述如何沟通与改善人际关系。

第八章　性心理与恋爱心理

【案例 8-1】

　　小郭在大一入学后不久,通过一个社团组织认识了同校的小梅。小郭对小梅可以说是"一见钟情",在第一次见到她的时候就被她的美貌和谈吐深深吸引,于是开始追求小梅。幸运的是,不久后小梅就答应做小郭的女朋友,之后两人迅速进入热恋之中,几乎每天都花大量时间相处。两个人沉浸在热恋的甜蜜和浪漫之中,感觉一切都是如此美妙。可是,随着时间的流逝,小郭发现小梅对自己的吸引力在逐渐下降,有时小梅给自己不断发消息也成了一种负担。他也时常找借口回避和小梅的约会。另外,小郭发现随着两人的接触越来越深入,矛盾冲突也越来越多,当初美好的感觉似乎在逐渐退去。两年过去了,小郭又认识了另外一个女生小雪,看到她可爱的样子,觉得自己的激情被重新点燃,很渴望去追求小雪。可是,小郭内心非常困惑,到底什么才是真爱?难道爱情都是短暂的,最终都会消失吗?

　　大学生大多处于青年期,身体发育已经成熟,大学的管理又相对宽松,在荷尔蒙和心理需要的双重作用下,很多大学生开始追求爱情,也有部分大学生开始有了性的体验。大学生的恋爱往往理想化,注重浪漫激情。可是,激情很可能随时间增长而减少,对伴侣的新鲜感和理想化的态度也会随着交往的加深而有所变化。如何更加理性地看待恋爱与性、如何给爱情保鲜、如何维持爱情的稳定与长久等课题,是很多大学生需要认真思考和学习的。

第一节　大学生的性心理

　　如果有人问你,有一个人在各方面都很优秀,看上去和你也"门当户对",但你对他(她)没有"来电"的感觉,你愿意和对方恋爱结婚吗?可能很多人会说不太愿意。这"来电"的感觉与性吸引有着密切的关系,也是很多美好爱情的重要源泉之一。在讨论爱情之前,我们首先来学习关于性的知识。

一、性心理概述

　　提到"性",你首先想到的是什么?可能很多同学会联想到具体的性行为,但其实性的含义非常丰富。世界卫生组织（WHO,2006）把性（sexuality）定义为"贯穿人一生的中心,包括性别、性别认同和角色、性倾向、性欲望、亲密和生殖。性通过思考、幻想、欲望、信念、态度、价值、行为、实践、角色和关系来得到体验和表达。尽管性可以包括所有这些维度,但不是所有方面都一直会被体验或表达。性受到生理、心理、社会、经济、政治、文化、法律、历史、宗教和精神因素的交互作用的影响"。性心理则是指与性相关的心理活动。正因为性的内涵和影响因素如此之多,很多关于性的话题也充满争议。我国长期以来性教育较为缺失,处于成长期的青少年,面对多元价值观,很可能产生困惑。为了更好地了解自己在性方面的特点,首先有必要了解一下与性心理相关的重要概念。

（一）性别、性别角色与性别认同

人的生理性别在受精卵产生之时就已经决定了。除了极个别情况,一般出生时人的生理性别特征（也就是第一性征）是非常明显的。所以,人的生理性别一般只有男和女两种。在我们的社会中,对于男性和女性常常有着不太一样的角色期待。比如,大多数父母可能会根据自己孩子的性别来给他们买相应的衣服、玩具,并有意无意鼓励男孩子要坚强勇敢,女孩子要温柔善良。电视、报纸、网络等媒体通常对不同性别的人的性格、职业、价值取向等有着不同的描绘,而社会对不同性别的人也常常有不同的期待和要求（如传统社会中的"男主外、女主内"）。生理因素加上多种环境因素的影响,我们每个人都会表现出一定的与性别相关的特征与行为,这就是性别角色。

心理学上把性别角色分为两个维度,即传统的男性化角色和传统的女性化角色。前者包括喜欢运动、开朗、主动等方面的特征,后者包括爱整洁、有耐心、温柔等特征（钱铭怡等,2000）,这些都从某种程度上反映了人们对两性的固定概括的印象（心理学上叫作"刻板印象"）。传统的性别角色理论认为,男性和女性只有遵循与生理性别一致的性别角色才能健康地发展,但近几十年来很多学者发现一个人不一定完全遵循与自身性别完全一致的角色。Bem（1977）根据个体在传统正向的男性化和女性化特征两个维度上的得分高低情况,把人的性别角色分为四类:男性化（高男性化低女性化）、女性化（高女性化低男性化）、双性化（高男性化高女性化）、未分化（低男性化低女性化）,并且发现双性化的个体在两性交往中具有更大的灵活性。因此,很多看上去与性别相关的特质并非只有某一性别的人才能拥有,适当培养积极正向的不同性别角色的品质,会让自身在两性交往中更有理解对方的能力,减少矛盾冲突的发生。

还有一个与性别相关的概念是性别认同,也就是对自己属于哪种性别的主观心理感知。绝大部分人都会接纳自己的生理性别,并把自己认同为与生理性别一致的性别。但是,也有少数人更愿意把自己当成与生理性别不一致的人,或者不把自己明确认同为一种性别。他们可能通过穿着打扮、言行举止等体现出自己的性别认同,甚至会冒险去做变性手术,这些人属于跨性别者。跨性别（包括"易性癖"）

曾被普遍当作精神疾病,但近年来医学界对此现象逐渐有了不一样的理解。有新闻报道称,2018 年 6 月,世界卫生组织发布的新目录不再把跨性别人士作为精神病患者看待。如果联合国成员国通过这份文件,其将于 2022 年 1 月 1 日生效。但在当前环境下,跨性别者受到欺凌和歧视、产生抑郁心理甚至自杀行为的情况时有发生。

（二）性倾向

性倾向是指个体在身体和心理上持续地被某种性别的人所吸引的倾向。大部分人的性倾向是异性,而少部分人的性倾向是同性（主要被同性吸引）、双性（可以被同性和异性吸引）或者无性（不太容易被任何性别的人吸引）。也有人提出,对于性倾向不太适合用简单分类的办法来概括,而是要根据每个人在被同性和异性吸引的两个维度上的不同程度而定。不同性倾向的成因较为复杂,但很多学者认为先天因素起着重要作用。同性与异性的恋情除了性别组成不同,其他很多方面是非常相似的(Miller,2017)。

对于同性之间的婚恋和性行为的态度,不同时期、不同文化、不同国家地区有着很大的区别。当前世界上仍有一些地区的同性之间的性行为可能受到法律处罚,但我们也看到近些年有越来越多的国家和地区允许同性恋者登记结婚,说明世界范围内对此现象逐步呈现宽容的趋势。

1990 年,世界卫生组织将同性恋从疾病名单中删除。中国 2001 年将没有性指向障碍的同性恋从精神疾病分类中删除。目前,国际社会主流都认为同性恋本身是一种正常的性倾向,不是精神疾病,无须治疗,而且很多试图进行扭转性取向的治疗非但无效,也给当事人带来了严重伤害。由于种种原因,当前国内社会对同性恋的歧视与偏见仍然存在,但良好的自我认同和接纳对于同性恋人群的幸福至关重要。当然,作为成长中的大学生,要学会区分友情与爱情（详见下一节论述）,不要错误地把同性之间的亲密关系都当作同性恋情。

（三）性行为

性行为是指为了满足性欲望、获得性快感而出现的行为。狭义的性行为一般特指性交,但广义的性行为还可以包括用来产生性唤起或达到性满足的自慰、爱抚、接吻、拥抱等边缘性行为。什么样的性行为才是道德的性行为？这个问题仍存在很多争议。一般而言,成年、自愿、私密且不伤害他人是性行为发生的基本道德要求。随着时代的发展,性行为不再单纯为了繁衍生殖,更多的人开始关注身心的满足。性是人的动物本能的体现,但与动物相比,人类的性行为受到多种社会文化因素的制约。

研究发现发生性行为的原因可以包括四个方面(Miller,2017):情绪方面（爱和承诺的表示）、身体方面（身体愉悦和性伴侣身体的吸引）、实用方面（通过性行为达到一些具体目标,比如生孩子或者让别人羡慕等）以及安全感方面（提升自己的自尊或为了不让伴侣离开自己）。一般伴侣关系初期性行为比较频繁,后面频率逐渐减少。

(四)性心理发展过程

进入青春期以后,个体的性意识开始觉醒,国内有学者将性心理发展划分为以下四个阶段(沈德立,教育部思想政治工作司,2013)。

第一个阶段为隔膜期。刚进入青春期,伴随着第二性征的出现,很多青少年对两性的身体感到好奇。但由于此时年龄较小,再加上羞涩心理,所以在实际生活中可能会与性幻想对象保持一定距离。"暗恋"现象在此阶段尤为普遍。

第二个阶段为吸引期。随着身心进一步成熟和经历增加,青少年开始对自己喜欢的人有了更多的了解和接近的欲望,也会不时展现自己的魅力来吸引他人。但这个时期的吸引通常是比较肤浅的,也不太容易形成专一的亲密关系。

第三个阶段为向往期。这个阶段的青年男女开始渴望与另一个人成为固定的伴侣以满足自己的身心需求。所以,很多人会开始对自己喜欢的人示爱。

第四个阶段为尝试期。当青年男女的性心理逐渐成熟,会开始尝试两个人之间的亲密行为。至此为止,性的神秘面纱被逐渐揭开,个体也会对性产生更为理智成熟的态度。

(五)大学生性心理健康的标准

世界卫生组织(WHO,2006)把性健康(sexual health)定义为:"一种与性相关的生理、情绪、心理和社会方面的良好状态;它不仅指没有疾病、机能障碍或体质虚弱的缺失。性健康要求个体对性和性关系采取积极和尊重的方式,拥有愉悦、安全的性体验的可能性,并且没有强迫、歧视和暴力。要达到并且维持性健康,每个人的性权利必须被尊重、保护和实现。"对于大学生来说,性心理健康标准一般包括如下内容(部分内容参考樊富珉等,2013):

一是有正常性需要和性欲望。这是性心理健康的生理基础。一个健康的成年人,尤其是年轻人,产生性需要和性欲望是非常正常和自然的事情,这是健康的标志,无须感到羞耻。

二是拥有科学的性知识。要通过正规的性教育书籍、媒体、课程等获得科学的性知识,比如两性的生理构造、受孕原理、避孕、性传播疾病及其预防、性心理、性道德和性法律等方面的知识。科学的性知识有助于形成健康的性观念,减少盲目性行为带来的不良后果,增进恋爱中的亲密关系。

三是具有良好的性道德。性道德是指调整性行为的一系列社会规范。随着时代的发展,对于性道德的界定也在发生变化,但一般来说,成年、自愿、私密、无伤害是被世界各地普遍接受的性行为的道德原则。也就是说,性行为首先应是两个精神状态正常的成年人(也就是能够理智做出关于性行为判断选择的人,具体年龄界限各国各地区可能不同)之间可以发生的事。未成年人或处于无法做出理性选择状态的人(如某些精神病患者或处于醉酒、熟睡状态的人)可能缺乏成熟的判断选择能力,因而与这样的个体发生性行为难以判断是否真正"自愿",可能引发巨大的道德争议甚至可能涉嫌违法犯罪。其次,性行为的发生要得到双方明确的知情同意。如果明显违背他人意志而强制和他人发生性接触,可能构成性骚扰或性侵,这是非常恶劣的行为,也涉嫌违法。再次,性行为应当在私密场合进行。无论是一个人还是两个人的性行为,都不应该在大庭广众之下进行。这不是说性一定是肮脏的行为,而是出于对他人的尊重。另外,两个人的性关系不能伤害到他人。比如,有人隐瞒自己的伴侣或明知伴侣反对仍和第三者发生性关系(也就是"出轨"行为),这通常会对伴侣带来严重伤害。如果一方隐瞒自己患有性传播疾病的事实和他人发生性关系,也是极不道德的。

最后是性行为比较正当。正当的性行为是指符合纪律、道德和法律法规的性行为。除上述提到的性道德要求外,大学生也需要关注学校的纪律要求和国家法律规定。如果去境外,也需要了解当地的法律法规,以免因不懂法而受到处罚。在中国大陆,涉及性的法律内容主要包括猥亵、侮辱、卖淫、嫖娼、强奸、传播淫秽物品等。

二、大学生性心理的特点

大学生处于身心发展的鼎盛时期,充满朝气,拥有旺盛的生命力,也容易出现性的欲望和冲动。很多大学生私下里会谈论学校里的帅哥、美女,有时也会和好友交流性方面的话题。研究发现,当代大学生的性心理主要有以下特点。

第一,性观念和行为趋向开放。一项对 2956 名不同地区大学生的调查发现,大部分学生对结婚伴侣没有贞洁方面的要求,仅有 24.7% 的人要求对方仍是处男或处女;另外,对于婚前性行为的态度,大部分人表示理解,仅有 7.5% 的人认为这是不好的行为;对于大学生同居,反对的学生也仅占到 31.3%(宋智敏,曾君之,2014)。一项对北京 8 所高校 2026 名大学生进行的匿名问卷调查发现,18.1% 的大学生报告已发生婚前性行为,初次性交年龄为 18.85 岁;在已发生婚前性行为的大学生中,47.7% 的人累计性伴侣数量有 2 个或更多(崔政坤,2018)。另一个对成都 1085 名大学生的调查发现,61.8% 的人有过边缘性行为,25.6% 的人有过核心性行为(也就是性交);在有过核心性行为的大学生中与同性或两性都发生过的占 9.0%,与 4 人以上发生过核心性行为的占 19.4%(黄开艳,田华,2016)。这些数据表明,不少大学生已经不再受传统的婚前贞操观念的束缚,开始认同甚至体验婚前性行为。当然,不同群体的性观念也有差异,国内外研究发现:一般男性比女性对婚前性行为和临时性行为持更为开放的态度;男性更希望在恋爱早期就发生性关系,而女性往往希望关系确定稳固之后再发生;个体主义文化国家对性的态度往往比集体主义文化国家更为开放(Regan,2011)。

第二,性知识较为缺乏。由于传统观念的影响,国内学校、家庭对孩子的性教育较为缺乏。不少老师和家长谈性色变,导致很多学生难以从正规渠道获得系统的性知识,加大了意外妊娠和感染性传播疾病等的风险。有调查发现,尽管绝大部分大学生知道避孕药(90.1%)和安全套(87.8%)这两种避孕方式的名称,但分别只有35.2%和45.8%的人知道其使用方法,有40.7%的大学生不知道如何使用任意一种避孕方式,有32.7%的大学生不了解任意一种紧急避孕的方法;在有过性行为的学生中,几乎不使用任何避孕措施的占30.3%,而自己或性伴侣出现过意外妊娠的占18.3%;该调查还发现大学里正规的性教育较为缺乏,虽然83.7%的大学生认为大学里应该开展性教育,但实际开展过性教育的大学只有45.1%(崔政坤,2018)。研究发现,发生不安全性行为的原因主要有:对危险的低估(例如有些人觉得性传播疾病与自己无关、对方看上去干净应该没事)、错误的决策(例如在感受到强烈的性欲望或喝醉的时候,可能会忘记使用安全套)、伴侣双方权利不对等、某些不合理的守贞教育(有些教育会错误地告诉学生安全套是没用的)、认为使用安全套会使得亲密感和快感减少等(Miller,2017)。可以看到这些因素中很多是与性知识缺失或错误相联系的。加强大学生和中小学生的性教育迫在眉睫。

第三,性别角色的刻板印象较为明显。有一个访谈研究发现,尽管90后大学生追求个性张扬,但仍然未能彻底摆脱传统性别角色观的束缚,导致他们不得不压抑自己的某些个性以符合社会期望,比如他们认为男生"不用担心变老""更理性""数理化成绩更好""交友更坦诚""责任心更强""找工作更有优势",而女生"敏感""情绪化""更依赖他人""可以抱大腿""找工作麻烦""要洗衣做饭""有安全问题",这种性别刻板印象不利于某些个人潜能的发挥,也不利于多元特质的形成(马川,2017)。

三、大学生性心理困惑和调适

大学生处于成年早期,相比较中学时期有了更多的自主时间和空间,容易产生性的冲动甚至发生性行为。但是,很多大学生的性心理尚未完全成熟,性知识也较为欠缺,这使得大学生可能面临不少性方面的问题和困惑。大学生较为常见的性心理困扰有以下几个方面。

一是性需要与社会传统道德的冲突。大学生处于身体机能的高峰期,产生性的欲望和冲动是很正常和自然的事情。可是,绝大部分大学生都处于未婚状态。就算有恋爱对象,受传统贞操观念影响,很多大学生不敢轻易发生婚前性行为。一边是身体旺盛的需求,一边是传统道德的束缚,这使得不少大学生面临心理上的强烈冲突。

要解决这个问题,首先可以考虑转移精力。大学生活丰富多彩,除了课程学习,还可以通过社团活动、同伴交往、身体锻炼、社会实践等拓展自己的业余生活,让性的能量在其他活动中得以排解,也使得自己不至于过分陷入性的烦恼中。

其次,自慰也是较常见的满足性欲的方法。适度的自慰是一种安全、高效、基本无伤害的满足性需要的方式,无须感到羞耻和内疚。有些人自慰后出现的种种不适是由于对自慰的不科学认识和不恰当的自责心理引起的。当然,过分频繁的自慰并且沉溺其中可能对身心带来负面影响。

最后，通过专一固定伴侣也能满足自己对性的部分需求。在自愿的基础上，恋人间的亲昵行为（不一定是性交行为），能让彼此感受到身体上的亲密接触，这能在某种程度上满足个体的性需求。至于婚前的性交行为，要非常慎重，有不少人因过早发生性行为而后悔万分。恋人之间很早就发生性行为的往往之后的感情体验比那些等待较长时间后再发生性行为的要差(Miller,2017)，所以在性方面适当的等待是值得的。如果恋人之间决定发生婚前性行为，一定要做好安全措施，了解避孕和预防性传播疾病的方法，尤其是要知晓如何正确使用安全套这一兼有避孕和预防性传播疾病功能的工具。

目前社会上存在一夜情、商业性交易等现象。尤其随着手机社交软件的兴起，和陌生人发生临时的性行为变得不再困难。大学生涉世未深，一定要对此有清醒的认识。研究发现虽然总体上一夜情之后人的正面情绪多于负面情绪，但事后很多人内心有复杂的体验，尤其是发生了性交之后，对于女性而言负面体验可能会更多(Miller,2017)。尽管有些人认为两个单身的成年人发生一夜情无可厚非、是人的正常权利，但通过夜店、网络等与陌生人发生性接触存在健康、安全等方面的风险。从卫生角度来说，性伴侣数量越多，感染性传播疾病的概率一般也会越大，而且很多时候从外表无法判断一个人是否感染了艾滋病或其他性传播疾病。一味追求新鲜刺激体验也可能使人更容易感到空虚失落，难以获得稳定情感带来的持久亲密与幸福感。另外，在国内，涉及金钱的性交易都是违法的，而且与性工作者发生性行为感染性传播疾病的风险比与一般人发生性行为可能更高。

二是体像烦恼。骆伯巍、高亚兵、叶丽红等(2005)提出体像烦恼是由于个体审美偏差造成的对自己形体、性别、容貌、性器官等体像的失望而带来的烦恼，并在一项调查中发现有22.3%的青少年至少在一个方面存在体像烦恼。近期一项对广西531名本科生的调查发现，58.6%的大学生存在体像烦恼(李毅,吴桐,2016)。尽管两项调查涉及的人群、内容不完全一致，但这些数据提示近年来青少年中有体像烦恼的个体比率有上升的可能性。社会上一些人对"颜值"的过分强调(比如有些人说"这是个看脸的世界"、帅气或漂亮的明星受到热捧等)，容易使部分其貌不扬的大学生感到失落和自卑。有部分大学生花大量时间考虑如何增高、减肥甚至做整形手术。客观地说，"爱美之心人皆有之"，身材相貌好的人确实容易得到他人的关注，也更容易引发他人的好感，在很多方面确实有一定优势。大学生通过锻炼、适当打扮来提升自己的形象魅力无可非议。但是，凡事须有个度，如果为了好看不惜牺牲自己的健康，那就得不偿失了。比如有些人为了减肥经常不吃东西，最后得了神经性厌食症。其实，不是所有人的审美标准都是一样的，所谓"萝卜青菜，各有所爱"，只要身心健康，不必过分在乎一些难以改变的容貌上的"缺陷"。再者，一个人的魅力，不仅仅通过外表来体现，个人修养、才华、幽默感等同样可能产生巨大的吸引力。有研究发现，女性的性吸引力主要体现在外表、好的性格、自信、能力等方面,而男性的性吸引力主要体现在外表、善良有同情心、好的性格、幽默感等方面(Regan,2011),因此外表并不是性吸引力的全部。

三是性骚扰或性侵犯经历引发的困扰。部分大学生曾经或正在经历他人的性骚扰甚至性侵犯。由于害怕丢面子或被歧视,很多人在成为性骚扰或性侵犯的受害者以后不敢声张,这并不是一种积极的做法。面临性骚扰,要敢于及时制止。面对暴力性侵犯,尽量巧妙周旋应对,如果当场难以对抗,事后最好及时报警,使作恶者得到惩罚,避免其伤害更多的人。平时尽量不要一个人深夜出门或走偏僻道路,可随身携带一些防卫性物品等。某些较为严重的受害经历可能对性心理造成负面影响,如有些人对性感到恐惧、害怕亲密接触等。如果有此现象,需要及时进行咨询治疗。

除了以上的困扰,少数大学生还因为自己某些特殊的性偏好而烦恼。如果自己的特殊行为(比如露阴癖、窥阴癖、偷窃他人贴身衣物的恋物癖等)对自身或他人可能带来伤害,那需要及时调整,必要时寻求专业帮助。如果自身的行为(比如同性恋、双性恋、跨性别等性少数人群)本身不具有危害性,又难以改变,就要考虑如何更好地自我接纳、如何应对来自各方面的压力、如何找到属于自己的独特生命意义等。

第二节　大学生的恋爱心理

什么是爱情? 拥有爱情是怎样的体验? 古今中外,无数人对爱情做出了自己的诠释。汉乐府民歌"上邪"描述了与爱人永不分离的决心:"山无棱,江水为竭,冬雷震震,夏雨雪,天地合,乃敢与君绝!"北宋文学家秦观则形象地表达了牛郎织女久别重逢的美妙:"金风玉露一相逢,便胜却人间无数。"姚谦作词的歌曲《我愿意》体现出为了爱人甘愿付出一切的冲动:"我愿意为你/忘记我姓名/就算多一秒/停留在你怀里/失去世界也不可惜……"爱情是众多文学、音乐、影视作品的永恒主题,梁山伯与祝英台、罗密欧与朱丽叶这样的爱情故事,世代流传,经久不衰。爱情,似乎有巨大的魔力,让很多人为此痴迷、疯狂。那么,爱情到底是什么,大学生又应该如何看待爱情和婚姻呢?

一、恋爱心理概述

在前一节中,我们讨论了性的话题。一般来说,爱情的产生与个体的性欲望和两个人之间的性吸引有着密切的联系。除了身体吸引,爱情还表现为两个人之间强烈的心理联结,呈现出"你中有我、我中有你"的状态。对于爱情,每个人都有自己的理解,而且随着年龄的增加和经历的丰富,对爱情的理解通常也会变得越来越丰富深刻,因此很难用一个统一的定义来诠释爱情。在这里,首先让我们一起来了解一下心理学中的几个比较知名的爱情理论,并且讨论一下有关爱情的理论及爱情与友情的区别,或许有助大学生更进一步了解爱情的本质。

(一)Sternberg 的爱情三角理论

Sternberg(1986)认为爱由三种成分构成:亲密、激情和决定/承诺。亲密是指在恋爱关系中体验到的亲近、联结、情谊等,主要是情感层面的;激情是指引起浪漫感觉、身体吸引和性满足等的驱动力,主要是动机层面的;决定/承诺是指在短期内发生的一个人爱另一个人的决定以及更长时期的对维持这段关系的努力,主要是认知层面的。

Sternberg(1986)认为一个人体验到的爱的程度取决于这三个成分的绝对强度,而且根据这三个成分的呈现与否,一共可以分成 8 种爱的类型。"无爱"是指三种成分都缺失的情况,日常生活中大量的人际交往属于此类临时的、与爱无关的交流;"喜欢式的爱"是指有亲密但没有激情和决定/承诺的恋爱关系,类似于较为常见的朋友关系;"迷恋式的爱"是指只有激情但缺少亲密和决定/承诺的关系,比如一见钟情后临时的恋爱关系;"空洞式的爱"是指只有决定/承诺但没有亲密和激情的关系,比如没有感情的双方出于压力或责任而在一起的关系;"浪漫式的爱"是指有激情和亲密,但缺少对伴侣和关系的承诺的恋情;"友伴式的爱"是指双方比较亲密,也对彼此有决定/承诺,但缺少激情的关系,类似于闺蜜好友;"愚昧式的爱"是指有激情也有决定/承诺的关系,但由于没有亲密的感觉往往很不稳定;"圆满的爱"是指同时拥有激情、亲密和决定/承诺的爱情。Sternberg 认为大多数人的爱情介于某些类型之间,因为三种成分的强弱程度的组合是有很多种的,而 8 种类型只是考虑了比较简单的极端情况。

(二)Lee 的爱情风格类型理论

Lee(1977)把爱主要分为 6 类:情欲之爱、游戏之爱、友情之爱、激情之爱、奉献之爱和现实之爱。情欲之爱偏重于体貌吸引,是指对符合心目中理想体型外貌的人的追求;游戏之爱是指不专心投入的、开放的、任意的爱,这种爱情往往并不专一,也不容易长久;友情之爱是指"慢热型"的爱,克制自我意识到的激情,通过长期交往不断加深感情,并往往有维持长久关系的承诺;激情之爱是指对恋人朝思暮想、感情强烈、充满迷恋,需要时不时确认自己正在被爱的爱情;奉献之爱是指无私利他、不求回报的爱,充满温情和关爱;现实之爱是指追求恋人时会综合考虑多方面的指标、以符合自身实际需要的爱,比如年龄、学历、职业、宗教信仰等。显然,这六种恋爱风格从某种程度上反映了不同人的恋爱价值观。研究发现人们倾向于和自己属于相同恋爱风格的人恋爱(Regan,2011)。

国内有学者对四川省一所师范大学的 600 名本科学生的爱情类型进行调查后发现,大学生在上述 6 种爱情风格类型中的平均得分从高到低依次为:情欲之爱、奉献之爱、现实之爱、友情之爱、激情之爱、游戏之爱。在某些维度上有显著的性别差异:男大学生在情欲之爱、友情之爱和奉献之爱上的得分都显著高于女大学生的得分(吴吉惠,钱利,2017)。

（三）爱情依恋理论

在 Bowlby 和 Ainsworth 等人提出的婴儿依恋理论基础之上,Hazan 和 Shaver (1987)提出了爱情依恋理论。他们认为,两个相爱的人之间的感情从某种程度上也类似于婴儿与父母之间的依恋关系。他们把成人爱情的依恋也分为三种,描述如下。

安全型依恋:我发现与他人接近是比较容易的事情,并且能安心地依靠别人或让别人依靠我。我不经常担心被抛弃或者有人与我过于亲近。

回避型依恋:当与别人亲近时我感到有些不舒服;我难以完全信任他们,而且难以让自己依靠他们。当有人过于亲近时我会感到不安。恋人经常希望我更加亲密些,但那会让我不舒服。

焦虑矛盾型依恋:我发现别人不太愿意像我希望的那样靠近我。我经常担心我的伴侣不是真的爱我或者不想和我在一起。我渴望与另一个人彻底地交融,但这种愿望有时会把人吓跑。

Hazan 和 Shaver(1987)发现三种爱情依恋类型的比例与不同婴儿依恋类型的比例接近,大约 56% 属于安全型、24% 属于回避型、20% 属于焦虑矛盾型。他们也发现不同依恋类型的人对爱情的认知和感受也是不一样的:安全型依恋的人比较相信持久的爱情,通常觉得他人是可信赖的,并且觉得自己也是值得被爱的;回避型依恋的人不太相信浪漫爱情的存在或可持续性,并且认为他们不需要一个恋爱对象来让自己幸福;焦虑矛盾型依恋的人比较容易自我怀疑,经常陷入爱河但又感觉很难找到真爱。

（四）友伴之爱与激情之爱

尽管不同学者提出了多样化的爱情分类理论,但人际关系学者最为关注的可能是激情之爱与友伴之爱。前者充满热情、冲动和兴奋,后者充满温情、关心和呵护。显然,同时拥有两者是最为理想的,但是这两种爱情随着时间推移的变化趋势很可能是不一样的。很多研究发现:激情会随着两人相处的时间的增加而逐渐减少(不过变化程度因人而异),这可能是因为随着两个人越来越熟悉,一开始的好奇心、幻想、新鲜感会逐渐减少,但亲密和承诺反而会逐渐增加,所以友伴式爱情可能比激情式爱情更为稳定长久(Miller,2017)。

（五）爱情与友情的区别

很多时候,"我想和他(她)恋爱"与"我想和他(她)做好朋友"是比较容易区分的,但也不总是如此。一般而言,爱情与友情在以下三个方面有着显著的不同。

第一是性的欲望。和一个人恋爱,通常是伴随着身体的吸引和性需要的满足,也就是说爱情往往是和人的性欲望相联系的,恋爱中的双方会产生与伴侣的身体亲密接触的渴望或幻想。但是友情是基于两个人相处时的好感,是不涉及性的欲望和幻想的。

第二是排外专一性。大多数的恋爱关系都是一对一的(该种恋爱模式也是在道德上最被广泛接受的),具有强烈的排外性。也就是说,如果你处于恋爱中,你一般不希望爱人和其他人发生恋爱或性关系,如果对方和他人过于亲昵,你很可能感到愤怒、嫉妒(所谓"吃醋")。友情大多没有排外性,也就是说你一般不会因为你的朋友去和其他人交朋友而感到失落难过。

第三是亲密程度。恋爱是两个人身心高度融合的状态,无论从彼此的相处时间、接触的程度还是互相的了解,通常要远远超过一般的朋友关系。恋人往往心理上彼此深度依恋、行为上表现亲昵,但朋友之间一般不会出现这些现象。

以上三个方面或许可以帮助你区分自己对一个人到底是恋人般的爱还是朋友般的喜欢。但是,不可否认,有些时候爱情与友情不容易区分,而且两者也会彼此转化。虽然很多人认为爱是感性的、没有理由的、缺少理智的,但作为大学生,要想真正获得满意的感情,还是要理性对待爱的感觉。一方面,要勇敢追求自己想要的爱,但另一方面也要自尊自爱、不盲目行事,不要为了满足自己的需要而给他人带来过多的困扰。在不确定和对方的关系之前,不妨试试先成为朋友,其他的随缘。事实上,和不同的人交朋友也许可以让自己慢慢发现真正适合自己的对象类型,如果有缘的话说不定还能从熟悉的朋友中找到真爱,这或许比单纯凭借外表的"一见钟情"而去恋爱更为可靠。

二、大学生恋爱心理的特点

当前在读大学生基本上以90后(1990年以后出生的人)为主,00后也开始进入大学校园。这些学生多成长在物质生活条件相对较好的时期,从小接触网络上的各种信息,同时又受到中国传统文化和西方思潮的影响,因此呈现出一些鲜明的特点。综合近期的调查研究结果,在恋爱心理方面,当今大学生主要有以下几个方面的特点。

第一,大学生恋爱现象具有普遍性。随着时代的发展,大学生恋爱已经不再是一种禁忌,很多大学生已经有过或者开始追求恋情。一项对西安2000名90后大学生的调查表明,有过恋爱经历的大学生高达64%,这些人当中在大学之前有过恋爱的占到了80%,而高达52%的人有过2～3次的恋爱经历(夏永林等,2013)。这些数据表明,大学生恋爱已不再是个别现象,对其恋爱和性心理的教育引导显得尤为重要。

第二,大学生的恋爱动机较为多元化。虽然恋爱现象在大学校园里较为普遍,但大学生对为什么谈恋爱却有不一样的答案。一项对国内20所高校2956名大学生的调查发现,选择"为了选择人生伴侣"的占23.4%,选择"为了积累人生经验"的占21.4%,选择"缓解学习压力"的占13.7%,选择"寻求刺激"和"解决生理需求"的分别占12.6%和12.5%,选择"打发无聊时光"的占10.7%,还有5.7%的觉得谈恋爱是出于"随大流"(宋智敏,曾君之,2014)。另一项对 1800 名 95 后大学生的调查结果表明,将近一半(47.5％)的学生谈恋爱是因为"无聊、填补内心的空白、排遣孤独和打发时间",只有 8.7％的学生是出于"相互了解、情投意合"而谈恋爱(李卫成,王永前,2017)。这些数据表明,很多大学生并不是因为两个人相爱而自然地恋爱,而把恋爱当作了解决个人问题的一种手段,这是非常值得引起各方面关注的。

第三,大学生在恋爱上的时间和经济投入较多。宋智敏和曾君之(2014)的调查发现:约 21.5％的大学生每天和恋人相处时间超过 3 小时,35.1％的大学生在 1～3 小时之间;将近一半的学生每月用于恋爱的开支在 200～500 元,而 17.8％的学生每月用于恋爱的费用超过了 500 元。与恋人积极地相处有利于增进感情,比如一起学习工作、互相探讨鼓励等,但如果花太多的时间用于娱乐享受,可能会影响到学业。很多大学生经济上并不独立,如果恋爱中花太多的钱,势必给自己和家人增加经济负担,对于家庭经济条件一般的学生来说更是如此。

第四,大学生的恋爱充满理想化和浪漫色彩。大部分(60.5％)大学生喜欢在学习和工作中结识恋人,也有超过四分之一的大学生渴望通过"一见钟情"进入恋爱,但仅有极个别大学生愿意通过朋友家人介绍的方式认识潜在的恋人(夏永林等,2013)。这说明大部分大学生都喜欢以自然或浪漫的方式进入爱情,而不是被刻意安排。另外,大学生在选择恋爱对象时普遍重视感觉而轻视年龄差距、家庭情况、地域等条件(夏永林,曲江月,2013)。研究发现 95 后的大学生在选择恋人时最看重的前三个标准是品德、感情和外貌,排在最后的是学历、家庭和贞操(李卫成等,2017)。可见,大学生注重恋爱中的内心体验,不是特别在乎传统的"门当户对"的观念。

三、大学生恋爱心理的困惑和调适

"后来/我总算学会了/如何去爱/可惜你/早已远去/消失在人海……"这是很多人耳熟能详的歌曲《后来》中的歌词(施人诚作词),也唱出了很多人对初恋的回忆和感伤。大学生处于成年早期,尽管身体机能处于高峰状态,恋爱心理未必成熟,因此关于爱情的困扰时常在大学生群体中出现。很多数据表明,恋爱问题咨询是大学生心理咨询中最普遍的内容之一,而且恋爱问题往往是除精神疾病之外第二大引发校园极端事件的诱因(郭伟杰等,2017)。大学生在恋爱方面最突出的困扰是恋爱中的相处和对感情的经营问题(郭伟杰等,2017),除此之外,对爱情求而不得的痛苦、失恋的挫败感等也都是常见的情感困惑。

(一)大学生常见的恋爱心理困惑及其应对

首先,很多大学生在如何维持爱情方面充满疑惑。处于恋爱早期的两个人,往往充满激情和浪漫,少有矛盾冲突。当两个人渐渐熟悉,身心距离也越来越近的时候,对方与自己不一致的方面也逐渐显现,这时候有些恋人就因为缺乏解决冲突的能力而给对方带来了很多伤害。要减少冲突,在一开始选择恋人的时候就要更加慎重,要在充分了解之后再做出是否恋爱的决定。一般而言,与自己个性观念较为相似的人在一起引发矛盾的可能性会少一些。如果选择与对方在一起,要认识到两个人必不可少地有一个磨合的过程,也可能需要在某些方面做出妥协和让步。在这个过程中,双方的倾听、沟通、共情等能力显得非常重要(参见本章第三节的相关辅导活动)。我们应该了解,人与人是有差异的,既然相爱,就要努力理解与尊重对方,不要总是站在自己的角度思考问题。例如,研究发现男女在爱情方面的相似性多于差异性,但性别差异在某些方面确实可能存在:男人更相信一见钟情,更容易快速进入恋情;男人比女人对爱拥有更多的浪漫化态度;女性对待爱情更加谨慎,对伴侣的选择更加仔细,在爱情上更加"慢热",并且把感情投入到有较高配偶价值的伴侣身上;男人在恋情中可能更看重激情,而女人可能更看重承诺等(Miller,2017)。

也有一些大学生在恋爱了较长时间后,觉得新鲜感已经过去,难以继续维持原有的恋情,有些大学生甚至采取不断更换恋人的方式来保持恋爱中的激情。虽然从感官和情欲层面,"喜新厌旧"似乎更能满足自己的需要,但短暂的恋情难以带给我们深厚的默契、信任和亲密感,也不利于今后建立稳定的家庭。爱不是单纯生理需要的满足,也同样是一份责任。长久的关系未必一定是枯燥乏味的。如果能学会不断给双方的生活注入新鲜活力,给爱情保鲜,相信很多人会体验到"风雨同行、白头到老"带给人的感动与幸福。

其次,一些大学生努力追求爱情,但因屡遭挫折而痛苦不堪。大学相比中学有了更多的自由支配的时间,人际关系也更为松散,不少大学生感受到比中学时更深的孤独感。另外,受到生理欲望和周围环境的影响,一些单身的大学生极度渴望从恋爱中获得身心的满足。可是,两情相悦的爱情并非轻易可以遇到。"喜欢的人不出现,出现的人不喜欢"——由深白色作词、刘若英原唱的《一辈子的孤单》唱出了很多青年男女渴望爱情却又得不到理想爱情的孤独失落。有些人在表白被拒后,试图通过反复示好、关心、无偿付出等方式感动对方,可结果往往是雪上加霜,甚至被对方视作骚扰而断绝所有联系。爱情中的两个人是平等的,如果以这种卑微、近乎乞讨的方式去索要爱情,即使真的得到了,一定会带来长久的幸福吗?

大学生正处于学习知识、掌握技能、完善自我的黄金岁月,对于爱情应有顺其自然的态度,而不是让其成为大学阶段的主要目标。爱情不是生活的全部,指望通过爱情来"拯救"自己有些不切实际。在真爱没有到来之前,丰富自己的课余生活,多看书学习,多参加有意义的活动,努力在多方面锻炼完善自己,让自身不断有新的成长,这样你就会发现一个人的生活也可以很精彩很充实,而且一个内心充实丰盈的人比一个内心空虚无聊的人将来更有可能拥有高质量的持久感情。有些人感慨自己颜值不高身材不好"没人要"。没有人是十全十美的,与其自暴自弃,不如在能够改变的方面让自己更加出色。一般来说,自信的人比自卑的人更具有吸引力,所以要相信自己有独特的魅力,无论是否获得爱情,自己都能拥有美好的人生。

再次,常见的困扰是失恋后的痛苦。大学恋情通常比较单纯、充满理想化色彩,但大学生又往往缺乏处理恋爱问题的知识经验,所以大学里失恋现象也并不少见。如果把时间线再延长一些,青年时期很多人的生活处于不稳定状态,换学校、换工作、换住所等现象并不罕见。有些恋人经历了种种考验,也愿意为对方做出一些妥协,最后进入了婚姻。也有一些恋人因为种种现实的原因而劳燕分飞。失恋,是很多人都会经历的正常现象。

恋人分手的原因有很多,限于篇幅不再一一赘述,这里要解决的主要问题是如果失恋了我们该怎么办。失恋意味着一段亲密关系的结束。如果两个人有过许多美好的经历、曾经彼此深爱着对方,失恋很可能是一个重大的打击。短时期内出现悲伤、失落、迷茫等情绪都是正常的,并且有必要给负面情绪留一个出口,比如大哭一场、找人倾诉等。接纳失恋这个事实、接纳自己因为失恋而产生的各种情绪,是失恋发生时首先要做的。在短暂的情绪宣泄之后,有必要回到理性,问问自己失恋到底意味着什么?是不是以后的人生一定会一片灰暗、充满孤独?是不是以后再也不能找到真爱?认真分析之后你很可能会否定这些过于极端、片面的想法,而把失恋当成是一种磨炼,相信自己以后会获得更大的幸福。时间常常是一剂很好的药方,可以慢慢治愈内心的伤痛。如果很长时间过去了,还是无法从失恋的阴影中解脱,建议去寻求专业心理咨询师的帮助。

总之,出现爱情方面的困扰,一定要理性分析原因、找出对策,千万不要一时冲动做出极端的事情。如果自己无法解决,可以求助老师同学或者专业的心理咨询治疗机构。

(二)爱的能力的培养

为了减少爱情可能带来的烦恼和痛苦,大学生应积极培养爱和被爱的能力,从而提高爱情的质量和满意度。通过理论学习、他人经历、自身体验等不同渠道,都可以逐渐提高自己爱与被爱的能力。一般来说,爱和被爱的能力包括以下几个方面(马建青,2015):

一是表达爱的能力。许多人有过暗恋的经历,心里喜欢一个人却不敢向对方表白,主要是由于自我评价不足、害怕被拒绝后的尴尬。其实,敢于向自己真正爱的人表白,并接受各种可能的结果是非常重要的能力,也是很多爱情的源泉。传统观念中表白通常是男方进行,而女方往往是被动地对男方的表白做出回应。随着两性平等的理念越来越深入人心,大学生应该认识到,表白其实是不分性别的,任何人都有追求爱的权利。当然,这不是建议大家向任何"有感觉"的人表白,因为这可能给别人留下轻率的印象。最好是在双方有充分的了解、认为对方确实适合成为自己恋人后进行表白,这就显得比较认真负责。表白的方式也要慎重考虑,既要充满真情、浪漫,又要考虑彼此能接纳的程度,不要让惊喜最后变成了惊吓。最后,对表白后的结果要有平常心,因为每个人都有追求爱的权利,也有对别人的追求做出接受或拒绝的选择的权利。表白时要充分尊重对方，不给对方施加太多压力，不要让对方因为拒绝而产生内疚感。如果被拒绝了，不要感到自己很失败，更不要苦苦纠缠。这只是说明两个人没有缘分走到一起。良好的心态可以让表白变得轻松，也可以减少或避免尴尬和伤害的产生。

二是接受爱的能力。当收到自己喜欢的人的表白时，你有勇气接受这份爱吗？有些人会感到由衷的惊喜与开心，也有些人会充满纠结。比如你可能会考虑恋爱的稳定性因素，恋爱对自己学业和事业的影响，或者恋爱对自己个人生活自由的影响，等等。你也可能因为见过听过其他人的伤心恋爱经历，或者恋人之间激烈的争吵冲突，而对是否谈恋爱充满犹豫。这些顾虑一方面体现了大学生较为成熟理性的态度，但另一方面也可能让人错失美好的缘分。很多人的经历表明，真正美好的恋情不会对学业和事业带来太多消极影响，很多时候反而会促进学习和工作。两个人在一起难免出现矛盾，但如果恋人之间善于沟通，许多矛盾冲突也可以及时化解。两个人生活或许比一个人生活的自由度会减少一些，有时也需要为对方做出适当的妥协，但互相鼓励、分享和支持带来的力量可以帮助彼此渡过人生的很多难关，让生活更加充实精彩。就算最后不得不分手，这段感情经历也会让自己得到成长。总之，恋爱与单身，各有各的利弊，被表白的一方当然可以根据自身实际做出选择，但是，如果觉得对方是自己真心喜欢的也是非常合适的恋爱对象，或许可以冒险给自己一个机会，勇敢地接受这份爱。爱情最后变得甜蜜还是痛苦，在于两个人如何去维持这段感情，要学会让它成为彼此成长的动力而不是阻力。

三是拒绝爱的能力。面对自己不喜欢的人的追求和表白，你是否有勇气拒绝？有些时候，拒绝并不简单，尤其是在关系非常要好的朋友之间。因为很多人害怕拒绝会伤害别人，也会影响到两个人的友情。但是，如果不明确拒绝，错误地让对方以为还有恋爱机会，最后两个人可能都会感到痛苦。所以，面对自己不想要的爱情，必须勇敢地拒绝，但需要注意方式方法。在拒绝对方时，首先可以感谢对方对自己的喜欢和付出，赞美对方的优点，然后坚定地表达自己并不想和对方恋爱，最后说明自己可以接受的两个人的关系和互动程度。这样的拒绝，一方面表达了自己的心声，又给了别人台阶下，伤害会比较小。

四是鉴别爱的能力。前面已经提到如何区分友情与爱情。除此之外，大学生还应学会鉴别对方是否真心诚意爱自己。如果彼此相爱，一般都希望更多地了解对方的情况，坦诚地对待彼此。如果对方给你的感觉是不诚实、缺乏互相了解的耐心，那就要警惕了。也有些大学生谈恋爱是出于盲目跟风，因为寂寞空虚而随便找一个伴，这样建立的关系也很难成为真正的爱情。

五是解决爱的冲突的能力。为了防患于未然，找一个可以坦诚沟通的人很重要，这样即使出现矛盾，也有商量解决的可能。当冲突发生时，前文已经提过，要注意耐心倾听、坦诚沟通，也要学会站在对方角度考虑问题，争取互相理解，妥善解决分歧矛盾。

六是面对失恋的能力。首先,平时不要过分依赖恋人,要有自己独立生活的能力,这样一旦失去爱人也不至于无所适从。其次,失恋绝不意味着自己的失败,也没必要从此"看破红尘"。失恋给人带来的除了伤痛,也有很大的成长。很多时候失恋反而有助于自己获取更加美好的爱情。

第三节　大学生性心理与恋爱心理辅导

适当的心理辅导活动有利于增加大学生对性和恋爱的认识,培养爱的能力,最终提升亲密关系的质量和满意度。许兆玲(2016)通过团体心理辅导的方式对本科生和研究生的恋爱关系质量进行干预,涉及依赖、互动、信任、了解、承诺、关心等主题,采用方法主要为活动体验和交流讨论,每周2次,一共14次,发现干预组在干预后亲密关系能力和质量均得到了显著提升。在课堂中虽然难以持续深入地开展团体心理辅导活动,但安排一些自我思考和体验的活动有利于大学生进一步理解相关知识,也有利于完善他们在性和恋爱方面的认知和行为。

一、对性的认识的辅导活动

(一)性是什么

活动主题:了解性的含义。

辅导目标:让大学生对性有一个较为全面和理性的认识,纠正一些对性的错误观念,不再谈性色变。

课前准备:A4白纸(每人一张)。

活动过程:

(1)教师把白纸发给学生,要求学生写下这个问题的答案:性是什么? 至少写5个方面的内容。写的时候不要互相讨论。

(2)写好以后,学生在小组内分享,组内其他同学反馈自己对这位同学的看法。

(3)请若干个小组的代表逐一向全班分享自己对性的看法以及组内其他同学对自己的启发。

(4)教师总结:通过这个活动,我们发现性包含了很多方面的内容,比如性别、性倾向、性欲望、性幻想、性行为等。我们也看到同学们对性的态度并不完全一致,有的较为开放,有的较为保守。有些人认为性更多的是羞耻的、肮脏的、让人焦虑的,也有人认为性是自然的、美妙的、让人满足的。人类的性因为受到法律、道德和伦理的制约,具有了世俗评价的色彩。一方面,性是人天生具有、伴随人一生的生理、心理和社会现象,性的欲望、幻想和冲动的存在是成年人非常正常的现象,无须为此感到内疚和自责。性早已不再仅仅出于生殖繁衍的目的,爱人之间的性生活可以让两个人感到愉悦、变得亲密,适当的关于性的交流可以让感情更为顺畅。另一方面,人类的性的满足需要通过合情合理的方式,不能对他人造成伤害。有些人因缺乏自控或利用自身权利而对别人进行性骚扰、性侵犯,对他人产生了伤害,这种满足性需要的方式是文明社会所不容许的。

（二）婚前性行为的利与弊

活动主题:婚前性行为利弊分析。

辅导目标:让大学生对婚前性行为有一个全面的认识,提高自我保护能力,更理智地做出选择。

课前准备:A4白纸(每人一张)。

活动过程:

(1)教师把白纸发给学生,要求学生写下以下问题的答案:(1)你觉得婚前可以发生性行为吗? 为什么? (2)发生婚前性行为可能带来哪些好处? (3)发生婚前性行为可能带来哪些不良后果? (4)如果选择发生婚前性行为,你觉得需要注意哪些方面?

(2)写好以后,学生在小组内分享,组内其他同学反馈自己对这位同学的看法。

(3)请若干个小组的代表逐一向全班分享自己对婚前性行为的看法以及组内其他同学对自己的启发。

(4)教师总结:在中国社会的传统观念中,婚前性行为被认为是不道德、不自爱的行为,可是随着时代的发展和西方思想的影响,很多年轻人不再把婚前的"贞操"看得非常重要,而更在乎自己的体验和满足。一方面,如果两个成年人确立了长期固定的恋爱关系,在交往较长时间后发生彼此自愿的性行为,是可以理解的。如果双方能够为这种行为负责,那么这种性体验确实能给彼此带来愉悦和满足,也可能增进彼此的感情。但另一方面,如果性行为发生时间过早,或者因缺乏保护措施而导致意外怀孕或感染性传播疾病,都可能对给当事人带来身心的折磨。性是人的权利,但是,盲目的、危险的性有可能带给人的长久痛苦要远远超出其所带来的短暂享受。在决定是否发生婚前性行为之前,要充分知晓其对自己的意义和可能产生的后果,然后做出明智的决定。另外,如果伴侣对自己提出性要求,而自己还没做好准备,要懂得委婉拒绝,不要因为害怕失去对方而违心地去迎合。如果双方真的相爱,一定会懂得彼此尊重。

二、解决爱的冲突的辅导活动

活动主题:恋爱冲突的应对(角色扮演)。

辅导目标:在与恋人发生冲突时,学会倾听、共情、坦诚沟通。

课前准备:两把椅子。

活动过程:

(1)教师把全部同学分成四批,给予每批学生一个恋爱冲突的情境,然后以两个同学为一个组合进行恋人角色扮演,之后互换角色进行表演。四个情境分别为:①两个人想去看电影,男孩想看科幻片,女孩想看爱情片;②女孩看到男朋友和另外一个女孩子一起吃饭,非常生气;③两个人去游乐场玩,男孩子想两个人一起玩过山车体验一下刺激的感觉,但女孩子胆小不想玩;④当男孩有心事时,总喜欢一个人独处,女孩觉得很失落,因为她觉得男朋友应该什么都和她分享。

(2)请若干个组合的代表向全班表演(坐在椅子上),然后互换角色再次表演。每组表演结束后,请同学点评,然后教师点评。

(3)教师总结:两个人要长久地相处,彼此的理解和包容非常重要。当两个人发生分歧时,首先要做的是克制情绪,把彼此的真实想法说出来。在对方说话的时候不要轻易打断,而要学会认真倾听,如果有不太明白的可以要求解释澄清。然后试着站在对方的角度思考,如果我是他(她),我会不会这么想这么做? 对方的想法做法是否合情合理? 如果双方都没有错,那么可能就需要其中一方做出妥协或找出一个折中的办法。如果其中一方存在明显的过错,不要因为怕没面子而固执己见,也不要觉得对方爱自己就应该无原则地纵容自己。诚恳地道歉并努力不再犯同样的错,或许可以得到对方的谅解。作为有理的一方,也不要因此站在道德的制高点,反复去揭对方的伤疤。人都是不完美的,都有可能犯错,真正相爱的两个人的感情不会因为一些小错误而产生很大的裂痕。日常生活中,记得多赞美对方,感谢对方为自己做的一切,而不是把对方的付出看作理所当然,这样会让两个人的感情更为牢固,也有利于减少矛盾冲突。

三、失恋后心理调适的辅导活动

活动主题:分手后的得与失(改编自樊富珉等,2013:198)。
辅导目标:学会客观理智地面对失恋。
课前准备:A4白纸(每人一张)。
活动过程:

(1)教师把白纸发给学生,要求学生写下以下问题的答案:①失恋后,我失去了什么? ②失恋后,我获得了什么?

(2)写好以后,学生在小组内分享,组内其他同学反馈自己对这位同学的看法。

(3)请若干个小组的代表逐一向全班分享自己对失恋的看法以及组内其他同学对自己的启发。

(4)教师总结:失恋以后,我们失去了曾经非常亲密的一个伴侣和一段美好的爱情,但我们没有失去生活的全部。我们身边还有朋友、亲人、老师、同学等人的支持和帮助,我们可以有更大的自由去实现个人的梦想,也有机会去寻找一份更适合自己的感情。阴雨过后是晴天,"塞翁失马,焉知非福",生命中起起伏伏的经历、酸甜苦辣的滋味都是难得的体验。珍惜当下,不惧未来,勇敢去爱、去生活吧!

【本章思考题】

1. 你如何理解性的含义？

2. 你觉得大学生常见的性困惑有哪些？如何应对？

3. 你认为爱情中的激情、亲密和决定/承诺这三个成分的相对重要性如何？你觉得所有爱情中激情都会慢慢消失，最后都变成"亲情"吗？

4. 你心目中理想的爱情是怎样的？你觉得自己可能获得这样的爱情吗？

5. 你觉得恋爱中可能出现哪些困惑和烦恼？如何应对？

第九章 生命教育及危机干预

【案例9-1】

2010年10月16日晚,一辆汽车撞到了正在玩轮滑的河北大学的两名女生,然而,在撞到人后,肇事者并没有停车,甚至在被保安和学生拦下后,他仍口出狂言:"有本事你们告去,我爸是李刚!"肇事者在逝去生命面前的一句"我爸是李刚"表露出他的自私和对生命的漠视。

近年来,有关大学生自杀、伤人、杀人等社会事件在国内媒体报道中屡见不鲜,如药家鑫事件、杨元元事件、复旦大学投毒案等,给自身和他人造成了莫大痛苦。逝者已矣,留给人们的除了伤痛,还有警示:生命是个体发展的前提与基础,没有生命,一切都失去了可能。

大学生生命教育关注学生生命,关注学生健康,是大学生健康发展的需要。构建和完善大学生心理问题高危人群预警机制,对于防止自杀或伤害他人事件的发生,及早发现、及时预防和有效干预心理问题是非常重要且有必要的。

第一节 生命教育概述

20世纪对科学主义与理性主义高奏凯歌,人类忙于追求物质利益、耽于享受物质,有功利主义者倾向。这一时代背景下,人成为工业化进程中"机器"的一部分,普遍缺失对生命意义与价值的探讨,人的生死品质与日常生活渐行渐远。本章将对生命与死亡相关问题进行回顾,同时指出大学生生命教育的现状,最后阐述生命教育相关辅导活动形式。

一、人类生命与死亡

(一)人类生命及其属性

1.什么是生命

老子语:"道大、天大、地大、人亦大。"《尚书》指出:"唯人,万物之灵。"《孝经》也直陈"天地之性人为贵"的观点,说明古人强调人的生命的极高价值。那么,什么是生命呢?自然科学认为生物体是有生命的物体,是化学进化与生物进化共同作用从而产生原始生命,并经历人类生命演化过程的产物。依据自然科学的观点,生命是蛋白质和核酸物质的运动形式,是一种特殊的、高级的、复杂的物质运动形式。生命的基本过程是生长与发育,一切生命现象的基础是新陈代谢,这是生命最基本的演化形式。

2. 生命的属性

一般而言,生命特别是人的生命,由三种属性所构成,即生理属性、心理属性和精神属性。

(1)生命的生物性,也就是生命的生理属性,是建立在人的血缘关系基础上的生理范畴,是其他一切生命形态存在的基础。这一属性主要涉及与人伦和生命长度有关的性问题、健康问题、安全问题和伦理问题等。这一属性更多体现为人的自然生命,决定着人的寿命的长短。

(2)生命的心理属性,是个体在一定的社会文化和心理基础上发展起来的符号识别和社会人文系统。这一属性涵盖了人的成长、学习、交友、工作、爱情、婚姻等涉及人文、人道的各个方面,包括善待自己、善待别人、诚实守信、宽容大度。生命的心理属性体现为人的社会生命,决定着人的生命宽度,它是以文化为内核和根基,从零开始不断拓展的。

(3)生命的精神属性,是一个人"我之为我"的最根本体现和本质要求,也是生命最聚集的闪光点,涉及人性与人格。生命这一属性主要体现为精神生命,决定着人的生命高度。人的作用在于能够改造自然、推进社会发展。这一属性并非仅仅体现在人在顺境中所能达到的高度,而是人在逆境中,所处低谷时所体现出的生命韧劲。对生命的深刻体验和精神的深层次激活,构成了富有意义的生命高度的一部分。

生命的生理、心理及精神属性构成了生命的长度、宽度和高度的统一体,其中的每一部分,都蕴含着生与死、得与失,共同凝成了人的生命的独特性与价值。

(二)人类生命与死亡

存在主义大师海德格尔阐释了"人"这一特殊存在者的存在状况,剖析了"人"这一存在的复杂性,并提出"向死而生"的观点。所谓"向死而生"指的是人从出生之时便已踏上死亡之路,时间每向前迈一步,个体距离死亡也就更近一步。海德格尔认为,死是生之故乡与归宿,"死亡只存在于一种生存上的向死亡之存在",生也只是一种生存上的向死而生(史佳露,2016)。不难理解,虽然人类生命的起点各有不同,但生命的终点是高度一致的,即毫无悬念地走向死亡。生命无一例外地都会终结,预示着死亡是不可回避的,"死"成为人类在追逐永恒的道路上的一条不能跨越的鸿沟。

那么,面对死亡这一宿命,人类所经历的生到底是何种生以及应该如何生呢?不同哲学流派各抒己见,由于认识论与世界观的不同,人们产生了不同的人生认识,大致可分为:"本真生存"与"非本真生存"(史佳露,2016)。"本真生存"对"向死而生"有具体的、明晰的认识。具有这一认识的人并没有满足于生命的有限,而是试图努力地追求生活所带来的各种无限的可能性,努力探索更为广阔、丰富的人生新状态。与此不同的是,"非本真生存"可能终其一生都不能清楚地意识到生命"向死而生"的特性,生活中表现为有意遮掩、逃避死亡的事实,不知进取、碌碌无为、虚度光阴。因此,正确领会生命的"向死而生",切身体悟、践行本真生存,成为正视生之有限的前提。据此,教育需要教人正确领会生命的"向死而生",建立死亡意识,让个体有勇气直面死亡,践行"本真生存",从而真正获得生命的荣耀与死亡的尊严。

作为人类意识与个体意识走向成熟的标志,死亡意识主要是指对死亡本能的自我意识,它有助于克服死亡恐惧,并为人类的存在与生命价值寻求合理的解释(李高峰,2010)。这一意识具体表现为以下几方面:(1)了解死亡。在大学生的日常生活经验中逐渐强化死亡的确定性与不可逆性,引导其认识人的"向死而生"的本真存在形式,进而培养其在生存论层次上形成合理合意的死亡意识。(2)思考死亡。促进大学生对死亡的觉醒和思考,从而了解人生的全景和限度,促进心灵的成长和成熟,并依据生命的有限性自觉地生存,主动地寻求自我生命存在的价值和意义,珍爱生命。(3)体验死亡。教育过程中,可以通过他人的死亡、自己的病痛(即部分的死亡)、自然物的消逝(如物种的生老病死)等不同途径去体验死亡。抓住机会对话与思考生与死,从而有机会真正认识到死亡也是对生命完满的一种成全。

二、生命教育的起源与内涵

(一)生命教育的起源

1.国外生命教育的发展

1968 年美国学者华莱士(J. Donald Walters)出版了《生命教育》一书,探讨必须关注人的生长发育与生命健康的教育真谛,首次提出了生命教育的思想。这一概念在世界范围内引起了广泛重视,其中,日本、英国、新西兰等国家开始引入这一教育观念并竭力倡导生命教育。1979 年,在澳大利亚成立了国际性机构——生命教育中心(LEC,Life Education Center),生命教育得到了更大范围的认可和发展。

(1)美国

华莱士在美国加州创建阿南达村、阿南达学校倡导和实践生命教育的思想。1976 年美国有 1500 所中小学开设了生命教育课程,20 世纪 90 年代美国中小学基本普及生命教育。为践行生命教育,美国成立各种专业协会,出版了许多专业及普及性的书籍和杂志。例如,"美国死亡教育学会""死亡教育与咨商学会"的成立;《生死学》《死》等特别的杂志的出版;书籍、影片、视听教材更是不计其数。其生命教育表现为和死亡教育结伴同行,内涵为"由死观生,生死互渗"。除此之外,美国生命教育的实施因地而异,如印第安纳州通过互联网及电子传媒推动生命教育;而

Life Skill Ministry 则是一个专门训练青少年生活技能的机构,用来帮助青少年远离犯罪、贫穷等。

(2)澳大利亚

澳大利亚的生命教育是 Ted Noffs 先生于 20 世纪 70 年代在悉尼发起的,最初是供学校运用的反毒品教育资源。其特点是强调每个孩子是"独一无二"的,对有危险行为的孩子,学校应先教导孩子,加强其社交技巧。例如,问题解决能力、肯定而非挑衅的行为举止以及发展积极的尊重的态度。依据上述原则,生命教育中心和学校建立了良好的共生伙伴关系,设计出符合小学各年龄课程的反毒教育,传达生命教育的意义。课程资源的设计是协助学校老师在孩子早期阶段确认其可能面临的危险因素及提高防护策略。生命教育中心的教学人员会事先评估学校的需求并协助老师进行教学准备,通过会议讨论方式对教师进行训练,并对家长提供信息反馈。学生的教材、学校老师及家长都是交互作用的,教材也被包含于学校老师现有的健康和体育课程活动内,通过网站可以专门提供给中小学生及其老师家长进行持续互动和资源下载。澳大利亚生命教育资源的重点在于吸烟和吸毒的预防,以及将酗酒和吸毒的伤害减至最低,强调对生命负责是公民的责任,认为生命教育的内涵是"生命至上,生命独特"。

(3)日本

日本于 1989 年修改的新《教学大纲》,针对青少年的自杀、欺侮、杀人、破坏自然环境、浪费等现象日益严重的现实,明确提出"以尊重人的精神"和"对生命的敬畏"之观念来定位其道德教育目标。在日本流行较广的"余裕教育"也是其生命教育的重要内容之一。"余裕教育"的口号是"热爱生命,选择坚强",主要针对日本青少年的脆弱心理和青少年自杀事件而提出,目的是通过"余裕教育"让青少年意识到生命的美好和意义,使其能面对并更好地承受挫折,从而热爱生命,珍惜生命。"余裕教育"活动鼓励学生经常到牧场体验生活。有日本专家建议,要把中小学体验农村生活变为"必修课"。总之,日本通过道德教育体现其生命教育内涵,即"尊重人性,敬畏生命"。

(4)英国

最初,英国的生命教育是在查尔斯王子的鼓励下产生的,主要是传授澳大利亚 Ted Noffs 先生的生命教育相关内容。Ted Noffs 还受邀至英国演说预防毒品教育的议题。到 1986 年初,在 Varity Club 的赞助下,英国第一个生命教育流动教室产生。1987 年成立了生命教育中心英国基金会,通过这一慈善信托机构,到 1995年,20 多个流动教室普及至英格兰、威尔士和贝尔法斯特等区。英国的生命教育主要体现为全人教育,其内涵既包括促进个人的社会化发展,也包括实现个人的健康与幸福,强调学生需要了解自我,以正向的自尊心和自信心尽可能地维持自己与他人的安全,允许人与人之间的差异化发展,保持独立的精神和责任感,达到灵性、道德、社会及文化之发展的全人目标。

（5）新西兰

始于1988年，新西兰的生命教育的目标是将生命教育精神传送至每所小学和中途学校（Intermediate School）。新西兰的生命教育基金会（Life Education Trust）虽然和其他国家的生命教育中心（LEC，Life Education Center）名称不同，但两者所实施的生命教育的内涵其实是相同的，同源自澳大利亚生命教育的哲学理念。生命教育课程资料会发给学生和老师，其中包含：回家功课；对人类身体的认识，其内容是介绍学生身体的奥妙，重点是"如何照顾身体"（例如保持干净、睡眠和吃早餐等）。该课程方向主要是积极取向，所坚持的原则是建立学生自我尊重，也教导学生拒绝的技巧和认识健康生活的好处。另外，课程的目的是在早期学习阶段，让学生能够做到：（1）识别人类身体的功能及其被其他物质破坏后的失衡状态；（2）明确身体滥用后生理、心理和情绪上的负性影响；（3）发展在日常生活中拒绝朋友、同学的技巧；（4）正确理解身体环境对个人健康和日常生活的冲击。

2.国内生命教育的发展

20世纪90年代初，生命教育开始在我国港台地区传播，台湾、香港地区的中小学系统地开设相关生命教育课程，生命教育越来越受到人们的重视，并取得了令人瞩目的成绩。大陆地区虽然较为滞后，但有识之士已经开始关注这一问题，逐渐认识到"21世纪教育改革的呼唤越来越多地关注生命。关注生命将是人类在教育观念上一次根本性的变革"，生命教育的重要性已经得到广泛的认同。

（1）香港地区

香港地区的生命教育体现了"多种宗教视角下不断发展的全人教育"的特点。2002年12月我国香港特别行政区成立了生命教育中心，以社区和中小学为阵地开展生命教育，学校、传媒和非政府机构都成为生命教育的主要力量。香港生命教育的发展与民间教育与社会福利团体有密切关系。香港的"宗教教育中心"和香港的"神托会"均十分关注推动生命教育，举办生命教育相关的研讨活动。"宗教教育中心"还发起"亲亲孩子、亲亲书"的生命教育计划，举办了"走出生命迷惑——谈生命教育的意义与实施成效座谈会"，引起很大的反响。香港教育署课程发展处也开展"生命教育教师培训"，表明教育行政单位对生命教育的重视。在培训活动中，学者、中小学教师、校长、教育署工作人员等交换宝贵意见，大家对生命教育的重要性均给予肯定，但如何设计生命教育的课程及体验活动，则是大家关注的焦点。但由于对生命教育的定义及内涵尚未达成共识，相关生命教育课程尚未实施。

（2）台湾地区

台湾地区的生命教育最早由民间团体于1976年从日本引入，主要由社会民间团体主动参与并逐步推广。台湾许多民间团体、社会机构如得荣基金会、得胜者教育协会、彩虹儿童教育中心等都积极参与生命教育，现有的18个生命教育网站大部分是由宗教团体建立的。个别学校实施伦理课程，从中涉及一些生命教育的理念，但生命教育一直未能成为台湾的主流教育。1997年台湾教育管理部门成立

"生命教育推广中心",同时组织有关专家、学校共同规划《生命教育实施计划》,设计生命教育课程、编写教材、培训师资等。20世纪末,台湾地区教育管理部门开始针对全台中学生引入死亡教育和生死教育,并称为生命教育。进入21世纪以来为较完整成熟的阶段。为推动生命教育的全面实施,台湾教育管理部门于2000年2月宣布设立"学校生命教育专案小组",同年8月又正式成立"教育部生命教育推动委员会",同时将2001年定为台湾地区的"生命教育年"发布"生命教育先导计划"。2006年,台湾依照整体规划,立足于素质教育和教育对全人类培养的角度,确定生命教育的内涵包含"终极关怀与实践、伦理思考与反省、人格统整与灵性发展(广义的人性教育)"三个彼此交互作用的领域。生命教育已成为遍及台湾地区的新的教育门类。

（3）大陆地区

1997年,叶澜先生从改革传统教育的角度出发,提出了"让课堂焕发出生命活力"的号召。从某种意义上讲,这也是开展生命教育的开端。此时,人们意识到:突遇一点挫折、打击,青少年就选择终结生命作为一种解决方式,除青少年心理脆弱之外,这一现象也与社会、学校、家庭对青少年缺乏生命教育有关。北京、上海、辽宁、江苏、四川、山东、黑龙江、吉林等省市富有创造性地开展了生命教育科研、教学实践、教材编制、教学大纲试行等不同活动。例如,2003年9月,北京心理危机研究与干预中心成立;2004年清华大学开展了生命教育的拓展训练活动;2004年上海提出制订《上海市中小学生命教育指导纲要》,对青少年进行"生命教育",筹建上海青少年心理危机干预中心,对其进行心理指导和生命关怀。2006年12月,"第二届中华青少年生命教育论坛"在北京举办,北京大学在论坛上发布了《中华青少年生命教育年度立项报告》,并决定自2007年起全面关注青少年生命教育并将其列入科研计划,争取尽早发布中国青少年生命教育白皮书。

当前,我国生命教育已经形成了政府主导、民间参与、社会各界积极配合的趋势。2004年,党中央、国务院先后出台了8号文件和16号文件,号召要把生命教育作为思想道德建设的重要载体,科学有效地实施生命教育活动,并将生命教育纳入全民素质教育内容中。2004年,民间从事生命教育的公益群体"关爱生命万里行"活动小组成立,特别针对有自杀倾向、失足的青少年提供心理和社会支持服务。2010年7月29日,国家教育部正式公布实施的《国家中长期教育改革和发展规划纲要(2010—2020年)》,明确提出了要"学会生存生活",要"重视安全教育、生命教育、国防教育、可持续发展教育。促进德育、智育、体育、美育有机融合,提高学生综合素质,使学生成为德智体美全面发展的社会主义建设者和接班人"。2012年5月,人力资源与社会保障部中国就业培训技术指导中心推出"生命教育导师"岗位职业培训。由此,"生命教育导师"这一职业诞生,使我国的生命教育从单纯的学校教育的一部分,开始全面走向家庭、学校、社区和企业。

（二）生命教育的内涵

什么是生命教育呢？华莱士在其《生命教育》一书的前言中，特意赋予书名《生命教育》两重含义："首先，我企图推荐一套教育系统方式，这套教育系统可以帮助孩子做好准备，迎向人生的挑战，而不仅仅是训练他们求职或获取知识；除此之外，我的另一个企图是，帮助读者明了，不只是学生时代，人的一生都在受教育。"国内学者也对生命教育的内涵进行了探讨，仁者见仁，智者见智。例如，刘济良、李晗认为，所谓生命教育即与生命有关的教育，是指"引导学生正确认识人的价值，人的生命，理解生活的真正意义，培养学生的人文精神，培养学生对终极信仰的追求，培养学生的关爱情怀，使他们学会过现代文明生活"。浙江大学王东莉教授认为：生命教育是一种多层次的认识生命本质、理解生命意义、提升生命价值的教育。生命教育不仅是关心今日生命之享用，还应该关怀明日生命之发展。也有研究者提出了生命教育要"悦纳自我、珍爱生活、探询意义、走向卓越"。除此以外，国内学者在对生命教育的深入探讨中，还提出了"生命道德教育、生命价值观教育、生命质量观教育、生命观教育、生命意识教育、死亡教育"等观点。2012年人力资源与社会保障部中国就业培训技术指导中心推出的职业培训课程《生命教育导师》指出：生命教育，即直面生命和人的生死问题的教育，其目标在于使人们学会尊重生命、理解生命的意义以及生命与天人物我之间的关系，学会积极的生存、健康的生活与独立的发展，并通过彼此间对生命的呵护、记录、感恩和分享，由此获得身心灵的和谐、事业成功、生活幸福，从而实现自我生命的最大价值。

从内容上看，比较有代表性的生命教育内涵可以概括为以下几种观点：第一种观点认为生命教育就是全人的教育，就是认识生命现象，感悟生命境界；另一种观点就是生命教育就是生活的教育，是在生活中发生和实践，解决生活中的问题的教育；第三种观点就是生命教育是生命价值教育，教导学生珍爱与尊重生命，要培养人的正面积极、乐观上进的生命价值观；第四种观点是生命教育就是生死教育，引导人们正确面对生与死。这些不同的观点主要围绕着生命教育的两个视角：其一，身心灵角度的生命教育。从生命教育兴起的背景来看，生命教育就是要解放人的身体和灵魂，将人从物化的社会中解救出来，从而获得更多对生命的自主权。当然，这种自主权并非意味着人可以对自己的生命任意处置。如果个人对自己的生命随意处置，是对生命的一种践踏，并非使用自主权。因为生命的存在是一切存在的前提，生命的终结也就意味着其他一切的终结。自然生命如果不复存在，也就意味着医学意义上的生命死亡，那么精神生命及其他一切即告终结；而人如果缺乏精神生命，就如行尸走肉，也会走向生命的末路。其二，全人视域下的生命教育。人是有精神和灵魂的。人既要生活、生存，又要活得有意义；人既是世俗的物质存在，又是高贵的精神存在。人的物质生活必然赋有精神生活的意蕴，精神生活引导着物质生活的发展。因而，全人视域下的生命教育，不能止步于对人的自然生命的探索，而应关注人类精神和灵魂在物质日益丰富的世界中的自卫与拯救，打破培养

"政治人""社会人"的一元化价值观,关注人的全面发展和幸福追求。综上所述,大学生生命教育,就是要结合大学生这一群体的特点,有针对性地满足大学生生命个体的发展需求,促进大学生的全面发展。

当代大学生面临众多的选择和诱惑,例如眼花缭乱的职业类型就足以让大学生不知如何选择。在现代社会中追求生物性的活着并不困难,难的是在这个过程中的方式选择和态度坚守。种种的物欲主义、享乐主义思想常常使大学生失去斗志,沉迷堕落,甚至最后为了"活着",不惜铤而走险,步入歧途。通过生命教育可以给予更好的引导与匡正。功利主义和物质主义思想在大学校园愈演愈烈,严重影响大学生的思想和行为。部分大学生虽然物质富有,却精神空虚。因此,引导其"如何更好地活"也就显得极为重要了。总之,在生命教育过程中,除教育大学生"如何活"、反思"为何活"外,还要帮助大学生思考"如何更好地活"。

三、大学生生命教育的意义

就我国目前情况来看,推行生命教育已是刻不容缓之事,其意义与价值主要体现在以下方面。

(一)大学生生命教育能满足其身心健康发展的需要

一方面,生活在社会物质生活日益丰富和社会环境纷繁复杂的背景下,学生的生理成熟期普遍提前,容易在生理、心理和道德发展间出现不平衡现象。如果缺失对生理发展的科学指导,学生在生理发展过程中产生的困惑就得不到及时处理,极易导致一些青年学生产生心理脆弱、思想困惑、行为失控等现象。另一方面,大学生正处于迅速走向成熟而又未真正完全成熟的心理发展的特殊时期,心理结构发展容易失衡,往往易于造成各种各样的内心矛盾。大学校园里,"郁闷"已成为大学生的口头禅,随处都可以听到"郁闷"二字。除此之外,生活、就业等方面的压力也容易使大学生出现心理危机。一些学生的情感、心灵和个性被忽略,体验不到生命存在的意义和价值,压抑的情感终有一天以不可预料的方式发泄出来。

新生代大学生智商越来越高,但缺乏对生命应有的热爱、尊重与珍惜。2008年5月的汶川大地震夺走了无数鲜活的生命,我们曾感叹生命的脆弱与珍贵。然而,近年来大中学生频频发生跳楼或以其他方式自杀身亡的消息屡见报端。据统计分析,自杀已成为我国15～34岁人群死亡的第一位原因(傅蕙君,2012)。突遇一点挫折、打击,就选择终结生命作为解决方式,除心理的脆弱外,还跟学生的生命意识缺失有关。除此之外,校园暴力、杀害别人等践踏生命的事件,会影响校园稳定,让人触目惊心。不管是自杀,还是伤害他人,都折射出部分当代学生对生命的漠视与践踏,其根源就在于学生生命教育缺失。对自己生命的轻视必然伴随着对他人生命的轻视,不珍惜尊重自己的身体,必然容易漠视他人的痛苦。

2011年面向重庆市5所高校1000余名大学生的调查结果显示,其中43.9%的学生认为高校很有必要开展生命价值观教育,38.2%表示比较必要。此结果显示了大学生对生命教育的强烈的需求(陈开明,2014)。鉴于此,高校应责无旁贷地尽快加强生命教育,满足大学生健康心理发展的需求。

(二)生命教育符合社会发展的必然要求

大学生是社会主义事业的建设者和接班人,其生命质量决定着国家和民族的前途与命运。生命教育的开展,有利于提高大学生的生存技能和生命质量,有利于培养其坚忍不拔的意志。当前经济全球化和文化多元化的发展趋势,现代科技和信息技术的快速发展,为大学生获取信息、开阔视野、培养技能提供了较好的平台。但随之而来的消极因素也能在一定程度上影响大学生的道德观念和行为习惯,享乐主义、拜金主义、极端个人主义等依然存在,导致部分大学生道德观念模糊与道德自律能力下降。因此,迫切需要培养大学生形成科学的生命观。

此外,社会经济的发展使得家庭结构及功能发生了极大的变化。相当一部分家长由于忙于日常工作无暇学习与了解个体身心发展的规律,忽视子女对理解与尊重的渴望,缺乏科学的家庭教育理念和方法。家长对孩子或期望过高,或漠不关心,或过分包揽,或放任自流。遇到问题后,大学生较少能从家庭中获得及时的支持与帮助,这加剧了其心理问题的出现,甚至走上违法犯罪的道路。此时,生命教育也能部分减轻家庭的负担,使家长安心工作,学生健康成长。

(三)生命教育有助于实现"生命至上"的价值观

陶行知先生曾说:"中国要到什么时候才能翻身?要等到人命贵于财富,人命贵于机器,人命贵于安乐,人命贵于名誉,人命贵于权位,人命贵于一切。只有等到那时,中国才站得起来!"这是对"生命至上"价值观的最好解读。一切以牺牲个体生命为代价而换取的所谓"大业",所谓"圆满",不管它冠以何种崇高的名义和美妙的名字,其合理性都值得怀疑。生命教育能捍卫生命的尊严,激发生命的潜能,提升生命的品质,实现生命的价值。

对个体来说,"生命至上"的价值观体现在对幸福人生的追求,对生命尊严、生命质量的追求上。生命教育可以帮助大学生正确认识自己,意识到生命是一种对父母、亲友、社会的爱和回报,也是对自己的承诺,更是一种责任。拥有生命,就享有生命的责任和义务。"向死而生"的观点也可以帮助大学生更脚踏实地,制定切实可行的目标,学会挑战困难,勇于面对生活中的挫折与不幸。

对社会而言,只有重视生命的价值,才能创造其他一切价值,才能真正走向繁荣富强。一个真正懂得珍爱生命的人一定不会牺牲生命内在的成长和幸福去换取"金钱""权力""名誉"等外在物。而一个社会中,只有更多的人有机会感受到幸福,这个社会才能变得更为安全与和谐,更有前途和希望。

第二节 大学生生命教育现状及心理危机

一、大学生生命教育基本情况

就目前来看,大学生生命教育取得了一定的效果,但还面临各种亟待解决的问题。据调查(田宗远等,2014),89.1%的学生认为有必要在高校开展生命教育,呼唤高等教育对生命的关注。他们认为高校开展生命教育的最大问题是学校不重视,很少开展这种教育活动(42.00%);学生不了解,缺乏学习兴趣(38.9%)。

（一）生命教育存在认识上的误区

意大利教育家蒙台梭利曾指出:"教育的目的在于帮助生命的正常发展,教育就是助长生命发展的一切作为。"然而遗憾的是,最近几年,大学生自杀、伤人、残害动物等恶性事件在校园内不断出现,表明了大学生生命意识淡薄。直接原因是忽视生命教育,在实践中未落实生命教育。虽一直倡导大学生素质教育,但受市场经济影响,就业导向等实用主义影响,当前教育强调"就业第一",是知识本位、技术至上的。为解决学生就业问题,家庭教育、学校教育和社会教育均侧重于教会大学生谋求"何以为生"的本领,人文关怀和通识教育容易缺位,导致部分学生无法体验其生命的价值与意义,存在漠视生命等错误认知。面对学业、就业、感情、亲情等挫折时,难以理性对待,缺失克服困境的方法,极易导致悲剧事件的发生。

有学者提出(杨金辉等,2015),迄今为止,高校生命教育实践几乎为零。在部分高校,其思想政治教育和管理工作虽然已经提到了生命安全问题,但是仅停留在珍爱生命的层面上,对"为何活"和"怎样更好地活"等深层次问题没有进行深究。对于一些自杀和校园伤害事件,出于对学校稳定性及良好社会形象的维护,很多高校选择封锁消息,对学生避而不谈,错失对学生进行生命教育的良机。

社会教育和家庭教育作为高校教育的重要补充,对大学生生命教育起举足轻重的作用。访谈结果显示(郑梓南,2011),大学生看待生命的观念在相当大程度上受家庭、父母思想观念的影响,个别同学受到的影响极其明显。然而,目前对家长或社会进行的生命教育几近缺失(侯小洁,2017)。大多数家长只关注子女的成绩和生活,无法提供大学生以尊重生命为前提的健全人格、价值观的教育与支持。对于大学生恶意伤害事件,社会仅仅关注事件本身,如当事人会被如何处理,舆论导向也仅仅停留于对漠视他人生命行为的痛恨,却未反思社会教育与引导对大学生生命教育的严重失职。

生活在家庭、学校、社会三重氛围之下,当代大学生一般都只重视专业知识的学习,关注更多的是与自己切身利益相关的问题,如就业、奖学金、各种荣誉获奖等,生命教育这类公共课被长期忽视,自然无从谈及生命教育在大学生精神层面的教育和引导中发挥的重要作用。

（二）生命教育方式不妥

目前国内很少有高校开设单独的生命教育课程。郑梓南（2011）的调查研究中，超过30％的学生表示希望学校对已开设的生命教育相关课程进行改革。近30％的学生对这些课程的授课教师感到不满意，认为专业性不强，授课时间太少，讲授的知识缺乏系统性，学校没有根据课程主题及学生具体情况而决定教学方式，课程缺乏趣味性、体验性和互动性。

在可供全校学生选修的、已经开设的课程中，与生命教育关系较为紧密的只有大学生心理健康教育、伦理学、安全教育、思想政治修养等课程。这些课程虽然具备部分生命教育内容，但是内容相对零散，没有形成单独的、专门的、系统化的生命教育体系。生命教育是一门综合性很强的交叉学科，涉及哲学、心理学、人类学、社会学、宗教学、伦理学、历史学、生物学、生态学等众多学科，不是某门课程可以一已承担的。此外，当前大学生生命教育的内容较为薄弱，多流于形式，一带而过，难以达到生命教育的目的。生命教育的课程体系和内容不够完善，更没有完备的教材体系支撑，缺乏系统性、专业性，这都不利于大学生生命教育的系统开展。

值得注意的是，高校生命教育的授课形式过于单一。作为基础课程，为完成教学任务，一般需合班上课，班级人数较多，授课主要是依靠抽象的理论讲解。这种教育模式理想化色彩浓重，严重脱离实际，学生也无法切实体会到生命教育对自身生存和发展的现实意义，根本无法达到教育学生的目的。再加上的确有部分教师较少注意教材教法，课程的生动性、实用性及人性化教育环境较差，教学效果可想而知。

（三）师资力量薄弱

目前来看，我国大学生生命教育尚未拥有独立的师资力量，缺乏生命教育专职教师。生命教育授课难度较高，对教师要求较高，既要熟知生命教育内容，又要有相关文化积淀。现实是，我国高校进行生命教育理论课程授课的基本上是思想政治理论课教师、辅导员。他们未接受过生命教育系统专业培训，业务素质普遍较弱，教学经验相对缺乏。师资力量的匮乏，使大学生生命教育缺乏有效的理论指导，相关问题的研究也受到严重制约。

此外，各大高校虽然都有对大学生开展生命教育的意识，但并没有相应的机构或人员对此进行管理。以某大学为例，该校参与学生生命教育的教师和工作人员中，除生命教育相关课程的授课教师外，全部为非专职人员，而且其中又有近一半人员未接受过正规的业务培训（郑梓南，2011）。学校在安排安全教育和心理咨询人员时，更多考虑的是该教师是否自愿而非该人选能否胜任此工作。由大量非专业的兼职教师从事生命教育工作，工作质量无法保证，队伍更缺乏必要的稳定性。

总之,整合环境所需要的经费支持、人员配备,以及各单位之间建立合作关系等各个环节要真正得到落实,是一个比较复杂而漫长的过程。只有各高校自身真正重视大学生的生命教育,关注生命教育师资队伍的培养和发展,才能引起社会各界对生命教育更重视更关注,从而真正推动我国生命教育向前发展,才能促进大学生身心健康发展。

（四）心理咨询室工作需进一步制度化与常规化

毋庸置疑,心理健康教育是生命教育的重要组成方式,心理咨询室是生命教育开展的重要场所。然而,心理咨询室工作未能实现制度化、常规化的问题在国内众多高校还普遍存在。首先,心理咨询室难以应对日益突出的学生心理问题。几乎每个高校都设置了心理咨询机构,主要为全校学生提供心理咨询服务,但其服务形式常常过于被动。高校普遍开展的精细化思想政治教育工作、心理筛查和心理危机干预等均发挥了极好的预警及干预作用,多数大学生能够保持乐观积极的生活态度。但受社会、文化、教育功利化倾向等各方面的影响,仍有部分学生暴露出严重的生命观问题。个别学校已数次发生学生自杀事件,不少学生感到学习、就业、家庭等因素给他们带来较大压力,并普遍存在感情困扰、对环境不适应、沉迷网络、对前途感到迷茫等各种问题。

其次,心理咨询室工作缺乏有效的组织和专业人员的指导。大多数高校都为心理健康教育中心、心理咨询室配备了一定数量的工作人员,但以兼职人员居多。通常,这些工作人员都是利用业余时间对学生进行心理辅导并及时渗透生命教育相关内容。但因为出于热情与兴趣,是工作之外的额外付出,因此不能保证有充足的辅导时间。有些学校会额外邀请一些其他单位的工作人员来支援咨询室工作,这些人大多数都是对心理学感兴趣,参加过心理咨询师培训和等级考试的爱好者。

据此,作为生命教育的主阵地之一,心理咨询室工作还需要进一步加强其工作及功能。但如果学校没有专职的心理辅导人员,甚至兼职人员的数量和质量也难以保证,学校的心理健康工作就不可能形成体系和一定的规模,无疑也会影响到生命教育工作的开展。

二、大学生对生命与死亡的理解误区

（一）大学生对生命与死亡认识的一般情况

目前学者对大学生生命教育相关主题进行了调查。研究结果显示,大多数同学表示自己"能做到热爱、珍惜生命",认为"自杀是对生命的轻视,不可取",但仍有超过8.0%的大学生认为自杀"不失为一种摆脱痛苦的方式",3.3%的学生甚至认为自杀"是一种勇敢的行为"（郑梓南,2011）。

以往研究显示,总体上,大学生对待生命的态度是乐观的（田宗远,尹瀛,2014）。首先,大学生有较好的自我生命认识。49.8%的学生对自己的外貌表示满意,喜欢自己,48.8%的学生认为自己的外表一般、很普通,仅1.4%的学生对自己的外表不满意(田宗远等,2014)。其次,大学生对他人生命认识普遍较正确。在被问及"遇到他人冒犯时你是否有过伤害他的念头"时,11.3%的学生选择"有",88.7%的学生选择"没有"。其中选择"有伤害过他的念头"这一选项的90.9%是男生,9.1%是女生(高慧颖,2015)。再次,大学生对自然界其他生命的认识有怜悯之心。在被问及"当你看到小动物被虐待时,你会怎样",有5.2%的学生感到伤心,8.8%的学生感到气愤,1.5%的学生无动于衷,84.5%的学生制止这种行为的继续(高慧颖,2015)。最后,大学生对死亡的认识较为科学。对于怎样看待死亡,48.8%的学生认为死亡是生命的重要组成部分,也有32.8%的学生认为死亡与生命是对立的,死亡是生命的终结,还有学生认为死亡是一种痛苦和损失(18.4%)。对于校园内的自杀性事件,51.6%的大学生认为自杀行为是对亲人朋友的不负责任,另有23.4%的大学生认为自杀是逃避现实的行为,自杀的学生太年轻、太可惜,还有学生认为大学生自杀是生命教育缺失的后果(25.0%)(田宗远,尹瀛,2014)。在问到"人是否有自由选择结束自己生命的权利"时,26.5%的学生认为人可以自由结束自己的生命,27.2%的学生选择说不清楚,仅46.3%的学生认为人应该好好活下去。

(二)大学生对生命与死亡的认识误区

生与死都是人生自然之事,但是中国文化对死亡却讳莫如深。比如,我们很少直接谈死亡,而是使用种种代名词:故去、仙逝、永别、逝世、牺牲、病故、遇难、亡故、走了等。父母一般不参加子女的葬礼,老辈爱用"死鬼"来吓唬孩子。甚至因为不愿提到"死",连带着"4"这个数字的使用也出现各种限制,手机、电话号码、汽车牌照等都不愿出现"4"。这都反映出我们对生的渴望与对死的恐惧。大学生对生命与死亡也存在各种认识不足。

1.少数大学生存在生命意识缺失的现象

大学生生命认知的偏差和生命信仰的匮乏导致少数人无法正确理解生命存在的意义和价值(傅蕙君,2012)。首先,缺乏积极的生命价值观是导致生命意识缺失现象发生的重要思想基础。研究发现,自杀的人缺乏对生存的重要信仰和价值的认识,一旦遇到生活中的应激事件或感到痛苦和压力时,往往会放弃解决问题的尝试和努力,而选择轻生。缺乏对生命足够的反省,缺乏对生命意义的认识,缺乏积极的人生态度,这就有可能被生存的空虚感所笼罩,产生内在的挫折感。

其次,心理断乳期的精神迷惘和自我认同的危机也与生命意识的缺失现象有关。大学生正处于心理学家埃里克森所说的"自我认同的危机阶段",或者说"心理断乳期",容易陷入对自我价值的迷惘和认识不足中,也容易陷入对生命的无知和对生命方向的迷茫中。生命之花,瞬间凋落,在校学生自杀的悲剧之所以发生,与生命教育的缺失有莫大关联。

2.大学生对生命意义的认识不到位

除对生命本身要有正确的认识之外,大学生还应该追寻生命的意义。在接受调查的194名学生中,所有人都表示曾经思索过生命的意义。当被问到"你觉得生命的意义在于什么"时,2.1%的学生认为"生命的意义在于奉献",15.5%的学生认为在于"挑战自我,超越自我",14.9%的学生选择了"平坦从容的生活",33.5%的学生选择"获得较高的地位和一定的经济实力",3.6%的学生认为生命的意义在于"吃喝玩乐,享受生活",5.7%的学生认为生命的意义在于"追求自己的信仰",21.6%的学生选择了生命的意义在于"受到社会的认可和他人的尊重",还有3.1%的学生选择了"其他"(高慧颖,2015)。

数据显示(高慧颖,2015),虽然大学生都对生命的意义进行过思考与探索,但是有些大学生对生命意义的看法仍然有所偏差,其中:有近4%的学生认为生命的意义就是吃喝玩乐,享受生活,是享受主义的思想;还有约33%的学生选择了生命的意义在于获得较高的地位和一定的经济实力,这个选项无所谓好坏,但其是带有明显的功利性质的选择,很容易使学生失去自我;还有约21%的学生选择了生命的意义在于受到社会的认可和他人的尊重,这个选项说明大学生受社会风气影响很严重。所以,大学生生命教育应该注意引导大学生对生命意义的探索,使其树立正确的生命意义观,从而更好地实现自己的人生规划。

3.大学生对生命与死亡的矛盾意识

当代大学生对"生命"与"死亡"概念的认识还处于模糊状态,普遍存在着复杂的心理矛盾。这种矛盾在压力和挫折的刺激下,容易使他们做出轻贱生命的行为。

(1)生命的极端道德化与死亡的理想化

受极端的道德理想主义的影响,教育在某种程度上也演变为一种培养"神圣道德"的教育。首先表现为目标定位过高。过于强调政治功能和集体精神,不符合时代特征,缺少历史的和现实的根基,难以落实为普通人的道德行为。其次,承载思想政治工作主要任务的德育工作内容比较空洞,缺乏大学生生活的气息。方法过于简单,以强迫性和说教性为主,倾向于灌输。这种"神圣道德"的生命教育不仅超越了普通大学生的日常生活,也脱离了人的历史性、现实性和有限性。一些美德故事中充斥着盲目的英雄主义,在正义、气节面前,个人生死微不足道。但是,对于大学生而言,只是一味地鼓励他们用生命来化解危难,以死体现崇高,这本身就是一种反生命的教育。

国人对死亡的忌讳由来已久。由于对待死亡的心态无法从容,因此,对死亡的认识就必然难以深刻。有时为了掩饰,人为地赋予死亡以一种理想化色彩。例如,很多童话寓言都设计有死而复生或转世投胎的情节,这可以淡化甚至消除孩子们对死亡的恐惧,但也容易引起他们对死亡的向往甚至模仿。

(2)工具化的生命与妖魔化的死亡

现代教育的实施比较容易压抑学生的个性,容易将个体培养成"政治的工具""经济的工具"而不是"真正的人",这意味着学校"忘记了"它的对象,即学生是想象与创造、激情与个性并存的生动的真实的存在形式。在物质丰裕、科技发达的时代,人们的生活水平有了极大的提高,而学生的幸福指数却未能与时俱进,教育中的病理现象已越来越成为学生不能承受的生命之重。日趋严重和普遍的校园暴力和欺侮现象也对学生极具伤害性,严重者甚至会自杀。

学生对死亡的了解大多来自日常生活,而日常生活中的死亡却往往遭到曲解,被赋予妖魔化的造型。人们无论是不是在一个自然而然的状态下去世,皆被视为非正常。人们大多要在医院里经过各种治疗甚至是摧残性的折磨后,才能被宣告"因医治无效而死亡"。生命的自然消解充满了人工痕迹的"抢"救,自然死亡已很难获得。因此,学生了解死亡的天然途径被人为地加以阻隔,他们与生俱来的对死亡的好奇心与探究欲望,也随之转化为对死亡的忧虑与恐惧。

此外,各种文学作品、影视作品及电子游戏为了情节的需要和商业的噱头,往往在字里行间或屏幕上对死亡进行随心所欲的夸张和肆无忌惮的涂抹,充斥着各种阴森恐怖、血腥残忍、肮脏丑陋、毛骨悚然、匪夷所思的情景与画面。对于缺失对死亡本质认知的大学生来说,这种描述使死亡在他们的脑海中留下了诡异的印象。

因此,当大学生遭遇"生命与死亡的矛盾陷阱"时,生命教育就刻不容缓。

三、大学生的心理危机

(一)心理危机的内涵

1.心理危机的界定

什么是心理危机(Psychological crisis)?美国心理学家卡普兰(U. Caplan,1964)把心理危机定义为"面临突然或重大生活事件(如亲人亡故、突发威胁生命的疾病、灾难等),个体既不能回避,又无法用通常的方法来解决问题时所出现的心理失衡状态"。20世纪90年代初,翟书涛教授把国外危机干预成果引入我国,同时在南京成立了国内第一所心理危机干预中心,开创了我国危机干预工作的先河。

卡普兰的定义对我国心理危机工作有重要影响,有关心理危机干预的理论文献几乎都要对其加以引用(曾庆娣,2006)。总体上,国内研究认为,大学生心理危机是指,当大学生遇到或认为自己要面临某种突发事件(如亲人或好友去世、威胁生命的疾病、重大事故、自然灾害等)或巨大困难(如父母离异、学业就业问题、人际关系问题、恋爱问题等),大学生认为该事件超出其能力解决范围,认为自己不能控制与处理,从而让其手足无措,情绪剧烈波动或认知、躯体、行为方面有较大改变,徘徊在心理困惑边缘而产生的一种心理失衡状态。在实际工作中,心理危机的含义会被扩大。一般而言,凡是可能导致严重社会后果的心理问题都被认为是心理危机。例如,精神分裂症、抑郁症等心理疾病本身并不是心理危机,但由于这些心理疾病患者可能会发生自杀(自伤)或杀(伤)人等恶性事件,造成不良的社会后果,也被视为心理危机。

2.心理危机的特点

2003年的SARS疫情、2004年的马加爵事件、2008年的汉川大地震,以及之

后在大中小学生中发生的各种负面的、违背正常规律的事件都是心理危机事件,其一般具有以下几个特点:

首先,紧急性和突发性。心理危机的爆发往往是突然的,不在人们意料范围之内的,需要对其及时应对;同时,危机事件具有不可控制的特性。当危机事件突如其来,学生表现为紧张、混乱状态。其次,痛苦性。大学生在校园中遇到自杀、暴力等事件后,会形成一种痛苦的感觉。再次,无助性。当危机事件来临后,常常打破大学生原有的计划,一时间让其感到无所适从。如果缺乏对事件的调节能力及相应社会心理支持力量,这往往让大学生感到无助、失落甚至是绝望。最后,危险性。危机事件会损害大学生的尊严,形成混乱人格,危害着学生的自身安全,蕴含着一定的危险性。这种危险性不仅会对当事人造成影响,严重时可通过当事人危及其他人的生命安全。

3.心理危机的表现

心理危机的发生是由特定突然发生的事件而引发的,但也有预设性。每个人在生活的某一阶段都会遇到心理危机,如果及时得到解决,反而能获得成长与发展的机会。因此,在进行心理危机干预之前,对大学生心理危机表现进行准确识别是非常重要的。

大学生心理危机的表现形式比较复杂,大致可划分成四类。一是情绪反应。情绪反映了一个人的心理状态,心理出现问题的主要表现之一即为不良的情绪体验,如当事人的紧张。当大学生情绪突变,如出现高度的焦虑、紧张、空虚感、悲观失望、无故哭泣或喜怒无常、过度恐惧及烦恼等,就有可能引发心理危机。二是行为改变。一定程度上,个体行为是否正常反映了一个人的心理是否健康。如果大学生突然表现为独来独往、拒绝他人帮助、日常生活规律有较大变化、无法专心学习、自制力丧失、不能调控自我、形成单一的行为和思维等状况时,就可能已出现心理危机问题。三是认知方面的变化。因为心理危机带来的伤痛,可能会使处于心理危机中的大学生的知觉和记忆受到影响,难以准确区分事物,感受到的事物间联系模糊不清,思维不灵活,做事犹豫不决,决策和解决问题的能力受影响。四是身体方面的表现。处于心理危机中的大学生,其生理方面也会出现一系列不良反应,如头晕、心痛、失眠、食欲不振等症状。

如果学校工作人员发现大学生有上述不良反应,或大学生感知到自身或同伴有上述变化,应给予足够的重视,积极求助或开展危机干预系统相关工作,以免造成严重后果。

(二)大学生心理危机的种类

陈晓伟(2017)使用 SCL-90 自评量表对某高校 1861 名大学生进行心理调查。数据分析结果显示,心理异常人数为 234 人,占测试总人数的 12.6%。存在心理问题的学生中,最突出的症状为强迫症状,达到 65.0%,其次依次为人际关系敏感(50.0%)、焦虑(35.0%)、敌对(31.0%)、抑郁(30.0%)、恐怖(26.0%)、偏执

（26.0%）、其他（26.0%）、精神病性（18.0%）、躯体化（14.0%）。这一结果表明,大学生群体存在不同程度、不同类型的心理危机隐患。

一般而言,心理危机大致可分为三类:(1)情境性危机。这类危机是由各种外部环境(如自然灾害、亲人死亡、失恋、与同学之间产生矛盾、遭遇暴力伤害等)的变化而引起的突如其来的、无法控制的心理危机。此类心理危机常常给当事人带来巨大的痛苦,使其一时间无法承受巨大的心灵创伤,而出现心理扭曲或异常行为。(2)发展性危机。大学生在面临人生阶段转换,或成长过程中的某些重大事件时,其原来的行为不能适应新阶段,从而引起的心理失衡状态,如转专业面试失败、学习困难、与家人分离等。这些危机持续时间较短,但又是每个人必须经历的重大转折点。(3)存在性危机。这是大学生因为存在性问题而产生的心理危机。这些存在性的问题包括某些心理疾病或生理疾病等。大学生若能顺利地解决这些存在性心理,将对其人生观、价值观和世界观的正确树立有很大的帮助。

(三)大学生自杀的危害、信号及其预防

80后和90后大多来自独生子女家庭,一个自杀的大学生对其家庭所造成的影响几乎是灾难性的(王巍,2015)。据世界卫生组织估计,一个自杀者平均会使6个家人和朋友的生活深受影响。首先,对亲人的影响最大。一个原本幸福的家庭突然有一个成员自杀,这会给家人带来极大的震惊和悲伤,亲人除要承受失去亲人的痛苦外,内心还会有内疚感和自责感,而这种感受会时常影响着他们的生活和情绪,甚至会影响他们的一生。其次,自杀者把原本属于他的责任转嫁到了其他亲人或者社会的身上。比如,赡养父母、抚养儿女的责任。最后,自杀未遂者往往会有不同程度的残疾。这不仅给其自身带来无尽的痛苦,也给家庭造成沉重的负担。因此,自杀死亡不仅仅是个体的事情,对家庭、社会也会带来一系列负面效应。为预防悲剧的发生,学校的教辅人员、同学需要关注身边同学与自杀相关的一系列症状。

在进行相关行为前,大多数自杀者会在语言、行为、情绪、人际等各方面无形或明显地向外界流露出自杀的相关征兆,这些外显性的行为特征主要包括:

(1)谈论自杀或死亡相关问题。大学生在企图自杀的前一段时期往往用口头、日记、短信或图画表达自杀意念;或与他人表达、询问、谈及自杀的观点或方法等内容。例如,一些人自认为自己的死对他人、家庭会更好;直接谈论自杀或死亡,谈到想"离开";谈到无助感,罪恶感。由此,如果身边有人跟你交流有关自杀的话题,不要坐等着他(她)自己"想开"。大多数想自杀的人,其实都愿意跟那些关心他们的人谈一谈生死。有时候当事人不愿露骨地谈论自杀,会以隐蔽的方式展开(比如,问朋友是不是想自杀)。(2)认知上的表现。在认知上,个体表现为注意力不集中、思路变得不够清晰。(3)以消极情绪为主且欠缺稳定性。情绪上具体表现为:孤僻,焦虑,情绪不稳定,举动异常;易激惹,过分依赖,常常流泪;痛苦、抑郁、无望或感觉自己无价值;对生活麻木,但平时对人冷淡者可能一改常态。(4)行为上的变

化。一者表现为作息、生活习惯发生改变。失眠、食欲不振;无故旷课、经常缺勤或迟到早退,成绩下降,想退学;二者可能有自我伤害的行为,比如酗酒、吸毒、自残等。三者可能有道别行为。突然收拾东西,向关系密切的人道谢,无理由地请客送礼、打电话、写信。(5)人际交往上的变化。回避与人接触,与集体不融洽,过分注意别人;或和亲友保持距离,不愿出门;或以前喜欢的活动,现在不想再参加了。

此外,与自杀有关的研究发现,自杀的"传染性"是一个需要特别重视的现象。不少研究都介绍过因媒体详尽报道自杀事件,使自杀或企图自杀者增加的事实(王巍,2015)。对1973年至1979年美国电视报道自杀事件的研究报告指出,关于自杀事件的报道确实能导致青少年自杀率上升;进行报道的媒体越多、内容越详尽,导致自杀率上升的幅度也越大。

防治自杀的有效方法是主动干预。自杀危机干预模式可以分四步进行:(1)情感宣泄阶段。心理咨询人员使当事人充分宣泄心理压抑的痛苦,倾听其倾诉,充分地关心、理解,无条件地积极关注当事人,让其感受到心理共情。(2)积极寻求社会支持。积极寻求各方面的社会支持力量,帮助当事人获得更多支持,从而改善自身状况。(3)积极应对应激事件。与当事人交流并重点讨论目前所面临的主要挫折事件(或应激事件),和其一起共同寻求建设性的应对方法。训练当事人有效地、建设性地解决问题的能力,从而有效地改善其心理应激能力。(4)唤起当事人对美好生活的向往。激起当事人对父母亲人、好友的牵挂和责任心,生活中还有许多未完成的情结等待其去完成,从而依恋与感恩生命,最终唤起当事人对美好生活的向往和追求。

第三节　大学生生命教育相关辅导活动

一、认识生命意义的辅导活动

(一)生命之叶

辅导目标:了解与建构不同的生命意义。

课前准备:彩色纸,剪刀。

活动过程:

(1)每位学生领取一张喜欢的彩色纸,并将其剪成不同的叶子形状。

(2)在叶子上面写上自己的基本信息,包括兴趣爱好,对生命意义的不同理解。

(3)按颜色分成不同的小组,然后在小组内分享叶子上的内容。

(4)小组总结对生命意义的认识,并让代表在全班同学面前分享与交流。

注意事项:

(1)不同颜色卡片与小组人数需事先有所安排,以免出现小组人数差异过大的情况。

（2）让学生通过举例方式尽可能详细地说明其对生命意义的理解。

（二）人生雨晴表

辅导目标:引导学生了解挫折、压力、冲突是人生必经的历程。

课前准备:冥想音乐,A4纸。

活动过程:

（1）倾听冥想音乐,同时让学生回顾最近一年来让他们难受的、遭受到挫折的事情,以及开心的、高兴的事。

（2）将白纸对折,上面是雨天,下面是晴天,在雨天栏上写上难过的事,在晴天栏上填写高兴的事。

（3）小组内进行分享。如果负向事件现在还在影响个体的生活,则让小组其他成员帮助分析并提出解决办法。

教师总结:人们在追求幸福的同时是无法避免苦难与挫折的,苦难与人生共存,人生是苦的。正确认识挫折和苦难不是对生命的折磨,苦难感、幸福感、成就感都是生命的一部分,是相辅相成的。只有勇于面对、持续努力,才能最终收获幸福人生。

（三）生命蜘蛛网

辅导目标:明确个体的人际支持系统,学会自助与求助。

课前准备:冥想音乐,A4纸。

活动过程:

（1）倾听冥想音乐,同时回顾这么多年一直陪伴在自己身边的人,开心的时候他(她)们陪你开心,遇到困难时他(她)们尽其可能地提供帮助。有一些人可能只是萍水相逢,却让困境中的你重新燃起生活的希望……

（2）画一个网:中心点是自己,给予过帮助的人是另外一些点,然后想想自己有没有对他人提供过支持与帮助,最后,将这些点与自己(用双向或单向箭头)联结在一起形成一个网络。

（3）小组交流与分享网络系统,同时总结小组的共同点及不同之处。

注意事项:一开始想起的人可能很少,不用着急,可以从不同类型的人入手,然后逐渐展开。

（四）生命曲线

辅导目标:促进大学生对人生历程的理解。

课前准备:A4纸。

活动过程:

（1）指导者先说明用生命曲线探索自己人生过程的意义。首先,按要求在纸上画一条射线,在线条的左侧画上一个实心点,标注上"0"这个数字;在线条快结束的右侧,箭头边上,写上你为自己预计的死亡年龄。在 0 岁与死亡年龄之间,标上你现在的实际年龄。最后,在这条标线的最上方,写上自己名字＋生命线几个字。

(2)在 0 岁到现在年龄之间,写上曾影响你最大或令你最难忘的三件事。在你的现在年龄与死亡年龄之间,写上你在离开这个世界之前最想做的或最想实现的三件事或愿望。

(3)小组交流中,每个人都拿出自己的生命线给其他人看,一边展示一边进行解释或说明,注意自己与他人内心的反应。

(4)小组交流结束后,每个小组派一位代表在整个班级中交流自己活动后的感受或体验。

注意事项:预测死亡年龄时尽量精确,可以有的依据为:自身的健康状况;家族的健康状况;生活地域的平均寿命。

(五)感恩生命:我爱我家

辅导目标:让参与者明白父母在养育我们过程中的辛苦和付出。

课前准备:5 斤重左右的书包,一些报纸或杂志等废旧物品,A4 纸。

活动过程:

(1)将书包背在胸前,感觉一下。再请大家弯下腰,在保护好书包、不碰到凳子的情况下捡起自己凳子底下的物品。

(2)邀请 4 位同学参加穿越障碍体验活动。4 位同学在主持人的指令下穿越各种障碍物。

(3)体验活动结束后,采访学生的感受。

(4)要求每组同学集体讨论,计算出个体成长所需要的成本(时间、金钱等均可),并一一记录。

(5)写出最想对父母说的话,或者当下最想为爸爸妈妈做的几件事情,在 A4 纸上制作亲情卡。

(6)自愿分享亲情卡上的内容,鼓励大家付诸实践,用心去关爱父母。

注意事项:个别学生可能会有较强烈的情绪反应。另外,注意引导学生不仅仅看到成长过程中父母付出的金钱,更应该看到他们付出的心血。

二、直面死亡的辅导活动

(一)死亡名单

辅导目标:科学认识死亡,这是人生的自然结果。

课前准备:A4 纸,纸巾。

活动过程:

(1)引导学生回忆离世的亲朋好友的名单,回忆他们离开的时候你的情绪是怎样的,周围的人的反应如何。

(2)选择其中一位去世的亲人或朋友,给他(她)写一封信,可以是你想对他说的话,也可以是你的遗憾,也可以告知他(她)你现在的生活状态等。

(3)每位成员在小组相互分享交流。

注意事项:小组成员中可能会出现情绪强烈者,教师需及时介入。同时活动结束后,提醒学生,如果事后情绪一时无法及时恢复,可以与教师在课后继续交流调整。

(二)我的葬礼

辅导目标:珍惜生命,协助成员树立正确的生命观。

课前准备:A4 纸,轻音乐。

活动过程:

(1)音乐冥想:从出生的那一刻开始,我们的生命旅程就开始了。现在请保持最舒服最放松的姿势坐好,然后闭上眼睛。随着音乐,对不同生命阶段的自己的生命状态进行想象,婴儿、幼童、小学、初中、高中,然后是现在的大学,5年之后的自己在做些什么,30岁到40岁间你会是怎样的呢? 40岁到50岁间呢? 50岁到60岁间呢? 60岁之后呢? 终有一天,我们都会等来自己临终的那一刻。请你想象有一天你死后,在你的墓碑上你要刻上什么供人凭吊。

(2)结束冥想,记录下墓碑上的内容。

(3)小组交流冥想过程中自己未来的生活样子,以及墓碑上的内容。

(4)小组成员一直是你一生的好朋友,见证了你的未来,请他们分别在你的葬礼上给你说一句话。

(5)在经历了自己的葬礼后,如果你又获得一次生命,这时的你想对自己说些什么,对生命的理解又是什么?

注意事项:教师可以事先给学生介绍一下墓志铭的写法,并举例说明。

(三)临终遗愿

辅导目标:以死观生,探索个体生命观并协助成员在生活中做明智的抉择。

课前准备:A4 纸。

活动过程:

(1)指导者告诉团体成员,由于种种原因,你正面临着死亡。终期将至,时间只允许你再做最后10件事,你最想做哪10件事?

(2)分小组交流自己的10件事,并解释原因,也可以交流你在写的时候的感受,对你今后可能产生什么影响。

(3)指导者告诉大家,现在时间有限,你需要逐件去掉,直至"保留一件事",这是你最重要、最应该去做、最值得做的事情。

(4)小组内进行分享与交流,在划去的过程中心情如何,自己是否有所挣扎,整个过程有什么感想? 如何面对现在的自己,如何安排现在的生活? 探讨与分享活的理由? 或活的意义? 或活的价值?

教师总结：死亡就像一面镜子，从中看到生命的有限、生命的历程和生命的美好。书写的大部分事情其实都是很简单、很容易做到的事情，不要等到临终的时候才想起要做，而要趁活着，趁现在就开始做。

注意事项：利用音乐进行环境渲染，让学生感受生命不断被缩短的过程。

【本章思考题】

1. 生命的内涵是什么，它有哪些构成成分？

2. 大学生常见心理危机类型及其信号有哪些？

3. 自杀的信号及其预防？

第十章　职业生涯与规划

【案例 10-1】

　　小张在大一时还是一个认真听课,积极参与各种活动,努力提升自己各方面能力的好学生,同时在认真地思考许多今后的问题:今后我想从事什么样的职业? 现在的专业适合我吗? 为了今后能够在社会上立足,我有哪些优势和不足? ⋯⋯但是到了大二,小张渐渐感觉毕业离自己还很遥远,周围的同学好像都在吃吃喝喝玩玩地过大学生活,自己何必搞得那么累呢。 于是小张也渐渐进入一种得过且过的状态,对课程没有那么上心了,也不太主动去学习新东西、增长新见识。 不知不觉就到了大四的就业季,小张面对着各种各样的用人单位感到前所未有的迷茫,一方面非常担忧找不到能养活自己的工作,另一方面又觉得各个领域的工作都可以尝试又都不确定是不是未来的职业方向。 他盲目地投了一些简历,但对未来的迷茫使他焦虑不安、进退两难,不知路在何方。 这时小张才发现,以前把自己还是当作一个孩子、一个学生,没有认真考虑过自己如何面对社会,如何在职场上步入成年人自力更生、为自己打拼的生活。

　　大学是学校学习的最后阶段,同学们迟早多要告别学生身份,走入社会的大舞台。 然而如同小张一样,许多同学总以为离开校园的日子还离自己很远,对自己的职业兴趣缺乏探索,职业能力缺乏培养,职业生涯缺乏规划,从而导致择业就业时的种种心理问题。 在这一章我们就将探讨职业生涯与心理健康,希望帮助各位同学在大学伊始就能树立长远、科学的职业生涯观念。

第一节　职业生涯概述

一、职业生涯规划的内涵

(一)职业生涯的含义

　　职业生涯发展理论起源于美国,最早是以"职业指导"形式出现的。 1908 年帕森斯在美国创办职业指导局,帮助劳动者求职与择业,推进人职之间的合理匹配。 我国的《教育大辞典》将职业指导定义为"帮助人们选择并准备从事一项适合自己的职业的过程"。

在随后的发展中,学者们意识到短期的、单一的职业指导并不能从根本上解决个人在职业中面对的种种问题。1951年,舒伯建议美国职业指导协会将传统职业指导概念修改成:"帮助个人将自己与工作世界中的角色二者发展与接纳成一个整体的概念,让这个概念在现实中考验,而后再将它修正成与现实接近,终至对自己与社会感到满意的过程。"舒伯的新定义不强调在某一时间提供信息和匹配,它重视的是职业指导的心理特征,是要将个人与职业两个方面综合成单一的整体。1953年,舒伯进一步提出"生涯"是与"工作"和"职业"不同的概念,"生涯"意味着一个人一生中所经历的一系列职业与角色构成了他持续渐进的人生,是个人终身发展的历程。由此学者们开始针对个人一生的职业生涯展开了种种研究。

不同学者从不同角度对职业生涯的含义有不同的解释。概括而言,职业生涯是一个人一生中所有与职业相联系的行为与活动,以及相关的态度、价值观、愿望等发生连续性经历的过程,也是一个人一生中职业、职位的变迁及工作、理想的实现过程。职业生涯是人生中最重要的历程之一,对个体实现人生价值起着决定性作用。大多数人的职业生涯都具有如下特点:

其一,发展性。每一个体的职业生涯,都是一种发展、演进的动态过程,不可能一蹴而就。

其二,阶段性。个体在不同的生涯阶段有着不同的目标和任务,职业生涯各个阶段之间具有递进关系。

其三,综合性。职业生涯以事业角色的发展为主轴,但也包括了其他与生活、家庭相关的角色。

其四,终身性。职业生涯影响个体的一生,即使个体退出工作岗位,此后的生活必然仍会受到既往职业生涯的影响。

其五,独特性。每位个体都有只属于自己的特有的职业生涯,每个人的生涯之路都是独一无二的。

其六,互动性。个体的生涯是个人与他人、与环境、与社会互动的结果,每位个体都不可能脱离社会、脱离环境,在自我封闭的空间制定出理想的生涯目标。

(二)职业生涯规划的含义

职业生涯规划指的是一个人对其一生中所承担职务相继历程的预期和计划。大学生的职业生涯规划指的是大学生着眼于生涯发展,在对自己的兴趣、爱好、能力、特点和客观环境进行综合分析与权衡的基础上,深入了解各种职业、行业、环境的需求趋势以及关键成功因素,通过恰当的规划为自己确立职业方向和目标,确定教育和发展计划,制定行动策略,实现个体的全面最优发展。用舒伯的话说,"职业生涯就是对自我的实践"。

二、大学生职业生涯规划的内涵

(一)大学生就业现状分析

近年来,大学生就业问题已成为全社会普遍关注的社会问题。人社部数据显示:2007 年至 2017 年的十年间,共有 7371 万毕业生走出高校,毕业生数量以将近 5.0% 的年增长率持续攀升。增长的毕业生数量带来的是更加激烈的就业竞争。由麦可思研究院撰写的《2017 年中国大学生就业报告》显示,2016 届大学生毕业半年后的就业率为 91.6%,维持在较高水平;但同就业率相比,毕业生的就业满意度并不高,2016 届大学毕业生的就业满意度为 65.0%。其中本科毕业生就业满意度为 66.0%,高职高专毕业生就业满意度为 63.0%。较低的就业满意度导致了初入行业后较快的受挫与离职。浙江省教育评估院的《2016 届浙江省高校毕业生职业发展状况及人才培养质量调查报告》显示,尽管 2016 届毕业生毕业一年后的平均月薪历史性突破 4000 元,达到 4276 元,但一年之内的离职率与上一年度相比却没有下降,反而略有上升,达到了 46.3%。调查表示,排名第一位的离职原因是"个人发展空间不够"。

以上种种数据表明,尽管当今绝大多数大学毕业生能够在毕业半年内就业,但就业满意度不高,就业不稳定,而不稳定的最大原因并非薪酬等外在因素,而是在进入行业后对所处现状感到不满,不符合自身对职业的长远预期。由此可见,许多大学毕业生在初次择业时未能对自身和行业有非常清醒的认识。尽管对职业方向进行调整是必经的过程,但频繁的离职求职显然不利于个体在特定领域内的发展,是职业和个人生涯的波折与停滞。因此在毕业之前对未来的职业生涯进行科学、理性的思考和规划而非盲目就业,具有十分重要的现实意义。

(二)大学生职业生涯规划的意义

尽管大学期间的职业生涯规划对择业就业有着重要意义,但诸多研究表明,当前大学生在校期间尚未对此给予足够重视。吴薇 2009 年对上海部分高校 2300 名学生进行的调查表明,当前大学生职业生涯规划过程中存在着生涯规划意识不强、自我认识不足等问题,例如调查中 58.6% 的学生表示并不了解自己的职业兴趣所在,43.4% 的学生表示不清楚自身的优势和劣势。吕广文 2010 年对广西南宁部分高校的调查表明,约 50.0% 的毕业生在大三面临毕业时才开始考虑就业问题;在职业规划的选项中,仅 18.0% 的人知道职业规划及如何规划,53.0% 的学生不了解如何去做职业规划,还有 29.0% 的学生则干脆认为职业生涯规划不过是纸上谈兵,甚至是浪费时间。正因如此多的学生对职业规划的意识淡薄,不重视职业生涯规划,才导致大部分毕业生在就业时处于盲目、被动的地位,常常拿着求职简历漫无目的地四处碰运气。但是机会只垂青于有准备的人,对职业规划的忽视导致了许多"英雄"无用武之地,而招聘单位也招聘不到合适的人才。

大学期间进行职业生涯规划的意义集中体现在以下三个方面:

其一,有利于正确地分析评价自我。在职业生涯规划设计的过程中,学生可以在科学理论的指导下对自己的价值观念、能力、性格、兴趣等方面进行全面的审视与评价。只有深刻地分析自己、正确地认识自己,才能在今后的人生道路中把握方向。

其二,有利于提高大学生的综合素质和就业竞争能力。对自身的价值有了重新的评估与认识后,也就能够对职业奋斗目标有重新的定位。这将引导大学生为了实现自己的目标而反思缺点、发挥所长,从而在职业竞争中发挥优势、把握机遇。

其三,有利于大学生涯乃至人生道路的充实与幸福。许多同学的大学生活浑浑噩噩,得过且过,其重要原因之一正是缺乏人生目标与自我定位,没有找到长久幸福感的来源。在大学期间进行生涯规划,其意义远不止于就业,更是为了个人从青少年向着成年、从学校向着社会、从心理上的"孩子"向着独当一面的"成人"的过渡,只有发挥自己的勇气和智慧面对人生时,才能感知到生命真正的充实和幸福。

(三)职业生涯理论

1. 舒伯的生涯发展理论

舒伯 1953 年在《美国心理学家》杂志发表文章,提出"生涯"是与"工作"和"职业"不同的概念,"生涯"意味着一个人一生中所经历的一系列职业与角色构成了他持续渐进的人生,是个人终身发展的历程。

在这一观点下,舒伯强调了"自我概念"和"生涯发展阶段"两个方面。一方面,"自我概念是指个人对自己的兴趣、能力、价值观及人格特征等方面的认识。一个人的自我概念在青春期以前就开始形成,至青春期较为明朗,并于成人期由自我概念转化为职业生涯概念。工作与生活满意与否,就在于个人能否在工作和生活中找到展现自我的机会。用舒伯的话说,"职业生涯就是对自我的实践"。

另一方面,根据普遍意义上的人生历程,舒伯提出了人的职业生涯的五个阶段(图 10-1)。

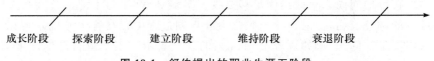

成长阶段　　探索阶段　　　建立阶段　　　维持阶段　　　衰退阶段

图 10-1　舒伯提出的职业生涯五阶段

(1)成长阶段(0～14 岁):该阶段孩童开始发展自我概念,通过与现实世界的互动认识到自己是什么样的人。这个阶段共包括三个时期:一是幻想期(4～10岁),在这个时期孩子会在游戏活动中进行幻想的角色扮演,由此体会和发展自我概念;二是兴趣期(11～12岁),这时孩子不再停留于幻想中,而是在实践中以兴趣为主要因素选择从事什么样的活动;三是能力期(13～14岁),这个阶段孩子对自身的能力认识成为活动选择的主要因素,例如认识到自己身体条件不错的孩子可能会参加校篮球队。

（2）探索阶段（15～24 岁）：该阶段的青少年通过学校的活动、社团休闲活动、打零工等机会，对自我能力及角色、职业做了一番探索。这个阶段发展的任务是：使职业选择倾向逐渐具体化、特定化并实现职业偏好。这阶段共包括三个时期：一是试探期（15～17 岁），考虑需要、兴趣、能力及机会，做暂时的决定，并在幻想、讨论、课业及工作中加以尝试；二是过渡期（18～21 岁），进入就业市场或进行专业训练，更重视现实，并力图实现自我观念，将一般性的选择转为特定的选择；三是初步试验承诺期（22～24 岁），生涯初步确定并试验其成为长期职业生活的可能性，若不适合则可能再经历上述各时期的循环以确定方向。

（3）建立阶段（25～44 岁）：经过上一阶段的试探，在这一阶段个体已经找到确定的职业领域，并力求在该领域中建立属于自己的位置。这个阶段又可细分为两个时期：一是试验—承诺稳定期（25～30 岁），个体在选择的职业上安定下来，或做略微调整；二是建立期（31～44 岁），个体致力于工作地位的发展，大部分人在这个人生阶段最富有工作热情与创造性，是工作地位持续上升、个人自我概念不断发展并在发展中得到满足的时期。与此同时该阶段增加了家庭照顾者的角色，平衡家庭与工作成为挑战之一。

（4）维持阶段（45～64 岁）：个人通过不断努力来巩固职业生涯的发展和成就，并逐渐能在自己的领域中占有一席之地。这一阶段的任务是维持既有成就与地位。

（5）衰退阶段（65 岁以上）：由于生理及心理机能的衰退，个人职业角色的分量逐渐减少，个体在职业方面的心理需求也日趋降低，该阶段的生活重心逐步由工作向家庭和休闲转移。该阶段的主要任务是良好过渡进入退休生活，精神上寻求新的满足点。但研究表明，对于一些自身领域的专家和学术带头人，此前积累的丰富知识和经验，以及持续的人生热情使得他们的智力水平不但没有减退而且仍在发展，甚至出现第二次创造力的高峰。

舒伯之后又提出，在职业发展过程中上述五个阶段并不完全和年龄对应，一个人的一生中可能经历多次成长、探索、建立、维持、衰退的过程。而且各阶段之间并不存在严格的界限，可能有交叉，在人生中的不同时期，都可以经历由这五个阶段构成的一个"小循环"，职业生涯的发展就是这样循环往复地进行。舒伯生涯发展理论的提出，是早期的针对特定阶段特定领域的"职业辅导"转向针对人的一生发展的"生涯辅导"的一个里程碑。

2.霍兰德的人格类型理论

职业选择作为人生抉择的重要组成部分，个人性格、兴趣无疑在其中扮演着重要角色。1959 年美国心理学家霍兰德以自己的职业咨询经验为基础，提出了一种关于职业选择的人格类型理论，该理论认为职业选择是人格的反映和延伸，人格是决定一个人选择何种职业的重要因素。他将人们的人格特质分为六种类型，即实用型、研究型、艺术型、社会型、企业型以及传统型。霍兰德进而提出，每一种人格特质对应着一类适合的职业环境,这类职业环境是由具有对应的人格特质的人创造出来的。在职业选择中,人们都会寻找那些能发挥自己擅长的技术、体现自己期望的价值和扮演令自己满意的角色的职业,而应避免那些与自身原本人格不符合的职业环境。例如一个喜欢独立做事、操作工具、动手能力强而社交能力弱的人属于实用型,应当从事计算机、工匠等技术性行业,而避免从事咨询、公关等属于社会型人格的行业。

(1)实用型(Realistic)

人格特质:不善言辞,喜欢做事。动手能力强,做事手脚灵活,动作协调。偏好于具体的、动手的、操作工具的任务。缺乏社交能力或意愿,通常喜欢独立做事。

适配职业:有规则的具体劳动和需要基本操作技能的工作。如技术性职业(计算机硬件人员、摄影师、制图员、机械装配工等)和技能性职业(木匠、厨师、技工、修理工、农民、一般劳动)。

(2)研究型(Investigative)

人格特质:好奇心与求知欲强,肯动脑,善思考,不愿动手。喜欢独立的和富有创造性的工作。抽象思维能力强,做事喜欢精确,喜欢逻辑分析和推理,不断探讨未知的领域。

适配职业:智力的、抽象的、分析的、独立的定向任务的职业,如科学研究人员、教师、工程师、电脑编程人员、医生、系统分析员。

注:研究型倾向强的人做事较为坚持,有韧性,善始善终,该倾向弱的做事容易浅尝辄止。

(3)艺术型(Artistic)

人格特质:有创造力,喜欢打破常规,较为敏感和情绪化,不服从指挥。乐于创造新颖、与众不同的成果,渴望表现自己的个性,实现自身的价值。做事理想化,追求完美,不重实际。具有一定的艺术才能和个性。

适配职业:要求具备艺术修养、创造力、表达能力和直觉的工作,而非事务性的工作。如艺术方面(演员、导演、艺术设计师、雕刻家、建筑师、摄影家、广告制作人)、音乐方面(歌唱家、作曲家、乐队指挥)、文学方面(小说家、诗人、剧作家)的工作。

注:在企业类工作中艺术型的倾向意味着倾向于将事情做得漂亮、有美感、有情调、锦上添花,追求完美。

(4)社会型(Social)

人格特质:为人友好,热情,善解人意,乐于助人,喜欢与人交往,愿意给予建议和教导别人。关心社会问题,渴望发挥自己的社会作用。寻求广泛的人际关系,比较看重社会义务和社会道德。

适配职业:要求与人交流的、涉及提供信息、启迪、帮助、培训、开发或治疗等事务的工作,如教育工作者(教师、教育行政人员),社会工作者(咨询人员、公关人员)。

（5）企业型（Enterprising）

人格特质：精力旺盛、乐观、自信、好交际、机敏、有支配愿望。追求权力、权威和物质财富，具有领导才能。喜欢竞争、敢冒风险、有野心和抱负。为人务实，习惯以利益得失，权利、地位、金钱等来衡量做事的价值，做事有较强的目的性。

适配职业：要求具备经营、管理、劝服、监督和领导才能，以实现目标工作，如项目经理、销售人员、营销管理人员、政府官员、企业领导、法官、律师。

注：工作中通常需要管理人员和销售人员有较强的企业兴趣，企业兴趣强则做事目的性强、务实，推动性较强，若企业兴趣较弱则做事的推动性较弱，速度较慢。

（6）传统型（Conventional）

人格特质：有责任心和耐心、高效率、稳重踏实、细致、有耐心，依赖性强。尊重权威和规章制度，习惯接受他人的指挥和领导，喜欢按计划办事，细心、有条理。

适配职业：要求注意细节、精确度、有系统有条理，具有记录、归档、据特定要求或程序组织数据和文字信息的职业，如秘书、办公室人员、记事员、会计、行政助理、图书馆管理员、出纳员、打字员、投资分析员。

注：传统型的人做事有耐心、细致，如果该倾向较弱，通常表明做事较为粗心，易丢三落四，不够踏实。

需要注意的是，许多人并不只有一种主导的人格特质，可能在多个方面都具有一定的倾向。霍兰德认为，这些倾向的一致性越高，个体在选择职业时面临的内在冲突和犹豫就越少；而如果出现了两个一致性中等甚至是区分对立的人格特质，在选择职业时也会较为矛盾。我们可以通过图 10-2 的六边形直观地看到六种类型之间的关系。

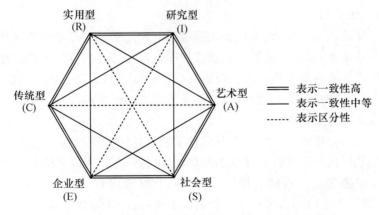

图 10-2 霍兰德提出的六种职业人格类型及其关系

一个人如果了解自己的人格类型，就可以预测自己在哪些领域的工作中更可能取得高的满意度、稳定性和成就感，因此霍兰德职业兴趣测评成为个人选择职业和工作环境时广泛使用的测评之一。

3.施恩的职业锚理论

美国麻省理工学院的施恩自1961年开始,对斯隆管理学院的44名MBA毕业生进行了长达12年的职业生涯研究,最终分析总结出了职业锚(又称职业定位)理论。

当代社会是职业分工日益细化、职业领域不断扩充、职业机会不断增多的时代,这导致了从业者在面对职业选择机会时困惑的加剧。职业锚理论认为这种困惑部分源于外界,但更根本是个体对自身需求的不了解。因此该理论旨在帮助个体在纷乱的外部职业环境中把握好"真正的自我"。

锚,是船只停泊定位用的铁制器具。职业锚,实际就是人们选择和发展自己的职业时所围绕的中心,是指当一个人不得不做出选择的时候,他无论如何都不会放弃的职业中的那种至关重要的东西或价值观,是自我意向的一个习得部分。如果缺乏对自身重要价值观的认识,则可能在外界因素的诱导下做出日后发现并不适合的职业选择。

与霍兰德更多基于求职者原本的人格类型和兴趣的理论不同的是,职业锚理论认为个人在面临各种各样的实际工作生活情境之前,不可能真切地了解自己的能力、动机和价值观以及在多大程度上适应职业选择。因此职业锚测评针对的是有了早期工作经验后的个体,将实际工作经验与在经验中的自省结合后感受到的职业定位。这一定位在实际工作中还会不断地与环境互动、调整。对于有了一定实践经历和职业体验的大学生,职业锚同样具有参考价值。

经过最初的研究和20世纪90年代的完善,施恩共提出了八种类型的职业锚,可以较全面地囊括各种人的特性。它们是技术职能型、管理型、自主独立型、安全稳定型、创造创业型、服务奉献型、挑战型以及生活型。

(1)技术职能型

随着工作的深入,有些人发现真正吸引他们的是实践自己的技术才能、享受作为某方面专家带来的满足、愉悦。例如工程师发现自己喜欢设计图纸的感觉,财务分析师在解决复杂的资本运作问题时感到自己的能力和乐趣。技术职能型职业锚的人倾向于一种"专家式"的生活,他们不希望成为一个全面的管理人员,因为这意味着放弃专业领域的发展。

事实上大部分职业是从职业本身的技术领域开始发展的,但对于一些人来说,提升专业技术仅仅是通往晋升和管理的步骤;对另一些人而言,学习必要的技术可以为他们走向独立或开始创业提供机会。因此尽管多数人的职业从专业领域开始,但只有部分人从内心认可这是有价值的事情,发展并逐渐形成这一专业领域的职业锚。技术职能型的人期望具有一定挑战性的工作。如果一项工作不能考验他们的能力和技术水平,这项工作很快就会变得令人厌倦和无意义。他们的自尊满足取决于才能的施展水平,所以他们需要能够展示自己才能的工作。比起工作环境和组织情况,这种类型的人更关注工作的内容和实质。

（2）管理型

管理型职业锚的人具有成为管理人员的强烈愿望，并将此看成职业进步的标准。他们有提升到全面管理职位上所需要的相关能力，并抱有希望自己的职位不断得到提升的愿望，这样他们就可以进行更有力的管理，做出影响组织成功与失败的决策。

这一类型与技术职能型职业锚的人区别在于：他们把专业化看作步骤而非目标。他们明白掌握专业领域知识的必要性，也同意一个人必须成为某一职能或业务的专家才能更好地胜任管理职位。但他们核心的价值和动机是承担更大的管理责任，获取更多的领导机会，为组织的成功做出贡献并带来高的收入。

管理型的人要在职业上获得成功，除了内在的高晋升动机，还需要以下三方面的能力：分析归纳组织信息的能力、人际沟通与团队管理能力、自身的情绪管理和抗压能力。

（3）自主独立型

自主独立型职业锚的人不愿受组织程序、工作时间、着装方式以及过多标准规范的制约。无论什么样的工作，自主独立型的人都希望能用自己的方式、工作习惯、时间进度和自己的标准来完成工作。他们发现组织生活太限制人，更倾向于以自己的方式追求更为独立的职业。当面临职业选择时，自主独立型的人宁愿选择一份薪水更少但更有自主权的工作，也不愿意追求一份薪水更高但没有自主权的工作。

每个人都需要一定程度的自主，并随着生活阶段的不同而变化。然而对一些人来说，他们会渐渐发现自身对自主的需要高于其他方面。这一类型的人会慢慢将工作转向自由职业者、工作自由度较大的小型个体公司、承包式或项目式的工作、兼职或是临时性的工作等。面对必须遵循的工作规章时，自主独立型职业锚的人更喜欢专业领域内职责清晰描述、时间明确的工作。这种类型的人倾向于有明确的工作目标，而且不限制工作完成方式的组织，希望独立自由完成工作。

（4）安全稳定型

安全、稳定是这种类型的人选择职业最基本、最重要的需求。只有在职业的发展可以被稳定的预测时，他们才会真正感觉放松。事实上任何人都有一定程度安全与稳定的需要，例如当个人需要承担抚养家庭的责任或接近退休时，财务是最重要的安全因素。但对安全稳定型的人而言，工作、生活和环境的安全与稳定在职业决策中是第一位的。他们希望清楚地知道工作内容、出差时间、工作地址以及岗位变动频率等因素。

这种类型的人通常会选择提供终身雇佣、从不辞退员工、有良好的退休金计划和福利体系，同时看上去强大而可靠的公司。因此政府部门和事业单位对这类人很有吸引力。他们会为自己的组织感到自豪，即使他们没有担任很高的职位或者获取很高的薪水。

（5）创造创业型

对创造创业型职业锚的人来说，最重要的是建立或设计某种完全属于自己的东西，例如由自己开创并命名的产品或服务，建立或投资新的公司。

创造并不仅仅是发明家或艺术家所做的事，创业者也需要创造的激情和动力。许多人曾经梦想建立自己的公司，而且这种想法一直存在于职业发展的各个阶段。具有强烈创造创业倾向的人会在早期就开始追求这些梦想，甚至在大学阶段就进行创业的尝试。他们有强烈的动机向其他人证明自己能够创造属于自己的一片领域。

把创造创业型与自主独立型区别开非常重要。自主独立型的人同样可能发展自己的生意，但这是源于对自身生活自主独立的需要；与此不同的是，创造创业型的人是想证明自己能够创立自己的企业组织，这意味着在创业的早期阶段牺牲生活的自由和稳定，直到生意获得成功。

（6）服务奉献型

服务奉献型职业锚的人希望职业能够体现个人价值观，他们更加关注工作带来的价值，而把个人能力的展示、职位的晋升等放在相对次要的位置。他们的职业决策通常基于能否让世界变得更加美好。能够体现助人为乐、为社会和国家服务等价值观的工作是他们职业的首选，如医药、护理、社会工作者、教育和公共管理等帮助他人和社会的职业最能得到此类人的认同。在工作环境方面，他们需要来自同事及上司的认可和支持，并与他们共享自己的核心价值。

当然，并非所有从事帮助他人性质的工作的人都是服务奉献型。医生、社会工作者也可能是技术职能型或安全稳定型的，如果不知道哪一方面发生作用，我们就不会知道自身真正的职业需求。

（7）挑战型

挑战型职业锚的人认为他们可以征服任何事情或任何人，并将成功定义为"克服不可能的障碍，解决不可能解决的问题，或战胜非常强硬的对手"。随着自己的进步，他们喜欢寻找越来越强硬的"挑战"。对一些人而言，挑战被定义成竞争，例如持有挑战型职业锚的运动员唯一的目标就是击败所有对手，成为运动中的最强者。在各种领域当中都有着以挑战为基本价值观的个体，例如许多销售人员、管理者将职业定义为在每日的战斗和竞赛中胜出。

这一类型的人需要在职业中得到经常挑战自我的机会。缺少挑战的工作环境会使他们变得厌倦和急躁。如何激励与发展挑战型职业锚的人是一个非常复杂的管理问题，他们一方面有强烈的自我发展动机，但同时，他们过高的竞争倾向可能给其他不同价值观的同事制造麻烦。需要澄清的是，挑战型与技术职能型的差别在于技术职能型的人只关注某一专业领域内的挑战，而挑战型的人为了挑战本身会去尝试从未进入过的领域。

（8）生活型

乍看上去生活型的概念有些自相矛盾,因为生活型意味着个体相比于职业更加看重生活。但越来越多的研究表明,职业与生活必须有效整合,这不是传统意义上平衡职业和个人的生活,而是寻找一种合适的方式整合职业的需要、家庭的需要和个人的需要。

因为整合过程就是发展,生活型的人最需要的是弹性和灵活。自主独立型职业锚的人也需要弹性,但不同的是生活型职业锚的人未必要独自工作,而是可以从事提供灵活选择的组织工作,例如请假较为灵活、弹性工作制、允许在家办公的工作。

生活型职业锚的人非常关心组织文化是否尊重个人和家庭的需要,以及能否与组织之间建立真正的心理契约。很多公司理所当然地认为员工应该接受公司的调动和安排,而这可能影响员工的生活轨迹,例如从一个城市调动到另一个城市。如果生活型职业锚的员工碰到这种情况,他们可能放弃在公司内部的职业发展,而将自身的生活和家庭放在第一位。这一类型的发现同样提醒了现代的公司管理者尊重员工在工作之外的需要。

上述两部分提到的霍兰德职业兴趣测试和职业锚测试均可以在网上搜索到,建议同学们在课后测一测。亦可直接进入以下网址开始测试:

霍兰德职业兴趣测试:http://www.xinli001.com/ceshi/712/start.

职业锚测试:http://www.xinli001.com/ceshi/598.

第二节　大学生择业心理问题与对策

一、大学生的择业心理压力来源

（一）自我认知偏颇

自我认知不仅包括大学毕业生对自身实际情况的认知,同时也包括其对就业观念的认知与了解。现阶段大学毕业生存在较多的偏颇认知,这些认知包括自我认知的相对不准确和对职业选择的认知缺乏清晰的了解等。这种情况下会出现两种截然不同的心理表现:自卑和自负。

自卑心理是大学生就业过程中常见的心理现象,表现为过低估计自己的知识和能力水平,缺乏自信,过于拘谨,从而造成在就业选择的过程中畏首畏尾,不敢尝试和挑战,错失就业机会。自负与自卑相反,具体表现为对自身评价过高,缺乏客观认识,同时对就业竞争环境和现实待遇了解不够,进而导致对自己未来的工作期望过高,追求超越自身实力的工作,同时带有一种傲慢的心理,对繁重的工作持抗拒态度,认为自己没有被重用,即我们通常所说的"眼高手低""高不成低不就"。在这样的心态下,毕业生很容易进入"毕业等于待业"的状态,进而陷入迷茫和自我矛盾。另外,当相关就业观认识偏颇时,可能会在求职实际开始后发现工作待遇、环境、竞争压力均是自己没有设想过的,导致紧张、焦虑、压力增大,无法在求职过程中发挥正常水平。

(二)人际交往能力较弱

良好的人际交往能力对于大学生来说,不仅有助于身心发展和各方面能力的锻炼,在走向社会面对就业时显得尤为重要。但是部分同学在大学期间生活封闭,缺乏与人沟通的经验,在毕业时人际交往能力仍旧相对薄弱。这导致在求职就业过程中,面对人际交往时会表现出紧张、畏惧、害怕的心理。

实际调查也发现用人单位对大学生的评价中,诸多问题都围绕社会适应与人际交往能力,一般表现为:在面试中或与陌生人的交流中,由于过分的紧张不能很好地发挥自己的优势;进入单位不知如何与同事、上司相处,带来了额外的工作压力。这样导致被录用的大学生还要进一步地加强心理及专业建设的培训,浪费了用人单位的时间和精力。此外,由于缺少必要的社会实践,大学毕业生的抗挫能力相对较差,很容易被挫折击垮,求职过程中由于与人交流不顺利导致的挫折使部分毕业生陷入了自卑的心理泥潭中。因此积极培养人际交往能力对于求职至关重要,拥有良好的人际关系与人际交往能力,可使大学生在面对就业选择时拥有更为自信的心理状态。

(三)家庭因素导致动机冲突

家庭是个人接受社会化教育的第一所学校,家庭的经济条件、父母对子女受教育程度的重视以及父母亲友的职业,都会对大学生的职业理想和职业目标产生直接影响。中国自古就具有浓厚的家庭观念,许多毕业生认为择业应该尊重父母的意愿,以报答父母的养育之恩,所以,很多毕业生在择业时包括地域的选择、职业的类型很大程度上受到父母态度的影响。但父母对子女职业的期望受到他们自身成长年代与价值观的影响,未必符合当今时代现状,也未必与子女的看法一致。许多父母基于自身的价值观,倾向于让孩子选择更加稳定、体面的工作,有时甚至认为在体制内的工作是最好的选择。这种选择往往忽视了子女自身的整体素质和喜好,没有考虑子女是否喜欢与热爱以及是否适合。另一些父母对子女期望过高,对子女给予过多的叮嘱建议甚至干预,会使子女被一层无形的压力所笼罩。这容易引发子女强烈的内心焦虑与冲突,小则危害身心,大则影响其未来职业发展。

因此,作为家长首先应该对当今时代有所了解,不要局限在自身的旧有经验与观念中;其次,在对子女提出建议的过程中,应充分考虑子女自身的兴趣和素质,听取其对自身未来职业的看法,而不是完全按照自身意愿来决定子女的就业选择;最后,给予子女自主选择的空间,这样可以降低子女就业选择中的过分依赖父母、很难适应社会的心理,从而有利于加强其选择职业的自主性和主观能动性。子女也应在求职问题上积极和父母沟通交流,遇到矛盾应理性探讨而非一味顺从或是陷入叛逆。

二、大学生的择业常见不良心态

(一)功利与攀比心理

高飞(2013)研究表明,导致大学毕业生在职业生涯初期(2年内)离职的最主要因素是实际收入未达到预期收入,而其背后与毕业生的急功近利、缺乏长远目标的不良心态有一定关系。该研究经过实地调研发现,早期阶段大学生员工对自身薪酬福利的思想定位大多是在跨出校门之前形成的。有三方面的原因导致工作初期毕业生的功利心过重,预期与实际不符。首先,当前社会竞争激烈,毕业生感知到的经济压力较大,难免对薪水期望过高;其次,部分学生在校期间缺乏理性消费意识,花钱大手大脚,对进入社会后不能自给自足感到恐慌;最后,部分同学对自身和行业现状缺乏认识,对自身估计过高或对现实情况了解不足,结果导致未出校门前预期的心理价位与参加工作后实际收入差距较大,从而产生心理落差。

处于职业生涯初期的员工刚刚迈出高校大门,由于自身各项条件不成熟、技术水平不高、管理能力不强,其当前阶段的个人能力与组织对高薪员工的要求存在相当的差距。但是许多大学生员工却没有意识到自身的问题,陷入一种由功利心理导致的抱怨状态,既伤害了工作的前途也阻碍了身心的发展。此外部分同学攀比心较强,在比较中只关注眼前利益而忽视了自身成长和长远的人生目标。

(二)从众与安全心理

从众心理是指在群体压力影响下,放弃个人意愿,采取顺从行为的心理倾向,在择业中表现为缺乏主见和竞争意识,择业观被他人所左右,为舆论所左右,忽视自己主观条件和客观现实,随波逐流。

引发从众心理的最主要原因在于部分毕业生的内在自我概念不够成熟,自我认知不够,独立性不强,容易受到各种社会思潮和他人观念的影响,以寻求一种与他人一致的安全感。若缺乏对自身最重要的工作价值观的认识,就很可能出现盲从、被他人影响的情况,在行业选择时随大流或是只看重能否"赚快钱",甚至在数年的迷茫后才感到当前的职业方向缺乏上升空间和内在动力,重新开始思考人生。当今时代传媒和网络十分发达,这在一定程度上导致大学生择业容易受到社会流行价值观念支配,此时作为大学生切不可盲从,更不能以别人的选择为自己的最佳选择,而是应该综合各方面因素,培养果断抉择能力,为自己的人生下自己的定义。

(三)焦虑心理

择业焦虑心理是由与大学生就业相关的因素引发的,对个体就业前景无把握的一种内心不安、焦急、惶恐并在一段时间内持续的不良心理状态。过度的焦虑会严重影响个人主观能动性的发挥,埋没潜能和才华,给就业带来不必要的困难,甚至造成择业失败。

在毕业择业期间大学生焦虑、紧张情绪十分多见,有些学生还出现了比较严重的心理问题。择业阶段焦虑心理的典型表现是"两怕",一怕找不到工作,二怕找到的工作日后发现不适合,错过了更好的工作。这种心理状态反射出大学生缺乏正确坚定的择业价值认知。择业价值认知包括四个方面:一是对自身兴趣和职业能力的客观评价;二是对职业规范、地位及社会期待等的全面了解;三是对社会和职业选择复杂性的认识;四是对自身与职业之间匹配性的评估和职业抉择。部分大学生不清楚自己到底想要什么、适合做什么、社会现实允许他做什么,没有明确的择业方向和目标,所以经常出现"这山望着那山高""前怕狼后怕虎"的焦虑迷茫状态,究其根源就在于自身择业价值观的混乱与不确定。由此可见,大学期间的职业生涯准备与规划十分重要。

三、大学期间的职业生涯准备

(一)培养理性的消费意识

学会正确规划自己的开销,培养理性的消费意识是大学生面对的重要挑战,也是为今后步入社会独立生活进行的关键准备。当今社会网购等消费渠道十分发达,商品经济蓬勃发展,同时大学生刚刚离开父母的管辖,拥有了一定的经济自主权,面对琳琅满目的消费世界,很容易受到享乐主义等思潮的影响,产生错误的消费观。周伟在2012年的博士论文中调查了当代大学生消费观存在的问题,通过分类总结提出了攀比炫耀的奢侈消费观、爱慕虚荣的符号消费观、友情至上的"慷慨"消费观、"真爱至上"的恋爱消费观、随心所欲的盲目消费观、好逸恶劳的享乐消费观,共六类大学生的消费观念问题。而当种种错误的消费观遇到了社会上乘虚而入的网贷、兼职机构,就可能酿成悲剧。2017年9月,21岁的汉中大学生朱毓迪因网上借"校园贷"20余万元无力偿还,在巨大的精神压力下选择跳江自杀。经警方调查,他利用"校园贷"的借款基本就是和同学聚餐以及偿还先前贷款,在去世前收到过多个校园贷平台发来的催款信息,甚至恐吓电话。

这样的悲剧提醒我们,理性规划消费、加强消费安全意识的重要性。大学生可以从以下几个方面培养理性的消费意识:

第一,建立"量入为出"的适度消费习惯。理性消费观的大学生基本知道父母每个月给了自己多少钱,自己又花了多少钱、花在了哪里。许多学生由于家人没有有意识地培养,对自己的钱花去了哪儿完全没有概念。而这完全可以通过我们个人养成简单的记账习惯来培养消费意识。在了解了自身经济的"入"和"出"之后,就应理性控制,合理斟酌,在最需要的地方花该花的钱,量入为出适度消费。

第二,拒绝过度的虚荣心带来的非理性消费。大学生的自我意识尚未完全成型,迫切需要建立对自身的认同感,而此时社会上一些商家鼓吹的奢侈、虚荣的消费风潮很容易对大学生产生影响,让许多同学有一种"只要穿上名牌就会找到真正的自己"的错觉,甚至购买许多超过自身和家庭经济承受能力的昂贵产品。在意外表,喜欢装扮自我是年轻人的天性与权利,但若过分追求外在,其实也反映了内在的空虚与迷茫。衣着服饰再华丽昂贵,也比不上充满活力的健康身体和富有魅力的充实心灵。还有一些同学由于内心害怕孤独,渴望友谊和爱情,所以在聚会和恋爱中"打肿脸充胖子"装作大方有钱的样子,实际却给自己带来焦虑和压力。而且谎言一旦开口、形象一旦建立又难以打破,部分同学只好继续硬撑维持形象。这需要我们认识到,真正的朋友和恋人一定会喜欢真正的你,而只因你的大方趋之若鹜,当你贫穷时就离你而去的人绝不能算是朋友,我们本就该远离。因此,如果你不能接受、面对真实的自己,也无法得到真正的喜爱。

第三,增进人生阅历,学习理财知识,培养成熟的消费心理。一些非理性的消费行为与大学生涉世不深、劳动经验不足有关。若能利用大学的空余时间做一些兼职增加劳动体验,会对金钱的来之不易有更深的体会。此外主动了解社会环境,学习理财知识不仅对大学期间的消费有益,更是对工作后合理支配收入的重要锻炼。只要不故步自封,随着社会经验和见识的增多,大学生的消费心理自然会变得日趋成熟。

(二)把握社会形势,了解社会要求

大学生不可能超越社会的需求而进行职业选择,所谓"双向选择"归根到底还是一定范围内的选择。因而大学生在择业过程及今后的职业生活中,要赢得主动、掌握自己命运就必须了解社会,并采取积极适应的态度,依据社会提供的条件来锻炼自己的能力。

如果说大学生的择业态度可归结为"我希望做什么样的工作"的问题,那么社会需求则是客观条件"可提供什么样的工作"的问题。如前所述,由于社会的变化,某个专业或某一类型的毕业生可能会在一段时期内受到冷落。这就要求大学生能够做到冷静地观照各种社会条件,端正择业心态,树立积极适应的态度,从而避免由于过高的择业要求与抱负水平而遭受严重的挫折感。

同时,把握社会规范,了解社会要求,形成被人们认可的社会化行为,学习锻炼融入集体的能力也是至关重要的。许多大学生初进校门时对自身的评价仍具有非常自我中心的特征,要么过高要么过低,与他人及社会评价不统一。这样的情况若持续到毕业就业阶段,很容易导致走上工作岗位后的无法融入集体、孤独感和不安情绪。

(三)培养专业能力,拓展一技之长

对于大学毕业生来说,自身所学专业的知识能力水平是就业的首要决定因素。即使部分同学在大学初始对自身专业不满意,或者在学习期间感到迷茫,也不应放弃,因为任何一个专业的学习都包括了对自身的主动学习能力、分析能力、团队合作能力等各种基本能力的锻炼。如果大学期间在专业学习上自暴自弃,往往也很难在新的方向上找到目标和动力,很容易陷入麻木度日的迷茫状态。

除专业能力之外,在文艺体育、电脑技能、领导管理等各个方面若能至少拓展培养一个领域的专长,将使得今后的职业和人生受益匪浅。例如当今许多小学初

中都在积极开展各式各样的课外拓展活动,如尤克里里、陶艺、手工等,一些就读教育专业的同学可能在就业时就因平时出于兴趣学会的一技之长打动了用人单位,在竞争对手中脱颖而出。对许多其他行业来说同样如此,即使抛开对求职的实际作用,拥有课外的技能和兴趣对于帮助个人成长、陶冶生活情操也是十分重要的。除了具体知识技能的培养,经典书籍的阅读也非常必要。经典读物是对人思想的熏陶,可以帮助大学生在纷纭变化的现代社会把握自我,不因外界的纷扰而人云亦云甚至迷失方向。

第三节　大学生职业生涯规划的心理辅导

一、职业兴趣的辅导活动

（一）我的理想和专业

辅导目标:通过回顾个人发展认识到个人职业兴趣和理想目标的变化,进而帮助大学生思考未来的职业目标以及需要为之做出的努力。

课前准备:"我的理想与专业"表单。

活动过程:分发表单,请同学们首先自己思考填写,随后 4 人小组交换表单并分享讨论。

表 10-1　我的理想与专业

我的理想
1.小学三年级时,我想当一名＿＿＿＿＿＿＿＿＿＿
2.初中一年级时,我想当一名＿＿＿＿＿＿＿＿＿
3.高中一年级时,我想当一名＿＿＿＿＿＿＿＿＿
4.现在,我想当一名＿＿＿＿＿＿＿＿＿
比较之后我发现:
我的专业
1.我为什么要选择现在这个专业?
2.我对专业的了解情况是:
3.我的专业今后可以做:
4.如果有重新选择的机会,我是否还会选择这个专业?
启发:

（二）职业兴趣岛

辅导目标：结合霍兰德职业兴趣测试，将6种类型变为形象化的岛屿，帮助学生探索发现个人职业兴趣。

课前准备：对应6个岛屿描述的PPT展示图片。

活动过程：

（1）教师介绍：各位同学，假设你幸运地获得了一次机会，可以去下列6个岛屿中的一个，那么让我们先来参观一下6个神奇的职业兴趣岛：

A岛——"美丽浪漫岛"：这个岛上到处都是美术馆、音乐厅，弥漫着浓厚的艺术文化气息。岛民保留着传统的舞蹈、音乐与绘画。许多文艺界人士都喜欢来到这里开沙龙派对寻求灵感。

C岛——"现代井然岛"：处处耸立着的现代建筑，标志着这是一个进步的、都市形态的岛屿，岛上的户政管理、地政管理及金融管理都十分完善。岛民个性冷静保守，处事有条不紊，善于组织规划。

E岛——"显赫富庶岛"：该岛经济高度发展，处处有高级饭店、俱乐部、高尔夫球场。岛民性格热情豪爽，善于企业经营和贸易活动。岛上往来者多是企业家、经理人、政治家、律师等。这些商界名流与上等阶层人士在岛上享受着高品质生活。

I岛——"深思冥想岛"：这个岛绿野平畴，人少僻静，适合夜观星象。岛上有很多天文馆、科技博物馆、科学图书馆。岛民最喜欢猫在自己的小房子里，天天钻研学问，沉思冥想，探究真知。哲学家、科学家和心理学家在这里约会，讨论学术，交流思想。

R岛——"自然原始岛"：这是个自然生态优良的绿色之岛。岛上不仅保留有热带雨林等原始生态系统，而且建立了相当规模的植物园、动物园、水族馆。岛民以手工制造见长，他们自己种植花果，栽培蔬菜，修缮房屋，打造器物，制作工具。

S岛——"温暖友善岛"：这个岛的岛民性情温和，乐于助人，人际关系十分友善。大家互助合作，重视教育后代。每个社区都能自成一个密切互动的服务网络，处处充满着人文关怀气息。

（2）在参观了6个岛屿之后，我们的问题来了，你总共有15秒钟时间回答以下问题：

①如果你必须在6个岛之中的一个岛上生活一辈子，成为这里的岛民中的一员，你的第一选择是哪个岛？

②你的第二选择是哪个岛？

③你的第三选择是哪个岛？

④你打死都不愿意选哪一个岛？

选好之后，依次记下4个问题的答案。

（3）结果分析：

①其实这个测试就是我们之前学习过的霍兰德职业兴趣测试的另一种版本，

它们的描述以及矛盾关系如下：

  A 岛——艺术型（Artistic）↔C 岛——传统型（Conventional）

  E 岛——企业型（Enterprising）↔I 岛——研究型（Investigative）

  R 岛——实用型（Realistic）↔S 岛——社会型（Social）

  其中相对的箭头就表示这两个类型是相互矛盾的，如果你在前三个问题的选择 A 中出现了矛盾的类型，你的择业可能会面临较大的取舍。而问题④的答案代表了你最不感兴趣的职业类型。

  ②为了更进一步分析，请将问题①②③的答案依次排列，可形成一个不同岛屿的字母代码组合（如：问题①②③的答案分别是 A 岛、C 岛、I 岛，组合起来就是 ACI），对照下面表格的"兴趣组合"一项，找出与自己的答案最接近的排列组合，即找到可能会使自己真正感兴趣的职业。问题④的答案可作为排除某些组合时所用的参考标准。

表 10-2 不同的兴趣岛组合对应的职业兴趣

兴趣组合	职业名称	领域	兴趣组合	职业名称	领域
ACI	图书馆管理员	教育	ARS	产品设计师	艺术设计
AER	艺术指导	戏剧表演		素描画家	艺术设计
	设计师（服装/平面/室内）	艺术设计	ASE	广播电视播音员	媒体
	平面设计师	艺术设计		音乐指挥	戏剧表演
	室内设计题	艺术设计		编辑	媒体
AES	广告经理	市场营销	ASI	艺术教师	教育
	表演歌手	戏剧表演		语言教师	教育
	作曲家	戏剧表演		翻译	媒体
	演员	戏剧表演	ASR	舞蹈演员	戏剧表演
	制片人	戏剧表演	CEI	预算分析师	财务
	导演	制造加工		审计师	咨询
	广告方案	市场营销		精算师	保险
	漫画家	艺术设计		会计	财务
AIE	新闻记者	媒体	CRE	仓库管理员	物流
AIS	技术性作家	媒体		机场控制中心主管	交通运输
ARE	陈列设计题	艺术设计	CRI	工程测量人员	建筑工程
	专业摄影师	戏剧表演		建筑监理	建筑工程
	摄影师	媒体	CRS	邮递员	邮电服务
ARI	画家	艺术设计		电话总机接线员	行政后勤
	场景设计师	戏剧表演	CSR	设备工程师	制造加工
	科学摄影师	媒体	EAS	公关顾问	咨询

兴趣组合	职业名称	领域	兴趣组合	职业名称	领域
ECR	经理(物流/仓储)	物流	IEC	管理顾问	咨询
	生产经理	制造加工		计算机安全工程师	IT 技术/设计
	HR 主管(福利/培训/招聘)	人力资源	IES	营养专家	服务
	旅游代理人	旅游休闲	IRA	材料工程师	材料科学
	保险销售员	保险		生物工程师	生命科学
EIC	工业工程师	制造加工	IRC	计算机程序员	IT 技术/设计
EIS	保险理赔人员	保险		IT 实施工程师	IT 技术/设计
ERC	生产线线长	制造加工		计算机安全专家	IT 技术/设计
	建筑项目经理	建筑工程		化学工程师	能源/化工
	司机管理员	交通运输		电子工程师	电子电器
	维修主管	客户服务	IRE	网络工程师	IT 技术/设计
ERI	销售工程师	市场营销	IRS	外科医生	医疗
ERS	教练	体育		牙医	医疗
	产品演示人员	市场营销	ISA	临床助理	医疗
	精密设备销售人员	市场营销		生命科学教师	教育
ESA	经纪人	个人服务		保健教师	教育
ESC	HR 经理	人力资源	RAC	建筑制图员	建筑工程
ESI	法官	法律		玻璃雕刻师	艺术设计
ESR	警察	社会案例		装订员	印刷/包装
	医疗设备销售员	市场营销	RAI	建筑师	建筑工程
	零售人员	市场营销		音响师	媒体/娱乐
	官员	×	RCE	制版员	印刷包装
	首席执行官	管理运营		食品加工工人	食品
	经理(销售/市场/客户服务)	市场营销		通信设备安装人员	信息通讯
	经理(行政)	(行政后勤)		商业设备安装人员	IT 技术/设计
	经理(财务)	财务		裁判	体育
	公务人员	行政后勤	RCI	制图工程师(电子)	电子电器
	电话销售员	市场营销		制图工程师(机械)	机械自动化
ICA	数学家	科学研究		机械测量人员	机械自动化
ICE	HR 顾问	管理		精密制造(加工)操作员	制造加工
	财务分析师	财务		制造系统维护员	制造加工
ICR	技术支持工程师	IT 技术/设计		数控设备程序员	制造加工
	统计学家	科学研究		机械设备(含汽车)维修人员	机械自动化
	系统分析师	IT 技术/设计			
	工业工程技术人员	制造加工		电子电器(含计算机)维修人员	机械自动化
	药剂师	医疗			

兴趣组合	职业名称	领域	兴趣组合	职业名称	领域
REC	轮船工程师	交通运输	SAI	幼儿教师	教育
	船长	交通运输	SEA	学校辅导员	个人服务
	列车长	交通运输	SEC	个人理财顾问	个人服务
REI	客机飞行员	交通运输		培训发展顾问	企业服务
RIC	计算机硬件工程师	IT 技术/设计	SEI	中小学样长	教育
	电气工程师	工程类		职业健康专家	企业服务
	海洋工程师	工程类	SIA	心理咨询师	个人服务
	机械工程师	工程类		小学教师	教育
	电子电器技工	工程类/生产类		经济学教师	教育
	机械装配员	制造	SIC	助教	教育
	机械技师	制造	SIR	护士	医疗
	飞机维护员	交通	SRI	体能教练	体育
	系统软件工程师	IT 技术/设计		理疗医生	医疗
	土木工程师	建筑工程		食疗专家	个人服务
RSE	消防员	公共事务			
SAE	职业咨询师	个人服务			
	商业教师	教育			
	播音员	媒体			

(资料来源:霍兰德职业索引[ED/OL].护卫者生涯,http://www.guardian-career.cn/index.php?_m=mod_article&_a=article_content&article_id=257,2014-08-22.)

　　最后要提醒的是,兴趣岛测试只是一次体验活动,如果想得到更准确的结果请将自己进行霍兰德职业兴趣测试得到的排前三的类型进行排序,再使用上面的表格帮助了解职业兴趣。

二、职业价值观的辅导活动

(一)我的生命线

辅导目标:通过将生命长度形象化为纸条的长度,让同学们体会生命的有限,体验生命中工作的地位和重要性。

课前准备:将一张 A4 纸沿着宽的一边对折两次然后裁开,得到 4 条长纸条,每名同学一条。

活动过程:

(1)同学们,假如现在你个人的生命处于 0~100 岁之间,接下来我们来玩一个游戏。请将面前的长条纸用笔将它划成 10 个等份,这样每一份代表生命中的 10 年。从左到右各自依次写上 10,20,30,40……最左边的空余部分写上"生"字,最右边的空余部分写上"死"字。

(2)请问你现在多少岁?过去的生命是再也回不来了! 请将现在的年龄以左

的部分都撕掉。

（3）请问你想活到多少岁？如果不想活到100岁的话就后面把那部分撕掉。

（4）请问你想多少岁退休？请把相应的退休以后的部分从后面撕下来，但不要丢掉，放在桌子上。

（5）一天24小时你会如何分配？一般人是睡觉8小时甚至更多，占了1/3。吃饭、休息、聊天、看电视、游玩等又占了1/3。其实真正可以工作有生产力的约8小时，只剩1/3。所以请将剩下来的折成三等份。并把2/3撕下来，放在桌子上。好，目前剩下的是你可以用来工作的时间。

（6）比比看，请用左手拿起剩下的1/3，用右手把退休那一段和刚才撕下的2/3加在一起，并请思考一下：今后步入社会的你，要用左手的1/3时间工作赚钱，满足自己另外2/3时间的吃喝玩乐及退休后的生活。

（7）请和周围的同学讨论，你现在有何感想？你如何看待你的未来？

（8）教师总结引导：首先，从现实角度而言，我们能够拿来工作的时间是很有限的；其次，一些同学对离开校园步入社会感到恐惧，但实际上你还是有那么多的时间来过自己的生活。由此我们发现，要在社会上立足就要在有限的时间里创造足够的价值，这样才能得到对应的回报，满足自己的需要和生活。同学们其他方面的思考也欢迎分享。

（二）工作价值大拍卖

辅导目标：结合职业锚理论，通过小组模拟的竞争拍卖活动体会自身在各种职业价值观中最看重的是什么。

课前准备：每个4人小组准备16张卡片纸，每人分发50个小星星（或其他用作代币的小道具）。

活动过程：

（1）4人小组分组，每组分发16张卡片纸，在上面依次写下这16种工作的价值，注意同时要标上序号：

①成为某一领域的技术专家；

②只需认真做事，不必处理人际关系；

③成为领导，管理下属；

④对公司的高层决策产生影响；

⑤以自己的方式做事，不受规章制度和固定时间的限制；

⑥拥有明确的工作目标；

⑦得到安定的生活保障；

⑧职位稳定，不必面临被淘汰下岗的压力；

⑨成为创业者；

⑩创立属于自己的品牌；

⑪工作的内容是帮助他人；

⑫通过每天的工作来让社会变得更加温暖；

⑬在工作中拥有与人竞争的平台；

⑭工作让我得以体会"我比别人更优秀"的快感；

⑮工作给我足够的自由来安排好自己的生活；

⑯当我的家庭和生活需要，上司会通融地给我假期。

（2）这些卡片称之为价值卡片，写好后，请小组长打乱卡片，并为每名同学分配50个小星星。告知同学，这50个小星星就是你一生拥有的50个生命单位，是你一生中可用以投注工作所有时间与精力的总和。接下来每个小组内将对刚刚的16条工作价值展开拍卖，请合理地使用你的生命单位来竞价获得你想要的工作价值。

（3）每个小组在组长组织下展开拍卖，每轮请组长随机抽取一张价值卡片，读出来，然后以1个星星为底价开始竞价。超过5秒无人出价则由当前出价最高的同学买走。每名同学在每一次竞价结束后要记录下该轮的价值卡片的序号以及自己的最高叫价是多少。

（4）全部卡片竞拍结束后，教师总结分析：这16个价值卡片就对应了职业锚理论中的8种职业价值观类型，①②号对应技术职能型，③④号对应管理型，⑤⑥号对应自主独立型，⑦⑧号对应安全稳定型，⑨⑩号对应创造创业型，⑪⑫号对应服务奉献型，⑬⑭号对应挑战型，⑮⑯号对应生活型。请同学们看看自己手里买下了哪些卡片？又有哪些是你出价最高的价值呢？组里的哪些同学与你展开了激烈的竞争？他们也许是你工作价值方面的志同道合者，可以和他们交流一下。

三、职业决策的辅导活动

（一）毕业的三大选择

辅导目标：使用职业决策平衡单（表10-3），帮助同学预先思考权衡毕业的三大选择方向中自己的倾向，帮助同学建立理性的职业决策思维。

课前准备：职业决策平衡单。

活动过程：

（1）教师介绍：同学们，大学时光十分短暂，四年很快就会过去。假设现在你已经大三了，你觉得毕业后会有哪几个大方向的选择呢？

（2）经过对同学们的提问讨论，我们发现大多数人此时面对着国内考研、出国留学、直接就业三大方向的选择。许多人都在这三个选择之间徘徊不定，困惑不已。那么今天我们就借助职业决策平衡单来帮助自己提前思考下这个问题。

（3）请同学们思考并填写职业决策平衡单。请首先填写左边的"权重系数"一列，来思考你认为哪些因素更重要，哪些相对次要。例如在"个人物质方面得失"这个因素中，你觉得个人收入非常重要，那么可以在权重系数中写3，而如果你认为个人收入不太重要，未来发展更重要，则可以在个人收入中写1，未来发展写3。权重系数写好之后再填写三种选择对应的每个因素是增加还是减少，同样按照1到3

分打分,注意是得还是失。例如如果选择国内考研,可能可以得到每月一定的研究生补助;如果选择出国留学,家庭可能要为你出高额学费;如果选择就业则可能可以赚较多的钱,帮助家人增加收入。请结合自己情况估计得失与程度。可以参考书上的小王同学的示例(表 10-4)。

(4)如果你觉得考虑因素中还有其他你觉得重要但是表单上没有写的,请自己加进去。

表 10-3 职业决策平衡单

考虑因素	权重系数 (1到3)	国内考研		出国留学		直接就业	
		得 (+)	失 (一)	得 (+)	失 (一)	得 (+)	失 (一)
1.个人物质方面得失 ◎个人收入 ◎健康状况 ◎未来发展							
2.他人物质方面的得失 ◎家庭收入							
3.个人精神方面的得失 ◎休闲时间 ◎社交范围 ◎利用原先专业所学 ◎成就感 ◎适应新生活形态							
4.他人精神方面的得失 ◎父母 ◎亲密朋友							
5.适合自己的能力							
6.适合自己的兴趣							
7.符合自己的价值观							
8.安全/风险性小							
合　　计							
总　　计							

(资料来源:张莎.巧用求职决策平衡单[J].成才与就业,2012(15):80-81.)

表 10-4　小王的职业决策平衡单

考虑因素	权重系数(1 到 3)	国内考研 得(+)	国内考研 失(一)	出国留学 得(+)	出国留学 失(一)	直接就业 得(+)	直接就业 失(一)
1.个人物质方面得失	3	+3(×3)			−2(×3)		−3(×3)
◎个人收入	2	+3(×2)		+1(×2)		+1(×2)	
◎健康状况	1	+1(×1)		+2(×1)		+3(×1)	
◎未来发展							
2.他人物质方面的得失	3	+3(×3)			−1(×3)		−3(×3)
◎家庭收入							
3.个人精神方面的得失	3	+2(×3)			−2(×3)		−2(×3)
◎休闲时间	3	+2(×3)		+0(×3)			−1(×3)
◎社交范围	3	+2(×3)		+3(×3)		+2(×3)	
◎利用原先专业所学	3	+0(×3)		+2(×3)		+2(×3)	
◎成就感	1	+1(×1)			−1(×1)	+3(×1)	
◎适应新生活形态							
4.他人精神方面的得失	3	+2(×3)		+1(×3)			−3(×3)
◎父母	2	+3(×2)		+1(×2)			−2(×2)
◎亲密朋友							
5.适合自己的能力	3		−3(×3)	+3(×3)		+3(×3)	
6.适合自己的兴趣	3		−3(×3)	+3(×3)		+2(×3)	
7.符合自己的价值观	3	+2(×3)		+3(×3)			−3(×3)
8.安全/风险性小	2	+3(×2)			−3(×2)	+2(×2)	
合　　　　计		68	−18	51	−22	39	−49
总　　　　计		50		29		−10	

　　（5）在权重系数和各项因素得失填写好之后，请将每一列的得失乘上权重系数之后相加，这样我们就会得到三种选择的总计结果，它代表了三种选择最后带来的得到感。例如小王的总计结果表明，他的方案得分分别是国内考研＞出国留学＞直接就业，综合平衡之后，国内考研较为符合他的职业生涯目标。

【本章思考题】

　　1.我的职业兴趣是什么？我是否有与之相应的能力？我能做些什么来让自己的兴趣与能力达到一致？

　　2.在工作方面，我最突出的优势是什么？最大的劣势是什么？

　　3.根据自身条件，为自己制订一份职业生涯规划。

参考文献

一、外文

[1]Arnold M B. Emotion and personality[M]. New York：Columbia University Press,1960.

[2]Bem S L. On the utility of alternative procedures for assessing psychological androgyny[J]. Journal of Consulting and Clinical Psychology,1977,45(2)：196-205.

[3]Campos J J. The importance of affective communication in social referencing：a commentary on Feinman[J]. Merrill-Palmer Quarterly,1983,29(1)：83-87.

[4]Erikson E H，Erikson J M. The life cycle completed (extended version)[M]. New York：W. W. Norton & Company,1998.

[5]Erikson E H. Dimensions of a new identity[M]. New York：W. W. Norton & Company,1979.

[6]Haggbloom S J，Warnick R，Warnick J E, et al. The 100 most eminent psychologists of the 20th century[J]. Review of General Psychology,2002,6(2)：139.

[7]Hazan C，Shaver P. Romantic love conceptualized as an attachment process[J]. Journal of Personality and Social Psychology,1987,52(3)：511.

[8]Heathcote A. Eric Berne's development of ego state theory：where did it all begin and who influenced him? [J]. Transactional Analysis Journal,2010,40(3/4)：254-260.

[9]Lazarus R S. On the primacy of cognition[J]. American Psychologist,1984,39(2),124-129.

[10]Lee J A. A typology of styles of loving[J]. Personality & Social Psychology Bulletin,1977,3(2)：173-182.

[11]Marineau, René F. Ancestors and family：the birth of a myth[M]//Jacob Levy Moreno, 1889-1974：father of psychodrama, sociometry, and group psychotherapy. London：Routledge,1989：4-6.

[12]Miller R S. Intimate relationships[M].7 版.北京：人民邮电出版社,2017.

[13]Newcomb T M. Motivation in social behavior[J]. Social psychology,1950, 18(4):196-213.

[14]Regan P C. Close relationships[M]. New York：Routledge,2011.

[15]Schachter S，Singer J. Cognitive, social，and physiological determinants of emotional state[J]. Psychological Review,1962,69(5):379-399.

[16]Sternberg R J. A triangular theory of love[J]. Psychological Review,1986, 93(2):119-135.

[17]Stevens R，Erik H E. Explorer of identity and the life cycle[M]. England：Macmillan International Higher Education,2008.

[18]Stevens R. Erik Erikson：an introduction[M]. New York：St. Martin′s Press,1983.

[19]Strozier C B. Disciplined subjectivity and the psychohistorian：a critical look at the work of Erik H. Erikson[J]. The Psychohistory Review,1976,5(3):28.

[20]Vaillant G E，Mukamal K. Successful aging[J]. American Journal of Psychiatry,2001,158(6):839-847.

[21]Vaillant G E. Health consequences of adaptation to life[J]. The American Journal of Medicine,1979,67(5):732-734.

[22]Walters J D. Education for life[M]. New Delhi：Ananda Publications,1986.

[23]White R W. A preface to the theory of hypnotism[J]. Journal of Abnormal Psychology,1941,36:477-505.

[24]WHO. Defining sexual health[EB/OL]. [2018-07-23]. http://www. who. int/reproductivehealth/topics/sexual_health/sh_definitions/en/.

二、中文

[1]David H，Barlow V, Durand M.异常心理学[M].4 版.杨霞，等译.北京：中国轻工业出版社,2006.

[2]David H B.焦虑障碍与治疗[M].2 版.王建平，傅宏，等译.北京：中国人民大学出版社,2012.

[3]Judith S B.认知疗法基础与应用[M].2 版.张怡，等译.北京：中国轻工业出版社,2015.

[4]阿尔弗雷德·阿德勒.自卑与超越[M].李心明，译.光明日报出版社：上海,2006.

[5]阿弗雷德·阿德勒.自卑与超越[M].吉林：吉林出版集团有限责任公司,2015.

[6]埃德加·施恩.职业锚：发现你的真正价值[M].北京：中国财政经济出版社,2004.

[7]包文婷.大学新生社会支持与学校适应的关系研究[J].卫生职业教育,2016,34（16）：113-115.

[8]曹荣,陈东东.大学生职业生涯规划：现状,问题及举措：基于北京部分高校的调研[J].继续教育研究,2013(2)：110-111.

[9]曾玖长,丁文.以有效团体心理辅导进行高职学生人际沟通能力训练的探索[J].才智,2012(11)：265-265.

[10]曾美英,晏宁,于红军,等.家庭因素对大学生心理健康的影响研究[J].心理科学,2008(3)：591-601.

[11]曾庆娣.大学生心理危机干预研究综述[J].思想理论教育,2006,23：52-55.

[12]陈璧辉.职业生涯理论述评[J].应用心理学,2003,9(2)：60-63.

[13]陈开明.大学生生命教育的内涵与特点[J].教育与职业,2014,789(5)：71-73.

[14]陈晓伟.大学生心理危机成因及预防策略[J].开封教育学院学报,2017,37（2）：185-186.

[15]陈张娅,郑建中.医学院校管理类专业大学生学业情绪特点[J].卫生软科学,2017,31(12)：53-57.

[16]程海云,朋玉环.心理健康标准的研究回顾与探新[J].赤峰学院学报（自然科学版）,2012(12)：194-197.

[17]程素萍,张潮,贾建荣.社会支持对大学生心理健康的影响[J].中国健康心理学杂志,2009(1)：35-37.

[18]崔光成,张丽宏,赵阿勐,等.交友小组训练对大学生人际交往能力的影响[J].健康心理学杂志,2003,11(5)：383-385.

[19]崔政坤.大学生性认知和性行为的调查研究[J].中国性科学,2018,27(1)：137-140.

[20]戴尔·卡耐基.沟通的艺术[M].天津：天津社会科学院出版社,2010.

[21]樊富珉.团体心理咨询[M].北京：高等教育出版社,2005.

[22]樊富珉,费俊峰.大学生心理健康十六讲[M].北京：高等教育出版社,2013.

[23]樊富珉.大学生心理咨询案例集[M].北京：清华大学出版社,1994.

[24]傅蕙君.浅谈生命教育的内涵、现状与对策[J].观察与思考,2012,12：30-32.

[25]高飞.大学生职业生涯初期就业不稳定性影响因素及预警研究[D].天津：天津大学,2013.

[26]高慧颖.大学生生命教育现状调查与思考[J].当代教育实践与教学研究,2015（1）：83-84.

[27]高俊杰.大学生学习幸福感研究[D].重庆：重庆师范大学,2014.

[28]高亚兵.90后大学生学习状况的调查与分析[J].浙江外国语学院学报,2015（3）：84-89.

[29]高亚兵.心理健康教育辅导手册[M].杭州:浙江教育出版社,2002.

[30]高亚兵.学校心理辅导[M].北京:中国科学技术出版社,2004.

[31]顾寿全,奚晓岚,程灶火,等.大学生大五人格与心理健康的关系[J].中国临床心理学杂志,2014,22(2):354-356.

[32]顾晓雯.大学生心理健康状况调查及影响因素分析[J].中国医药科学,2013,3(10):65-66.

[33]郭伟杰,龙晓岚,刘钰莹.大学生恋爱心理困扰辨析及教学干预[J].教育现代化,2017,4(35):262-266.

[34]郭文奇.大学生自我意识发展障碍及塑造途径研究[J].兰州教育学院学报,2015,31(5):147-148.

[35]韩洪涛.大学生心理学概论[M].武汉:华中师范大学出版社,2004.

[36]韩守东.大学生常见人格缺陷及其完善途径[J].校园英语(教研版),2012(1):127-127.

[37]韩中敏.大学生人格缺陷反思及健康人格教育[D].合肥:合肥工业大学,2009.

[38]何绵锦,肖虹.大学生手机使用现状调查及不良习惯对策:以某医科大学为例[J].新余学院学报,2016(05):101-104.

[39]侯小洁.大学生生命教育现状及对策研究[J].佳木斯职业学院学报,2017(6):178-179.

[40]胡环宇.大学生就业心理研究[D].武汉:武汉大学,2005.

[41]胡晴.大学生情绪管理能力与主观幸福感关系的研究[D].南充:西华师范大学,2016.

[42]胡亚兵.当代大学生自我意识偏差及对策[J].社科纵横,2011(3):280-281.

[43]黄开艳,田华.大学生性行为现状及其变化特点[J].内江师范学院学报,2016,31(10):111-115.

[44]姜明伦,李战国,颜小芳,等.大学生职业生涯规划行为选择及影响因素分析:基于宁波市6所高校的调查分析[J].高教探索,2015(2):110-116.

[45]金盛华.社会心理学[M].2版.北京:高等教育出版社,2005.

[46]金怡,姚本先.大学生择业心理问题研究与展望[J].安徽师范大学学报(人文社会科学版),2006,34(2):232-234.

[47]孔春梅,杜建伟.国外职业生涯发展理论综述[J].内蒙古财经学院学报(综合版),2013(3):5-9.

[48]孔夏萌.高校职业生涯教育课程研究[D].重庆:西南大学,2013.

[49]赖文龙.大学生自我意识研究[J].心理科学,2009,32(2):495-497.

[50]乐国安.社会心理学[M].北京:中国人民大学出版社,2009.

[51]黎伟.大学生焦虑水平及其影响因素研究[D].武汉:华中师范大学,2002.

[52]李栋栋,李录,宿仕民,等.大学生入学期望落差对专业承诺的影响[J].职业与健康,2014(14):1964-1966.

[53]李高峰.论教育视阈中的生命与死亡[J].教育理论与实践,2010(7):15-17.

[54]李浩.角色理论视角下大学新生的学习适应性研究[D].芜湖:安徽师范大学,2014.

[55]李琳.大学生心理现状及其成因与教育途径[J].湖州职业技术学院学报,2013(1):9-11.

[56]李敏.当代大学生自我意识现状及教育研究[D].沈阳:沈阳航空航天大学,2013.

[57]李名梁.大学生职业生涯规划研究述评[J].重庆邮电大学学报(社会科学版),2010,22(1):124-130.

[58]李明.当代大学生自我意识发展的特点及其调控[J].牡丹江教育学院学报,2015,(11):68-69.

[59]李青青,张倩.医学院校大学生情绪状态与学业拖延的关系[J].四川精神卫生,2017,30(5):463-465.

[60]李琼.每年约16万人因各种原因退学[N].广州日报,2011-11-02.

[61]李瑞星,郑金伟.职业生涯理论综述及对职业生涯教育研究的启示[J].中国大学生就业,2013(18):54-60.

[62]李士金.当代大学生非理性学习心理实证分析[J].心理科学,2007,30(4):987-989.

[63]李卫成,王永前.95后大学生恋爱心理引导研究[J].山东商业职业技术学院学报,2017,17(6):80-82.

[64]李燕.大学生积极人格培养的实践研究[J].华北水利水电大学学报(社会科学版),2017(3):115-118.

[65]李毅,吴桐.大学生体像烦恼与恋爱压力:自尊的中介作用[J].心理与行为研究,2016,14(6):779-787.

[66]李有华,段虹,郭玉宾.大学生心理健康教育[M].北京:中国林业出版社,2000.

[67]李中莹.简快身心积极疗法[M].北京:世界图书出版公司,2012.

[68]连榕,张本钰.大学生心理健康[M].北京:北京师范大学,2012.

[69]林崇德,杨治良,黄希庭.心理学大辞典[M].上海:上海教育出版社,2003.

[70]林正范.大学心理学[M].杭州:浙江大学出版社,2010.

[71]林芝.浅谈大学生情绪的特点与影响[J].山西青年,2016,13:127-127.

[72]凌四宝,舒曼.家庭因素对大学生人格影响的调查分析[J].华东交通大学学报,2003(3):91-94.

[73]刘蓓.某高校大学生心理健康影响因素调查[J].中国社会医学杂志,2013,30(6):393-395.

[74]刘娜.团体心理辅导在大学生情绪智力培养中的实证研究[D].荆州:长江大学,2017.

[75]刘晓哲,严玲.大学生健康心理学[M].北京:北京师范大学出版社,2011.

[75]刘元英.大学生学习心理研究及创新素质培养[D].哈尔滨:哈尔滨工程大学,2005.

[77]卢晓静.高等师范专科学校新生心理普查报告[J].现代职业教育,2017(31):285.

[78]鲁梅.浅谈大学生的情绪特点及良好情绪的培养[J].当代医药论丛,2012,10(7):16-16.

[79]鲁玮,余亮,金岳龙,等.大学生心理健康状况和家庭环境的关联性研究[J].皖南医学院学报,2017,36(2):186-189.

[80]骆伯巍,高亚兵,叶丽红,等.青少年学生体像烦恼现状研究[J].心理发展与教育,2005,21(4):89-93.

[81]吕广文,蒋学先.论高校开展大学生职业生涯规划教育的意义和举措[J].高教论坛,2010(9):107-109.

[82]马川.当他们谈论"性"时他们在谈论什么:基于对 22 名大学生性价值观的深度访谈分析[J].中国性科学,2017,26(12):132-136.

[83]马建青.大学生心理健康教程[M].2 版.杭州:浙江大学出版社,2015.

[84]马建青.大学生心理健康教程[M].杭州:浙江大学出版社,2012.

[85]马斯洛.动机与人格[M].北京:华夏出版社,1987.

[86]马斯洛.人的潜能和价值[M].北京:华夏出版社,1987.

[87]马伟娜.大学生心理健康教育八讲[M].上海:华东师范大学出版社,2015.

[88]钱铭怡,张光健,罗珊红,等.大学生性别角色量表(CSRI)的编制[J].心理学报,2000,32(1):99-104.

[89]乔建中,朱晓红,孙煜明.学习焦虑水平与成败归因倾向关系的研究[J].南京师大学报(社会科学版),1997(1):77-80.

[90]邱鸿钟,吴志雄.大学新生社会支持与学校适应的相关性[J].中国健康心理学杂志,2013,21(9):1412-1413.

[91]任新红.大学生心理健康主影响因素及应对措施[J].理论与改革,2009(5):106-109.

[92]沈德立,教育部思想政治工作司.大学生心理健康[M].北京:高等教育出版社,2013.

[92]施桂红.网络时代大学生人际交往现状调查:以盐城师范学院信息工程学院学

生为例[J].黑河教育,2017(11):85-86.

[94]史东旭.黑龙江大学最牛考研寝室八名女学霸全考上研究生[EB/OL].http//edu.iqilu.com/gxbk/gaoxiao/ptgx/20130516/1534048.shtml.2013-05-16.

[95]史佳露.生命教育的内涵:本真追求[J].教育与教学研究,2016,30(6):25-29.

[96]宋小玥,王晓刚.国内大学生心理危机预防与干预的研究综述[J].思想政治理论教育新探索,2013,2:293-300.

[97]宋智敏,曾君之.在校大学生婚恋现状调查与分析[J].当代教育理论与实践,2014,6(10):137-139.

[98]孙铁红.大学生常见的不良情绪及调节[J].辽宁经济职业技术学院学报,2003,1:33-34.

[99]孙瑜.当代大学生自我意识研究[D].秦皇岛:燕山大学,2015.

[100]孙长缨,张爱芹,漆玲,等.2016年中国大学生就业状况调查报告[J].中国大学生就业,2017(14):34-41.

[101]汤易凤.大学毕业生的社会适应心理问题研究[D].沈阳:沈阳师范大学,2016.

[102]陶沙.大学新生社会支持的特点与变化的研究[J].心理发展与教育,2000(01):1-5.

[103]田国秀,谢莒莎.团体心理游戏实用解析[M].北京:学苑出版社,2010.

[104]田宗远,尹瀛.大学生生命教育现状的调查与分析:以遵义市高校为例[J].湖北广播电视大学学报,2014,34(1):60-61.

[105]汪小容,苟亚春,刘孝群,等.大学生人际交往现状及对策研究:以西南交通大学为例[J].教育与教学研究,2017,31(11):60-66.

[106]王爱平,车宏生.学习焦虑,学习态度和投入动机与学业成绩关系的研究[J].心理发展与教育,2005,1:55-59.

[107]王佰庆,常可欣,庞爱迪,等.基于数据挖掘技术研究影响大学生心理健康问题的主要因素[J].科教文汇,2014(8):222-223.

[108]王朝正.90后大学生的情感、情绪特点分析[J].科教导刊,2014,19:212-213.

[109]王丹妮,张勤,张玉媛,等.蚌埠高校大学生心理健康及影响因素调查分析[J].蚌埠医学院学报,2014,39(2):231-234.

[110]王丽丽."95后"大学生学习焦虑问题研究[J].湖南科技学院学报,2017(4):112-114.

[111]王丽娜.大学生常见不良情绪及调试方法[J].太原城市职业技术学院学报,2014(5):66-67.

[112]王巍.高校大学生自杀心理危机预防与干预研究[J].好家长,2015,20:244-245.

[113]王晓磊.论家庭因素对大学生心理健康的影响[J].赤峰学院学报(自然科学版),2013(6):115-116.

[114]王翼等.大学生大五人格与心理健康水平关系研究[J],合肥师范学院学报,2016(2):103-106.

[115]王玉楠.大学生学习倦怠与专业承诺,学习压力的相关性研究[D].长春:吉林大学,2014.

[116]吴吉惠,钱利.高校大学生爱情类型调查研究:基于四川省某师范大学的样本[J].湖北第二师范学院学报,2017,34(6):1-4.

[117]吴金昌,刘毅玮,李志军.大学生学习心理障碍成因,负效应与对策[J].中国高教研究,2010(5):81-82.

[118]吴梅生.大学生健康人格的发展偏差及自我矫正的策略[J].临沂大学学报,2011(6):34-38.

[119]吴薇.大学生职业生涯规划的现状调研及应对策略[J].教师教育研究,2009,21(5):35-39.

[120]吴晓冬.近十年我国大学生心理研究综述[J].南京晓庄学院学报,2009,25(5):82-88.

[121]吴燕霞.大学生情绪表达的现状、影响因素及其干预研究[D].上海:上海师范大学,2007.

[122]夏永林,曲江月."90后"大学生恋爱心理及矫正研究:以西安2000例"90后"大学生恋爱心理调查为例[J].北京青年研究,2013,22(4):72-77.

[123]肖盛兰.积极人格理论评述[J].西南交通大学学报(社会科学版),2012,13(2):95-98.

[124]徐曼.大学生学习压力状况调查与分析[J].思想教育研究,2011(2):91-94.

[125]许思安.当代大学生心理健康[M].青岛:中国海洋大学出版社,2011.

[126]许维素.建构解决之道:焦点解决短期治疗[M].宁波:宁波出版社,2014.

[127]许兆玲.成年初期恋爱亲密关系质量的干预研究:以大学生和研究生为例[D].长春:东北师范大学,2016.

[128]薛利锋.大学生择业心理与择业价值观教育[J].东北师大学报(哲学社会科学版),2010(1):175-178.

[129]阳志平.彭华军积极心理学团体活动课操作指南[M].2版.北京:机械工业出版社,2016.

[130]杨波.当前大学生人格问题研究[D].贵阳:贵州大学,2016.

[131]杨洁.大学生的情绪管理能力对风险偏好的影响研究[D].长沙:湖南师范大学,2016.

[132]杨金辉,张靖.生命教育的内涵与实施[J].课程教育研究,2015(8):15-16.

[133]杨钋,毛丹."适应"大学新生发展的关键词:基于首都高校学生发展调查的实证分析[J].中国高教研究,2013(3):16-24.

[134]姚斌,闫琼,王小康,等.当前大学生常见心理问题及求助态度的调查研究与分析[J].西北医学教育,2011,19(3):581-584.

[135]叶一舵.心理健康标准及其研究的再认识[J].东南学术,2001(6):169-175.

[136]叶奕乾,祝蓓里.心理学(修订本)[M].上海:华东师范大学出版社,1999.

[137]叶奕乾,祝蓓里,谭和平.心理学[M].5版.上海:华东师范大学出版社,2016.

[138]余嫦,柯敏,农彬彬.大学生学习心理危机及预警机制研究[J].长江大学学报(社会科学版),2012,35(7):128-129.

[139]詹伟舜.当代大学生健康人格培养问题研究[D].长春:长春理工大学,2010.

[140]张晨艳,周宗奎,耿协鑫,等.应激性事件对大学生心理健康的影响:希望的中介作用[J].高等教育研究,2015(7):91-97.

[141]张承芬.教育心理学[M].2版.济南:山东教育出版社,2000.

[142]张冬梵,梁祯婕,王馨曼.当代大学生人际交往新样态及教育引导研究[J].法制与社会,2015(21):233-234.

[143]张国成,邸卫民,王占龙.大学生心理健康教程[M].北京:北京大学出版社,2008.

[144]张佳.探析大学生心理健康的影响因素[J].探索争鸣,2016(2):140-141.

[145]张建华,张可.大学生心理健康教程[M].2版.北京:科学出版社,2014.

[146]张建华,王自华.大学生心理健康教程[M].北京:科学出版社,2012.

[147]张松.大学生心理健康教育[M].武汉:武汉大学出版社,2012.

[148]张妍.大学生负性情绪的特点及其调节策略:以大学生自身和学校为例[J].长安学刊(哲学社会科学版),2015,2:123-124.

[149]张钰晗.ABC理论在大学生情绪管理能力培养中的应用研究[D].西安:西北大学,2017.

[150]张远,李华锋,张巍,等.2034例大学生心理健康现状调查及其影响因素分析[J].山东医药,2010,50(31):78-79.

[151]章明明,冯清梅,韩劢.大学生心理发展与教育[M].广州:暨南大学出版社,2004.

[152]赵林.家庭环境因素对大学新生心理健康的影响[J].中国校医,2012,26(10):724-726.

[153]赵全兵,萨菇拉.论大学生自我意识的偏差及矫正[J].内蒙古财经学院学报(综合版),2011,8(6):24-27.

[154]郑日昌.大学生心理诊断[M].济南:山东教育出版社,1999.

[155]郑梓南.大学生生命教育现状和保障机制研究[D].重庆:重庆医科大

学,2011.

[156]周贤,刘灵娟.大学生学习心理状况的调查研究[J].绍兴文理学院学报,2011
(1):100-102.

[157]朱辉荣.生涯咨询理论模型的演进及价值研究[J].人民论坛,2012(8):
62-63.

[158]朱林仙.大学生心理压力,社会支持及其与学习倦怠的关系研究[D].杭州:
浙江大学,2007.

[159]左春雨,刘嵩晗.高职大学生择业心理问题及对策[J].教育探索,2016(4):
50-52.